Neue

Kleine Bibliothek 317

W0294807

Beat Schneider

Chinas langer Marsch in die Moderne

Zwanzig nicht-eurozentristische Thesen

PapyRossa Verlag

Für Domenico Losurdo (1941-2018)

© 2023 by PapyRossa Verlags GmbH & Co. KG, Köln
Luxemburger Str. 202, 50937 Köln
Tel.: +49 (0) 221 – 44 85 45
Fax: +49 (0) 221 – 44 43 05
E-Mail: mail@papyrossa.de
Internet: www.papyrossa.de

Alle Rechte vorbehalten

Umschlag: Verlag, unter Verwendung eines
Motivs © by ChonnieArtwork | Shutterstock [1473273662]
Druck: Interpress

Die Deutsche Nationalbibliothek verzeichnet diese Publikation in der Deutschen Nationalbibliografie; detaillierte bibliografische Daten sind im Internet über http://dnb.d-nb.de abrufbar

ISBN 978-3-89438-792-1

Inhalt

Erste persönliche Bemerkung

Als Autor eines Chinabuches steht man gegenwärtig vor einer paradoxen Situation: Der Großteil der LeserInnen verfügt einerseits über ein kleines Chinawissen und hat andrerseits viele emotional aufgeladene Meinungen und (Vor-)Urteile über China. Wir alle sind einer gewaltigen Propagandaschlacht ausgesetzt, welche das politische Klima polarisiert und schon reichlich vergiftet hat. Es ist eine Einbahnstraße: Erkenntnisse über China haben es schwer, gegen den westlichen Mainstream aufzukommen. Ist ein Beitrag zum ›China erkennen‹ eine Sisyphosarbeit, und bin ich in der Rolle eines Sisyphos der Alpen? Vielleicht. Ich lade die Leserinnen und Leser trotzdem ein, den Rucksack mit dem großen Stein der 20 Thesen zu packen und die Mühe des Aufstiegs auf den chinesischen Berg auf sich zu nehmen. Ich empfehle, am Anfang nicht zu schnell einzusteigen, denn der Stein ist schwer, und man muss sich an die chinesische Höhenluft allmählich gewöhnen. Es lohnt sich, wie auf dem Emei Shan in der Provinz Sichuan (dt.: emporragender Augenbrauenberg) unterwegs in einem schönen Walmdachhaus auszuruhen und einige interessante Ausblicke zu genießen. Auf dem Gipfel wird man mit einem Panoramablick und bei viel Glück mit einem kreisförmigen Regenbogen belohnt.

Ich danke Paula Peter für die Mitarbeit am Buch. Dank ihres Gegenlesens, ihrer Einwände und Anregungen und dank den vielen gemeinsamen Diskussionen auf Wanderungen während der Pandemie ist das Buch zu einem guten Ende gekommen.

1. Kapitel

5000-jährige Zivilisation

These: Das 5000-jährige China ist eines der größten Phänomene der Geschichte

China: eigentlich ein Kontinent

Von den territorialen Ausmaßen und der Größe der Bevölkerung her gesehen, ist China nicht nur einfach ein großes Land, sondern eigentlich ein richtiger Kontinent mit natürlichen Grenzen im Norden, Westen, Süden und Osten,[1] mit einer großen alten und einheitlichen Zivilisation, denn im Gegensatz zu allen anderen Ländern des Globalen Südens wurde es während Jahrhunderten nicht kolonisiert.* Mit seinen 1,4 Milliarden Menschen ist China auch heute eine große eigene Welt, die sich selbst genügt.[2]

Eine 5000-jährige Zivilisationsgeschichte

Auf diesem ›Kontinent‹ lebt die älteste bis heute in stets demselben geografischen Raum ununterbrochen bestehende Zivilisation unseres Planeten mit einer über 5000-jährigen mehr oder weniger zusammenhängenden Zivilisationsgeschichte.[3] und kann deshalb das ›größte Phänomen der Geschichte‹ genannt werden.[4] Die chinesische Kultur hat gleichzeitig existiert mit den antiken Kulturen Ägyptens, Babyloniens, Phöniziens, Kretas, Griechenlands, Roms, des Azteken- und Mayareichs und hat alle überlebt. China hat bis

* Ausnahme bilden die ›hundert Jahre der Demütigung‹ von 1850 bis 1949, in denen China von den Westmächten und Japan zu einer Halbkolonie gemacht wurde.

in die Neuzeit mehr oder weniger in der gleichen Art und Weise gewirtschaftet. Vom fünften bis ins zweite Jahrtausend vor unserer Zeitrechnung sind auf dem Gebiet des heutigen China sehr entwickelte neolithische Kulturen mit gemeinsamen Merkmalen belegt.[5] Gut 2200 Jahre vor unserer Zeitrechnung begann in der Bronzezeit die verbürgte politische Geschichte Chinas,[6] eine Geschichte, die durch eine verhältnismäßig große und dauerhafte politische Stabilität geprägt ist. Diese Stabilität garantierte die territoriale und bevölkerungsmäßige Kontinuität des Riesenreiches und verhinderte, dass es, wie viele Großreiche, irgendwann ins Chaos versank.

Seit Jahrtausenden wird das chinesische Denken durch einen kosmopolitischen Begriff geprägt, der auf Chinesisch »Tianxia« heißt.[7] Die Übersetzung lautet üblicherweise: »Alles, was unter dem Himmel ist«. Der Begriff besagt, dass unter dem Himmel Alles Allen gehört. Er betont die zivilisatorische Harmonie der verschiedenen Völker und Volksgruppen und deren Zusammenhalt.[8] »Tianxia« einte nicht nur die Volksgruppen in China, sondern prägte auch das Denken und Fühlen ihrer Nachbarn. Diese waren nicht Unterdrückte oder Abhängige, sondern befanden sich mit China ›unter einem Himmel‹.[9]

Chinesische Identität

Die Kontinuität Chinas ist die Grundlage für ein starkes Selbstbewusstsein der Chinesinnen und Chinesen. In der langen Geschichte ist ein Selbstvertrauen gewachsen, das auf den offensichtlichen Erfolgen der chinesischen Zivilisation beruht. Mit anderen Worten: Teil dieser Zivilisation oder Teil des größten Phänomens der Geschichte zu sein, daraus erwuchs das chinesische Selbstvertrauen, das sich unter anderem im Bewusstsein der Überlegenheit gegenüber allfälligen Eindringlingen oder Barbaren äußerte.[10]

Die chinesische Identität gründet auf einer uralten Tradition. Verdeutlichen kann man sich das durch einen Vergleich mit jungen Nationen wie den USA, deren EinwohnerInnen sich politisch und kulturell unablässig auf der Suche nach Identität befinden.

Kein Sendungsbewusstsein

Das politische Gebilde, das sich in China vor Jahrtausenden herausbildete, nannte sich selbst bis Anfang des 20. Jh. u.Z. »Reich der Mitte« (chin.: zhonggua) und es verstand sich buchstäblich als in der Mitte stehend. Es begriff sich selbstbewusst als Verkörperung der Zivilisation. Es hat aber nie einen universellen Auftrag für sich in Anspruch genommen, die chinesische Kultur in alle Welt zu tragen und den Rest der Menschheit dazu zu bringen, sein Modell zu übernehmen.[11] China hat kein Sendungsbewusstsein entwickelt, aus dem heraus sich die Rolle eines Missionars, Kolonialisten oder Weltpolizisten ableiten ließe.[12] Es sah sich selbst weder in der Vergangenheit noch in der Gegenwart als Hegemon.[13] Das Reich der Mitte war in seiner Geschichte ab Mitte des 19. Jh. u.Z. allerdings selbst Opfer von Kolonialismus, Imperialismus und Rassismus (siehe 5. Kapitel).

Das fehlende Sendungsbewusstsein steht in krassem Gegensatz zum Selbstverständnis der anderen gegenwärtigen Weltmacht, den Vereinigten Staaten von Amerika. Diese verstehen sich seit ihrer Gründung als »einzigartige, von Gott berufene Nation«, als »hellster Leuchtturm der Freiheit« und als »prachtvolle Stadt auf dem Hügel«, so Präsident George W. Bush 2011 anlässlich des Einfalls der USA in Afghanistan,[14] und als »älteste Demokratie der Welt, welche die Welt in einer zeitlosen Mission führen muss«, so Präsident Bill Clinton.[15] Die »Stadt auf dem Hügel« (engl.: City upon a Hill) bezieht sich übrigens auf eine Passage in der Bergpredigt im Matthäus-Evangelium (Kapitel 5.14), wo Jesus seinen Anhängerinnen und Anhängern mitteilt, dass sie das »Licht der Welt« und ein »Leuchtturm« seien. Jesus vergleicht sie mit einer »Stadt, die auf einem Hügel liegt und von überall gesehen wird«. Die ersten weißen Siedlerinnen und Siedler auf nordamerikanischem Territorium bezogen die Bibelstelle auf ihre frisch eroberte Kolonie. Das Bild blieb ein gängiger Topos im imperialen ideologischen Arsenal der US-Präsidenten.[16] Die USA glauben noch heute kategorisch, dass ihre Nation für universelle Werte stehe und dass die Welt ein besserer Ort wäre, wenn sie US-amerikanische Werte verinnerlichen und umsetzen würde.[17]

Defensives Reich der Mitte

Das Reich der Mitte hat China in den Jahrtausenden seiner Existenz immer wieder geeint, während Europa in viele sich bekämpfende Staaten und Multistaatensysteme zersplittert war. Die Grenzen des Reichs blieben seit der Qing-Dynastie Anfang des 17. Jh. u. Z. gleich, während sie in Europa ständig verändert und in der Zeit des Kolonialismus auf andere Kontinente ausgedehnt wurden.

Im Reich der Mitte spielte das Militär eine eher untergeordnete Rolle.[18] China hat es stets abgelehnt, militärische Kräfte in die Ferne zu entsenden.[19] Der berühmte oder, je nach Standpunkt, berüchtigte ehemalige US-Außenminister Henry Kissinger meint in seinem Chinabuch, dass China in der Regel militärische Optionen vermeidet.[20] In der Tat eroberte oder besetzte es keine überseeischen oder weit entfernten Territorien. Auch in der Blüte seiner internationalen Macht im frühen 15. Jh. u. Z., in der Zeit seiner Übersee-Expeditionen mit der weltweit stärksten Marine unter dem legendären Admiral Zheng He, bedrohte China kein anderes Land und führte nie rassistisch motivierte Kriege und Kreuzzüge durch.[21] China hat in seiner Jahrtausende alten Geschichte eine Strategiekultur entwickelt, die Kriege in entfernten Orten ablehnt.[22]

China war also nicht expansionistisch orientiert, mit den bekannten Ausnahmen im 13. und 17. Jh. u. Z.: die territorialen Ausweitungen in die Mongolei, nach Tibet, nach Xinjiang oder in raue Bergregionen. Diese Eroberungen fanden in Zeiten statt, in denen China von ›fremden Dynastien‹ wie den mongolischen Yuan (1279-1368) und den mandschurischen Qing (1644-1911) regiert wurde. Zu Tibet hier nur so viel: Das ›Dach der Welt‹ wurde entgegen gängiger Meinung nicht anlässlich der Niederschlagung des Aufstandes von 1959 chinesisch, sondern war seit der Ming-Dynastie (1368-1644) Teil des Reichs der Mitte. Nach 1949 wurde die alte tibetische Theokratie, eine Mischung aus Sklavenhalter- und Feudalsystem, von der chinesischen Zentralregierung zerstört, was freilich mit der Vernichtung vieler alter Kulturgüter einherging.[23] Was die Frage nach der Selbständigkeit der chinesischen Gebiete Tibet, Xinjiang und Taiwan betrifft, pflegen Chinesinnen und Chinesen mit einer Gegenfrage zu antworten: Wie wäre es, wenn die USA zum Beispiel Texas und Kalifornien an Mexiko zurückgeben müssten?[24]

Und wie war das Verhältnis des chinesischen Reiches zu den Nachbarstaaten? China hat in seiner Geschichte mit einigen Nachbarn wie Myanmar, Korea und Vietnam Kriege ausgetragen, wiederum insbesondere in den Zeiten, als ›fremde Dynastien‹ herrschten.[25/*] Die Nachbarstaaten nahmen aber insofern eine Sonderstellung ein, als sie historisch gesehen Einfallstore für Invasoren waren, durch die sich das Reich der Mitte in seiner Sicherheit bedroht fühlte. Zu nennen sind die Mongolen im 12. Jh. u. Z., die Mandschu im 17. Jh. u. Z., die britischen, französischen und deutschen Kolonialheere im 19. Jh. u. Z., Japan mit seiner äußerst brutalen Besetzung im 19. und 20. Jh. u. Z. und schließlich die USA im Koreakrieg von 1950-1953. Gegen die zahlenmäßig, finanziell und kulturell unterlegenen Völker im Norden, die China ab und zu überfielen, ging das Reich der Mitte defensiv vor, indem es mit der Großen Mauer ein riesiges Festungswerk, sein größtes Kulturdenkmal errichtete.[26] Statt kriegerisch vorzugehen, hielt China die nördlichen Nachbarn lieber von sich fern oder beruhigte sie mit Geschenken.[27] China hat gelernt, auch mit Nachbarn in Frieden zu leben, mit denen es Krieg geführt hatte.[28] Vietnam und Korea blieben faktisch unabhängig, sie mussten aber als Vasallenstaaten formal die Oberhoheit des chinesischen Kaisers anerkennen.[29]

Die einzige expansionistische kontinental-ostasiatische Macht war diejenige der Mongolen. Diese fielen Ende des 13. Jh. u. Z. in Europa ein und gelangten bis nach Kiew. Von da stammt das Narrativ von der ›Gelben Gefahr‹. Die Mongolen eroberten das Reich der Mitte, stellten für einige Jahrzehnte die Yuan-Dynastie und assimilierten sich in kurzer Zeit mit den Chinesen.

---

* Wie sieht es im modernen China aus? Es folgt mehr oder weniger der Tradition des chinesischen Reiches. Der Angriff gegen Vietnam 1979 durch die VRCh bildet eine Ausnahme und war in keinem Augenblick ein Eroberungskrieg.

Fazit: Die alte chinesische Außen- und Wirtschaftspolitik war großmehrheitlich defensiv und auf Harmonie und Stabilität ausgerichtet.

Millionenstädte und weltgrößte Wirtschaft

In den ersten Jahrhunderten unserer Zeitrechnung hatte China eine Bevölkerungszahl von ungefähr 60 Millionen. Die kultivierte Bodenfläche betrug geschätzte 53 Millionen Hektar. Vom 7. bis ins 10. Jh. u. Z. umfasste die damalige Hauptstadt Chang'an 80 Quadratkilometer Fläche und hatte 1 Million EinwohnerInnen. Im 13. Jh. u. Z. war Hangzhou eine 7-Millionen-Stadt. China hatte damals 50 weitere Städte mit über hunderttausend EinwohnerInnen, während London, Paris und Venedig zur selben Zeit weniger als hunderttausend zählten.[30]

Das Reich der Mitte war von alters her ein reiches Agrarland mit dem weltweit höchsten technischen Niveau.[31] In seiner enorm leistungsfähigen Landwirtschaft betrug das Verhältnis von Aussaat und Ernte bereits zur Zeit des europäischen Mittelalters eins zu zehn, während Europa nur eine Quote von eins zu vier erreichte.[32] Erst im 20. Jh. u. Z. wurde die europäische Landwirtschaft insgesamt so produktiv, wie es die chinesische bereits im 12. Jh. u. Z. gewesen war. Bis ins 18. Jh. u. Z. hatte China die weltgrößte Wirtschaft, die stets 30 bis 40 Prozent des geschätzten Weltsozialproduktes produzierte.[33]

Wirtschaftliche Autarkie

Die Wirtschafts- und Handelspolitik des Reichs der Mitte war auf Autarkie ausgerichtet, Autarkie nicht im Sinne von Unabhängigkeit, sondern eher von Selbstgenügsamkeit. Denn China war während des größten Teils seiner Geschichte nicht von wirtschaftlicher Abhängigkeit von fremden Mächten bedroht. Es besaß ein sich selbst versorgendes, fast geschlossenes Wirtschaftssystem. Begünstigt wurde die Selbstgenügsamkeit von der Größe des Landes und von der großen Bevölkerungszahl. Der Austausch von Waren fand nur in einem begrenzten Maß in Richtung Westen über die alte Seidenstraße statt und hatte einen geringen ökonomischen Stellenwert. Er genoss ein eher schlechtes Ansehen, was ein Ausschnitt aus dem berühmten Brief, den Kaiser Qianlong 1793 an den britischen König Georg III. schrieb, zeigt: »Unser Himmlisches Reich besitzt alle Dinge in fruchtbarer Fülle, es mangelt ihm innerhalb seiner eigenen Grenzen an nichts. Insofern besteht keinerlei Notwendigkeit, Produkte ausländischer Barbaren im Austausch gegen unsere eigenen Waren einzuführen.«[34]

Reichstes und innovativstes Land

Vom 10. bis ins 12. Jh. u. Z. war China das reichste Land der Welt, lange Zeit war es weitaus fortschrittlicher als Europa. Die Basis dieser Fortschrittlichkeit war schon früh die Verwaltung des Landes durch eine leistungsfähige Beamtenschaft.[35] Der Italiener und Chinareisende Marco Polo berichtete im 14. Jh. u. Z. von der Fortschrittlichkeit Chinas, von immensem Reichtum und von unvorstellbar großen Städten.[36] China war in der Zeit des europäischen Mittelalters tatsächlich die weltweit am höchsten entwickelte Zivilisation und ökonomisch, wissenschaftlich und technologisch führend. China entwickelte eine Schrift mit 70.000 Zeichen, die das komplizierteste System von Formen darstellt, welches die Menschheit je geschaffen hat. Sie stellt das markanteste Alleinstellungsmerkmal der chinesischen Kultur dar.[37] Mit den drei Erfindungen des Buchdrucks, des Schießpulvers und des Kompasses und ihrer Ausbreitung im Abendland hat das alte China die Welt grundlegend verändert. 173 der 300 wichtigsten Erfindungen und Entdeckungen der Welt vor dem 16. Jh. u. Z. stammen aus China. Das zeigt, in der Entwicklung und Innovation war China weltweit führend.[38]

Schattenseiten

Natürlich gab es im Reich der Mitte auch etliche Schattenseiten und glücklichere und weniger glückliche Zeiten. Es gab historische Disruptionen, das heißt Brüche, sowie interne Kriege und Krisen mit großem Elend. Wenn zum Beispiel die zentrale politische Macht in der Hauptstadt – aus welchen Gründen auch immer – zerbrach, hatte das empfindliche Konsequenzen und führte zu einer enormen Unordnung. Die Folge war der Zusammenbruch der lebenswichtigen landesweiten Bewässerungssysteme, worauf das chinesische Volk mit vielen Entbehrungen, Hungersnöten, Bürgerkriegen und ungezügelter Gewalt zu kämpfen hatte.[39] Das ist einer der historischen Gründe, weshalb Chinas politische Kultur nichts so fürchtet wie das Chaos (chin.: luàn).[40] Zu den Schattenseiten gehörte vor allem auch die ausgeprägt patriarchale Ordnung, die durch die Lehren des staatstragenden Konfuzianismus geprägt wurde, sich im Lauf der Zeit verhärtete und zu einer immer größeren Degradierung, Unterordnung und Ausbeutung der Frauen führte.[41]

Das kulturelle Schwungrad

Wie erklärt sich die zugegebenermaßen außerordentliche Langlebigkeit, Kontinuität, relative Stabilität und Einheit des Reichs der Mitte? Zur Erklärung soll der Vergleich mit einem großen Schwungrad dienen. Kraft seiner großen Masse schwingt es weiter, auch wenn die ursprüngliche Antriebskraft nicht mehr vorhanden ist. Die chinesische Kultur ist vergleichbar mit einem riesigen kulturellen Schwungrad, das seit Jahrtausenden dreht und auch ohne die ehemalige ökonomische Triebfeder bis heute weiterdreht und wohl nicht so schnell zum Stillstand kommt. Das Schwungrad hatte seinen ökonomischen Antrieb in der mindestens 2000-jährigen, kontinuierlich bis zum Einbruch des westlichen Kolonialismus dauernden chinesischen Wirtschaftsweise. Sie ist als ›asiatische Produktionsweise‹ (APW) in die politisch-ökonomische Literatur eingegangen.[42] Der Begriff bezeichnet eine vorkapitalistische, weit verbreitete Produktionsweise, in der die Bewässerungswirtschaft häufig eine herausragende Rolle spielte. Die gemeinschaftliche Regelung der Bewässerung erlaubte eine sehr hohe landwirtschaftliche Produktivität, beziehungsweise einen sehr ertragreichen Ackerbau.

Die besondere Klassenkonstellation

Die alte chinesische Gesellschaft, die auf der Basis der APW funktionierte, bestand im Wesentlichen aus zwei Grundklassen, den persönlich freien Bauern und der organisierenden Bürokratie, der kaiserlichen Beamtenschaft. Die Schichten der Handwerker und Handelsleute waren im Vergleich dazu nicht groß; Sklaven und Sklavinnen sowie Leibeigene gab es kaum. Das größte Ansehen genossen die Gelehrten, beziehungsweise die Beamten, das geringste die Händler. Vor allem der Handel mit dem Ausland war geringgeschätzt, weil damit eingestanden wurde, dass China nicht ganz autark war.

Die Dorfgemeinschaft arbeitete auf Boden, der dem Gemeinwesen gehörte, und musste von ihrem Erwirtschafteten an den Staat Tribut leisten, der durch die Beamtenschaft eingetrieben wurde. Er bestand einerseits aus einer Steuer oder einer bestimmten Abgabe aus dem Ernteertrag und andererseits aus gemeinschaftlicher Gratisarbeit auf den Anlagen des Gemeinwesens, vor allem auf den Bewässerungsanlagen.

Der Beamtenschaft oblag vor allem die Organisation und Koordination der Arbeiten für die Bewässerung. Ihr war auch die Organisation des kaiserlichen Staates (Militär, Handel, Bildung und Wissenschaft) unterstellt. Mit der Verwaltung und der Kulturpolitik hielten sie den Schlüssel in der Hand, um in dem Riesenreich die Stabilität und Einheit des Gemeinwesens zu garantieren. Der Beamtenstatus war grundsätzlich unabhängig von der sozialen Herkunft, nicht vererbbar und basierte nicht auf privatem Eigentum an den Produktionsmitteln. Die Beamtenschaft bildete also keine Klasse von Feudalherren, eine solche war höchstens im Ansatz vorhanden. Beamter wurde man nach einem langen Studium der Klassiker der chinesischen Philosophie und Ethik und nach bestandener Prüfung im kaiserlichen Palast. Das Wissen, das geprüft wurde, hatte ziemlich wenig mit den tatsächlichen Verwaltungsfunktionen der Beamten zu tun, es bestand vor allem aus Herrschaftsideologie.

Das Mandat des Himmels

Über allem stand der Zentralstaat, der Kaiser mit seinem Hof. Er war die Personifikation des Gemeinwesens, gewissermaßen der Garant für gutes Regieren, richtige Verwaltung und Verteilung des gesellschaftlichen Arbeitsertrages.[43] Dafür hatte er das sogenannte ›Mandat des Himmels‹. Laut Mengzi, dem bedeutendsten Nachfolger von Konfuzius, bedeutete dieses Mandat, dass der Herrscher eines Staates vom Himmel zum Wohle des Volkes an die Macht gebracht wird. Er besitzt das Mandat nur so lange, wie er die Unterstützung des Volkes hat, denn durch das »Herz des Volkes« tut der Himmel seinen Willen kund. Das Volk wiederum hat das Recht, einen schlechten Herrscher zu verbannen. Es kann einen Tyrannen sogar töten.[44] Der Kaiser war also für wirtschaftliche und gesellschaftliche Prosperität, für staatliche Stabilität und gesellschaftliche Harmonie verantwortlich. War er erfolgreich, wurde das als sein Verdienst und seine Stärke wahrgenommen. Hatte er wegen schlechter Bewässerung, Überschwemmungen und Naturkatastrophen keinen Erfolg, verlor er das himmlische Mandat, und die Bauernschaft war berechtigt, sich gegen ihn zu stellen. Das Reich der Mitte wurde in seiner Geschichte von mindestens sieben großen und unzähligen lokalen Bauernaufständen erschüttert. Dabei kam es oft zu einem Dynastiewechsel, worauf sich die Lage der Bauernschaft in der Regel etwas besserte.

Kein Übergang zum Kapitalismus

Die chinesische Bewässerungswirtschaft wies trotz Krisen und Turbulenzen eine hohe Stabilität auf. Sie wurde ständig reproduziert, was in Kommentaren zum Anlass genommen wurde, von einer Stagnation des chinesischen Reiches zu sprechen.[45] Ob angesichts der großen Produktivität der Landwirtschaft und des langandauernden Reichtums Chinas von einer solchen gesprochen werden kann, ist eher zu bezweifeln.

Dass China nicht wie Europa aufgrund eigener Entwicklung zum Kapitalismus überging, lag erstens an der spezifischen chinesischen Klassenkonstellation und an der Bewässerungswirtschaft, die auf Stabilität ausgelegt war.[46] Mit anderen Worten: Die chinesische Klassenherrschaft, beziehungsweise die Ausbeutung der Bauern, basierte nicht darauf, dass die Herrschenden die Produktionsmittel besaßen und eine unfreie Bauernschaft für sich arbeiten ließen. Es konnte deshalb nicht zu einer größeren Akkumulation von Reichtum in den Händen der Beamtenschaft kommen.

Es lag zweitens daran, dass es für die persönlich freien Bauern schwierig war, die Produktionsverhältnisse zu durchschauen. Die Gemeinschaftsarbeit, man könnte auch von Fronarbeit sprechen, und die Steuerabgaben an die Beamten zuhanden des Kaisers erschienen als natürlicher Tribut an die Obrigkeit für deren Leistungen, von denen die Bauernschaft normalerweise profitierte. Der Antagonismus, das heißt der Widerspruch zwischen den Herrschenden und den Beherrschten, war nur schwach entwickelt. Der Streit zwischen den persönlich freien Bauern und den kaiserlichen Repräsentanten drehte sich vorwiegend um die Höhe des durch die Staatssteuer eingetriebenen Mehrprodukts und führte, wie gesagt, zu Revolten, aber nie zu einer Revolution.

Es lag drittens, und damit sind wir wieder auf der ideologischen Ebene, an der autoritären Struktur des Reichs der Mitte, die durch den Ahnenkult und den Konfuzianismus geprägt war und revolutionäre Entwicklungen eher hemmte.

Zu alter Stärke zurück

Von der zweiten Hälfte des 19. Jh. u. Z. bis zum Zweiten Weltkrieg war China das Opfer von westlichen und japanischen kolonialistischen beziehungsweise imperialistischen Invasionen, Bürgerkriegen und Naturkatastrophen. China wurde zu einem Armenhaus. Nach dem Zweiten Weltkrieg wurde mit der Gründung der Volksrepublik diese Anomalie der chinesischen Geschichte aufgehoben.[47] Die »hundert Jahre der Demütigung« fanden ein Ende. So lautet der in China geläufige Begriff für die Zeit von ca. 1850 bis ca. 1950. Die Souveränität, die Einheit und die kulturelle Identität Chinas wurden wiederhergestellt und ein staats- und regierungsfähiges System etabliert. In den Dekaden der Öffnung und Entwicklung der Volksrepublik (VRCh) ab 1978 wurden 800 Millionen Menschen aus bitterer Armut befreit. Heute ist China zu seiner alten Stärke, zur »historischen Norm«,[48] zurückgekehrt. Es ist wieder das, was es schon einmal war: Wirtschafts-, Innovations- und Kulturmacht.[49]

Heute beobachten wir eine epochale Entwicklung, die Verschiebung des Schwerpunkts der Weltwirtschaft nach Asien mit China im Zentrum. Asien ist geostrategisches Zentrum der Welt.[50] Die Jahrhunderte der Vorherrschaft des Westens* und der weißen Minderheit über die Mehrheit der Menschen sind offensichtlich vorbei.[51]

Große Unterstützung für die Regierung

Es ist eine unbestrittene und im Westen nur schwer akzeptierte historische Tatsache, dass der Schlüssel zu diesem epochalen Erfolg Chinas bei der Kommunistischen Partei (KPCh; chin.: gongchangdang) liegt.[52] Man muss sich diese Tatsache vergegenwärtigen, um zu verstehen, dass die Regierung der VRCh bei der Bevölkerung große Unterstützung genießt. Die ChinesInnen gehen offensichtlich davon aus, dass es ihnen in den letzten 30 Jahren so gut ergangen ist wie selten in ihrer Jahrtausende alten Geschichte.[53] Das zeigen eine Vielzahl von unabhängigen westlichen Untersuchungen. Laut Umfragen der US-amerikanischen Harvard Kennedy School von 2003 und 2016 ist der Rückhalt der KPCh bei der chinesischen Bevölkerung von 86 Prozent auf 93 Prozent gestiegen.[54] Laut Umfragen von anderen westlichen Universitäten sind zwischen 93,1 Prozent und 95,9 Prozent der ChinesInnen relativ oder extrem zufrieden mit ihrer Zentralregierung.[55] Im Bericht des US-amerikanischen Edel-

---

* Der Begriff Westen kann verschiedene Bedeutungen haben. In diesem Buch wird er im Gegensatz zum Begriff des Abendlandes für die politische Wertegemeinschaft der industrialisierten kapitalistischen Länder gebraucht. Kern der westlichen Länder bilden die hegemonialen USA mit ihren Verbündeten in Europa und anderorts.

man Trust Barometer von 2021 zum Vertrauen der Bevölkerung in seine Regierung rangierte China mit 84 Prozent an erster Stelle, während die USA mit 33 Prozent auf Platz 15 kamen.[56] In der 2022 publizierten Umfrage von Edelman ist in China die Zustimmung sogar auf rekordverdächtige 91 Prozent gestiegen. Die Gründe für die Steigerung sind laut Umfrage die erfolgreiche Bewältigung der Corona-Krise, die Sicherung des Wirtschaftswachstums, die Bekämpfung von Korruption und Umweltverschmutzung sowie die Verbesserung der Verwaltungskapazitäten und die schnellere Reaktion auf öffentliche Anliegen.[57] In der internationalen Glücksforschung des US-Unternehmens Ipsos rangierte China im Herbst 2020 mit 93 Prozent als glücklichstes Land der Welt. Die USA landeten auf Platz 11, der globale Durchschnitt lag bei 63 Prozent.[58]

Unabhängige westliche Meinungsumfragen zeigen also, dass die Chinesinnen und Chinesen zu den zufriedensten und optimistischsten Völkern der Welt zählen und dass ihre Zufriedenheit mit der Regierung größer ist als überall sonst.

Persönliche Bemerkung

Das Kurzporträt der chinesischen Kulturnation kann gezwungenermaßen nur eine selektive und zielgerichtete Darstellung des alten China sein. Das Ziel des Textes ist die Nennung des tatsächlich Außerordentlichen und Besonderen, geschichtlicher Tatsachen, welche im Westen weitgehend unbekannt sind und die schlussendlich die Differenz ausmachen.

Anmerkungen

1 Vgl. Jacques, S. 87ff und 571ff
2 Vgl. Mahbubani 2020, S. 2
3 Vgl. ebd., S. 139 / zur Datierung auf 5000 Jahre: vgl. www.zvab.com/buchsuchen/titel/alte-china-5000-jahre; https://wenhua.hypotheses.org und www.tvspielfilm.de/serien/china-5000-jahre-zivilisation-10302820, alle besucht 25.7.22
4 Vgl. Jacques, S. 340

5 Vgl. de.wikipedia.org/wiki/Geschichte_Chinas, besucht 23.7.2022
6 Vgl. Baron et al., S. 65
7 Vgl. Behrens, S. 100
8 ebd.
9 ebd.
10 ebd.
11 Vgl. Mahbubani 2020, S. 100
12 Vgl. Baron et al., S. 352
13 Vgl. zum Beispiel: Mahbubani 2020, S. 91-114
14 Vgl. George W. Bush am 11.9.2011, zitiert in: Der Bund v. 11.9.2021, S. 1
15 Vgl. Losurdo 2017, S. 205
16 Vgl. Mahbubani 2020, S. 138f
17 Vgl. ebd., S. 100
18 Vgl. Jacques, S. 97
19 Vgl. Mahbubani 2020, S. 95
20 Vgl. Kissinger 2011, S. 23ff
21 Vgl. Elsner 2021, S. 199
22 Vgl. Mahbubani 2020, S. 114
23 Zu Tibet: siehe die Fußnote am Anfang des 18. Kapitels
24 Vgl. Mahbubani 2020, S. 98
25 Vgl. ebd., S. 99 und 103
26 Vgl. Baron et al., S. 248
27 ebd.
28 Vgl. Mahbubani 2020, S. 99
29 Vgl. Baron et al., S. 350
30 Vgl. Xi 2018, S. 299
31 Vgl. Wemheuer, 2019b, S. 11
32 Vgl. Herrmann, S. 12
33 Vgl. de.wikipedia.org/wiki/Geschichte_Chinas, besucht 20.8.2021
34 Zitiert in: Mahbubani 2020, S. 273
35 Vgl. Herrmann, S. 12
36 Vgl. de.wikipedia.org/marco_polo, besucht 20.8.2021
37 Vgl. Ledderose
38 Vgl. Xi 2018, S. 246
39 Vgl. Mahbubani 2020, S. 145
40 ebd.
41 Vgl. de.wikipedia.org/wiki/Frauen_im_alten_China, besucht 30.1.2022
42 Die Theorie der asiatischen Produktionsweise findet sich zuerst bei Karl Marx, ausgeführt in: »Grundrisse der Kritik der politischen Ökonomie« / Siehe auch: de.wikipedia.org/wiki/Asiatische_Produktionsweise
43 Vgl. Kramer
44 Zitiert in: Mahbubani 2020, S. 165f
45 Vgl. www.wirtschaftslexikon.co/d/produktionsweise-asiatische; www.wirtschaftslexikon.co/d/produktionsweise-asiatische/produktionsweise-asiatische.htm, besucht 28.4.2022

46 Vgl. Kramer
47 Vgl. Mahbubani 2020, S. 84
48 Vgl. Mahbubani 2021
49 Vgl. Sieren 2018, S. 23
50 Vgl. Frankopan, S. 727
51 Vgl. Sieren 2021, S. 13
52 Vgl. Jacques, S. 109
53 Vgl. Mahbubani 2020, S. 29
54 Vgl. Mahbubani 2020, S. 8
55 Vgl. Jacques, S. 278
56 Vgl. https://www.forbes.com/sites/niallmccarthy/2018/01/22/the-countries-that-trust-their-government-most-and-least-infographic, besucht 13.11.2021
57 Vgl. www.edelman.com/trust/2021-trust-barometer, besucht 27.1.2022
58 Vgl. Boyon und Elsner 2021, S. 276

2. Kapitel

Sinophobie: Der westliche China-Komplex

These: China ist neben vielem anderen eine Projektionsfläche für westliche Probleme

In völligem Kontrast und Widerspruch zum Inhalt des ersten Kapitels stehen die meisten westlichen China-Bilder und -Narrative. Das betrifft die Vergangenheit, aber in noch viel größerem Maße die Gegenwart. Wenn Erkenntnis über die chinesische Realität gewonnen werden soll, muss dieser Widerspruch geklärt werden.

Sinophobe Klischees und Narrative

Das westliche Chinabild basiert auf unzähligen, meist sinophoben, das heißt von Angst vor China getriebenen Klischeevorstellungen oder auf vereinfachenden, verallgemeinernden stereotypen Urteilen. Ja, es ist fast nur aus diesen zusammengesetzt. Das war auch schon einmal anders. Im 17. und 18. Jh. u. Z. gab es in Europa eine Welle der Sinophilie, das heißt der Chinaverehrung, in der das Wort China mit Bewunderung und Begeisterung, aber auch mit Faszination für das Andersartige und geheimnisvoll Unbegreifliche verbunden war. China galt wegen seiner mehr oder weniger areligiösen Verfasstheit als politisches, philosophisches und kulturelles Vorbild. Diese Konnotationen wurden aber bald von Klischees wie Fremdheit und Absonderlichkeit, Minderwertigkeit, geistige und kulturelle Erstarrung, Rückständigkeit und barbarischer Despotismus abgelöst. Eine kurze Renaissance erlebte die Sinophilie während der 1970er Jahre, und zwar in der Begeisterung westlicher MaoistInnen für die kommunistische Politik Chinas unter Mao Zedong.

Angst und Faszination

Das westliche Chinabild oszilliert zwischen Angst und Faszination einerseits, Arroganz, Hochmut und Ignoranz andererseits. Diese verhalten sich alle in einem komplexen Wechselspiel zueinander. So scheinen sich die Furcht (und in ihrer schwächeren Form das Misstrauen und Unbehagen) vor dem mächtigen Riesenreich und die Bewunderung für die andersartige alte Zivilisation, das Nicht-Wissen über die ChinesInnen und die westliche Überheblichkeit gegenseitig zu nähren, zu verstärken oder auch zu verdrängen. Dazu passen entsprechende Klischees und Narrative. Zu den angstgetriebenen Klischees über China und die ChinesInnen gehören unter anderem: ›Gelbe Gefahr‹, Hinterhältigkeit, Verschlagenheit und List, Anpassungsfähigkeit, Geschäftstüchtigkeit und Wettbewerbsfähigkeit, Mao Zedong als brutaler und zerstörerischer Herrscher, Xi Jinping als rücksichtsloser Diktator, der China zu seinen maoistischen Wurzeln zurückführt usw. In den Bereich der Arroganz und der Ignoranz gehören wahlweise Klischees wie: gelbe Ameisen, übertriebene Harmoniebedürftigkeit, KlimasünderInnen und asiatische Dreckschleudern, Technologiediebstahl, ewige KopiererInnen und Innovationsscheue, Auswendiglernende, Rüpel ohne Manieren, Konfliktunfähige, Staatshörige, Familien-EgoistInnen, sexuell Verklemmte, Frauenfeinde usw.

Zu den traditionellen China-Erzählungen gehört das sehr alte Narrativ von der ›Gelben Gefahr‹. Danach wird das Böse in der menschlichen Gesellschaft durch einen schlitzäugigen gelben Mann personifiziert.[1] In einem biblischen Szenarium des Weltgerichts am Ende der Zeiten kommt in der neutestamentlichen biblischen Apokalypse Johanni eine gewaltige Heerschar aus dem Osten mit 200 Millionen Reitern daher.[2] Ende des 19. Jh. u.Z. wurde die ›Gelbe Gefahr‹ zu einem verbreiteten rassistischen Pejorativum, zu einem

Schimpfwort im Repertoire des Kolonialismus. Mit ihm schürten die europäischen Kolonialmächte und die USA Ressentiments gegen die asiatischen Völker, allen voran gegen ein ›antichristliches und grausames‹ China. Die dadurch verbreitete antichinesische Stimmung half mit, die kolonialistischen Interventionen und Besatzung zu legitimieren.[3] Nach 1947 wurde das Narrativ von der ›Gelben Gefahr‹ vor allem gegen die Kommunisten verwandt. Die Angst vor der ›Gelben Gefahr‹ scheint tief in der westlichen Psyche zu sitzen.[4] Nebenbei: Es waren im Jahr 1235 nicht chinesische Heerscharen, die in Osteuropa für kurze Zeit einfielen, sondern mongolische.[5]

Ein anderes China-Narrativ ist dasjenige vom schlafenden Riesen. Napoleon Bonaparte soll vor zweihundert Jahren gesagt haben, man solle den schlafenden Riesen schlafen lassen, denn wenn er aufwache, werde er die Welt bewegen.[6] Der Riese ist nun tatsächlich erwacht, und China ist eine weltweit einflussreiche Nation geworden, die ihren Platz als führende Wirtschafts-, Technologie- und Finanzmacht behauptet und die bei der Gestaltung der Weltordnung mitreden will.

Die Wirklichkeit ist anders

Das westliche Wissen über China hat einen beschämend niedrigen Stand, selbst an elementarsten Kenntnissen.[7] Das trifft auch auf die Intelligenz und die politischen Eliten zu. Die Auseinandersetzung mit China ist in einem erstaunlichen Maße faktenarm und äußerst selektiv. Unwissen ist der Nährboden für Verschwörungstheorien und irrationales Verhalten. Das ist auch der Grund, weshalb sich die Klischees und Narrative hartnäckig halten. Sie sind tief im westlichen Denken und in einer langen, latent antichinesischen Stimmung eingebettet. Die heutige antichinesische Propaganda hat in einer von Faktenarmut und der Dominanz von Klischees gezeichneten Situation ein leichtes Spiel. Sie kann ihre Meinungen und auch ihre Fake News ohne großen Aufwand platzieren, mit dem Effekt, dass diese auch von einem aufgeklärten Publikum kaum als solche wahrgenommen werden. Wer die Geschichte in den letzten Jahrzehnten verfolgt hat, konnte feststellen, wie Unwahrheiten über China entstehen und breite Akzeptanz finden.[8]

Erfahrungen von Chinareisenden

Die reale Wirklichkeit in China ist nicht deckungsgleich mit der medial vermittelten westlichen Wahrnehmung. Das ist zwar eine kommunikationswissenschaftliche Banalität, kann aber in Bezug auf China nicht genug betont werden. Natürlich gibt es in jedem China-Klischee reale Elemente der chinesischen Wirklichkeit. Klischees sind aber nur ein Abklatsch der ganzen Wirklichkeit und bilden die Realität sehr mangelhaft und einseitig ab. So ist das Klischee vom autoritären Einparteienstaat, in dem das einfache Volk keinerlei Meinungsfreiheit hat, eine mediale Realität im Westen, die jedoch der Wirklichkeit der sehr komplexen Steuerung des Landes mitnichten gerecht wird.[9] Wer die chinesische Realität, sei es reisend vor Ort, sei es in schriftlichen Quellen, erkundet, konstatiert in der Regel Folgendes: Die eigene Erfahrung mit China divergiert sehr stark von der Wirklichkeit, wie sie in den heimischen Medien wiedergegeben wird. Die Chinareisenden erfahren, dass die Chinesinnen und Chinesen meistens viel besser über den Westen informiert sind als umgekehrt. Dieses Phänomen wird ›asymmetrische Ignoranz‹ genannt. Der Begriff meint, dass die Chinesinnen und Chinesen Alles über den Westen wissen, während die Menschen im Westen noch nicht einmal wissen, was sie über China nicht wissen.[10]

Das westliche Chinabild ist im Übrigen auch nicht identisch mit dem Chinabild des nichtwestlichen Auslands, vor allem des Globalen Südens. Dort gibt es oft viel offenere und positivere Narrative über die Volksrepublik China. China wird in vielen Staaten als erfolgreiche wirtschaftliche und gesellschaftliche Alternative zum westlichen Kapitalismus wahrgenommen.[11] Das ist eine Tatsache, die im Westen nur ungern zur Kenntnis genommen wird.

Eine Ursache für den erbärmlichen Zustand des westlichen Chinabildes wurde noch nicht genannt. Es ist eine erkenntnistheoretische und betrifft die Art und Weise, wie Erkenntnis über China zustande kommt. Es gibt viele Erkenntnis-Barrieren, die im historischen, kulturellen, sprachlichen und politischen Anderssein des alten und neuen China begründet sind. Dazu mehr im 3. Kapitel.

Von der Sinophilie zur Sinophobie

Marco Polos sinophiler Reisebericht im 14. Jh. u. Z. wurde schon erwähnt.[12] Was die China-Kontakte betrifft, war Polo eine historische Ausnahmeerscheinung. Erst in der Neuzeit, ab dem Ende des 16. Jh. u. Z., kam es zu vermehrten Kontakten des Abendlandes mit dem alten China. Die wissenschaftlich ausgebildeten Missionare des Jesuitenordens bereisten das Land und versuchten, das Christentum zu verbreiten, allerdings mit relativ bescheidenem Erfolg. Viele von ihnen waren sehr bald von der chinesischen Kultur angetan. Einige wirkten seit Beginn der Qing-Dynastie im Jahr 1616 als Wissenschaftler am kaiserlichen Hof. Sie passten sich der Kultur des Landes an und huldigten Konfuzius und den Ahnen.[13] Sie genossen ein hohes Ansehen und übten einen bemerkenswerten Einfluss aus.[14]

Europäische Aufklärungsphilosophie

Die Berichte des Jesuiten Matteo Ricci über die sogenannten ›Drei Lehren‹ Chinas, den Daoismus, den Konfuzianismus und den Buddhismus, breiteten sich im Abendland aus und führten in einem Teil der philosophischen und kulturellen Elite zu einer sinophilen Welle. Die europäische Intelligenz war während der Aufklärung fasziniert von einem China, das ohne einheitliche, dogmatische und messianische Staatsreligion auskam, trotzdem gut organisiert und zudem in technologischen und zivilisatorischen Belangen weiter entwickelt war als Europa.[15] Ersichtlich wird dies in einem Vergleich der Herrschaftsideologien der damaligen Zeit. Im abendländischen sogenannten Gottesgnadentum wurde die Herrschaftsgewalt der christlichen Kaiser, Könige und weltlichen Obrigkeiten durch einen religiösen, beziehungsweise göttlichen Auftrag legitimiert, der absolut und sakrosankt war. Die chinesischen Kaiser hingegen bezogen ihre Legitimation in konfuzianischer Tradition weniger aus einer metaphysischen Ableitung. Das sogenannte ›Mandat des Himmels‹ war nicht sakrosankt. Es musste durch Stabilität und Erfolge im Alltag stets von neuem eingelöst werden. Bei Nichteinlösung war es dem chinesischen Volk möglich, die Gefolgschaft gegenüber dem Kaiser aufzukündigen.

China wurde im Abendland also zu einem Vorbild. Die philosophische Sinophilie ging einher mit der sogenannten Chinoiserie, der Nachahmung von chinesischer Kunst und Architektur, so geschehen am preußischen Hof Friedrichs des Großen. In der europäischen Aufklärungs-Philosophie hielten sich Sinophile, wie Leibniz und Voltaire, und Sinophobe, wie Montesquieu und Diderot, die Waage. Der deutsche Gottfried Leibniz forderte in seinem Traktat »Novissima Sinica«, man solle die »europäische Belehrungsgesellschaft in Sachen China in eine Lerngesellschaft« transformieren.[16] Anfang des 18. Jh. u. Z. kam es zwischen den Jesuiten und dem Papst zu Spannungen. Die Kirche verlor die Geduld mit der jesuitischen China-Faszination. Nach dem sogenannten ›Riten-Streit‹ verdammte Papst Benedikt XIV. 1725 die von den Jesuiten geförderte sogenannte Akkommodation. Gemäß dieser durften die christlich gewordenen Chinesinnen und Chinesen die Riten ihrer traditionellen Religion, wie etwa die konfuzianische Ahnenverehrung, weiterhin vollziehen. Nach der päpstlichen Verdammung versperrte der chinesische Kaiser den Jesuiten den Zugang zum Reich der Mitte. Parallel zur kirchlichen Reaktion kam es auf der Seite der Aufklärung zu einem philosophischen Bruch: Die Überlegenheit der ›weißen Rasse‹ wurde theoretisch entwickelt und blieb von nun an Grundsatz. Auch Immanuel Kant, der für seine wohlwollende Haltung gegenüber China bekannt war, begann von der ›gelben Rasse‹ und von der überlegenen ›weißen Rasse‹ zu reden.[17]

Kolonialistische Wende

Der philosophische und kirchliche Sinophobierungsprozess kann auch in einem größeren Zusammenhang gesehen werden. Das rassistische Narrativ der Überlegenheit der Weißen wurde von der abendländischen Intelligenz akkurat in jenem historischen Kontext entwickelt, in dem es sich den abendländischen herrschenden Mächten für ihre kolonialistische Praxis ideologisch nützlich erweisen sollte. Rationalität und Aufklärung wurden auch in Sachen China vom ideologischen Kampf des kolonialistischen Europas abgelöst.[18] Von nun an herrschte der sinophobe Diskurs mit seiner Überlegenheitsideologie von Europa als einem Ort der »Reife und des Lichts«.[19]

Eurozentrismus und Expansionismus

Die westliche Sinophobie ist ein Ergebnis des Eurozentrismus, der die meisten westlichen Chinabilder von Grund auf prägt. Mit Eurozentrismus ist die Betrachtung und Einschätzung außereuropäischer Gesellschaften aus europäischer Perspektive gemäß den von EuropäerInnen entwickelten Werten und Normen gemeint.[20] Ein eurozentristischer Blick herrscht nicht nur in Europa, sondern in der ganzen westlichen Welt, das heißt in den Industriestaate Nordamerikas, in Australien und Neuseeland. Eurozentrismus ist Ausdruck einer politisch, ökonomisch und kulturell fundierten Haltung, deren sich die Menschen im Alltagsdenken nicht bewusst sind und die übrigens bis weit in die wissenschaftliche Sinologie verbreitet ist.[21] Ein in der abendländischen Tradition stehendes, tief sitzendes Gefühl westlicher Überlegenheit leitet die westlichen politischen Eliten und veranlasst sie, die westliche Welt für universell, das heißt gültig für die ganze Welt zu halten. Dieser Überlegenheitsanspruch kann sich auf starke wirtschaftliche, politische, ideologische, kulturelle und ethnische Praxen stützen.[22] Im 19. Jh. u. Z. fasste der bekannte französische Politiker und Historiker Alexis de Tocqueville die Überlegenheit der weißen Rasse vortrefflich zusammen: »Die europäische Rasse hat – vom Himmel empfangen oder durch eigene Anstrengung – eine so unbestreitbare Überlegenheit über alle anderen Rassen erlangt, welche die große Menschheitsfamilie bilden, dass der Mensch, der in unserem Land durch seine Laster und Unwissenheit auf der letzten Sprosse der sozialen Leiter steht, immer noch der erste unter den Wilden ist.«[23]

Das eurozentristische Tandem

Der eurozentristische Universalismus basiert auf zwei Säulen, welche beide expansionistische Modelle beinhalten. Erstens ist er Ausdruck des christlich-messianischen Wesens der abendländischen Kultur, des Auftrags des menschlichen Gottessohns an seine Gefolgschaft, die ganze Welt zum einzigen wahren Gott zu bekehren. Daraus wurde die christliche Eroberung ganzer Kontinente abgeleitet, die mit den mittelalterlichen Kreuzzügen begann, über die jesuitische Chinamission ging und im Anspruch der christlichen USA endet, der übrigen Menschheit das westliche Modell von Freiheit, Demokratie und Menschenrechten aufzuzwingen. Die christlich-messianische Welteroberung bildet mit der industriellen Expansion in der europäischen Neuzeit ein Tandem. Der industriellen Expansion lag und liegt das Wachstums-Paradigma des kapitalistischen Wirtschaftens zugrunde. Gemeint ist der Zwang zur permanenten Akkumulation von natürlichen und menschlichen Ressourcen (billige Rohstoffe und billige Arbeitskräfte) und zur gewinngetriebenen Ausweitung der Profit- und Marktsphäre.

Das christlich-kapitalistische Tandem äußerte sich im 19. Jh. u. Z. bezüglich China folgendermaßen: Der katholische deutsche Bischof Johann Anzer fand, dass je mehr das Land erschlossen und dem europäischen Handel zugänglich gemacht werde, desto mehr müsse daran gearbeitet werden, dass die ›wahre Kultur‹, die nur mit dem Christentum aufblühen könne, Eingang finde.[24] Oswald von Richthofen, Außenminister des deutschen Kaiserreichs, betonte anlässlich der deutschen Niederschlagung des antikolonialen chinesischen Boxer-Aufstands das Ziel, sich nach Wiederherstellung friedlicher Verhältnisse das chinesische Reich als Absatzgebiet für die deutsche Industrie zu sichern.[25]

Geschichte ist seit langem christlich-abendländische Weltgeschichte mit (West-)Europa als Zentrum. Die Überzeugung, dass westliche Werte, Glaubenssysteme, Institutionen und Vereinbarungen allen anderen überlegen seien, ist gemäß Peter Frankopan, britischer Professor für Byzantologie, im Kern eine Hybris,[26] das heißt eine Vermessenheit. Für sie haben, nebenbei gesagt, das Proletariat und vor allem die kolonisierten Völker und die unzähligen Opfer der großen, vom Westen im 20. Jh. u. Z. angezettelten Kriege einen hohen Blutzoll gezahlt.[27]

Westliche Überlegenheit in Frage gestellt

In der Gegenwart ist nun allerdings ein Wandel zu beobachten: Der westliche Werte-Universalismus und die westliche Überlegenheit sind nach Jahrhunderten zum ersten Mal ernsthaft relativiert.[28] Die Epoche des Christoph Kolumbus scheint unwiederbringlich an ihr Ende gekommen zu sein.[29] Das tief verwurzelte Gefühl der Überlegenheit, die westliche Hybris, ist durch den asiatischen Aufstieg in Frage gestellt. Dies zeigt sich deutlich anhand der führenden Rolle Chinas in den Bereichen der vierten industriellen Revolution, der Künstlichen Intelligenz (KI) und der Robotik. Der kometenhafte ökonomische und technologische Aufstieg Chinas und der immer deutlicher werdende relative Abstieg der USA haben im Westen zu Frustrationen und Ängsten und bei den USA zu einer wachsenden Aggressivität geführt, die sehr wohl als Ausdruck der Unsicherheit und Schwäche gedeutet werden kann.[30]

Sinophobie heute

Seit der Mitte der 2010er Jahre hat die Sinophobie im Vergleich zu den drei vorherigen Dekaden deshalb eine neue Stufe erreicht. Sie äußert sich in einem immer intensiver werdenden China-Bashing (dt.: China-Prügel). Je mehr die Bedeutung Chinas auf globaler Ebene zugenommen hat, desto schärfer sind die Angriffe geworden und richten sich vor allem gegen die KPCh. Die Ursache dafür liegt also nicht in der Präsidentschaft von Xi Jinping, wie in den westlichen Medien gern behauptet wird, sondern in der Tatsache, dass der im Westen lange belächelte Außenseiter China für die USA und die anderen westlichen Mächte zu einem ernstzunehmenden und mächtigen Konkurrenten geworden ist.

Die USA haben offensichtlich ein strategisches Interesse an einer propagandistischen Offensive gegen China. Dies zeigt sich deutlich in folgenden Stellungsnahmen: Der ehemalige US-Vizepräsident Mike Pence meinte, dass viele politische Entscheidungen Chinas für Amerikas Interessen und Werte ausgesprochen schädlich seien. Konkret sprach er von »Chinas Schuldendiplomatie und militärischem Expansionismus, von der Unterdrückung von Gläubigen, dem Aufbau eines Überwachungsstaates und von Chinas Arsenal an Maßnahmen, die einem freien und gerechten Handel zuwiderlaufen, darunter Zölle, Quoten, Währungsmanipulationen, erzwungener Technologietransfer und Subventionen«.[31] Nach Avril Haines, US-Präsident Joseph R. Bidens Direktorin der nationalen Sicherheitsdienste, ist China eine Bedrohung für Amerikas Sicherheit, für seinen Wohlstand für seine Werte.[32] Für FBI-Direktor Christopher Wray bedroht China mittlerweile die gesamte amerikanische Gesellschaft und nicht nur einzelne Teile.[33] Dazu meinte der bekannte asiatische Intellektuelle und Diplomat Kishore Mahbubani, dass viele AmerikanerInnen allen Ernstes besessen seien von der Gefahr, die vermeintlich von China ausgehe.[34]

Das Problem bei all diesen Anschuldigungen ist, dass ihre ProtagonistInnen überzeugt sind von dem, was sie behaupten und dass die Mehrheit der Menschen im Westen mangels besseren Wissens die Behauptungen gutgläubig und eins zu eins teilen.

Zunehmend antikommunistisch konnotierter Propagandakrieg

Im Westen dämmert es vielerorts, dass die geopolitische Lage sich grundlegend verändert hat. China wird plötzlich als systemischer Gegner wahrgenommen.[35] Parallel dazu wird das China-Bashing zunehmend antikommunistisch eingefärbt und knüpft an die antikommunistische Propaganda im Kalten Krieg gegen die Sowjetunion an. Reminiszenzen an die ›kommunistische Diktatur, die Gulag-Lager, den Überwachungsstaat und Hirnwäsche‹ und Narrative der Bedrohung und Dämonisierung werden eins zu eins auf China übertragen. Die Übertragung geht umso leichter, weil alles, was am Sozialismus des 20. Jh. u. Z. trotz allem auch fortschrittlich war, im neoliberalen Triumphalismus Ende der 1980er Jahre aus dem kollektiven Gedächtnis der Menschen verdrängt worden ist. Es ist deshalb nicht übertrieben, wenn das, was in der Gegenwart geschieht, als ein neuer Kalter Krieg eingestuft wird.[36] Dann wären der erste Kalte Krieg, der bis in die 1990er Jahre dauerte, und der neue Kalte Krieg nur durch eine kurze historische Periode von zwei Dekaden unterbrochen worden.

Antiasiatischer Rassismus

Im Repertoire der heutigen Sinophobie gibt es auch eine alte Komponente, die nun wieder aktiviert wird: der antiasiatische Rassismus. Die Situation ist vor allem in den USA so aufgeheizt, dass ChinesInnen oder chinesisch aussehende AsiatInnen während der Corona-Krise ablehnend oder sogar offen rassistisch behandelt, dass chinesische AuslandstudentInnen plötzlich als Spione angesehen und dass an den Universitäten angesiedelte Konfuzius-Institute der chinesischen Propaganda und der Spionage bezichtigt wurden.[37] Die antichinesisch motivierte Gewalt gegen ›Asian Americans‹ ist seit 2020 explodiert. Der antiasiatische und insbesondere antichinesische Rassismus hat in den USA eine lange Geschichte, die nicht erst in der Corona-Krise begonnen hat. Mit dem ›Chinese Exclusion Act‹ von 1882 wurde schon einmal ein Einreiseverbot für Menschen aus China verhängt.[38]

Die neue Sinophobie behindert oder verhindert gar ein nüchternes Erkennen der chinesischen Realität noch mehr, als das in der Vergangenheit der Fall war. Die Situation ist durch eine emotional aufgeladene Lagermentalität gekennzeichnet, die aus einer toxischen Mischung aus Sinophobie, Antikommunismus und Antiautoritarismus genährt wird. Eine der bangen Fragen der Gegenwart ist, ob die Schwelle vom kalten zu einem heißen Krieg irgendwann überschritten wird (siehe 20. Kapitel).

Westliche sinophobe Berichterstattung

Vor einigen Jahren hat die Heinrich-Böll-Stiftung eine Studie über die Berichterstattung der einflussreichsten deutschen Printmedien und der Informationssendungen des öffentlich-rechtlichen Fernsehens veröffentlicht.[39] Ergebnis: Es wird äußerst viel über China gesprochen, aber in der Berichterstattung herrscht im Kern eine auf Konflikte und Gewalt fokussierende Propaganda vor. Sie ist von einer eurozentristischen Perspektive und von Doppelmoral bestimmt und kolportiert unreflektiert Klischees, klischeebehaftete Pauschalaussagen und ein denunzierendes Bild der chinesischen Gesellschaft. Die KonsumentInnen dieser Medien sind nicht in der Lage, sich ein halbwegs zutreffendes China-Bild zu machen. Am Ende der Studie wird von der China-Berichterstattung mehr Respekt (notabene: nicht Wohlwollen) und Kritik, aber nicht Denunziation eingefordert.

Die Studie datiert von 2010 und basiert auf Daten von 2008. In der Zwischenzeit ist die Berichterstattung noch aggressiver und feindseliger geworden. Die Mainstream-Medien sind zu einem Nonstop-Bashing mit verleumderischen und dämonisierenden Narrativen übergegangen.[40] In den westlichen Leitmedien herrscht ein tägliches Sperrfeuer gegen China, und es ist schier unmöglich, der gigantischen Propaganda und Manipulation zu entgehen. Auch die westliche Linke ist dem medialen Sperrfeuer längst erlegen.

Zur Lagermentalität gehört die mentale Abschottung gegenüber China, was die Manipulationsmöglichkeit beliebig erhöht. Wolfram Elsner nennt es eine »mediale Käseglocke«.[41] Wenn man die öffentliche Meinung auf den Kampf gegen einen gefährlichen Feind ausrichten will, ist es besser, nichts von der Geschichte, der Zivilisation und der Politik des betroffenen Landes zu verstehen.[42]

Selektive Medien

Die Manipulationsmethoden im neuen Kalten Krieg gleichen denen im ersten Kalten Krieg. Das häufigste Mittel ist zugleich das simpelste: Man informiert bewusst (oder unbewusst dem Mainstream folgend) nur selektiv und verschweigt wichtige Tatsachen. Von Präsident Xi Jinping wird zum Beispiel aus einer Rede der Satz zitiert, dass niemand den Aufstieg der chinesischen Nation aufhalten könne. Verschwiegen wird, dass Xi darin ausführlich begründet, dass sich China friedlich in die Weltgemeinschaft integrieren möchte.[43] Das Verschweigen erfüllt seinen Zweck: Xis Satz wird zu einer aggressiv-nationalistischen Kampfansage an den Westen. Und wenn man im Uiguren-Konflikt den wichtigen Ausgangspunkt, den massiven Terror, der in Xinjiang und im übrigen China von uigurischen ETIM-Dschihadisten[44] ausgeübt wurde und der Hunderte Menschenleben forderte, konsequent ausblendet oder verschweigt, ist das Desinformation und Manipulation (siehe 18. Kapitel).

Asymmetrische Berichterstattung

Ein häufig vorkommendes propagandistisches Mittel ist das der asymmetrischen Berichterstattung oder ›Berichterstattung mit doppelten Standards‹.[45] Während in den Medien westliche AktivistInnen, die 2017 an der großen G20-Demonstration in Hamburg teilnahmen, als gefährliche ChaotInnen bezeichnet wurden und die DemonstrantInnen für die Loslösung Kataloniens von Spanien als gefährliche SeparatistInnen dargestellt wurden, erlebten die teilweise äußerst gewalttätigen DemonstrantInnen, die 2019 in Hongkong offen für die Sezession von China demonstrierten, im Westen eine ganz andere mediale Behandlung: Sie wurden als ›KämpferInnen für Demokratie‹ und als ›FreiheitsheldInnen‹ gefeiert.[46]

Systematische Umkehrung

Ein weiteres Manipulationsmittel ist die systematische Umkehrung. Dem chinesischen Gegner werden Dinge angekreidet, welche von westlichen Staaten in aller Selbstverständlichkeit betrieben werden.[47] Die Verlagerung des Schwergewichts des US-Militärpotentials nach Asien, der sogenannte »Pivot to Asia«, die wachsende Einkreisung der VRCh mit einer Vielzahl von Militärstützpunkten und Raketenbasen und der Aufbau einer militärischen Drohkulisse mit großen westlichen Marinegeschwadern im ost- und südchinesischen Meer, werden als »legitime Verteidigung der westlichen Freiheit und ihrer nationalen Interessen« bezeichnet.[48] Die Proteste Chinas, das sich nicht zum ersten Mal in seiner Geschichte militärisch bedroht fühlt, werden hingegen als ›Aggression und Säbelrasseln‹ dargestellt. Man kann sich die Reaktion auf ein ähnliches Vorgehen der chinesischen Marine in der Karibik unweit der US-Küste kaum vorstellen. Ein anderes Beispiel ist der Kampf gegen Huawei: Von grün bis rechts wurde in Deutschland ein Boykott von Huawei auf dem europäischen Markt gefordert, nachdem die USA dem chinesischen 5G- und Telefongiganten ohne Andeutung eines Beleges vorgeworfen hatten, dass er ausländische Daten an den chinesischen Staat weiterleite.* Von Maßnahmen gegen die USA war aber mit keinem Wort die Rede, nachdem der US-Geheimdienst NSA durch Whistleblower der Überwachung von Millionen von westlichen Mobiltelefonbenutzerlnnen, einschließlich der deutschen Altbundeskanzlerin Merkel, überführt worden war. Quod licet Iovi, non licet bovi: Was den USA erlaubt ist, ist China noch lange nicht erlaubt.

Projektionsfläche China

Das alte und das neue China sind zuerst einmal objektive Realitäten. Die China-Bilder und -Narrative haben aber auch eine subjektive psychologische Dimension. China eignet sich für Projektionen. Das massen- und individualpsychologische Phänomen der Projektion besteht in der Übertragung oder Verlagerung von subjektiven Inhalten, Emotionen oder Konflikten auf eine Projektionsflä-

* Westliche technische und wissenschaftliche Insider halten die Vorwürfe gegen Huawei für unbegründet (Vgl. Sieren 2021, S. 255 und 281). Prof. Detlev Zühlke, ein bekannter deutscher KI-Pionier, meint, dass Hacker, insbesondere die staatlich gelenkten, heute viel gefährlicher seien als es Huawei je werden könnte (ebd., S. 277). Huawei legt die sogenannten Quellcodes, die Baupläne der Programmierung der 5G-Netzwerke seit Jahren für westliche Kontrollen offen, was auch regelmäßig geschieht. Seine übrig gebliebenen westlichen Konkurrenten Nokia und Eriksson allerdings verweigern das (Vgl. ebd., S. 282).

che, das heißt auf andere Personen, Personengruppen, Lebewesen und Objekte der Außenwelt.[49] Das ferne, andersartige und wieder mächtig gewordene China ist nach dieser Theorie die Projektionsfläche oder der Sündenbock für die Übertragung von Aggressionen, die ihren Ursprung größtenteils in eigenen Ängsten haben. Westliche Abstiegsängste münden folglich in Aggressionen gegen das prosperierende China, Frustrationen aus der Unfähigkeit zur Bewältigung der Corona-Krise in westlichen Staaten münden in der Schuldzuweisung an China als »Produzent und Verbreiter des China-Virus«.[50] Klimaängste werden mit der Beschimpfung Chinas als »Umweltdreckschleuder« und »CO_2-Champion« abreagiert.[51] Die Chip-Krise schadet der westlichen Automobilindustrie, also ist China daran schuld. Ein weiteres Anschauungsbeispiel liefern die USA: Die große autoritäre Gefahr der Gegenwart komme aus China, so lautet das gängige Narrativ in den USA.[52] Müsste nicht gefragt werden, ob die Gefahr eher im eigenen Land beheimatet ist, nämlich in der tiefen sozialen Spaltung zwischen den immer reicher Werdenden und den zunehmend Abgehängten oder in der moralisch-politischen Zerrüttung, die in der traumatischen Besetzung des US-Kapitols durch eine faschistoide Menge am 6. Januar 2021 zum Ausdruck gekommen ist?

Wichtig ist, hier festzuhalten, dass nicht alle westlichen China-Ängste einen endogenen, das heißt hausgemachten Charakter haben. Es gibt auch Ängste, die exogene, das heißt in China liegende, Auslöser haben. Auf diese wird in den Kapiteln 15 bis 19 eingegangen.

Persönliche Bemerkung

Ich möchte nochmals auf die internationalen Meinungsumfragen zurückzukommen, von denen im ersten Kapitel die Rede war und welche die große Zufriedenheit der chinesischen Bevölkerung mit ihrer Regierung zum Ausdruck bringen. In Diskussionen mit Freundinnen und Freunden, StudentInnen und Studenten sind mir immer wieder die folgenden stereotypen Reaktionen begegnet: Zuerst werden die Statistiken in Zweifel gezogen, was ja a priori nichts

Falsches ist. Wenn dann deren relative Seriosität geklärt ist, wird etwa entgegnet, dass die ChinesInnen halt von ihrem allmächtigen Staat manipuliert worden seien. Ich denke, dass eine solche Reaktion akkurat der Beleg für eine eurozentristische, letztlich arrogante und ignorante Haltung gegenüber den 1,4 Milliarden Menschen in China ist.

Anmerkungen

1 Vgl. Mahbubani 2020, S. 259
2 Vgl. Die Bibel, S. 422ff
3 Vgl. Bischoff/Sobich, S. 42-45; vgl. auch: de.wikipedia.org/wiki/Gelbe-Gefahr, besucht 29.8.2020
4 Vgl. Mahbubani 2020, S. 258
5 Vgl. Mahbubani 2020, S. 259
6 Vgl. www.feingold-research.com/2020/06/china-der-schlafende-riese, besucht 31.8.2021
7 Vgl. Schoettli
8 Vgl. Mahbubani 2020, S. 92
9 Vgl. Schmid, S. 37
10 Vgl. Ognibeni
11 Vgl. Behrens, S. 216
12 Vgl. de.wikipedia.org/marco-polo, besucht 20.8.2021
13 Vgl. Losurdo 2018, S. 12
14 ebd.
15 Vgl. Elsner 2021, S. 203
16 Leibniz Gottfried: Novissima Sinica. Das Neueste von China. 1697, zitiert in: von Senger 2008, S. 197
17 Vgl. Escobar
18 In dieser Einschätzung schließe ich mich Pepe Escobar an. Siehe ebd. und Elsner 2021, S. 203
19 Escobar
20 Vgl. de.wikipedia.org/wiki/Eurozentrismus, besucht 1.9.2021
21 Vgl. Achten 2018b
22 Vgl. Jacques, S. 167
23 Zitiert in: https://america21.de/analyse/249565/neokolonialismus-herausforderung-china, besucht 9.11.2021
24 Vgl. Stenz, S. 89
25 Vgl. Kieser, S. 322ff
26 Vgl. Frankopan, S. 23f
27 Vgl. Losurdo 2017, S. 241

28 Zum Beispiel: Elsner 2021, S. 11f und 83ff; Sieren 2018, S. 352ff; Jacques, S. 583
29 Vgl. Losurdo 2021b, S. 10
30 Vgl. Elsner 2021, S. 18
31 Zitiert in: Mahbubani 2020, S. 256
32 ebd., S. 9
33 ebd., S. 275
34 Vgl. ebd., S. 275
35 Vgl. Carlens
36 Vgl. Behrens, S. 165 und Elsner 2021, S. 212
37 Vgl. Le Monde diplomatique (Ausgabe Schweiz) November 2021, S. 16
38 ebd.
39 Vgl. Richter/Gebauer: Gegenstand der Untersuchung waren: FAZ, SZ, TAZ, Spiegel, Focus und Die Zeit sowie ARD und ZDF im Jahr 2008
40 Vgl. Elsner 2020, S. 78
41 Elsner 2021, S. 11
42 Vgl. https://monde-dipolmatique.de/artikel/!5602570, besucht 4.9.2021
43 Vgl. Sieren 2021, S. 270
44 ETIM ist das Kürzel für East Turkestan Islamic Movement
45 Vgl. Rimbert
46 Vgl. www.bernerzeitung.ch/ein-hongkonger-demokrat-der-nicht-aufgibt-649177775443, besucht 27.2.22
47 Vgl. Kronauer 2019, S. 254ff
48 Vgl. Sahay 2021b
49 Vgl. de.wikipedia.org/wiki/Projektion-(Psychoanalyse), besucht 4.9.2021
50 Elsner 2021, S. 210
51 Elsner 2020, S. 199
52 Vgl. Schuhler 2021

3. Kapitel

Die Heterotopie China: Erkenntnisprobleme

These: China ist eine Kultur des Sowohl-als-auch

Die fremden Teufel verstehen China nicht

»Die fremden Teufel« verstehen die Dinge in China nicht, beklagten sich die Beamten über die ausländischen Abgesandten am chinesischen Kaiserhof.[1] Das Unverständnis der abendländischen Menschen für das Reich der Mitte trifft auch auf das heutige China zu.[2] Die unglaubliche Entwicklung Chinas in den letzten drei Jahrzehnten kann man im Westen wohl nie vollständig begreifen. Diverse Barrieren behindern dies.

- Eine besteht in der chinesischen Sprache und Schrift, eine andere im Umgang mit schriftlichen Quellen aus China.
- Dazu kommen der sinophobe Komplex aus Angst, Ignoranz und Arroganz und die eurozentristische Haltung, welche die westliche Welt und ihre Werte für universell hält, alles durch diese Brille betrachtet und gewohnt ist, die andere Welt als Welt der Untergebenen und Minderwertigen wahrzunehmen. Bei der Beurteilung der chinesischen Welt müssen zuerst einmal andere als europäische Maßstäbe angelegt werden. Wer die Besonderheiten der kulturellen Entwicklung Chinas ignoriert, kann das Land und seine Menschen nicht verstehen.
- Auf Grund des gegenwärtigen emotionsgeladenen medialen Krieges des Westens gegen China wird der Zugang zur chinesischen Realität zusätzlich erschwert, wenn nicht sogar blockiert.

- Eine besondere Barriere ist das Anderssein Chinas. Ihm ist das vorliegende Kapitel unter dem Begriff der Heterotopie gewidmet. Doch zuerst zu den Sprach- und Quellenbarrieren.

Sprachbarriere und asymmetrischer Umgang mit schriftlichen Quellen

Die chinesische Schrift und Sprache sind sehr verschieden von den indoeuropäischen. Um sie zu erlernen, braucht es bestimmte kulturelle Praxen, die im Westen eher selten geworden sind: diszipliniertes Memorieren und vor allem zeitliche Muße, um von den 70.000 Schriftzeichen wenigstens die rund 3000, im Alltag gebräuchlichen visuell und phonetisch zu beherrschen.

Der westliche Umgang mit chinesischen Texten ist asymmetrisch. Es gibt heute ein großes Interesse an China, was sich in der explodierenden Zahl westlicher Sekundärliteratur äußert. Direkte chinesische Quellen jedoch werden entweder nicht gelesen, nicht zitiert und nur sehr selektiv wahrgenommen. Texte und Bücher von bekannten chinesischen PolitikerInnen, WissenschaftlerInnen und Intellektuellen der Gegenwart werden mit einer ganz bestimmten ideologischen Haltung rezipiert. Sie werden nicht zum Nennwert genommen, sondern beargwöhnt und a priori verdächtigt, Teil einer Propaganda zu sein.

Xi Jinpings Worte sind wenig wert

Während jeder Satz der US-Präsidenten auf Twitter in den Medien in Originalversion ausgiebig wiedergegeben wird, wird Chinas Präsident Xi Jinping selten ausführlich und oft in entstellter Form zitiert. Während das Chinabuch des ehemaligen US-Außenministers Henry Kissinger[3] eine große westliche LeserInnenschaft findet, werden Bücher von Xi nicht einmal zur Kenntnis genommen, obwohl sie sehr aufschlussreich und vermutlich auch sehr einflussreich sind. China-ExpertInnen betonen, dass Verlautbarungen der KPCh und der chinesischen Zentralregierung eine relativ große Verbindlichkeit haben und in der Regel wirklich beim Wort zu nehmen sind.[4] Das gilt zum Beispiel für die Ankündigung des chinesischen Präsidenten im September 2021, keine Kohlekraftwerke mehr im Ausland zu bauen und stattdessen den Entwicklungsländern beim Aufbau grüner und klimafreundlicher Energien zu helfen. Die Ankündigung und die Begründung Xis, dass dies der Harmonie zwischen Mensch und Natur zuliebe geschehe, wird nicht ernst genommen, weil – so westliche Kommentatoren – »Xis Versprechen wenig wert ist.«[5] (siehe 14. Kapitel)

Beim Wort zu nehmen sind auch die berühmten Fünfjahrespläne von Partei und Regierung. Ihre Ziele sind keine Wunschdaten von politischen SonntagsrednerInnen, sondern haben große Bedeutung für den ökonomischen und politischen Alltag. Ihre Erfüllung oder Nichterfüllung wird in China genau beobachtet und diskutiert. Das ist gewissermaßen ein Teil des unausgesprochenen Gesellschaftsvertrags zwischen der KPCh und dem chinesischen Volk. Die Texte werden als das genommen, was sie sind: offiziell beglaubigtes Ergebnis des Austarierens von realen gesellschaftlichen Interessen und Konflikten in einem Milliardenvolk. China zu verstehen ist also auch ein epistemologisches Problem, das heißt eine Frage des Umgangs mit Quellen.[6]

China: eine Heterotopie

Die Redensart »für mich ist das chinesisch« kann man ruhig auf China selbst anwenden. China bleibt dem Westen in Vielem fremd. Es hat eine andere Sicht auf die Welt und eine andere Vision davon, wie sich die Welt entwickeln soll.[7] Seine Kultur, sein Denken und sein Menschenbild, seine sozialen Beziehungen, sein Verhältnis zum Staat und sein Engagement für die Einheit des Landes unterscheiden sich stark vom Westen. Der französische Philosoph Michel Foucault hat in seinen frühen Schriften das Konzept der Heterotopie entworfen, was am besten mit Anders-Ort übersetzt wird.* Hetero-

* Heterotopie setzt sich aus den griechischen Wörtern ›heteros‹ (dt. anderer) und topos (dt. Ort) zusammen.

topien sind wirkliche Orte außerhalb des vertrauten eigenen Ortes. Orte, an denen ein von der herrschenden Norm abweichendes Verhalten lokalisiert ist. Durch ihr Anderssein bieten sie die Möglichkeit zur Reflexion, zum Widerspruch und zur Problematisierung der eigenen Normen.[8] Der französische Sinologe François Jullien hat die Heterotopie Foucaults auf das Phänomen China angewandt.[9] Das Ergebnis seiner Gedanken: Die alte chinesische Kultur und auch diejenige der Gegenwart sind das heterotope Gegenmodell zum abendländisch-westlichen Modell.

Kultur des Sowohl-als-auch

Nach François Jullien ist China von Europa aus gesehen etwas Äußeres, eben ein Anders-Ort. Beide Orte haben unabhängig voneinander und zeitverschoben eigene Ideen und entsprechende Konzepte hervorgebracht: Europa seit den Griechen die Idee der Freiheit, im weitesten Sinne die Idee der Menschenrechte und der Wahrheit; China das Prinzip der Einheit der Gegensätze in dem Einen, das Konzept des Weges zur Harmonie (chin.: dao), das Konzept der Mitte (chin.: zhongyang) und die Idee der Disponibilität. Das Reich der Mitte verfügt weder über einen starken Freiheits- noch über einen starken Wahrheitsdiskurs. Es hat bis Anfang des 20. Jh. u. Z. auch nie für seine Unabhängigkeit und Freiheit kämpfen müssen.

Das Dao ist sein Schlüsselprinzip und wird am besten mit Weg oder Methode übersetzt. Es spielt in allen »Drei Lehren« Chinas, dem Daoismus, dem Konfuzianismus und dem Buddhismus, in entsprechenden Interpretationen eine zentrale Rolle. Im Daoismus meint es die Einheit der Gegensätze. Alle Erscheinungen der Welt lassen sich auf gegensätzliche polare Kräfte zurückführen, wie Yin und Yang, hart und weich, Flut und Ebbe. Sie schließen sich nicht aus, sondern erzeugen sich gegenseitig und sind dasselbe in Einem. Dieselbe Talseite steht am Morgen in der Sonne und am Abend im Schatten. Helligkeit kann nur im Verhältnis zu Dunkelheit, Schönheit nur im Verhältnis zu Hässlichkeit existieren. Im »Buch der Wandlungen« (chin.: yiging), dem ältesten der klassischen chinesischen Texte, steht, dass der Wandel in der Kontinuität und die Kontinuität im Wandel bestehen und dass die Umkehr die Bewegungsart des Dao sei.[10] Dem daoistischen Prinzip entspricht ein dialektisches Denken. Dieses ist aber nicht identisch mit der abendländischen Dialektik eines Friedrich Hegel, wo der Schwerpunkt auf dem Gegensatz und dem Widerspruch liegt. Yin und Yang sind dagegen komplementäre Kräfte, die einem ewigen Wechsel folgen, bei dem einmal das eine und dann das andere dominiert, wie Ebbe und Flut.[11]

In der konfuzianischen Lehre ist das Dao der rechte oder goldene Weg.[12] Höchstes Ziel auf diesem Weg ist die Menschlichkeit (chin.: ren) und eine friedliche, sichere und harmonische Welt. Der Weg ermöglicht jedem Menschen und der Gemeinschaft, ein tugendhaftes und edles Leben zu führen. Der Konfuzianismus hat das Konzept der Mitte entwickelt. In der chinesischen Kultur geschieht vieles aus der Mitte heraus. Genauso wie bei dem hierzulande bekannten Tai-Chi-Quan, der chinesischen Kampfkunst. Mitte bedeutet nicht biederes Mittelmaß des Vorsichtig-auf-Distanz-Bleibens, sondern dass man das Eine ebenso tun kann wie das Andere, indem man offen ist für Beide. Erst so kann man Kompromisse finden und Widersprüche versöhnen. Das macht die Mitte aus: die Kategorie des Sowohl-als-auch. Darin liegt auch der Kern der Idee der sogenannten Disponibilität, welche bedeutet, dass man sich aus der Weisheit des Augenblicks heraus für alle Möglichkeiten offenhält.

Prägen die »Drei Lehren« das heutige China überhaupt noch? Dieser Frage wird vor allem im 4. Kapitel nachgegangen. Vorwegnehmend kann man sagen, dass der Konfuzianismus seit zweieinhalb Jahrtausenden die chinesische Kultur, die Gesellschaft und die Staatsdoktrin fundiert und dass er den Alltag Chinas (und anderer asiatischer Länder) bis heute prägt.[13] Gedacht und gehandelt wird nach wie vor in der Kategorie des Sowohl-als-auch, und zwar im Kleinen wie im Großen.[14] ChinesInnen kommen mit Widersprüchen besser klar als Menschen im Westen.[15] Sie werden nicht nur dazu erzogen, ihre Emotionen und Leidenschaften zu zügeln, sondern Extreme und Widersprüchliches auszuhalten, miteinander zu versöhnen und wenn möglich einen Kompromiss und eine Win-win-Situation zu suchen. Etwas verallgemeinernd (und vielleicht auch etwas klischeehaft) kann man sagen, dass ChinesInnen in der Regel gleichmütiger, geduldiger und gleichzeitig wacher und anpassungsfähiger sind als die Menschen im Westen.[16] Ihre sprichwörtliche Anpassungsfähigkeit und Flexibilität ist für westliche Menschen heterotop. Sie wird nicht verstanden und fälschlicherweise als Ausdruck von Unzuverlässigkeit, List, Opportunismus und Durchtriebenheit taxiert.[17]

Chinas Außenpolitik ein Sowohl-als-auch

Die chinesische Kultur des Sowohl-als-auch steht in fundamentalem Gegensatz zur westlich-abendländischen Kultur. Dort steht die Kategorie des Entweder-oder im Vordergrund. Die westliche Kultur ist darin geübt, die Welt in strikten Dichotomien (dt.: Zweiteilungen) zu denken, in Freund und Feind, Freiheit und Unfreiheit, Schwarz und Weiß, Gut und Böse. Der deutsche Soziologe Max Weber hat von einem Grundunterschied zwischen konfuzianischem und westlichem Rationalismus gesprochen, der in der konfuzianischen Anpassung an die Welt und der westlichen Beherrschung der Welt bestehe.[18]

Das chinesische Sowohl-als-auch zeigt sich heute exemplarisch auf geopolitischer Ebene in der Auseinandersetzung zwischen den beiden Weltmächten USA und VRCh. Die USA reagieren auf den Aufstieg Chinas mit einem Dominanz- und Ausschließlichkeitsverhalten, mit einem Entweder-oder: entweder die USA oder die VRCh. China müsse mit allen Mitteln zurückgedrängt und vom wirtschaftlichen und politischen Weltsystem abgekoppelt werden (engl.: De-Coupling). So forderte US-Präsident Joseph Biden unverblümt den »Garaus des Rivalen«,[19] und sein Außenminister Anthony Blinken meinte, dass China »aus dem Feld geschlagen« werden müsse und dass die USA im Machtkampf gegen China sicher siegen würden.[20] China reagierte darauf mit dem typischen Sowohl-als-auch: Es gibt sowohl die USA als auch China. Beide haben verschiedenartige Systeme und stark differierende Grundhaltungen. Trotzdem können und sollen beide nebeneinander existieren, kooperieren und für die Weltgemeinschaft eine gemeinsame Verantwortung übernehmen. Präsident Xi meinte: »Die Menschheit teilt ein gemeinsames Schicksal (engl.: shared future for mankind) und die internationale Gemeinschaft muss fest zusammenhalten und kooperieren, um gemeinsam die wirtschaftlichen und gesundheitlichen Krisen zu bewältigen.«[21] Die unzähligen Kooperationsangebote fanden bisher kein Gehör bei den USA. Beide, Biden und Xi, müssen aber ernst genommen werden.

Die Art, wie sich China heute außenpolitisch in die bestehende Weltordnung einfügt, kann man nur aus seiner Sowohl-als-auch-Kultur verstehen. Sie ist sowohl konvergent als auch divergent. Konvergent ist die Anpassung an die kapitalistischen internationalen Normen. Divergent ist, dass China in Vielem nicht in die Konventionen der westlichen Welt und ihre globalen Politiken passt. China übernimmt Verantwortung im internationalen System, drückt diesem aber auch seinen eigenen, oft divergenten Stempel auf.

Heterotopes Denken

Das chinesische Denken ist gemäß François Jullien Schauplatz einer Heterotopie, es ist ein Ort des Andern. Es ist pragmatisch, antimetaphysisch, kennt keinen Seins-Begriff, kein »Ding an sich« und keinen »absoluten Geist«. Auch eine Gottesidee ist ihm fremd. Die Welt hat weder Anfang noch Ende und wandelt sich nach immanenten Gesetzen, die im Rahmen eines Prozesses erfolgen.[22] Deshalb sind den ChinesInnen monotheistische Glaubenssysteme, metaphysische Religionen und die daraus folgenden Abgrenzungen fremd. Sie orientieren sich vielmehr am irdischen Glück und versuchen dieses mit dem Dao zu erreichen.[23] Das chinesische Denken sucht die Wahrheit im konkreten Kontext, in den Beziehungen der Dinge zueinander. Es ist subjektiv, intuitiv und induktiv und kommt weitgehend ohne formale Logik und Erkenntnistheorie aus.[24]

Das traditionelle abendländische Denken ist dagegen antipragmatisch und ist gewohnt, die Welt in Dichotomien einzuteilen. Es ist mehrheitlich ein linear-mechanisches Schwarz-Weiß-Denken und stark metaphysisch orientiert. Es sucht eine ideale, objektive und in metaphysischem Sinne wahre Form (griech.: eidos). Es nimmt diese zum Ziel (griech.: telos) und formt die Realität danach.[25] Etwas verallgemeinernd kann man feststellen: Das platonisch geprägte abendländische Denken hat sich mit dem christlichen verschmolzen, welches die vorhandene Welt verneint und versucht, sie mittels religiöser Konstrukte zu erlösen.

Heterotopes Menschenbild

Auch das traditionelle konfuzianische Menschenbild ist eine Heterotopie. Die Menschen sind gemäß konfuzianischer Lehre von Natur aus gut und nicht wie in der christlichen Lehre von Natur aus sündig und schlecht. Im konfuzianischen Klassiker »Das große Lernen« (chin.: daxue) ist das Ziel der Persönlichkeitsbildung formuliert: Die Menschen sollen unaufhörlich daran arbeiten, in die innere Mitte zu gelangen. So können sie sinnvoll in der Welt wirken und diese harmonisch mitgestalten. Dieses konfuzianische Ideal gilt grundsätzlich als erreichbar.[26] Durch stete Übung kommt der Mensch als Teil der Gesellschaft zu moralisch-ethischer Vervollkommnung. Diese besteht in einem Leben nach den sogenannten »Fünf Konstanten« (chin.: wu chang): der Menschlichkeit, der Gerechtigkeit, der Sittlichkeit, der Weisheit und der Aufrichtigkeit.[27] Höchstes Ziel ist die Menschlichkeit (chin.: ren).[28] Das konfuzianische Menschenbild ist ein humanistisches, vergleichbar mit dem des abendländischen Humanismus.[29]

Grundbaustein des konfuzianischen Gesellschaftsmodells ist die Familie, deren Oberhaupt der patriarchale Vater oder Ehemann ist. Das trifft die Frauen besonders, denn sie müssen in einem klar definierten Über- und Unterordnungsverhältnis dreifach gehorsam sein: gegenüber dem Vater, solange sie jung sind, gegenüber dem Ehemann und als Witwe gegenüber dem erwachsenen Sohn. Der Konfuzianismus ist eine ausgeprägt patriarchale Geschlechtertheorie, mit weitreichendem Einfluss auf die gesellschaftliche Praxis. Mehr darüber im 9. Kapitel. In der konfuzianischen Welt steht die

Gemeinschaft im Vordergrund. Bis vor kurzem definierten sich die ChinesInnen eher über die Gruppe (Familie, Sippe oder Arbeitsplatz) als über das Individuum.[30]

Heterotopes Staats-, Politik- und Sicherheitsverständnis

Auch die traditionelle chinesische Staatslehre ist stark vom Konfuzianismus geprägt. Sie ist durch Harmonie- und Sicherheitsstreben, Paternalismus und Meritokratismus charakterisiert, welche alle ein nachhaltiges Erbe bilden. Der kluge Herrscher hat das »Mandat des Himmels«, das darin besteht, durch Ernährungssicherheit und Bildung für eine harmonische Gesellschaft zu sorgen und Stabilität und Sicherheit zu garantieren. Zwischen dem Herrscher und dem Volk besteht eine Art Contrat Social, ein Gesellschaftsvertrag. Heute besteht der Contrat Social zwischen der KPCh und dem chinesischen Volk, eine Art Tausch im Sinne von: Ich vertraue dir einige meiner Rechte an, im Gegenzug gibst du mir Frieden, Wohlstand und Sicherheit.[31] Je nach ihrer Ausübung des »Mandats des Himmels« werden die Herrschenden beurteilt. Sie müssen sich das Mandat gewissermaßen verdienen. Das ist die meritokratische Seite der chinesischen Staatstradition.

Der kluge Herrscher muss sich seine Position auch durch moralische Vorbildfunktion im Sinne von Menschlichkeit verdienen.[32] Das Idealbild von Konfuzius besteht in einer Politik nicht »durch das Volk«, sondern »für das Volk«. Im althergebrachten chinesischen Staatsverständnis kommen die Freiheit des individuellen Staatsbürgers, Parlamentarismus und Opposition, Gewaltenteilung und Herrschaft des Rechts nicht vor,[33] sondern vielmehr die Schutzfunktion der Herrschenden als tugendhafte und weise Politiker.[34] Das ist die paternalistische Eigenheit der konfuzianischen Staatslehre. Der traditionelle Paternalismus zwischen Regierung und Volk ist analog zu demjenigen zwischen Vater und Kindern: Ich weiß am besten, was gut für dich ist.[35]

Die Heterotopie des chinesischen Staatsverständnisses gründet darin, dass das chinesische Gemeinwesen älter ist als alle heute existierenden Staaten. Es ist in der Geschichte einmalig und verkörpert Kontinuität. Es war schon früh ein zentralisiertes Staatswesen mit einer großen Bevölkerungsmasse. Auf ihm ruht weitgehend die uralte chinesische Identität. Der Staat ist Ausführender und Bewahrer der chinesischen Zivilisation, vor allem durch gute Verwaltung und Bildung. Er ist ein natürlicher Teil der Gesellschaft, während der Staat im Westen etwas Übergestülptes, ein notwendiges Übel oder etwas Fremdes ist.[36] In die heutige chinesische Regierungstätigkeit fließen Tausende Jahre politischer Tradition und philosophischer Erkenntnisse ein.[37] Das chinesische Staatsverständnis ist ein Schlüssel für das Verständnis des heutigen China und der KPCh.

Paternalismus und Abhängigkeit sind in China nicht negativ konnotiert. Die positive Haltung gegenüber der Fürsorglichkeit des Staates wird allgemein geteilt und gutgeheißen, unabhängig vom Alter.[38] Auch die zentralistische Staatsform wird von der Bevölkerung – vor allem von jenen Hunderten von Millionen Menschen, die aus Armut befreit worden sind und es zu einem bescheidenen Wohlstand gebracht haben – als für das Riesenreich geeignet und legitim akzeptiert.[39] Sicherheit und Harmonie haben einen großen sozialen Wert. Staatliche Instabilität gefährdet gemäß Jahrtausende alter Erfahrung Sicherheit und Wohlstand, die Früchte der Arbeit und ganz allgemein das Privileg, das Leben zu geniessen.[40]

Exemplarisch für das heterotope Sicherheitsverständnis ist das sogenannte Sozialkredit-System (SCS), das heißt die Handhabung der alltäglichen inneren Sicherheit in der Volksrepublik. Weil das traditionell starke Harmonie- und Sicherheitsbedürfnis der ChinesInnen den westlichen Menschen fremd ist, stößt auch ihre große Akzeptanz für das SCS im Westen auf Unverständnis und Ablehnung. Eine chinesische Heterotopie, die im 17. Kapitel behandelt wird.

Heterotopes Zeitverständnis

Die VRCh hat sich sehr langfristige Ziele gesetzt, die zwei sogenannten Hundert-Jahres-Ziele. Das erste dauerte von 1921 bis 2021 und bestand darin, aus China ein »Land mit einem bescheidenen

Wohlstand« zu schaffen.[41] Das zweite dauert von der Gründung der Volksrepublik bis 2049 und besteht darin, aus China ein »wohlhabendes, starkes, demokratisches, zivilisiertes, harmonisches und sozialistisches Land« zu schaffen.[42] Das erste Ziel ist erreicht. Man kann gegenwärtig beobachten, wie China alles daransetzt, auch das zweite Ziel zu erreichen. Solche monumentalen Langzeitziele sind aus westlicher Sicht eine Heterotopie. Die ChinesInnen haben in ihrer langen Geschichte eine besondere Tradition entwickelt: Das lange kollektive Gedächtnis und die Fähigkeit zu langfristigem Handeln bis weit in die Zukunft hinein. »Wer nicht für 10.000 Generationen plant, vermag nicht für eine Generation zu planen«, sagt eine chinesische Weisheit.[43] China denkt vernetzt und kontextbezogen in langen Zeiträumen, und die Politik plant in langen Zyklen.[44]

Das Konzept der langfristigen Planung (chin.: moulüe; dt.: Supraplanung) hat der Schweizer Sinologe Harro von Senger zum ersten Mal den westlichen LeserInnen zugänglich gemacht. Die Politik ist von strategischem Denken durchdrungen,[45] im Gegensatz zur Politik im Westen. Der Westen lebt politisch und ökonomisch vor allem im Hier und Jetzt. Beispielgebend sind hier auch wieder die USA. Sie sind eine Nation mit einer kurzen Geschichte und einem sehr kurzen Gedächtnis. Wie es nach fünf Jahren, in einer kommenden Wahlperiode, aussehen wird, ist von sekundärem politischem Interesse. Die westlichen Staaten haben einen konkreten Handlungshorizont von 4 bis 8 Jahren.[46] Um seine Wiederwahl nach vier Jahren nicht zu gefährden, darf ein gegenwärtiger US-Präsident, aus welchem Lager er immer kommt, bei seiner Chinapolitik nicht langfristig handeln. Er darf nichts tun, was gegen den nationalen Antichinakonsens verstößt, selbst wenn er das wollte. Strategisch denkende Politik ist im Westen fast ein Widerspruch in sich. Das hängt mit dem Wahlsystem in den westlichen Demokratien zusammen, hat aber vor allem systemische Gründe, die im kurzfristigen kapitalistischen Akkumulations- und Investitionsrhythmus liegen. Die sogenannte Finanzialisierung der kapitalistischen Ökonomie hat die Geschwindigkeit und die Kurzlebigkeit des ökonomischen

Handelns zusätzlich beschleunigt. Das systemische Unvermögen zu ökonomischer Weitsicht macht ein mittel- und längerfristiges politisches Handeln, so wie es im heutigen China passiert, unmöglich. Chinas heutige Führung hält sich hingegen diszipliniert und konzentriert an ihre langfristigen Strategien.[47]

Westliche Selbsterkenntnis

Die Theorie der Heterotopie Chinas kann dazu verleiten, wegen allem Anderssein die Gemeinsamkeiten, gewissermaßen die anthropologischen Konstanten, auszublenden. Die Aussagen über das Anderssein Chinas sind in diesem Buch aber nicht im essentialistischen Sinn gemeint. Zwischen den ChinesInnen und dem Rest der Menschen gibt es zwar die Große Mauer, aber nicht eine ontologische Mauer. Die Gemeinsamkeiten sind größer, trotz aller getrennten Identitäten.[48] Die meisten Menschen auf dieser Welt verfolgen im Grunde dieselben Ziele und haben auch eine gemeinsame Verständigungsbasis. Das betrifft zum Beispiel auch die Menschenrechtsfrage,[49] wo trotz ungleicher Entwicklung und verschiedener Akzentsetzung zwischen China und dem Westen ein Konsens zustande kommen wird (siehe 16. Kapitel). Doch die Heterotopie oder die »Ungleichzeitigkeit der Entwicklung«, wie es der deutsche Philosoph Ernst Bloch formulierte, erschweren die Kommunikation.[50] Erkenntnis kommt dann zustande, wenn man bereit ist, sich auf das andere einzulassen und in »China hineinzugehen«.[51] Das bedeutet, sich von vertrautem und eventuell falschem Wissen zu trennen, was zwar gegen den Strich geht, aber das Wagnis wert ist. China als Heterotopie gibt durch sein Anderssein und durch die daraus entstehenden Widersprüche die Möglichkeit zur Reflexion und zur Problematisierung der eigenen westlichen Normen.[52] Durch den Umweg über China lernt man den eigenen eurozentristischen Standpunkt zu relativieren und sich selbst besser zu verstehen. Das kann auch darin bestehen, die kolonialistischen und kulturimperialistischen sowie die rassistischen und sexistischen Elemente der westlich-europäischen Vergangenheit zu erkennen. Das fördert seinerseits das weitere Verstehen des heterotopen China. Im Umweg besteht das Wesen der sogenannten »Zirkularität der Erkenntnis«.[53]

Persönliche Bemerkung

1,4 Milliarden Menschen fühlen sich in China mehr oder weniger wohl in einer gesellschaftlichen und politischen Ordnung, die sich stark von der unsrigen unterscheidet. Ich bin mit Kishore Mahbubani der Meinung, dass dies dazu einladen sollte, uns auf eine gründliche Selbstprüfung einzulassen.[54]

Der schnellste Weg zu Informationen über das aktuelle China ist meiner Erfahrung nach selten der verlässlichste; denn Inhalt und Wahrheitsgehalt der meisten täglich frisch gelieferten Informationen über China sind dürftig und oft unbrauchbar. Aus epistemologischen Gründen ist es meines Erachtens wichtig, dass man sich im Westen auf die direkten chinesischen Quellen einlässt und diese mit den im Westen veröffentlichten Meinungen konfrontiert.

Anmerkungen

1 Andersson
2 Vgl. Mahbubani 2021
3 Vgl. Kissinger 2012, S. 12
4 Vgl. von Senger 2008, S. 67
5 Bauchmüller Michael: Xis Versprechen ist wenig wert, in: Der Bund v. 27.9.2021, S. 10
6 Vgl. Landmann et al.
7 Vgl. Keyu, S. 11
8 Vgl. Foucault. Siehe auch wikipedia.org/wiki/Heterotopie
9 Vgl. Jullien 2002 und Jullien 2006. Siehe auch de.wikipedia.org/wiki/François Jullien, besucht 25.1.2020
10 Vgl. Baron et al., S. 74
11 ebd., S. 151
12 Vgl. Paul, S. 30ff
13 Vgl. Mahbubani 2021
14 Vgl. Achten 2018c
15 Vgl. Sieren, S. 243
16 Vgl. Baron et al., S. 152

17 ebd., S. 251
18 ebd., S. 248
19 Vgl. Schuhler 2021, S. 12
20 Vgl. Kronauer 2021a, S. 8
21 Zitiert in: www.bjrundschau.com 19.1.2020, besucht 19.7.2021
22 Vgl. Halmer, Nicolas: François Jullien und der Ortswechsel des Denkens, www.wienerzeitung.at, besucht 5.1.2020
23 Baron et al., S. 232
24 ebd., S. 143
25 ebd.
26 Vgl. Lüdi Küng, Eva: Das Herz im chinesischen Denken, in: Ruizhong. Magazin der Gesellschaft Schweiz-China. Nr. 1 (2021), S. 36
27 Vgl. de.wikipedia.org/wiki/Konfuzianismus
28 Vgl. Paul, S. 46f
29 ebd.
30 Vgl. Achten 2018c
31 Vgl. Keyu, S. 14
32 ebd., S. 19
33 Vgl. Baron et al., S. 313
34 Vgl. Keyu, S. 20
35 ebd., S. 13
36 Vgl. Jacques, S. 248ff
37 Vgl. Mahbubani 2020, S. 179
38 Vgl. Keyu, S. 13
39 Vgl. Baron et al., S. 309ff
40 Vgl. Keyu, S. 15
41 Xi 2018, S. 79ff
42 ebd., S. 17
43 Chen Danran: Dynastietreue Planvorschläge aus dem Gebiet südlich des Jangtse-Flusses. 1900 / 577 zitiert in: von Senger 2008, S. 24
44 Vgl. Jacques, S. 582
45 Vgl. Baron et al., S. 159
46 Vgl. von Senger 2008, S. 24 und 199
47 Vgl. Mahbubani 2020, S. 82
48 Vgl. ebd., S. 272
49 Vgl. Paul, S. 48
50 Vgl. Dietschy et al.
51 Elsner 2020, S. 91
52 Vgl. Foucault
53 Vgl. Elsner 2020, S. 103 und de.wikipedia.org/wiki/Zirkularität_(Kybernetik), besucht 23.2.2022
54 Vgl. Mahbubani 2020, S. 172

4. Kapitel

Sowohl Moderne als auch Tradition

These: China spielt auf beiden Klaviaturen, auf derjenigen der Moderne und derjenigen der Tradition

Das kulturelle Schwungrad in der Moderne

In China reicht sehr viel Vergangenheit in die Gegenwart und Zukunft hinein. Dieses Phänomen wurde im ersten Kapitel mit der Metapher des kulturellen Schwungrades zu erklären versucht. Die sogenannte asiatische Produktionsweise sorgte in China für eine außerordentliche Kontinuität der traditionellen Denksysteme, Ethiken und Staatslehren, die wie ein Schwungrad weiterdrehten, auch nachdem die wirtschaftliche Produktionsweise im 20. Jh. u. Z. eine andere geworden war. Man könnte von einer Unmittelbarkeit der Vergangenheit in der Gegenwart reden. Das äußert sich in China in einem Sowohl-als-auch von Tradition und Moderne und ist im Vergleich zum Westen eine Heterotopie. Mit Moderne ist der in Europa stattfindende kulturelle Umbruch gegenüber der Tradition gemeint, der durch die industrielle Revolution, die Aufklärung und die Säkularisierung ausgelöst wurde.

Stabilität im Wechsel

Mit Beginn der Periode der sogenannten »Reform und Öffnung« Ende der 1970er Jahre hat sich die VRCh in einem unglaublichen Ausmaß dem westlichen Kapitalismus und der Moderne geöffnet (siehe 8. Kapitel). Die rasante Entwicklung der Produktivkräfte nach der Öffnung gegenüber dem Westen und die ungeheure Geschwindigkeit in der Realisierung von wirtschaftlichen, städtebaulichen und technologischen Mammutprojekten hatten eine große ökonomische und soziale Unrast zur Folge. Die von permanentem Wechsel und Anpassungszwang gekennzeichnete ökonomische Öffnung zeitigte gravierende gesellschaftliche, kulturelle und psychologische Kollateralschäden. Eine Gesellschaft kann solche Umwälzungen nur einigermaßen heil überstehen, wenn sie gleichzeitig über Ressourcen der Stabilität und Kontinuität verfügt, wie es im China der 1980er Jahre und der folgenden Jahrzehnte der Fall war. Einerseits begünstigten die sprichwörtliche Anpassungsfähigkeit der chinesischen Bevölkerung und ihre Offenheit für Neues den Start und den Erfolg von »Reform und Öffnung«.[1] Andererseits – das ist entscheidend – verfügt die VRCh über eine langjährige kulturelle Identität, welche eine gute Voraussetzung bot, um den Strapazen der Öffnung einigermaßen gewachsen zu sein.[2] Sie war die Basis, auf der es möglich wurde, den negativen Folgen der Öffnung zu widerstehen und die gesellschaftliche Situation zu stabilisieren. Anker der Stabilität waren die Familie als Auffangnetz und der Staat in der chinesischen Tradition einer fürsorglichen Institution.

Basis und Überbau im modernen China

Um das zu erläutern, soll hier die marxistische Metapher von ›Basis und Überbau‹ herangezogen werden.[3] Heute werden dafür etwa die Wörter ›Hardware‹ und ›Software‹ benützt, was die Metapher allerdings nur unpräzise ersetzt. Nach Karl Marx und Friedrich Engels bildet die ökonomische Basis, das heißt die ökonomische Struktur oder die Produktionsverhältnisse, die materielle Grundlage, aus der der gesamte Überbau, nämlich rechtliche und politische Einrichtungen, sowie religiöse, philosophische und sonstige Vorstellungsweisen zu erklären ist.[4] Der Überbau ist in letzter Instanz durch die Basis determiniert,[5] verfügt aber über eine relative Autonomie und wirkt auf die Basis zurück.[6] Genau diese dialektische Beziehung von Basis und Überbau ist in der marxistischen Tradition früh in den Hintergrund getreten. Eine ökonomistische Auslegung, welche in der monokausalen Priorisierung der Basis gegenüber dem Überbau besteht, dominierte stattdessen sehr bald den Marxismus. Das sollte sich als Fehler erweisen.

Das China der »Reform und Öffnung« befand sich, was die Basis und den Überbau betrifft, in einer vorteilhaften Situation: Nach der turbulenten Entwicklung der neuen ökonomischen Basis konnte es von seiner traditionellen Kultur, vom kulturellen Schwungrad, profitieren. Die stabilisierende Tradition war so präsent und stark, dass sie auf die Basis zurückwirken konnte. Nur so ist zu erklären, dass die entfesselte Basis mit ihren gesellschaftlichen Folgeschäden nicht die ganze chinesische Gesellschaft unwiederbringlich zerstören konnte. Die Kombination von kulturellem Selbstvertrauen mit vom Westen übernommenem Wissen und Können stärkte die chinesische Gesellschaft und verlieh ihr eine besondere Vitalität.[7]

Der kulturelle Faktor

Eine Person steht für die große Debatte über die Rolle der kulturellen Tradition: Wang Huning.[8] Wang ist Mitglied des siebenköpfigen Ausschusses des Politbüros des Zentralkomitees, dem engsten Machtzentrum der KPCh. Nachdem Wang Huning Berater der Staatspräsidenten Jiang Zemin und Hu Jintao, der beiden Vorgänger von Xi Jinping, gewesen war, übernahm er diese Funktion auch unter Xi und wurde einer seiner engen Vertrauten. Im Westen wird er gerne in die Schablone des Chefideologen und der grauen Eminenz der KPCh gepresst.[9] Schlüsselelement seines Denkens ist die Sicht auf die Funktion der Kultur, beziehungsweise der Werte, der Haltungen und der Tradition. Wang betont, dass die Kultur bei der Transformation einer Gesellschaft ein zentraler und relativ unabhängiger Faktor ist, insbesondere für die Stabilität einer Gesellschaft. Der kulturelle Überbau prägt das politische Geschehen ebenso wie die Basis. Nur kulturell starke Staaten sind nach Wang starke Staaten.[10]

Von westlichen BeobachterInnen wurde dieses Denken als Bruch mit dem Materialismus der marxistischen Orthodoxie eingestuft.[11] Das ist aber nur aus oberflächlicher Sicht so, denn der Überbau kann, wie oben gesagt, auch eine relativ autonome Funktion haben. Wenn Wang diese Funktion auf Grund der Erfahrung der chinesischen Geschichte stark herausstreicht, so ist das Ausdruck einer marxistischen Theoriedebatte, die unter dem Label »Sinisierung des Marxismus« läuft.

Die Gedanken Wang Hunings scheinen in der Ära Xi Jinping große Wirkungen zu entfalten (siehe 10. Kapitel). Seit den 2010er Jahren findet sowohl eine Betonung des Marxismus als auch eine Renaissance der klassischen Philosophie statt.[12] Die KPCh knüpft in bisher nicht gekannter Art an das klassische chinesische Denken an. In der Parteisprache klingt das folgendermaßen: »Die grundlegenden Prinzipien des Marxismus mit Chinas Realität sowie der vorzüglichen traditionellen chinesischen Kultur verbinden«[13] Das Sowohl-als-auch von Moderne und Tradition, das »Aus zwei mache eins«, ist ein reziproker und dynamischer Prozess. Die Förderung des Selbstvertrauens in die eigene Kultur und die Aktivierung ihres Potentials sind wichtige Momente in der Ära Xi Jinping. »Sie müssen von der Partei aktiv gestärkt werden«, heißt es in einer Verlautbarung der KPCh.[14]

Sowohl-als-auch

Das Sowohl-als-auch von Entfesselung und staatlicher Bändigung der Produktivkräfte, von Wettbewerb und langfristiger staatlicher Planung, von Innovation und Kontrolle, ist die große Stärke der neueren chinesischen Entwicklung und gleichzeitig der systemische Vorteil der VRCh gegenüber den Staaten des kapitalistischen Westens. Es löste eine unglaubliche ökonomische und gesellschaftliche Dynamik aus, die ihresgleichen sucht und im Westen nur Staunen hervorrief.

In der Verbindung von Gegenwärtigem und Altem spielte und spielt China gleichzeitig auf zwei mentalen Klaviaturen und es weiß damit umzugehen.[15] Es hat sich die Instrumente des kapitalistischen Westens angeeignet, ohne zu verwestlichen. Das macht das chinesische politische System widerstandsfähig[16] und ist das Besondere des sogenannten ›Sozialismus mit chinesischen Merkmalen‹, von dem im 15. Kapitel die Rede ist.

Im Umgang mit dem Überbau, dem ›kulturellen Faktor‹ oder der ›Software‹, unterscheidet sich der chinesische vom sowjetrussischen Sozialismus. In der UdSSR hatte die Debatte über den Überbau nicht eine so wichtige Funktion wie in China. Der Enthusiasmus der Anfangsjahre nach der Oktoberrevolution war mit der Zeit verflogen. Dieses Manko sollte verhängnisvolle Spätfolgen haben. Denn aus einer neu geschaffenen Basis leitete sich nicht mechanisch ein starker neuer Überbau ab. Peter Hacks (1928-2003), einer der bedeutendsten Dramatiker der DDR, kritisierte noch zu DDR-Zeiten, dass der Realsozialismus schon früh den Überbau kampflos geräumt und seine Kunstproduktion eingestellt habe.[17] Allein aus der ökonomischen Basis konnte nur schwer die nötige gesellschaftliche Motivation für einen sozialistischen Aufbau gewonnen werden, vor allem, wenn dieser unter erschwerten Bedingungen stattfinden musste.

Die Wahrheit in den Tatsachen suchen

Der Konfuzianismus hatte in der chinesischen Republik unter Sun Yat-sen ab 1912 einen schweren Stand, galt er doch bei den Eliten als Ursache von gesellschaftlicher und politischer Stagnation und als Bremsklotz in der Entwicklung der Republik. Diese Haltung teilte die KPCh, was auch in den ersten Jahrzehnten der VRCh so blieb. Zwar hatte Mao Zedong noch festgehalten, dass man sich Ausländisches und Altes für die Gegenwart nutzbar machen solle.[18] Mao: »Wir dürfen den Faden der geschichtlichen Kontinuität nicht abschneiden. Wir müssen unsere Geschichte von Konfuzius bis Sun Yat-sen zusammenfassen und von diesem wertvollen Erbe Besitz ergreifen. Das wird uns helfen, die große Bewegung der Gegenwart zu lenken.«[19] Und: »Es ist eine unerlässliche Bedingung für die Entwicklung der neuen nationalen Kultur und für die Hebung des nationalen Selbstvertrauens, dass wir den Entwicklungsprozess der klassischen Kultur sichten, ihre feudalen Schlacken wegräumen und die in ihr enthaltenen demokratischen Werte assimilieren.«[20] Trotzdem wurde der Konfuzianismus immer noch als »Relikt des Feudalismus« kritisiert und während der Kulturrevolution heftig bekämpft.[21] Das hat sich in der Zwischenzeit geändert. Heute pflegt die VRCh neben dem selbstbewussten Umgang mit der abendländischen Moderne einen ebenso selbstbewussten Rückgriff auf ein über Jahrtausende tradiertes Wissen. Das dialektische Yin-Yang-Denken, das in der Formel Maos ›zwei zu einem vereinen‹ mündete, dürfte dazu beigetragen haben, dass China im 20. Jh. u. Z. den Konfuzianismus mit der Moderne verbinden konnte und dass es den ebenfalls dialektisch fundierten Marxismus zu seiner Hauptdoktrin erheben konnte.[22]

Eines der verbindenden Elemente der beiden Doktrinen ist das konfuzianische Diktum, dass die Wahrheit in den Tatsachen zu suchen sei und dass darin das prioritäre Erkenntniskriterium bestehe. Die chinesische philosophische Tradition ist pragmatisch und verfügt über einen ausgeprägten Realitätssinn. Vernünftiges und faktenbasiertes Handeln hat in China Tradition.[23] Auch der aus dem Abendland stammende Marxismus steht in einer rational-analytischen Tradition und geht von den Tatsachen der ökonomischen Basis und des politischen Überbaus aus.

Hybride Modernität

Der Staat spielt in der chinesischen Modernität eine herausragende Rolle. Der Begriff Modernität wird hier für den Umgang Chinas mit der westlichen Moderne verwendet. Er wird auch »hybride Modernität« genannt.[24] Bei den asiatischen ›Tigerstaaten‹ Südkorea, Singapur, Hongkong und Taiwan hatte der Staat bei der Modernisierung, beziehungsweise bei der Öffnung für das westliche Kapital, ebenfalls einen höheren ökonomischen Stellenwert als im liberalen Westen.

Die chinesische Geschichte beweist, dass der Staat bei der technologischen Innovation entgegen dem liberalen Dogma eine starke Rolle spielen kann und dass eine staatliche Industriepolitik sehr kreativ sein kann.[25] Die starke Rolle des Staates korreliert mit dem traditionellen kulturellen Charakter der ChinesInnen, dem Ordnungsbedürfnis und der gesellschaftlichen Akzeptanz gegenüber staatlichen Regulierungen.[26]

Anleihen im Konfuzianismus

Wie bereits im 3. Kapitel erwähnt, macht die Gesellschafts- und Staatsdoktrin im heutigen China viele Anleihen beim Konfuzianismus.[27] Das traditionelle chinesische Konzept einer »Gesellschaft der großen Harmonie« (chin.: datong shehui) findet sich ebenfalls in der marxistischen Vision von sozialer Gerechtigkeit, und die gegenwärtige Übergangsgesellschaft »mit bescheidenem Wohlstand« hat ihren Namen von der konfuzianischen »Gesellschaft mit bescheidenem Wohlstand« (chin.: xiaokang shehui).[28]

Wie im Konfuzianismus ist die Familie der Grundbaustein der Gesellschaft. Die tief in der Tradition verwurzelten Familienwerte werden hochgehalten und die Familienkultur großgeschrieben.[29] Die gesellschaftliche Moral und die moralischen Vorbilder haben einen großen Stellenwert.[30] Die Mitglieder der KPCh haben Vorbildfunktion auszuüben und dem Volk zu dienen. Maos Parole »dem Volke dienen« (chin.: wie renmin fuwu) schließt an den alten konfuzianischen Paternalismus an. Nur so könne die Partei die Akzeptanz durch das Volk verdienen. Partei und Staat handeln in paternalistisch-konfuzianischer Weise »für das Volk und nicht durch das Volk«.[31] Bei Xi Jinping heißt es: »Sie entfalten seine Initiative«,[32] »Sie sorgen für seine Teilhabe«[33] und »Sie führen es zu einem glücklichen Leben«[34] Das versteht die KPCh heute unter verantwortungsvoller Regierungsführung (engl.: Good Governance).

Sowohl-als-auch in Medizin und Ernährung

Wie in China Moderne und Tradition zusammenkommen, kann man im Gesundheits- und Ernährungsbereich beobachten. In der ärztlichen Versorgung gelangen sowohl die moderne wissenschaftliche Medizin als auch die traditionelle chinesische Medizin (TCM) zum Einsatz. Sie bilden zusammen ein großes Erfolgskonzept.

Auch im Nahrungssektor zeichnet sich gegenwärtig eine einmalige Verbindung von Moderne und Tradition ab: durch die Anwendung traditioneller buddhistischer vegetarischer Rezepte bei der Produktion von vegetarischen Nahrungsmitteln.[35] In buddhistischen Klöstern wurde seit Jahrhunderten eine große Zahl von Kochrezepten mit pflanzlich produziertem Fleischersatz entwickelt. Die Fleischimitate werden heute als geschmackvolle Massenprodukte auf dem chinesischen und internationalen Essensmarkt angeboten. Eine neue fleischlose Gesundheitsbewegung sorgt für eine wachsende Nachfrage in einem China, das weltweit den größten Fleischkonsum hat. Die Bewegung leistet damit auch einen Beitrag zur Entlastung des CO_2-Ausstoßes, welcher unter anderem der immensen tierischen Fleischproduktion und -konsumption geschuldet ist.[36] Die chinesische Regierung beschloss 2016, den Fleischkonsum in China bis 2030 zu halbieren und so die CO_2-Emission, um eine Milliarde Tonnen zu senken. Dies hätte eine große Auswirkung auf das Klima.[37]

Neue Ära der multiplen Modernitäten

Bis ins 20. Jh. u. Z. war die Moderne ein vom Westen ausgehendes und von ihm dominiertes Phänomen. In der westlichen Moderne flossen der wirtschaftliche, politische und kulturelle Verkehr vorwiegend in eine Richtung: vom Westen zu den Anderen.[38] Davon hat in den letzten Jahrzehnten auch China profitiert, was dazu führte, dass der Westen in weiten Teilen der Bevölkerung lange Zeit ein positives Image hatte. In der Zwischenzeit glauben nur noch wenige, dass Chinas Schicksal darin bestehe, den Westen nachzuahmen. Die meisten glauben vielmehr, dass China seinen eigenen Weg gehen müsse.[39]

China und die asiatischen Tigerstaaten zwingen den Westen zur Erkenntnis, dass es nicht nur eine westliche Modernität gibt und dass die Dominanz der westlich geprägten Moderne zu Ende gegangen und von einer Ära der »multiplen Modernitäten« abgelöst worden ist. Aus dieser Perspektive ist die westliche Modernität rückblickend ein »relativ schmales zeitliches Fragment geschichtlicher Erfahrung«.[40]

Persönliche Bemerkung

Das chinesische Sowohl-als-auch von Moderne und Tradition ist der Schlüssel für die Modernisierung der chinesischen Zivilisation. Diese geschieht auf der Basis der chinesischen Traditionen.[41] China hat vom Westen gelernt, welche Bedeutung moderne Wissenschaft und Technologie haben. Es kann offensichtlich sehr gut damit umgehen, vielleicht sogar besser als der Westen. Dort führten die zweieinhalb Jahrhunderte industrieller und wissenschaftlicher Revolutionen und der Etablierung der Moderne zu einer starken und fortlaufenden Verdrängung der Vergangenheit. Es kam nicht zu einem fruchtbaren Verhältnis von Tradition und Moderne, sondern es herrschte und herrscht bis heute ein Entweder-Oder. Die verdrängte Vergangenheit dringt aber immer wieder eruptiv an die Oberfläche und führt zu reaktionären irrationalen Phänomenen. Davon zeugt der Umgang eines Teils der westlichen Bevölkerung mit dem Coronavirus.

Anmerkungen

1 Vgl. Baron et al., S. 152
2 Vgl. Rocca
3 Vgl. KWM Bd. 1, S. 147ff und Bd. 8, S. 1325ff
4 Vgl. MEW Bd. 20, S. 25
5 Vgl. MEW Bd. 13, S. 8
6 Vgl. KWM Bd. I, S. 147
7 Vgl. Mahbubani 2020, S. 29
8 Vgl. https://www.brookings.edu/wp-content/uploads/2017/10/china_20171013_19thpartycongress_wang_huning.pdf, besucht 6.12.2021
9 Vgl. https://polis150.org/polisblog/2021/02/03/wang-huning-der-chefideologe-im-schatten-der-maechtigen, besucht 6.12.2021
10 Vgl. https://palladium.com/2021/10/11/the-triumph-and-terror-of-wang-huning, besucht 6.11.2021
11 Vgl. ebd.
12 Vgl. Xi 2018, S. 261

13 Kommuniqué der 6. Plenartagung des XIX. Zentralkomitees der KPCh. www.german.people.cn, besucht 12.11.2021
14 ebd.
15 Vgl. Jullien 2006
16 Vgl. Mahbubani 2020, S. 177
17 Zitiert von Susann Witt-Stahl in: junge Welt v. 20.8.2022, S. 3
18 Zitiert in: von Senger 2008, S. 131
19 Mao Bd. 2, S. 245f
20 Mao Bd. 3, S. 301
21 de.wikipedia.org/wiki/Konfuzianismus, besucht 5.5.2018
22 Vgl. von Senger 2008, S. 43
23 Vgl. Mahbubani 2020, S. 272
24 Jacques, S. 159
25 Vgl. Sieren 2021, S. 60
26 ebd., S. 273
27 Xi 2018, S. 261
28 Zitiert in: Mahbubani 2018
29 Xi 2018, S. 430 und 433
30 ebd., S. 194
31 Zitiert in: Baron et al., S. 312
32 Xi 2014, S. 121
33 Xi 2018, S. 242 und 447
34 ebd., S. 44 und 216
35 Vgl. Sieren 2021, S. 370ff
36 Vgl. ebd., S. 372
37 Vgl. ebd., S. 269
38 Vgl. Jacques, S. 127f
39 Vgl. Mahbubani 2020, S. 173
40 Jacques 2012, S. 127f
41 Vgl. Mahbubani 2020, S. 2

5. Kapitel

Die »Hundert Jahre der Demütigung«

These: Die »Hundert Jahre der Demütigung« waren eine historische Anomalie und sind tief ins kollektive Gedächtnis Chinas eingebrannt

Das reiche China wird zum Armenhaus

China erlebte im 18. Jh. u. Z. auf den Höhepunkt der Macht der Qing-Dynastie und auf der Basis einer hochentwickelten Landwirtschaft eine starke Bevölkerungszunahme auf 360 Millionen Menschen bei einem relativ hohen Lebensstandard. China war die größte Wirtschaft der Welt, die je nach Schätzung 30 bis 50 Prozent der Weltproduktion generierte.[1] Es war nicht nur wirtschaftlich, sondern auch wissenschaftlich und technologisch führend (siehe 1. Kapitel).

Es dauerte nicht lange, bis China seine führende Position im Lauf des 18. und 19. Jh. u. Z. verloren hatte. Als Grund wird etwa angegeben, dass China die im Westen stattfindenden verschiedenen Runden der wissenschaftlich-technischen und industriellen Revolutionen ungenützt habe verstreichen lassen.[2] Der kaiserliche Hof habe die industrielle Revolution in England aus Überheblichkeit ignoriert. Dies liege im traditionellen Selbstverständnis Chinas. Es habe sich als wirkliche Mitte begriffen und den Westen folgerichtig für randständig gehalten. In China sei nicht wahrgenommen worden, dass der expandierende Kapitalismus eine Macht geworden sei, die sich an die Umgestaltung des Globus gemacht habe.[3]

Die genannten Gründe erklären das chinesische Abseits von der wissenschaftlich-technischen Revolution und der Industrialisierung nur oberflächlich. Der eigentliche Grund liegt wohl eher darin, dass China, nicht wie Europa, aus eigener Kraft den Übergang zum Kapitalismus schaffte. Dies wiederum wurde im 1. Kapitel mit den Bedingungen der asiatischen Produktionsweise und der damit zusammenhängenden chinesischen Klassenkonstellation begründet.

Im 19. Jh. u.Z. wurde China von den Briten ökonomisch überholt und dann durch europäische Kolonialmächte bedroht. Das Land mit seiner uralten Kultur wurde von einer Reihe von imperialistischen Mächten angegriffen und gedemütigt. Alexis de Tocqueville brachte die imperialistische und rassistische Stimmung gegenüber China im 19. Jh. u. Z. folgendermaßen zum Ausdruck: »Es wäre für mich untröstlich, wenn ich nicht vor meinem Tod sehen könnte, wie China sich endlich öffnet und das Auge Europas mit seinen Waffen eindringt.«[4] In kurzer Zeit wurde China durch fortschreitende Entmenschlichung auf die niedrigste Stufe der rassischen Hierarchie versetzt.[5] In Shanghai verteidigte die französische Verwaltung ihre Reinheit, indem sie ein Schild mit der Aufschrift »Eintritt verboten für Hunde und Chinesen!« anbrachte.[6] Die herrschende Qing-Dynastie, einst das Symbol für ein prosperierendes und starkes Reich der Mitte, sah sich ab Mitte des 19. Jh. u. Z. ständig mit Volksaufständen und mit der Möglichkeit der Entmachtung durch die Kolonialmächte konfrontiert. Mit dem Vordringen des kolonialistischen beziehungsweise imperialistischen Westens in Asien erlebte China von der Mitte des 19. bis zur Mitte 20. Jh. u.Z. »Hundert Jahre der Demütigung«, wie die Epoche in der chinesischen Geschichtsschreibung genannt wird. Es wurde das Land der Invasionen, der Bürgerkriege und der großen Natur- und Hungerkatastrophen. Kurz gesagt: Das reichste Land der Welt wurde in kurzer Zeit zu einem Armenhaus.[7] Das hat im kollektiven geschichtlichen Gedächtnis der ChinesInnen tiefe Narben hinterlassen.

Kaskade der Demütigungen

Es begann mit dem Opium, das bei der Unterwerfung Chinas durch die Kolonialmächte eine verheerende Rolle spielte. In den Opiumkriegen (1840-42 und 1856-60) erzwang Großbritannien die Öffnung Chinas für den britischen Export von in Indien produziertem Opium. Großbritannien baute das umfangreichste Drogenhandelszentrum der Welt auf, etwas, was es bisher noch nie gegeben hatte.[8] Die Opiumkriege finanzierten den britischen Teeimport, unterstützten die Kosten der britischen Marine und steuerten zum Kapital bei, das die industrielle Revolution in England vorantrieb.[9] Trotz Widerstand musste China den Opiumhandel legalisieren. Großbritannien nahm in Kauf, dass Millionen Chinesinnen und Chinesen vom Opium abhängig wurden, was zu immensem sozialem Elend führte. Im Gefolge der britischen Intervention musste China Handelsstützpunkte wie Hongkong ans britische Empire abtreten und weitgehende Zugeständnisse auch an Frankreich, Russland und die USA machen.[10] Es kam zu einer »Politik der offenen Tür«.[11] Der Schaden für die chinesische Wirtschaft war irreversibel geworden: Sie brach größtenteils zusammen, was unmittelbar zu Massenarmut führte.[12]

Das Massenelend der ChinesInnen war auch der Auslöser des Taiping-Aufstandes (1851-64), welcher die Qing-Dynastie arg in Bedrängnis brachte und der teilweise nur mit ausländischer militärischer Hilfe niedergeschlagen werden konnte. Mit seinen 30 Millionen Toten gilt er als blutigster Bürgerkrieg der Weltgeschichte.[13]

Plündernde und mordende europäische Truppen

1860 plünderten britische und französische Truppen Beijing und zerstörten Yuanming Yuan, den Alten Sommerpalast, der auch das Versailles des Ostens genannt wird. Nach der Plünderung der außerordentlich reichen Kulturschätze zündeten die Truppen den Sitz von Qing-Kaisern an, der fünfmal so groß war wie die Verbotene Stadt. Das Ereignis ist auch deshalb erwähnenswert, weil es zeigt, dass sich die »zivilisierten« europäischen Mächte in den von ihnen besetzten Territorien genauso aufführten, wie es andernorts die von ihnen kritisierten »Barbaren« angeblich taten.

Nach militärischen Niederlagen in den Kriegen, die von Frankreich (1884) und Japan (1894) angezettelt worden waren, musste China in demütigender Weise Vietnam an Frankreich und Taiwan an Japan abtreten. Zum ganzen Elend kamen Überschwemmungskatastrophen hinzu, wie jene am Gelben Fluss von 1889, die eine Hungerkatastrophe mit 13 Millionen Menschenopfern auslöste.[14]

Die berühmt-berüchtigte Hunnenrede des deutschen Kaisers

Der Juye-Zwischenfall von 1887[15] lieferte der deutschen Kolonialmacht den Vorwand zur Eroberung von chinesischen Küstengebieten und Küstenstädten, welche wiederum Ausgangspunkte für die ökonomische und kulturelle Durchdringung Chinas wurden.[16] Der Widerstand gegen die deutschen Eroberer mündete im sogenannten Boxeraufstand, beziehungsweise im Boxerkrieg. Die diversen sozialen und ökologischen Katastrophen und die Demütigungen durch die Kolonialmächte führten auf chinesischer Seite zu Hass und Aggressionen gegen AusländerInnen und gegen Chinesinnen und Chinesen, die zum Christentum konvertiert waren. Die »Fäuste vereinigt für Gerechtigkeit« (chin.: yi ho tuan), von den Invasoren »Boxer« genannt, bildeten die Boxerbewegung, die bald zu einer antikolonialen und antichristlichen Massenbewegung wurde.[17] 200.000 »Boxer« marschierten 1900 nach Beijing und belagerten das Gesandtschaftsviertel. In den Wirren wurde der deutsche Gesandte erschossen, was Kaiser Wilhelm II. zum Anlass für einen Rachefeldzug nahm. Er befahl, dass Beijing »rasiert« werden müsse. In seiner berüchtigten Hunnenrede gab Wilhelm II. seinen Truppen folgende Anweisungen, die hier im Wortlaut zitiert werden: »Kommt ihr vor den Feind, so wird derselbe geschlagen! Pardon wird nicht gegeben! Gefangene werden nicht gemacht! Wer euch in die Hände fällt, sei euch verfallen! Wie vor tausend Jahren die Hunnen unter ihrem König Etzel sich einen Namen gemacht, so möge der Name Deutscher in China auf tausend Jahre euch in einer Weise bestätigt werden, dass es niemals wieder ein Chinese wagt, einen Deutschen scheel anzuschauen.«[18]

Im August 1900 wurde Beijing von den Kolonialmächten erobert und bis 1901 gebrandschatzt. Die als Kulturmission drapierten kolonialistischen Eroberungskriege waren von einem Propagandakrieg begleitet, in dem zum »Kreuzzug« gegen die »Gelbe Gefahr« aufgerufen und das Klischee der »hinterhältigen ChinesInnen« verbreitet wurde.[19] Die Boxer verkörperten in den europäischen und amerikanischen Darstellungen die »Gelbe Gefahr«, beziehungsweise das grausame und antichristliche China.[20] 1901 endete der Boxerkrieg. Die »Heilige Allianz«, wie das Bündnis von acht Kolonialmächten genannt wurde, diktierte China das ruinöse sogenannte Boxerprotokoll.[21]

Untergang des Reiches der Mitte und Wirren in der Republik China

Die Qing-Dynastie ging geschwächt aus den Boxerkriegen hervor. Zu Beginn des 20. Jh. u. Z. lag sie in Trümmern und bekam in der sogenannten Xinhai-Revolution den Gnadenstoß. Im Jahr 1911 endete die Qing-Dynastie. Sun Yat-sen, der Gründer der Kuomintang (KMT), der nationalen Volkspartei, bildete eine bürgerlich-republikanische Regierung, welche jedoch nach wenigen Wochen durch eine Militärdiktatur ersetzt wurde. Auch dieser misslang die Errichtung einer stabilen Zentralregierung. In der Folgezeit gab es diverse Aufstände, das Land zerfiel in Einflussgebiete von Warlords (dt.: Kriegsherren). Ausländische Mächte versorgten die Warlords mit Waffen und Geld und halfen Bürgerkriege zu initiieren.[22]

Eine konstitutionelle Monarchie, ein parlamentarisches und präsidentielles Mehrparteiensystem – sie alle wurden in China zwischen 1850 und 1947 ausprobiert und haben das Land nicht aus dem Chaos führen können. Kein System konnte die große Mehrheit des chinesischen Volkes repräsentieren. Das schafften erst die KPCh und in der Folge ihre Regierung nach einem langen antikolonialen Befreiungskampf und einem Bürgerkrieg.

Taiwan wird der Verlierermacht Japan zugeschlagen.

Nach dem Ersten Weltkrieg hoffte die patriotisch gesinnte »Bewegung des 4. Mai« auf das von US-Präsident Woodrow Wilson versprochene Selbstbestimmungsrecht der Nationen. Im Versailler Vertrag von 1919 wurde China, das auf der Seite der alliierten Siegermächte am Ersten Weltkrieg teilgenommen hatte, jedoch erneut schwer gedemütigt. Taiwan, das nach der Niederlage im Ersten Japanisch-Chinesischen Krieg 1894/95 an Japan abgetreten werden musste, wurde entgegen allen Versprechen der Alliierten der Verlierermacht Japan zugeschlagen. China fühlte sich gewaltig betrogen.[23] Viele enttäuschte ChinesInnen setzten ihre Hoffnungen nun auf die russische Revolution, deren Vertreter auf alle Gebietsansprüche gegenüber China verzichtet hatten. Einige setzten auch auf den Kommunismus, der sich in China mit der nationalen Befreiung verbunden hatte (siehe 6. Kapitel).

Die Zeit nach der Gründung der KPCh im Jahr 1921 war durch ein spannungsgeladenes Verhältnis zwischen der Kuomintang und der KPCh geprägt. Die beiden Parteien bildeten abwechselnd eine Allianz, eine Einheitsfront oder eine Kriegsfront. Letztere mündete 1927 in einem veritablen Bürgerkrieg. In dieser Zeit wuchs die KPCh, die bei der Gründung im Jahr 1921 eine unbedeutende Kampfgruppe mit 57 Mitgliedern war, allmählich zu einer Massenpartei.

Das Nanking-Massaker im Zweiten Japanisch-Chinesischen Krieg

1931 eroberte Japan die Mandschurei und errichtete den Marionettenstaat Mandschuko mit dem letzten Qing-Kaiser Puyi an der Spitze.[24] 1937 begann Japan den Zweiten Japanisch-Chinesischen Krieg, der bis 1945 dauerte. Die Japaner setzten die Eroberungen fort und kontrollierten die von ihnen neu organisierte Republik China. Nach der japanischen Invasion wurde China im Massaker von Nanking Opfer eines der schlimmsten Gräuel des Zweiten Japanisch-Chinesischen Krieges.[25] Innerhalb weniger Wochen wurden in der damaligen chinesischen Hauptstadt 300.000 ZivilistInnen Opfer von japanischen Hinrichtungen. Im Zweiten Weltkrieg hatte China nach der Sowjetunion die zweitgrößte Opferzahl aller beteiligten Nationen zu beklagen. Mindestens 10, wenn nicht 20 Millionen ZivilistInnen und dreieinhalb Millionen Soldaten verloren ihr Leben.

Der Konflikt zwischen den KPCh und der Kuomintang, der im gemeinsamen Kampf gegen die japanischen Invasoren auf Eis gelegt worden war, entbrannte nach 1945 erneut. 1949 besiegte die Volksbefreiungsarmee (VBA) unter der Führung der KPCh endgültig die Kuomintang unter General Chiang Kai-shek. Die NationalistInnen flohen auf die Insel Taiwan. Auf dem Festland wurde die Volksrepublik ausgerufen.

Zurück zum normalen Gang der Dinge

Mit der Gründung der VRCh im Jahr 1949 machte sich China auf den Weg zu alter Stärke, die es vor den »Hundert Jahren der Demütigung« schon einmal innehatte. Das chinesische Reich wurde – mit Ausnahme von Taiwan – in den Grenzen der Qing-Dynastie wiederhergestellt. Die Hundert Jahre waren für China, so François Jullien, ein historisches Intermezzo, nach dessen Beendigung es wieder zum »normalen Gang der Dinge« zurückgekehrt sei.[26] Nahezu alle historischen Überbleibsel des Jahrhunderts der »größten Schwäche« wurden inzwischen beseitigt. Nur ein Überrest der Demütigung ist geblieben: Taiwan. Die chinesische Insel ist für die FestlandchinesInnen so etwas wie ein Stachel im Fleisch, der die Erinnerung an die nationale Demütigung aufrechterhält. Keine chinesische Regierung könnte es sich leisten, auf Taiwan als Teil von China zu verzichten (siehe 20. Kapitel).[27]

Im historischen Zusammenhang der »Hundert Jahre der Demütigung« ist das gegenwärtige chinesische Narrativ vom »Traum der nationalen Wiedergeburt« zu sehen.[28] Es handelt davon, dass die chinesische Nation nach einer leidvollen Vergangenheit in der Gegenwart ihre Renaissance erlebt (siehe 10. Kapitel).[29]

Umkehrung der Verantwortung

Die tragischen Ereignisse während der »Hundert Jahre der Demütigung« bilden den Hintergrund der bürgerlichen und sozialistischen Revolutionen. In der westlichen Geschichtsschreibung über China hat dies oft keinen Platz. In den Vordergrund gerückt werden lieber Mao-Biografien, in denen Mao Zedong als einer der »größten Verbrecher des 20. Jahrhunderts« erscheint.[30] Der italienische Philosoph Domenico Losurdo versuchte, die historischen Relationen wieder herzustellen, indem er feststellte, dass es eine der Blüten westlicher Ideologie sei, die Führungsgruppe, die dem »Jahrhundert der Demütigung« ein Ende gesetzt hatte, als eine Verbrecherbande darzustellen. Das sei eine regelrechte Umkehrung der Verantwortung.[31] China sei ein Jahrhundert lang den »Grausamkeiten des westlichen und japanischen Imperialismus ausgesetzt gewesen«, von dem es sich erst unter der Führung der KPCh allmählich erholt habe.[32]

Persönliche Bemerkung

Unter anderen historischen Umständen, aber in der Tradition der »Hundert Jahre der Demütigung«, nannte US-Präsident Joseph R. Biden den chinesischen Staatspräsidenten Xi Jinping einen »Verbrecher/Gangster« (engl.: thug).[33] Biden wird sich wohl der historischen Tragweite seiner beleidigenden Äußerung nicht bewusst gewesen sein. Im 19. Jh. u. Z. wäre sie ein Zeichen der wirklichen imperialistischen Überlegenheit gewesen.

Über die Demütigungen, die China unter westlichen Mächten und Japan erleiden musste, lesen wir in unseren Geschichtsbüchern nur wenig. Tabu ist auch die Frage, wer China aus diesem Elend herausgeführt hat. Verschiedene Male wurde bisher die Schlüsselrolle der KPCh erwähnt. Der Schweizer Sinologe Harro von Senger meinte, dass China ohne die KPCh, welche die Kräfte zielstrebig auf die Hauptaufgabe gebündelt habe, im Chaos und eventuell in einem durch den Westen befeuerten Bürgerkrieg stehen geblieben und heute immer noch ein armes Entwicklungsland wäre.[34] Um das heutige China zu verstehen, muss man die KPCh studieren. Sie zählt heute 96 Millionen Mitglieder, rund 10 Millionen mehr als Deutschland insgesamt EinwohnerInnen hat, und ist sowohl die größte Massenpartei der Welt als auch eine Kaderpartei mit einem relativ strengen Rekrutierungsverfahren.

Anmerkungen

1 Vgl. de.wikipedia.com/wiki/Geschichte_Chinas, besucht 29.9.2021
2 Vgl. Xi 2018, S. 246
3 Vgl. Herrmann
4 Zitiert in: amerika21.de/analyse/249565/neokolonialismus-herausforderung-china, besucht 9.11.2021
5 Vgl. Losurdo 2017, S. 191
6 ebd.
7 Vgl. ebd.
8 Vgl. Chomsky
9 Vgl. ebd.
10 Vgl. Korn, S. 12
11 Zitiert in: de.wikipedia.com/wiki/Geschichte_Chinas, besucht 29.9.2021
12 Vgl. ebd.
13 Vgl. Losurdo 2012, S. 366
14 Vgl. Korn, S. 13
15 Vgl. de.wikipedia.org/wiki/Juye-Vorfall, besucht 28.2.2022
16 Vgl. Korn, S. 13
17 Vgl. ebd.
18 Zitiert in: Korn, S. 12
19 ebd., S. 13
20 Vgl. ebd.
21 Vgl. de.wikipedia.com/wiki/Geschichte_Chinas, besucht 29.9.2021
22 Vgl. ebd.
23 Vgl. Mahbubani 2020, S. 105
24 Vgl. de.wikipedia.com/wiki/Geschichte_Chinas, besucht 29.9.2021
25 Vgl. Losurdo 2017, S. 191
26 Jullien 2006 und Mahbubani 2021
27 Vgl. Mahbubani 2020, S. 39
28 Xi 2018, S. 115
29 Vgl. Xi 2014, S. 46
30 Losurdo 2017, S. 188
31 Vgl. Losurdo 2012, S. 373
32 Losurdo 2017, S. 192
33 Elsner 2021, S. 49
34 Vgl. von Senger 2008, S. 57ff

6. Kapitel

Die antikoloniale Revolution und die VR China

These: In China ist die antikoloniale Revolution gelungen, anders als in den meisten Ländern des Globalen Südens

Primär antikolonial

Was in China zur Gründung der Volksrepublik, zu ihrer Konsolidierung und ihrem Aufstieg zu einer Weltmacht geführt hat, ist eine antikoloniale und soziale Revolution. Wer die Volksrepublik lediglich als Ausdruck einer sozialen Revolution im Sinne der kommunistischen Machteroberung und des Aufbaus einer sozialistischen Gesellschaft versteht, verkennt den wesentlichen Charakter der chinesischen Revolution. Denn ihr Ursprung ist eindeutig ein antikolonialer, der mit dem Widerstand gegen die Kolonisierung Chinas und gegen die kolonialistischen Demütigungen des chinesischen Volkes begann. Die KPCh kam auf der Woge einer gigantischen antikolonialen und nationalen Revolution an die Macht. Der Antikolonialismus ist deshalb ein Wesensmerkmal der VRCh. Die gesellschaftliche Emanzipation ist nicht von der nationalen zu trennen.[1] Die chinesische Revolution kann folgerichtig nicht nur am Kriterium der sozialen Errungenschaften gemessen werden, sondern an ihrem Beitrag zum antikolonialistischen Kampf. Dabei kommt ihr eine Schlüsselstellung zu.

Wenn man die globale Geschichte aus einem nicht-eurozentristischen Blickwinkel betrachtet, kann man feststellen, dass die Befreiung vom Kolonialismus und Neokolonialismus eine große Aufgabe ist, die sich die emanzipatorischen Kräfte im 20. Jh. u. Z. gestellt haben. Diese Dimension lässt das ganze Ausmaß der unsäglichen Gewalt des europäischen Kolonialismus, auch unter seinem liberalen Deckmantel, erst richtig erkennen. Der französische Philosoph Maurice Merleau-Ponty stellte fest, dass »der westliche Liberalismus auf der Zwangsarbeit in den Kolonien gründet, und dass jede Verteidigung der demokratischen Regime ohne Glaubwürdigkeit sei, wenn deren gewaltsame Interventionen gegen den Rest der Welt beschwiegen werden.«[2]

In den folgenden Ausführungen beziehe ich mich unter anderem auf die Analysen des italienischen Philosophen Domenico Losurdo.

Die antikoloniale Revolution in China

Die russische Oktoberrevolution läutete 1917 bekanntlich die Geschichte der antikolonialen Befreiungsbewegungen des 20. Jh. u. Z. ein. Die Gründung des ersten sozialistischen Staates war gewissermaßen das Fanal für die Erhebung der kolonisierten Völker des Globalen Südens. Der sowjetische Staat und die Kommunistische Internationale bildeten für die antikolonialen Bewegungen den politischen und organisatorischen Rückhalt. In vielen von ihnen spielten KommunistInnen eine Führungsrolle. In der antikolonialen Bewegung Chinas hatte der Marxismus einen großen Einfluss. Losurdo bemerkt, dass die VRCh »mehr als jedes andere Land auf komprimierte Art und Weise für die Geschichte der antikolonialen Revolution, der kommunistischen Bewegung und der Verknüpfung beider« stehe. Die VRCh sei das Land, »wo die Geschichte der kommunistischen und der antikolonialistischen Bewegung in eins« fallen.[3] Der antikolonialen Bewegung ist es gelungen, das Land zu befreien. Sie hat unter der Führung der KPCh die japanischen Besatzer im Zweiten Weltkrieg bezwungen und im Bürgerkrieg gegenüber der Kuomintang, der nationalen Volkspartei, den Sieg davongetragen, was 1949 in der Gründung der VRCh mündete.

Im antikolonialen Befreiungskampf hat sich die KPCh die Meinungsführerschaft und die Unterstützung ihrer Politik durch das chinesische Volk sichern können. Sie hat ihre moralische Stärke mit der Revolution erworben. Die KPCh repräsentiert, wie sonst niemand innerhalb von China, die Sache des Antikolonialismus.[4]

Die antikoloniale chinesische Revolution hatte eine immense Ausstrahlung auf den Globalen Süden. Das, was in China passiert war, sei, so Losurdo, Ausdruck der größten antikolonialen Revolution in der Geschichte.[5] Die KPCh drückt das so aus: »Mit dem Sieg der antikolonialen Revolution wurde das politische Gefüge der Welt verändert und alle unterdrückten Nationen weltweit wurden ermutigt, für ihre Befreiung zu kämpfen.«[6]

Erfolg und Misserfolg der antikolonialen Befreiungsbewegungen

Rückblickend muss man feststellen, dass die antikolonialistischen Befreiungsbewegungen des 20. Jh. u. Z. nur teilweise erfolgreich waren oder scheiterten. Der antikoloniale Kampf, der vielerorts von marxistischen Kräften angeführt wurde, war zwar oft von militärischem Erfolg gekrönt, was zur politischen Unabhängigkeit der jeweiligen Kolonien von ihrem kolonialen »Mutterland« führte. Die wirtschaftliche Unabhängigkeit war damit aber noch lange nicht erreicht. Die meisten Länder schafften es nicht, von der militärischen Phase zur zweiten Phase, zur ökonomischen Befreiung, fortzuschreiten.[7] Die Korruption der einstmals progressiven politischen Eliten trug das Ihre dazu bei. Unter den Bedingungen des Imperialismus gerieten die Staaten, die an der zweiten Phase scheiterten, zur leichten Beute des Neokolonialismus.[8] Sie blieben so weiterhin in der wirtschaftlichen Abhängigkeit von ihren ehemaligen Kolonialmächten oder von den USA.

Der Sieg der antikolonialen Revolutionen bedeutete nicht per se das Verschwinden der kolonialen Abhängigkeit. Die neuen, formell unabhängigen Länder mussten den wirtschaftlichen und technologischen Abstand gegenüber den weiterentwickelten kapitalistischen Ländern aufholen, wenn sie vermeiden wollten, dass die errungene politische Unabhängigkeit zu etwas rein Formalem wurde.[9] Der ehemalige bolivianische Vizepräsident Garcia Linera meinte: Der Etappe des »Patria o muerte« (dt.: Vaterland oder Tod; ein Slogan der kubanischen Revolution, Anm. BS) müsse die Etappe der »Industrialización o muerte« (dt.: Industrialisierung oder Tod) folgen.[10] Die große Frage für die befreiten Kolonien war, wie sie die zweite Etappe des antikolonialen Kampfes schaffen würden. Diese blieb meistens unbeantwortet.

Vollendung der antikolonialen Revolution

Auch für das befreite China war dies nach 1949 einer der großen Herausforderungen. Die Verwirklichung der zweiten Phase sollte, so Losurdo, in einem langwierigen historischen Prozess erfolgen, in dessen Verlauf die gesellschaftliche Emanzipation nicht von der nationalen zu trennen war.[11] Zwar konnte auch in der Ära Mao Zedong ein gewisses industrielles Wachstum erzielt werden, eine schlüssige Antwort auf die Frage der zweiten Etappe konnte aber erst ab 1978, in der Ära Deng Xiaoping, gefunden werden. Die Notwendigkeit einer neuen Etappe hatte Deng am klarsten ausgedrückt (siehe 8. Kapitel).

Mit ihrer Vollendung ist China etwas gelungen, was bis heute noch keinem anderen Entwicklungsland, auch keinem Schwellenland, gelungen ist: Der Aufstieg von einem Drittweltland zu einem hochindustrialisierten Land, in dem 800 Millionen Menschen aus bitterem Elend und großer Armut befreit sind und das allen einen bescheidenen Wohlstand garantieren kann.

Gleichzeitig versteht sich die VRCh immer noch als ein Land der Dritten Welt.[12] Folgerichtig hat die VRCh seit ihrer Existenz eine Priorität auf die Süd-Süd-Kooperation gelegt und ihre Macht zur Unterstützung der antikolonialistischen Bewegungen eingesetzt. In den internationalen Gremien hat sie schrittweise die Rolle einer wichtigen Stimme des Globalen Südens übernommen.[13]

Die soziale Revolution in China

Nachdem das antikoloniale Element der chinesischen Revolution betont worden ist, geht es nun auch um ihre soziale Seite. Als die VRCh gegründet wurde, lag China nach einem Jahrhundert fremder

Invasionen, Bürgerkriegen und Hungersnöten verwüstet am Boden. Sie war eines der ärmsten Länder der Welt mit einer durchschnittlichen Lebenserwartung von 35 Jahren.[14] Seit dem Sturz des Kaisers hatte es keine Zentralgewalt mehr gegeben, und in den Provinzen hatten Warlords, Großgrundbesitzer oder Banditen die Herrschaft übernommen. China stand 1949 vor einem riesigen Berg von Problemen. Die Landwirtschaft war angeschlagen, das Bewässerungssystem vernachlässigt oder durch Sprengungen der Flussdeiche beschädigt und die wenige Industrie war kaum noch funktionsfähig.[15] In dieser Situation brachten die KPCh und die Volksbefreiungsarmee die besten organisatorischen Voraussetzungen für die Reorganisation des Landes mit. Die Art und Weise, wie die Kommunistinnen und Kommunisten an die Arbeit gingen, fand auf dem Land eine sehr große Unterstützung, und in den Städten nötigte sie Respekt und auch Bewunderung ab.[16]

Zuerst wurde die Landreform angepackt, das heißt die Verteilung des Bodens der Großgrundbesitzer an die Bauernschaft, die 85 Prozent der Bevölkerung ausmachte. Darauf wurden die großen Industriebetriebe verstaatlicht. Im Jahr 1950 hatte die KPCh die dringendsten Probleme im Griff, und 1952 war die wirtschaftliche Bilanz einigermaßen befriedigend.[17] Die Konsolidierung der Wirtschaft war geglückt und ein Sozialsystem aufgebaut. Das Land hatte eine politische und wirtschaftliche Stabilität wiedererlangt, wie sie seit den Opiumkriegen nicht mehr existiert hatte.[18]

Neue kolonialistische Ambitionen des Westens

Zwar wurden die kolonialen Einmischungen der westlichen Mächte und Japans mit der chinesischen Revolution gebrochen.[19] Der Kampf zwischen Antikolonialismus und Kolonialismus war allerdings überhaupt nicht beendet, er hatte nur andere Formen angenommen.[20] Auch mit der Gründung der Volksrepublik 1949 war China weiterhin Versuchen eines kolonialen Rollbacks ausgesetzt, und koloniale und neokoloniale Aggressionen standen auf der Tagesordnung. Der Kampf um die nationale Befreiung, welche zur

Geburt der Volksrepublik geführt hatte, war nicht ein für alle Mal abgeschlossen.[21]

Im Koreakrieg (1950-53) kam es zum ersten Mal zu einer gefährlichen Auseinandersetzung zwischen den USA und der VRCh wobei ein Einmarsch der US-Truppen und der Einsatz von US-Atomwaffen unmittelbar drohten (siehe 13. Kapitel). Das Gefühl der Bedrohung durch die militärisch weit überlegenen USA mit der Gefahr, dass diese auch Atomwaffen einsetzen könnten, blieb ein wesentliches Element der chinesischen Politik im Innern wie nach außen.[22]

Auch nach der Ära Mao Zedong war die »Fragmentierung des chinesischen Kolosses« eine ständige Option im außenpolitischen Handeln der USA.[23] Eine Gelegenheit bot sich insbesondere in der Tian'anmen-Krise im Jahr 1989, in deren Verlauf die USA aktiv an Destabilisierungsversuchen interessiert waren und erwiesenermaßen ihren Teil dazu beitrugen. Auf die Tian'anmen-Krise wird im 8. Kapitel ausführlicher eingegangen.

In der Periode der »Reform und Öffnung« ab 1978 eröffnete sich dem Westen in China eine neokolonialistische Option: Die Errichtung der sogenannten chinesischen Sonderwirtschaftszonen im Süden der VRCh erlaubten dem westlichen Kapital eine fast bedingungslose Ausbreitung ihrer Industrien. In ihrem Selbstverständnis waren diese Gebiete für die USA ausbaubare Halbkolonien, lohnende Räume für das weitere ökonomische und politische Eindringen.[24] Wieso es nicht dazu kam, ist im 8. Kapitel nachzulesen.

Die Rehabilitierung des westlichen Kolonialismus war auch bei der chinesischen Dissidenz an der politischen Tagesordnung. Lin Xiaobo, Friedensnobelpreisträger von 2010, wiederholte 2017 in einem Interview seine Ansicht, die er schon 1988 geäußert hatte: »China hat es nötig, einer 300-jährigen Kolonisierung unterworfen zu werden, um ein anständiges Land werden zu können.«[25] Gemeint war ein solches nach westlichem Muster.

Der Aufstieg der VRCh zu einer Großmacht, in dessen Folge China zum Angstgegner der USA mutierte, ging einher mit einer stufenweisen Eskalation der US-Außen- und Militärpolitik gegenüber China. Das Territorium der VRCh wurde in den letzten Jahrzehnten mit einer Vielzahl von Militär- und Raketenstützpunkten umzingelt. Unter US-Präsident Barack Obama wurde der sogenannte »Pivot to Asia« beschlossen und eingeleitet, das heißt die strategische Neuausrichtung und Konzentration des US-amerikanischen Militärpotentials auf den ostasiatischen und pazifischen Raum (siehe 13. Kapitel).

Persönliche Bemerkung

Dass die herrschenden westlichen Eliten und die meisten wissenschaftlichen Autorinnen und Autoren das grundsätzlich antikolonialistische Wesen des modernen China gerne ausblenden, ist das eine. Dass auch die Mehrheit der westlichen Linken damit Mühe hat, ist das andere. Diese tut sich generell schwer mit dem Erkennen des modernen Kolonialismus. Das zeigt sich einerseits in der Verkennung des epochalen antikolonialen Bruches, der mit dem Aufstieg Chinas verbunden ist und andererseits in der Ignorierung des kolonialistischen Charakters der militärischen Interventionen der Westmächte, zum Beispiel 2003 im Irak und 2011 in Libyen. Krasseste Folge dieser Fehleinschätzungen war die passive Haltung gegenüber diesen Interventionen oder sogar die offene Unterstützung.[26] Darin zeigt sich meines Erachtens der Bezugsverlust der westlichen Linken zu den realen antikolonialen Emanzipationsbewegungen im Globalen Süden, beziehungsweise ihr eklatanter Eurozentrismus.

Anmerkungen

1 Vgl. Losurdo 2018
2 Zitiert in: ebd.
3 Losurdo 2017, S. 267f
4 Vgl. ebd., S. 24
5 Vgl. ebd., S. 266
6 Kommuniqué der 6. Plenartagung des XIX. Zentralkomitees der KPCh 12.11.2021, www.german.people.cn, besucht am 14.11.2021

7 Vgl. Losurdo 2017, S. 268
8 Vgl. Losurdo 2021b
9 Vgl. Losurdo 2017, S. 267f
10 Zitiert in: http://biblioteca.clacso.edu.ar, Que-es-la-revolucion, besucht 24.2.2022
11 Vgl. Losurdo 2021b
12 Vgl. Xi 2014, S. 116
13 Vgl. Kunzmann 2018, S. 99
14 Vgl. de.wikipedia.com/wiki/Geschichte-der-Volksrepublik-China, besucht 3.10.2021
15 Vgl. ebd.
16 Vgl. ebd
17 Vgl. ebd.
18 Vgl. ebd
19 Vgl. Losurdo 2017, S. 21
20 Vgl. Losurdo 2018
21 Vgl. Losurdo 2017, S. 276
22 Vgl. de.wikipedia.com/wiki/Geschichte-der-Volksrepublik-China, besucht 3.10.2021
23 Losurdo 2017, S. 276
24 Vgl. ebd., S. 145ff, 226
25 Zitiert in: Losurdo 2017, S. 260
26 Vgl. Losurdo 2018

7. Kapitel

Lehren aus den ersten Jahrzehnten

These: China hat aus den Fehlern der ersten Jahrzehnte gelernt, dass Sozialismus nicht gerechte Verteilung von Armut ist

Nach der Konsolidierungsphase in den ersten Jahren der VRCh stellte sich den chinesischen KommunistInnen die Frage, wie die Transformation Chinas in ein sozialistisches Land vor sich gehen sollte. Die Beantwortung war nicht einfach und sollte zu einem langen und zum Teil schmerzvollen Lernprozess werden, der mit mühsamen Erkundungen und Umwegen verbunden war. Wie andere postrevolutionäre Gesellschaften hatte die VRCh mit Widersprüchen, Versuchungen, Schwierigkeiten und Fehlern aller Art umzugehen.

Übergang zum Sozialismus nach Lehrbuch

Welche Antworten geben die marxistisch-leninistischen Klassiker auf die Frage nach den Bedingungen für die Errichtung einer sozialistischen Gesellschaft?

- Die Errichtung einer sozialistischen Gesellschaft setzt einen voll entwickelten Kapitalismus voraus. Nicht schwach entwickelte bürgerliche Gesellschaftszustände, sondern die Errungenschaften der »kapitalistischen Ära« seien die Voraussetzung dafür, dass zu einem höheren, sprich sozialistischen Zivilisationstyp, übergegangen werden kann. Das ist im Prinzip der Schlussgedanke des ersten Bandes von Karl Marx' »Das Kapital«.[1]
- Die sozialistische Gesellschaft baut auf den im Kapitalismus

stark entwickelten Produktivkräften auf.[2] Darunter sind alle Ressourcen gemeint, die zur Produktion von Gütern und Dienstleistungen zur Verfügung stehen: natürliche, technische, geistige, wissenschaftliche und kulturelle. Die Entwicklung der Produktivkräfte ist gemäß Wladimir Lenin das »Hauptkriterium der gesamten gesellschaftlichen Entwicklung«.[3]

- Die entwickelte kapitalistische Gesellschaft besteht aus zwei Hauptklassen, die einander gegenüberstehen: die Klasse der kapitalistischen und imperialistischen Bourgeoisie und die ArbeiterInnenklasse.
- Der Übergang zum Sozialismus setzt eine gut organisierte und kampferprobte ArbeiterInnenklasse voraus.[4]
- Die ArbeiterInnenklasse ist das politische Subjekt der Transformation. Sie hat die sozialistische Revolution im Visier, das heißt die revolutionäre Überwindung des Kapitalismus.
- Die ArbeiterInnenklasse verfügt über eine Partei, die fähig und bereit ist, die Macht zu übernehmen.[5]
- Die revolutionären Kräfte müssen im Wettstreit mit der Bourgeoisie um die ideologische und kulturelle Hegemonie, das heißt um die Meinungsführerschaft, siegreich sein.[6]
- Angesichts der globalen Vernetzung des Kapitalismus braucht es eine internationale Unterstützung der Revolution durch solidarische Kräfte in anderen Staaten (Internationalismus).[7]

Die meisten dieser Bedingungen, insbesondere die ökonomischen, waren in der ersten Hälfte des 20. Jh. u. Z. praktisch nur in Westeuropa erfüllt. Historisch betrachtet war die Sicht der Klassiker auf die sozialistische Umwälzung im Grunde eurozentristisch geprägt.

Andere Bedingungen in China

Im Drittweltland China waren die genannten Bedingungen praktisch nicht vorhanden.

- Das China der ersten Hälfte des 20. Jh. u. Z. war kein entwickeltes kapitalistisches Industrieland, sondern ein halbkolonialer und halbfeudaler Agrarstaat.

- Die Produktivkräfte waren nur schwach entwickelt. Wenn das wirtschaftliche Wachstum in der Ära Mao Zedong beachtliche 4,4 Prozent pro Jahr betrug,[8] muss beachtet werden, dass es auf einem sehr tiefen Ausgangsniveau beruhte. Immerhin stieg in den 38 Jahren von 1950 bis 1978, in der Ära Mao Zedong, die Lebenserwartung der ChinesInnen von 34 auf 64 Jahre.[9]
- China bestand vor der Errichtung der VRCh aus der gossen Klasse der Bauern und Bäuerinnen, den GroßgrundbesitzerInnen, den HändlerInnen und HandwerkerInnen und Resten der kaiserlichen Hofes. Die ArbeiterInnenschaft war im Verhältnis zur riesigen Gesamtbevölkerung klein.
- Es fehlte eine gut organisierte und als politische Klasse konstituierte ArbeiterInnenklasse.
- Die Klasse der Bauern und Bäuerinnen war das potentielle politische Subjekt der Veränderung.
- China verfügte über eine Partei und über eine Befreiungsarmee, die beide in den Bauernmassen breit verankert waren. China wurde in seinem antikolonialen Kampf durch eine Armee von Bauern und Bäuerinnen befreit, welche von marxistisch und leninistisch geschulten Kadern angeführt wurde.
- Die Masse der Bevölkerung der VRCh war stark von der konfuzianischen Kultur und Tradition geprägt. Die KPCh und die Volksbefreiungsarmee (VBA) hatten im Lauf des antikolonialen Befreiungskampfes unter der Landbevölkerung mit einer intensiven Bildungs- und Schulungsarbeit begonnen.
- Die VRCh konnte auf die internationalistische Unterstützung durch die Sowjetunion und durch die Kommunistische Internationale zählen. Das änderte sich nach dem chinesisch-sowjetischen Zerwürfnis.

Sinisierung des Marxismus

Wenn die KPCh die sozialistischen Ziele weiterverfolgen wollte, stand sie vor der schier unmöglichen Aufgabe, die wesentlichen Voraussetzungen oder Rahmenbedingungen für eine sozialistische

Transformation erst noch zu schaffen. Auf theoretischer Ebene entwickelte sie mit der sogenannten »Sinisierung« den Marxismus weiter, indem sie die besonderen Bedingungen Chinas berücksichtigte (siehe 15. Kapitel). Auf ökonomischer und politisch-ideologischer Ebene ergriff die KPCh Ende der 1950er Jahre bis in die 1970er Jahre verschiedene Maßnahmen, die in einen mit großen Schwierigkeiten und vielen Opfern verbundenen Lernprozess mündeten: Der »Große Sprung nach vorn« und die »Große Proletarische Kulturrevolution«.

Der Große Sprung nach vorn (1958-61)

Die VRCh war ein rückständiges Entwicklungsland und blieb das auch noch bis ans Ende der Ära Mao Zedong, knapp 30 Jahre nach ihrer Gründung. Ausgangspunkt für den »Großen Sprung nach vorn« war die Notwendigkeit der Entwicklung der Produktivkräfte, die in China, wie gesagt, auf einem sehr tiefen Niveau verharrten. Die Partei Maos initiierte deshalb im Rahmen des sogenannten »Großen Sprungs« verschiedene Kampagnen, mit deren Hilfe die »Drei großen Unterschiede« von Land und Stadt, Kopf und Hand sowie von Industrie und Landwirtschaft beseitigt werden sollten. Der Rückstand zu den westlichen Industrieländern sollte aufgeholt und die Übergangsperiode zum Kommunismus deutlich verkürzt werden.[10] Zur selben Zeit wurden 27.000 Volkskommunen als Basiseinheiten der kollektiven Produktion ins Leben gerufen.[11] Schwerpunkt des »Großen Sprungs« war einerseits die Entwicklung einer Agrarindustrie auf der Basis der Zwangskollektivierung der Landwirtschaft. Dabei sollte ein Großteil der Industrieprodukte, die die Landwirtschaft benötigte, von den Bauern selbst hergestellt werden. Das Bild von den kleinen Hinterhof-Hochöfen zur Fertigung von Stahl, die von den Bauern selbst erbaut und bedient wurden, ging damals um die Welt. Andererseits sollte eine Schwer- beziehungsweise Stahlindustrie nach sowjetischem Vorbild entwickelt werden.

Hungersnot mit vielen Toten

Die Zwangskollektivierung der Landwirtschaft, die Zusatzbelastung der Bauernschaft durch kollektive Arbeits- und Industrialisierungsprojekte und die dadurch ausgelöste Binnenmigration der Landbevölkerung führten dazu, dass die landwirtschaftlichen Erträge von 1959 bis 1961 dramatisch sanken. Wetterbedingte Faktoren spielten dabei auch eine Rolle. Folge war eine große Hungersnot. Die »drei bitteren Jahre« forderten je nach Schätzung 15 bis 30 Millionen Hungertote. Der Versuch, die Entwicklung der Produktivkräfte stürmisch zu beschleunigen, scheiterte krachend und tragisch und wurde 1961 abgebrochen. Es gelang nicht, mittels der forcierten Durchsetzung quasi-kommunistischer Produktionsverhältnisse eine lange historische Epoche in kürzester Zeit zu durchlaufen.[12]

Die Große Proletarische Kulturrevolution (1966-76) – Der Kampf der zwei Linien

Nach Maos Meinung befand sich China in den 1960er Jahren auf dem »Weg des Revisionismus«. In der Partei habe eine bürokratische Klasse die Macht übernommen, weshalb weiterhin Klassenkampf herrsche.[13] Deshalb initiierte er 1966 zusammen mit Politbüromitgliedern, der sogenannten ›Viererbande‹, zu der auch Jiang Qing, seine Ehefrau und treibende Kraft, gehörte, eine Kampagne, die zehn Jahre dauerte und »Große Proletarische Kulturrevolution« genannt wurde.[14] Die Kampagne widmete sich der Politik, der Kultur, der öffentlichen Meinung, der Schule und der Universität. Sie klammerte die Wirtschaft und die Landwirtschaft aus. Das war eine der Lehren aus dem Scheitern des »Großen Sprungs«, die Wirtschaft sollte nicht zusammenbrechen.

Die kapitalistischen, bürgerlichen und traditionalistischen »Infiltrierungen« der Partei und der Gesellschaft sollten durch eine »Fortsetzung des revolutionären Klassenkampfes« entfernt werden.[15] In einem hatte Mao recht: Die Kulturrevolution machte deutlich, dass auch in der VRCh und in der KPCh Kämpfe, letztlich Klassenkämpfe, stattfanden, die entlang der »zwei Linien« verliefen:

Der linken Linie, welche strikt den Weg zum Sozialismus gehen wollte und der rechten Linie, die sich mit dem Kapitalismus arrangieren wollte und letztlich den Niedergang der Revolution riskierte.[16] Das übergeordnete Ziel der Kulturrevolution war die Schaffung eines »neuen Menschen« und einer egalitären sozialistischen Gesellschaft.[17] Dazu sollte die Zerstörung der »Vier Alten« dienen: der alten Denkweisen, der alten Kulturen, der alten Gewohnheiten und der alten Sitten. Jugendliche Massen wurden gegen die »kapitalistischen Kader« der Partei mobilisiert.

Gleichheit in Armut

Am Anfang wurde die Kulturrevolution von großen Teilen der Bevölkerung begrüßt. Die Unterstützung nahm jedoch rapide ab. Politisch motivierte Morde, Massaker, Folterungen und Demütigungen hinterließen in vielen chinesischen Familien tiefe Wunden. Eine genaue Zahl der während der Kulturrevolution getöteten Menschen ist nicht bekannt.[18] 1976 starb Mao. Die »Viererbande« wurde verhaftet und den »Zehn Jahren Chaos«, wie es heute heißt, ein Ende gesetzt. Erreicht wurde eine Gleichheit auf tiefer gesellschaftlicher Armutsebene, die auf menschlicher Ebene traumatische Opfer zur Folge hatte. Deng Xiaoping beurteilte die Kulturrevolution als einen »gravierenden Fehler und als Rückschritt in der Entwicklung des Landes. Aus einer Erneuerungsbewegung der KPCh ist eine Massenbewegung zur Zerstörung der alten KPCh geworden«.[19]

Bittere Lehren

Sowohl der »Große Sprung« als auch die »Große proletarische Kulturrevolution« werden heute von der KPCh als »bittere Lehren« reflektiert[20] und als Fehler taxiert, aus denen Lehren zu ziehen seien.[21] Sie waren voluntaristische Versuche eines Entwicklungslandes, schnell und aus eigener Kraft den Sozialismus aufzubauen. Voluntaristisch deshalb, weil sie primär einem politischen Kraftakt entsprangen, ohne dass die konkreten wirtschaftlichen Umstände und die geschichtliche Entwicklung genügend berücksichtigt worden wären. Im marxistischen Basis-Überbau-Schema ausgedrückt: Zuerst scheiterte die Revolutionierung der wirtschaftlichen Basis und dann die Revolutionierung des politisch-ideologischen Überbaus.

Sozialismus bedeutet nicht Armut

Weil es nicht gelang, eine Wirtschaft zu entwickeln, welche die Bedürfnisse des zahlenmäßig großen Volkes befriedigen konnte, musste die politische Befreiung Chinas gemäß Domenico Losurdo »etwas rein Formales« bleiben.[22] Der abgeschottete Aufbau des Sozialismus in einem Land scheiterte in der Mao-Zedong-Ära an der Armut. Deng meinte nach dem Ende der Kulturrevolution: »Aus den historischen Erfahrungen wissen wir, dass ein wichtiger Grund für die lange Stagnation und Rückständigkeit Chinas die Selbstabkapselung war und dass der Aufbau mit verschlossenen Türen nie erfolgreich sein wird.«[23] Und er fuhr fort: »Im Jahre 1978 angelangt, verdienten Arbeiter einen durchschnittlichen Monatslohn von lediglich 40 bis 50 Yuan (ca. 10 Euro), und auf dem Land verharrten die meisten Gegenden in Armut. Wie konnte man da von der Überlegenheit des Sozialismus reden? (…) Sozialismus bedeutet nicht Armut. Er zielt vielmehr darauf ab, diese gänzlich zu beseitigen. Es entspricht nicht den Anforderungen des Sozialismus, wenn wir die Produktivkräfte nicht entwickeln und den Lebensstandard des Volkes nicht erhöhen.«[24] Mit anderen Worten: Der Transformationsprozess von einem armen Entwicklungsland in den Sozialismus konnte nur auf der Grundlage eines angemessenen ökonomischen und gesellschaftlichen Reichtums vollzogen werden. Mit Landwirtschaft allein und mit gesellschaftlicher Egalisierung auf tiefem ökonomischem Niveau, wie zur Zeit der Kulturrevolution, war keine Akkumulation von Reichtum möglich, der zum industriellen Aufbau und zur Herstellung höherer Arbeitsproduktivität verwendet werden konnte.

Die große Frage

Aus den »bitteren Lehren« resultierte die Frage, wie es gelingen konnte, einen Weg zu gehen, welcher die kapitalistische wirtschaftliche Entwicklung »nachholte« und diese gleichzeitig in den Dienst der sozialistischen Zielsetzungen stellte. Wie konnte China, in marxistischer Terminologie ausgedrückt, die ursprüngliche Akkumulation von Kapital nachholen und wenn möglich abkürzen? Der Weg, den die VRCh ab 1978 mit Deng Xiaoping wählte, war derjenige der sogenannten »Reform und Öffnung«, das heißt der Ausnutzung des internationalen kapitalistischen Marktes (siehe 8. Kapitel).

Mao Zedongs Vermächtnis

Mao wird in China heute weiterhin verehrt. Auch wenn die KPCh in seiner Ära gewaltige Fehler begangen hat. Seine Schriften gehören zum Kanon der KPCh. Maos Erbe wird dialektisch gesehen, sowohl seine Verdienste als auch aus seine Fehler werden benannt.

Seine Verdienste | Die Verdienste Maos bestehen in seinen theoretischen Beiträgen zur »Sinisierung des Marxismus«. Er hat sich nachhaltig für die Eigenständigkeit des chinesischen Marxismus und Sozialismus eingesetzt, was vor allem Unabhängigkeit gegenüber der KPdSU bedeutete. Zu den Verdiensten zählen die militärstrategische Führung, die zum »Aufstehen Chinas« geführt hat,[25] sowie die breite Verankerung der KPCh im chinesischen Volk. Seine nachhaltigsten strategischen Erfolge hatte Mao in der Außenpolitik.[26] Nach der Eskalation des chinesisch-sowjetischen Konflikts gelang es Mao mit viel Hartnäckigkeit, Chinas Unabhängigkeit gegenüber der Sowjetunion durchzusetzen.[27] 1972 normalisierte die VRCh in einem denkwürdigen Treffen zwischen Mao und US-Präsident Richard Nixon ihre Beziehungen zu den USA. Die Normalisierung erwies sich als kluger strategischer Schachzug. Nur so konnte später die Öffnung des chinesischen Marktes für die kapitalistische US-Ökonomie, das Kernstück der Politik der »Reform und Öffnung«, erfolgen (siehe 8. Kapitel).

Mao schaffte es in der Kulturrevolution, sich als jemand zu inszenieren, der zwar Vorsitzender der KPCh war, aber auch unanfechtbar über der Partei stand.[28] Darauf fußte der Personenkult der

KPCh um Mao. Innerhalb Chinas und bei den westlichen 1968er MaoistInnen wurde Mao zu einer Art »platonischem Philosophenkönig« verklärt.[29] Die LeserInnen mögen sich wundern, dass der Personenkult hier auf der Verdienstseite aufgezählt wird. Man kann ihn tatsächlich als eine Produktivkraft verstehen, mit der möglichst viele gesellschaftliche und politische Kräfte für das Erreichen eines Zieles mobilisiert werden können, das mit der Figur des Personenkults konnotiert ist.

Seine Fehler | Die Fehler Maos wurden oben dargestellt. Die sozialistische Transformation misslang. Der »Große Sprung« endete in einer Katastrophe. Dass den politischen Fehlern der Führung viele Menschen zum Opfer fielen, steht fest. Wenn aber westliche Medien und ein Teil der Geschichtsschreibung den »Großen Sprung« in ein »gewolltes Verbrechen« umwandeln,[30] dann ist das eher als Produkt eines Propagandakrieges einzustufen. Der deutsche Altbundeskanzler Helmut Schmidt hielt 2012 fest, dass die Tragödie sicher nicht gewollt gewesen sei.[31]

Viele westliche Einschätzungen von Mao entsprechen dem bekannten Muster des Entweder-oder. Zwischentöne sind selten. Mao wird in den Topf der Schlechten getan. Deng hatte das Glück, im Topf der Guten zu landen, wenigstens so lange im Westen die lang gehegte Illusion bestand, dass er China in den Kapitalismus führen würde.

Mao Zedong: ein Sowohl-als-auch | Die ChinesInnen kommen der Wirklichkeit der Person und des Politikers Mao mit ihrem Sowohl-als-auch näher. 1981 bilanzierte die KPCh die Ära Mao Zedong folgendermaßen: Mao habe während der Kulturrevolution »grobe Fehler« begangen, alles in allem überwögen aber seine Beiträge zur chinesischen Revolution seine Fehler bei weitem. Seine Verdienste seien primär, seine Fehler sekundär.[32] Die Dialektik seines Erbes besteht darin, dass beide Seiten die VRCh – wenn auch über Umwege – vorwärtsgebracht haben.

Anmerkungen

1 Vgl. MEW Bd. 23, S. 791ff; siehe auch: Kopf, S. 98
2 Vgl. MEW Bd. 4, S. 467
3 Zitiert in: Kunzmann 2018, S. 6
4 Vgl. MEW Bd. 4, S. 472
5 Vgl. ebd., S. 474
6 Vgl. ebd., S. 480 und Gramsci, Antonio: Gefängnishefte, 10 Bde., Hamburg 2012
7 Vgl. MEW Bd. 4, S. 493
8 Vgl. Kronauer 2021c
9 Vgl. ebd.
10 Vgl. de.wikipedia.org/wiki/Grosser-Sprung-nach-vorn, besucht 10.11.2021
11 Vgl. de.wikipedia.org/wiki/Volkskommune, besucht 29.11.2021
12 Vgl. Kunzmann 2018, S. 14
13 Zitiert in: de.wikipedia.com/wiki/Kulturrevolution, besucht 5.9.2021
14 ebd.
15 Zitiert in: de.wikipedia.com/wiki/Kulturevolution, besucht 5.9.2021
16 Vgl. KAZ; siehe auch: www-sueddeutsche.de/wirtschaft/samstagsessay-Zweikampf-der-Linien, besucht 22.12.21
17 Vgl. de.wikipedia.com/wiki/Kulturrevolution, besucht 5.9.2021
18 Vgl. ebd.
19 Zitiert in: ebd.
20 Zitiert in: Langels, Otto: Hungersnot statt Wachstum, in: www.deutschlandfunk.de/hungersnot-statt-wachstum-100.html, besucht 5.9.2022
21 Vgl. Interview mit Wu Ken, Botschafter der VRCh in Deutschland, in: junge Welt v. 19.6.2021
22 Losurdo 2017, S. 267f
23 Deng, Bd. 3, S. 78
24 Zitiert in: von Senger 2008, S. 77
25 Mao Zedong, zitiert in: Mahbubani 2020, S. 32
26 Vgl. Wemheuer 2021
27 ebd.
28 ebd.
29 ebd.
30 Vgl. Losurdo 2017, S. 190
31 Vgl. Schmidt, Helmut
32 Vgl. Kronauer 2021c

8. Kapitel

Reform und Öffnung – Nachholende Entwicklung

These: Der Weg zum Sozialismus geht im Entwicklungsland China nur über eine nachholende Entwicklung der Produktivkräfte, und diese ist mit Risiken verbunden

Deng Xiaoping

»Kein Land, das sich entwickeln will, kann eine Politik der verschlossenen Tür verfolgen. Wir haben diese bittere Erfahrung gemacht, und unsere Vorfahren haben sie ebenso gemacht (…) Damit China vorankommt, muss es seine Fenster öffnen – auch wenn einige Fliegen hereinkommen.«[1] »China kann sich nicht aus eigener Kraft befreien.« »Es ist nicht möglich das Prinzip ›Jeder nach seinen Fähigkeiten, jedem nach seinen Bedürfnissen‹ ohne überwältigenden materiellen Reichtum umzusetzen.«[2]

Die Zitate stammen von Deng, einem der zentralen kommunistischen Architekten der Periode »Reform und Öffnung«, die alle bekannten Dimensionen der Wirtschaftsgeschichte sprengte. Die Zitate beschreiben die Ausgangslage, in der sich die VRCh damals befand. Deng war während der Kulturrevolution in der KPCh einer der Kontrahenten von Mao. 1978 wurde der 74-Jährige zum Generalsekretär der KPCh gewählt und hatte von nun an in dem Experiment »Reform und Öffnung« eine Schlüsselposition inne. Der schon zitierte deutsche Altbundeskanzler Helmut Schmidt bezeichnete Deng 2012 als »erfolgreichsten kommunistischen Führer der Weltgeschichte«.[3] Xi Jinping, der heutige Staats- und Parteichef, meint rückblickend: »Es war Deng, der erstmals relativ systematisch die grundlegende Frage beantwortete, wie man in einem wirtschaftlich und kulturell rückständigen Land wie China den Sozialismus aufbauen, ihn festigen und weiterentwickeln kann.«[4] Xi weiter: »Die Frage, wie die sozialistische Gesellschaft als völlig neue Gesellschaftsform regiert werden soll, (ist) in den sozialistischen Ländern der Welt bisher nicht befriedigend beantwortet worden. Marx und Engels erlebten die Praxis des Regierens nicht mehr. Lenin starb kurz nach der Russischen Oktoberrevolution und konnte diese Frage ebenfalls nicht eingehend erforschen. Die Sowjetunion (…) beging gravierende Fehler und konnte die Frage (…) auch nicht lösen. (…) Unsere Partei hat diese Frage kontinuierlich erforscht. Auch wenn sie teils schwere Rückschläge erleiden musste, konnte sie doch reichlich Erfahrung mit dem Regierungssystem und der Regierungsfähigkeit des Staates sammeln.«[5]

Neue ökonomische Politik

Aus den »bitteren Lehren« im »Großen Sprung« und in der »Großen Kulturrevolution« wurden die Schlussfolgerungen gezogen. Der Weg, den die VRCh mit »Reform und Öffnung« wählte, war der der Ausnutzung des internationalen Marktes und der Etablierung einer Art Neuer Ökonomischer Politik (NEP), vergleichbar derjenigen in der frühen Sowjetunion.[6] Bei dieser handelte es sich um ein wirtschaftspolitisches Konzept, das Wladimir I. Lenin und Leo Trotzki 1921 gegen beträchtlichen Widerstand innerhalb der KPdSU durchsetzten. Ihr Hauptmerkmal war die Dezentralisierung und Liberalisierung in der Landwirtschaft, im Handel und in der Industrie, die der Wirtschaft teilweise auch marktwirtschaftliche Methoden zugestand. Die NEP dauerte bis 1928.

In China bestand die neue ökonomische Politik in der Einführung einer staatlich geplanten Marktwirtschaft, der sogenannten »sozialistischen Marktwirtschaft chinesischer Prägung«,[7] einer Kombination von Plan und Markt. Die chinesische »ursprüngliche Akkumulation«[8] von Produktivkräften geschah also gewissermaßen durch einen »Import von Akkumulation«, beziehungsweise durch Ausnutzung von ausländischen Direktinvestitionen. Um den Vorgang in seiner ganzen Dimension zu verstehen, muss der Blick kurz auf die theoretische Debatte in der KPCh gelenkt werden.

Dialektische Widerspruchslehre

Die wichtigste Denkmethode der KPCh basiert auf der sogenannten »dialektischen Widerspruchslehre«, der »Lehre von den Haupt- und Nebenwidersprüchen«. In einem chinesischen Lehrbuch steht: »Die Lösung des Hauptwiderspruchs hat einen entscheidenden Einfluss auf die Gesamtlage. Die verschiedenen anderen Widersprüche unterstehen dem Hauptwiderspruch. Wird der Hauptwiderspruch gelöst, dann lässt sich auch alles andere leichter lösen.«[9]

Von 1949 bis 1976 sah die KPCh den »innenpolitischen Hauptwiderspruch« Chinas im Klassenkampf zwischen »Proletariat/Bauern und Bourgeoisie/Landeigentümern«.[10] Auf ihrem 11. Parteitag 1977 analysierte die KPCh den »innenpolitischen Hauptwiderspruch« jedoch als den »Gegensatz zwischen den täglich wachsenden materiellen und kulturellen Bedürfnissen der Bevölkerung und einer rückständigen gesellschaftlichen Produktion«.[11] Dazu meint Harro von Senger: »Wenn man die Tragweite dieses Satzes versteht, versteht man grundsätzlich die gesamte Innen- und Außenpolitik der VRCh. Sie enthüllt sich in glasklarer Transparenz.«[12]

Der »innenpolitische Hauptwiderspruch« soll in der chinaspezifischen Langzeitplanung der beiden sogenannten »Hundert-Jahres-Ziele«, aufgelöst werden. Zur Erinnerung: Das erste langfristige Ziel war, in China bis zum Jahr 2021, dem hundertsten Jahre nach der Gründung der KPCh, eine »Gesellschaft mit bescheidenem Wohlstand«[13] zu errichten. Das zweite langfristige Ziel war, bis 2049, Hundert Jahre nach der Gründung der VRCh, aus China »ein wohlhabendes, starkes, demokratisches, zivilisiertes, harmonisches und sozialistisches Land« zu machen.[14] Die KPCh war sich bewusst, dass China sich erst im »Anfangsstadium des Sozialismus« befand. So steht es seit 2007 auch im Statut der der KPCh.[15] Deng meinte: »Um das sozialistische System zu entwickeln und zu festigen, sind noch harte Kämpfe (...) von vielleicht Dutzenden Generationen nötig.«[16] Ein weiteres Beispiel der chinesischen Langzeitperspektive.

Charakteristisch für die Öffnungspolitik war ihr Pragmatismus und ihre Experimentierfreudigkeit nach dem Prinzip »Trial-and-Error«, der Methode Probleme zu lösen, indem so lange Lösungsmöglichkeiten versucht werden, bis das gewünschte Ziel gefunden ist. In Dengs Worten: »Den Fluss überqueren, indem man sich auf den Steinen vortastet.«[17]

Die Vier Modernisierungen

Die Lösung des »innenpolitischen Hauptwiderspruchs« sollte also durch die Teilhabe an den globalisierten Märkten und der Etablierung einer »sozialistischen Marktwirtschaft« bewerkstelligt werden. Schon mehr als ein Jahrzehnt früher hatte Zhou Enlai, langjähriger Ministerpräsident der VRCh und enger Mitstreiter Maos, das Konzept der »Vier Modernisierungen« entwickelt. Zhou Enlais Vorstellungen, 1963 in Shanghai umrissen, zielten auf die Modernisierung von Landwirtschaft, Industrie, Verteidigung sowie Wissenschaft und Technik. Die Umsetzung wurde unter anderem wegen der Kulturrevolution verzögert und konnte erst 1978, zwei Jahre nach Maos Tod und nach dem 3. Plenum des 11. Zentralkomitees, unter dem Namen »Vier Modernisierungen« begonnen werden.[18] Sie umfasste folgende Maßnahmen:

- Die Landwirtschaft wurde dezentralisiert. Die Bauern und Bäuerinnen konnten nun eigenwirtschaftlich und selbständig Gewinne erzielen, bei einer festgelegten Getreideabgabequote an den Staat. Die Volkskommunen wurden 1982 abgeschafft und die Nutzungsrechte auf die Bauernschaft übertragen.
- In der Industrie wurden marktwirtschaftliche Mechanismen inklusive das Wertgesetz anerkannt. Individuelle Leistungen wurden gefördert. Es wurden Manager eingesetzt, die eigenverantwortlich für die Produktion zuständig waren und selbständig Betriebsgewinne erzielen konnten. Es musste weiterhin eine

festgelegte Planmenge an den Staat abgeliefert werden. Ab 1984 wurden städtische Privatunternehmen mit maximal sieben MitarbeiterInnen zugelassen. Parallel dazu wurden die Marktpreise allmählich freigegeben, und 1983 wurde eine Einkommenssteuer eingeführt.

- Die dritte Maßnahme beinhaltete die Öffnung nach außen. 1979 nahmen die VRCh und die USA offizielle diplomatische Kontakte auf. Der Außenhandel expandierte.
- Ausländische Investitionen wurden in China zugelassen. Für sie wurden vier Sonderwirtschaftszonen eingerichtet: Shenzhen, Zhuhai, Shantou und Xiamen.[19] Diese bekamen Sonderrechte bestehend aus Steuererleichterungen für Investoren, der Gründung von chinesisch-ausländischen Wirtschaftssubjekten in Form von sogenannten Joint Ventures und der Möglichkeit des Exports.

Die Vier Grundprinzipien

Entscheidend für den weiteren Verlauf der Politik von »Reform und Öffnung« war, dass die »Vier Modernisierungen« von den folgenden politischen »Vier Grundprinzipien« begleitet wurden, die seit 1982 auch in der Staatsverfassung stehen:

- »Festhalten am sozialistischen Weg,
- Festhalten an der Diktatur des Proletariats,
- Festhalten an der Führung durch die KPCh,
- Festhalten am Marxismus-Leninismus und an den Mao Zedong-Ideen«[20]

Mit den »Vier Grundprinzipien« legte sich die KPCh unmissverständlich auf das Primat der Politik gegenüber der Wirtschaft fest.

Sowohl Markt als auch Sozialismus

»Bei der Lösung des Hauptwiderspruchs und im Aufbau des Sozialismus«, so Xi, »sind Festigkeit in Grundsatzfragen und Flexibilität in den Nebenfragen nötig«.[21] Ein chinesischer Sinnspruch lautet: »Zehntausend Richtungsänderungen vornehmen, aber das Ziel nie aus den Augen verlieren.«[22] Im Sinne des »Sowohl-als-auch«, beziehungsweise der Formel »Zwei zu Einem vereinen«, können gemäß der KPCh marktwirtschaftliche Elemente eingeführt werden, weil diese dem Sozialismus dienen. Wer und was immer dazu beitrage, Armut und Rückständigkeit in China zu überwinden, sei ein willkommener Bundesgenosse.[23] Der 14. Parteitag der KPCh hielt 1992 fest: »Es ist hervorzuheben, dass die Öffnung nach außen für die Reform und den Aufbau unerlässlich ist, dass alle fortgeschrittenen zivilisatorischen Leistungen, die von den verschiedenen Ländern der Welt, darunter auch den entwickelten kapitalistischen, geschaffen wurden, für die Entwicklung des Sozialismus eingeführt und genutzt werden sollen und dass Abkapselung nur zur Rückständigkeit führen kann.«[24]

Im Verhältnis zu seinen natürlichen und menschlichen Ressourcen war die Ausstattung Chinas mit Kapital unzureichend und stellte ein dauerhaftes Problem dar. Chinas Ressourcenknappheit war und ist für die wirtschaftliche Entwicklung und für die Ernährung der 1,4 Milliarden Menschen ein erhebliches Problem. Ein rationaler Gebrauch von ausländischem Kapital war deshalb von großer Bedeutung für das Land.[25]

Die äußeren Rahmenbedingungen

Die äußeren Rahmenbedingungen für das Programm »Reform und Öffnung« waren 1978 in China günstig. Welche ökonomische Macht kam für die Eingliederung Chinas in die internationalen Produktions- und Wertschöpfungsketten, beziehungsweise für die nachholende Entwicklung der chinesischen Produktivkräfte überhaupt in Frage? Die UdSSR war es nicht. Sie kam erstens wegen des ideologischen und politischen Streits zwischen China und der Sowjetunion nicht in Frage. Zweitens war die UdSSR wirtschaftlich und international zu eingeschränkt, um in China das nötige immense Kapital investieren zu können und den Zugang Chinas zum internationalen kapitalistischen Markt und zum technologischen Know-how zu ermöglichen. Das einzige Land, das dafür in Frage kam, waren die USA. Ihre Unterstützung musste die VRCh gewinnen. Nur über sie konnte China den Zugang zum Kapitalismus und zu dessen Regularien, wie der Welthandelsorganisation (WTO) und der Weltbank, erreichen.

Die USA waren der Schlüssel zur Öffnung des Landes für ausländische Investitionen und zur Anwerbung multinationaler Konzerne.[26] Mit den USA waren die Beziehungen zur richtigen Zeit normalisiert worden. Die Reformen, die in China ins Rollen gekommen waren, weckten das Interesse der USA. Sie eröffneten dem US-amerikanischen Kapital »neue und recht lohnende Räume für das ökonomische und politische Eindringen« in China.[27] Bei der Kapitalbeschaffung spielte die chinesische Diaspora in Hongkong, Taiwan, Singapur und Malaysia eine Schlüsselrolle.

Aus Furcht zurückgewiesen zu werden, tat China alles, um akzeptiert zu werden. Es zeigte eine ungeheure Flexibilität. Es musste sich, anders als seinerzeit Japan und die Tigerstaaten, wirtschaftlich völlig liberalisieren, um in der Globalisierung überhaupt eine minimale Chance zu haben. Was die Flexibilität betrifft: Vorausschauend formulierte Deng in seiner vielzitierten »24-Zeichen-Strategie« folgende Verhaltensanweisungen für das Verhältnis zum Westen: China solle in den nächsten 50 Jahren das eigene Licht unter den Scheffel stellen und zuerst nachhaltig die eigenen Stärken entwickeln (chin.: taoguang yanghui). Im Wortlaut: »Beobachtet mit kühlem Kopf; reagiert gelassen; bleibt standhaft; verbergt unsere Fähigkeiten und wartet, bis unsere Zeit gekommen ist; seid zurückhaltend und versucht niemals, die Führung zu übernehmen.«[28] Mit der Öffnung wurde in Kauf genommen, dass ein Teil der chinesischen Arbeiterinnen und Arbeiter der Ausbeutung durch ausländische kapitalistische Konzerne unterworfen wurde. Das schuf Situationen, die von der KPCh nicht leicht zu rechtfertigen waren.

Für China war die Strategie »Going global« (global werden) ein Erfolg. Sie hat zu einer Win-win-Situation geführt, war also keine Einbahnstraße. China profitierte vom internationalen Kapital, das mithalf, im Land eine große Industrie aufzubauen. Letzteres konnte im Gegenzug im internationalen Markt investieren und Profite erwirtschaften. Wenn China vom Kapital profitierte, ging es aus seiner Sicht letztlich auch um eine Reziprozität, das heißt um eine Wiedergutmachung für kolonialistische Schandtaten und nicht zuletzt auch um einen Ausgleich für den westlichen Zugang zum großen chinesischen Markt mit Sonderkonditionen.[29] Die kapitalistischen Länder, allen voran die USA, haben von China profitiert: von der teilweisen Auslagerung ihrer Industrie in das Billiglohnland China und durch den Import günstiger Waren für den eigenen Konsum.

Die inneren Rahmenbedingungen

Die Rahmenbedingungen innerhalb Chinas waren ebenfalls günstig. Mit seinem systemischen Vorteil, das heißt mit dem Primat der Politik über die Ökonomie, konnte die VRCh in kurzer Zeit und mit einer hohen Geschwindigkeit die Bedingungen für die Öffnung seiner Wirtschaft schaffen und die von außen geforderten Maßnahmen schnell umsetzen und einigermaßen unter Kontrolle behalten. China, das ist ein wesentlicher Punkt, konnte bei seiner Bevölkerung auf eine flexible Mentalität aufbauen, die für Neues in pragmatischer Weise offen war. Der KPCh scheint 40 Jahre nach der Revolution das Unglaubliche gelungen zu sein: Sie entfesselte die Kreativität der jungen Generationen und versetzte ganze Städte und Regionen in ein Start-up-Fieber.[30] Ein Motivationsschub dazu kam wiederum von Deng: »Lasst den Westwind herein! Reichtum ist ruhmvoll.«[31] Mit diesem Diktum konnte er an die fundamentale chinesische Orientierung am irdischen Glück anknüpfen (siehe 3. Kapitel).

800 Millionen Menschen aus größter Armut befreit

China, das sich als das »größte Entwicklungsland«[32] bezeichnet, hat mit »Reform und Öffnung« innerhalb weniger Jahrzehnte im Expresszug[33] eine Entwicklung hingelegt, für die Industrieländer Jahrhunderte benötigten. »Das Reich der Mitte wurde von einem heruntergekommenen, in der Selbstisolation versunkenen Entwicklungsland in die zweitgrößte Wirtschaftsmacht der Welt katapultiert«, meinte schon 2006 der *NZZ*-Chinakorrespondent Urs Schoettli.[34]

In den 32 Jahren zwischen 1981 und 2013 wurden nach Angaben der Weltbank 800 Millionen Menschen aus größter Armut, Hunger und Elend geführt.[35] Das ist vermutlich eine der herausragendsten zivilisatorischen Leistungen der Geschichte. Damit trug China in den vergangenen Jahrzehnten als einzelnes Land mit über 70 % den größten Teil zur der Bekämpfung der weltweiten Armut bei.[36] Jin Yinan, Professor für Strategiekunde in Beijing, meinte: »Was hat die welterschütternden, alles auf den Kopf stellenden Umwälzungen bewirkt? Es ist der Marxismus, der China verwandelt hat. Es ist die Kommunistische Partei, die China verwandelt hat. Es ist der Sozialismus, der China verwandelt hat.«[37]

Vorläufige Bilanz

Die Politik der »Reform und Öffnung« war der Schlüssel zum Aufstieg Chinas zu der ökonomischen und politischen Macht, die es heute darstellt. China hat von der staatlich kontrollierten Weltmarktintegration profitiert und hat bewiesen, dass diese nicht zwangsläufig zu strukturellen Abhängigkeiten führt.[38] Die Industrialisierung Chinas passierte in einer enormen Geschwindigkeit. Was in China in einer Generation geschah, dafür brauchte Großbritannien, das erste Land des Kapitalismus, über 200 Jahre. In China geschah die Entwicklung in einem einheitlichen und riesigen Land, während sie im Westen in einem uneinheitlichen System von konkurrierenden, sich militärisch bekämpfenden und in Kolonien ausweichenden Nationalstaaten geschah.

»Reform und Öffnung« brachte China Wohlstand und Zufriedenheit und machte, dass es heute eine der weltweit offensten Ökonomien ist. Die Strategie sorgte dafür, dass der Staat im Zentrum des wirtschaftlichen Reformprozesses blieb und der nationale Markt nicht dereguliert wurde und sie legte schließlich die Basis für den Übergang zum Sozialismus. Sie führte aber auch zu »Nebenwidersprüchen«, das heißt zu einer hohen Belastung von Natur und Umwelt, der sozialen Beziehungen, des Alltags und der moralischen Werte. Die Umweltbelastung wurde für China zu einem zentralen Problem (siehe 14. Kapitel).

Persönliche Bemerkung
Die Befreiung von 800 Millionen Menschen aus bitterer Armut ist nicht nur eine der größten zivilisatorischen Leistungen der Geschichte. Sie kann auch als größter Demokratieschub der Menschheitsgeschichte interpretiert werden. Ich schließe mich Domenico Losurdo an, wenn er sagt: »Mit dem Demokratieschub erlangten die 800 Millionen Menschen die elementarsten Menschenrechte, die es gibt, das Recht auf Leben und das Recht auf Freiheit vor Angst und Not.«[39]

Kleiner Exkurs zur Tian'anmen-Krise 1989

Proteste gegen Kostenexplosion, Korruption und Amtsmissbrauch
Die Ereignisse im Zusammenhang mit der Protestbewegung im Jahr 1989 rund um den Platz des Himmlischen Friedens in Beijing (chin.: Tian'anmen), welche im Westen unter dem Namen »Tian'anmen-Massaker« firmieren, stellten eine weitere kritische Phase in der Geschichte der VRCh dar. Auslöser der Proteste, die im April mit Demonstrationen von Studentinnen und Studenten und Hungerstreiks begonnen hatten, waren die Auswirkungen der wirtschaftlichen Liberalisierung seit Beginn von »Reform und Öffnung«: Kostenexplosionen bei den Grundnahrungsmitteln nach der Preisfreigabe durch die Regierung, Korruption in der Parteiführung und Amtsmissbrauch im Staat. Gemeinsamer Nenner der Bewegung war der Protest gegen Inflation und Korruption. Ein Teil der ReformverliererInnen meldeten sich protestierend zu Wort. Später kam die Forderung nach Meinungs- und Pressefreiheit hinzu. Die Studentinnen und Studenten bekamen zeitweilig Unterstützung von Arbeiterinnen und Arbeitern und neu gegründeten Gewerkschaf-

ten. Alle chinesischen Medien berichteten ausführlich über die Ereignisse. Auftrieb bekamen die Proteste auch durch die sogenannten Reformbewegungen in der Sowjetunion und in der Volksrepublik Polen. Auch in der chinesischen Bevölkerung und innerhalb der KPCh gab es nun Menschen, die auf eine »Liberalisierung« hofften und nach dem Vorbild von Japan und Südkorea auf eine komplette Verwestlichung setzten.

Der Kampf der zwei Linien in der KPCh

Begleitet wurde die Protestbewegung durch Richtungskämpfe innerhalb der KPCh, die sich an der Frage der Zukunft des chinesischen Sozialismus entzündeten und sich folgerichtig in verschiedenen Einschätzungen der Protestbewegung äußerten. Mao hatte es seinerzeit »Kampf der zwei Linien« genannt: Beharren auf dem sozialistischen Weg oder Rückkehr des Kapitalismus und eines neuen Kolonialismus. Der Generalsekretär der KPCh zur Zeit von Tian'anmen, Zhao Ziyang, galt als Exponent des sogenannten liberalen Flügels, der sich für Verständigung mit den Protestierenden aussprach. Ins historische Gedächtnis eingegangen ist sein persönlicher Vermittlungsversuch auf dem Tian'anmen.[40] Nach offenbar heftigen innerparteilichen Auseinandersetzungen setzte sich die Fraktion durch, welche hinter Deng stand. Sie sah die Stabilität Chinas in Gefahr. Nun wurde die Armee mobilisiert. Diese griff vorerst unbewaffnet ein. Die vorrückenden Militäreinheiten stießen auch in anderen Teilen Beijings auf Widerstand, unter anderem in Form von Barrikaden. Nachdem verschiedene unbewaffnete Soldaten verbrannt oder gelyncht worden waren und von Seiten der Protestierenden Schusswaffen und Molotowcocktails zum Einsatz kamen, verschärfte sich die Lage. Armee und Polizei setzten nun auch Schusswaffen ein, worauf es unter der Zivilbevölkerung zu Toten und Verletzten kam. Die Armee versuchte, auch den Tian'anmen zu räumen. Nach einem verschärften Ultimatum von Seiten der Regierung spalteten sich die DemonstrantInnen. Die Abzugswilligen zogen vom Platz ab. Am 5. Juni verließen die letzten DemonstrantInnen den Tian'anmen. Auf dem Platz selber fielen keine Schüsse.[41] Danach verlor Zhao seine Ämter.[42]

Übergeordnet: Stabilität des Riesenlandes

Deng gab für das Eingreifen der Armee die Losung aus: »Stabilität muss absoluten Vorrang haben. (…) Mit so vielen Menschen in ganz China und so geringen Ressourcen kann China ohne Frieden und Einheit in der Politik und ohne stabile soziale Ordnung nichts zuwege bringen.«[43]

In westlichen Medien wurde von Hunderten von Toten berichtet. Die offiziellen Schätzungen sprachen von 200 Soldaten und ZivilistInnen. Das chinesische Rote Kreuz sprach von 3.000 Verletzten. Die Zahlen konnten nie objektiviert werden. Auf dem Platz des Himmlischen Friedens selbst starb niemand, es fand dort auch kein Massaker statt. Das steht heute fest.[44] Einige Hundert Personen wurden mit Hilfe der US-amerikanischen und andern westlichen Botschaften aus dem Land nach Hongkong geschmuggelt, welches damals noch britische Kronkolonie war. Nach 1989 versandete die Bewegung, was vor allem mit dem starken wirtschaftlichen Wachstum und den verbesserten Chancen für UniversitätsabsolventInnen in Zusammenhang gebracht wurde.[45] Fest steht, dass die Zufriedenheit der Studentinnen und Studenten nach 1989 zunahm.[46] Die USA verhängten gegen die VRCh ein Waffenembargo, das nach zwei Jahren wieder aufgehoben wurde.

Wichtig ist zu erwähnen, dass die KPCh die Politik der »Reform und Öffnung« 1989 einstellte. Diese wurde erst 1992 nach der legendären Südexpedition von Deng nach Shenzhen wieder aufgenommen und dann in noch größerem Tempo fortgesetzt.

Die Rolle der USA

War der Aufstand ein völlig China-internes Geschehen? Die Rolle der USA in der Tian'anmen-Krise ist nicht restlos geklärt. Fest steht, dass die US-amerikanische Konvergenz-Politik gegenüber China die USA nicht daran hinderte, sich in den 1980er Jahren in der

VRCh massiv mit destabilisierender Absicht einzumischen. Das ist heute erwiesen.[47] Auch dass die USA in den StudentInnenunruhen auf dem Tian'anmen-Platz 1989 kräftig mitmischten. Henry Kissinger, ehemaliger US-Außenminister und Sicherheitsberater, zitiert in seinem China-Buch eine Beschwerde Dengs anlässlich des Besuchs einer hochrangigen US-Delegation des US-Präsidenten George Bush (Senior) in China. Deng: »Dies war ein welterschütterndes Ereignis. Wir hatten seit dem Beginn der Ereignisse das Gefühl, dass China (…) durch Aspekte der amerikanischen Außenpolitik tatsächlich in die Ecke gedrängt wurde. (…) Das Ziel der konterrevolutionären Rebellion war der Sturz der VRCh und unseres sozialistischen Systems. Wenn sie dieses Ziel erreicht hätte, wäre die Welt eine andere (…) und es ist ein großes Unglück, dass die Vereinigten Staaten so stark daran beteiligt sind. (…) Um offen zu sein, das konnte bis zu einem Krieg führen.«[48] Weder die US-Delegation noch Henry Kissinger in seinem Buch haben dem widersprochen.[49] Doch zur Zeit der Tian'anmen-Krise wurde der frühere US-Botschafter in Beijing, Winston Lord, nicht müde zu wiederholen, dass der Fall des kommunistischen Regimes »eine Frage von Wochen oder Monaten« sei.[50] Die zitierten Äußerungen legen auf die Hand, dass die USA versucht hatten, China als erstes sozialistisches Land wieder in den Kapitalismus zurückzuführen.[51]

Die westlichen Medien

Die westliche Berichterstattung über die Ereignisse auf dem Tian'anmenplatz wurde sehr schnell unter dem Titel »Tian'anmen-Massaker« zusammengefasst. Dieser verselbständigte sich durch ständige Repetition. Das ist noch im heutigen Wikipedia-Artikel so.[52] Die Berichterstattung stützte sich im Wesentlichen auf zwei Journalisten, den *BBC*-Reporter J. Simpson und den *CBS*-Korrespondenten R. Roth. Simpson filmte seinen Bericht über das »Tian'anmen-Massaker« laut eigenen Angaben vom Hotel Beijing aus. Einziges Problem: Von dort ist der Platz des Himmlischen Friedens gar nicht sichtbar. Roth stellte viel später klar, dass es auf dem

Tian'anmenplatz – entgegen seiner Reportage – kein Massaker gegeben habe.[53] Jetzt interessierte das allerdings niemanden mehr.

Beurteilung der Tian'anmen-Krise

Es ist schwierig, auf Grund der Faktenlage eine gut abgestützte Beurteilung der Tian'anmen-Krise zu geben. Plausibel scheint folgende Interpretation: Mit der Politik »Reform und Öffnung« ist der KPCh offensichtlich die Entwicklung allmählich aus dem Ruder gelaufen. Die negativen Auswirkungen der Reformen hatten das Land in eine sehr schwierige Situation manövriert. Die Partei war dabei selbst in eine große Krise geraten, was durch den sich abzeichnenden Niedergang des sowjetischen Sozialismus noch verstärkt wurde. In der KPCh setzten sich schlussendlich jene Kräfte durch, die zwar für »Reform und Öffnung« zentrale Verantwortung trugen, aber weiter auf dem sozialistischen Weg beharrten und befürchteten, dass es im Land zu einem Bürgerkrieg und/oder sogar zu einer militärischen Intervention von außen kommen könnte.

Anmerkungen

1 Zitiert in: Baron et al., S. 105
2 Zitiert in: Kunzmann 2018, S. 2
3 Schmidt, Helmut
4 Xi 2014, S. 9
5 ebd., S. 112
6 Vgl. Kunzmann 2018, S. 5ff
7 Xi 2014, S. 93, 142, 144 und 2018, S. 41, 43, 314, 334, 392, 418, 419
8 Vgl. de.wikipedia.org/wiki/Ursprüngliche_Akkumulation, besucht 27.11.2021
9 Zitiert in: von Senger 2008, S. 99
10 ebd., S. 103
11 ebd.
12 ebd.
13 Xi 2018, S. 73
14 ebd., S. 17
15 ebd., S. 41, 71, 262
16 ebd., S. 6
17 Zitiert in: Bernstiel

18 Vgl. de.wikipedia.org/wiki/Vier_Modernisierungen, besucht 9.3.2022
19 Vgl. ebd.
20 Zitiert in: von Senger 2008, S. 123
21 Xi 2014, S. 572 und 2018, S. 683
22 Zitiert in: von Senger 2008, S. 75
23 ebd., S. 115
24 Zitiert in: XIV. Parteitag der KPCh, in: China aktuell 10/92
25 Vgl. China's Economy 2000, Beijing 1987, S. 496
26 Vgl. Jacques, S. 172
27 Losurdo 2017, S. 223
28 Zitiert in: Jacques, S. 460 und in: Kronauer 2019, S. 32
29 Vgl. Baron et al., S. 276
30 Vgl. Sieren 2018, S. 77
31 Zitiert in: Sieren 2021, S. 243
32 Zum Beispiel Xi 2018, S. 41
33 ebd., S. 593
34 Schoettli
35 Vgl. Kronauer 2021c
36 Vgl. Kunzmann 2018, S. 41f
37 Jin Yinan: Vom Fußsoldaten bis zum Strategiegelehrten, zitiert in: von Senger 2008, S. 58
38 Vgl. Golub
39 Losurdo 2017, S. 242
40 Vgl. de.wikipedia.org/wiki/Zhao_Ziyang, besucht 3.9.2022
41 Vgl. de.wikipedia.com/wiki/Tian'anmen-Massaker, besucht 9.10.2020
42 Vgl. de.wikipedia.org/wiki/Zhao_Ziyang, besucht 3.9.2022
43 Zitiert in: Baron et al., S. 313
44 Vgl. de.wikipedia.com/wiki/Tian'anmen-Massaker, besucht 9.10.2020
45 Vgl. ebd.
46 Vgl. ebd.
47 Vgl. Losurdo 2017, S. 148
48 Zitiert in: Kissinger 2012, S. 429f
49 Vgl. Losurdo 2017, S. 147
50 Zitiert in Losurdo 2017, S. 148
51 Vgl. ebd., S. 146f und Elsner 2020, S. 21
52 Vgl. de.wikipedia.org/wiki/Tian'anmen-Massaker, besucht 9.10.2020
53 ebd.

9. Kapitel

China und die Frauen

These: Vom tiefgreifenden Wandel der »Reform und Öffnung« haben die chinesischen Frauen profitiert – Patriarchale Gesinnungen und Machtstrukturen bestehen dennoch weiter

Jungsteinzeitlich matriarchale Kulturen

Im hochentwickelten urbanen Milieu der 20-Millionen-Metropole Shanghai gelten die Chinesinnen – zumindest die Angehörigen der Mittelschichten – heute als besonders emanzipiert. In einer Umfrage sagen 40 Prozent der befragten Frauen – zwei Drittel davon haben mindestens gymnasialem Abschluss –, dass in ihrer Familie die Frau die größte Entscheidungsmacht habe. Weitere 40 Prozent sagen, dass Mann und Frau in ihrer Ehe etwa gleich viel zu sagen hätten. 20 Prozent meinten, dass der Mann dominiere.[1] Solche Umfragen sind sicher nicht repräsentativ für die chinesischen Frauen insgesamt, und die Zustände in Shanghai mögen noch Meilen von denen in anderen Teilen des Landes entfernt sein.

Mehr oder weniger gleichberechtigte und selbstbewusste Frauen sind in China aber keine Neuigkeit. Noch heute existieren in den Bergen – fern vom Einfluss der Entwicklung im Tiefland – »Randvölker«, so die offizielle staatliche Sprachregelung, mit mehr oder weniger ausgeprägt erhaltenen matriarchalen Strukturen. Es sind sogenannte »Matriclans«, bei denen die Frauen gesellschaftlich im Zentrum stehen und die Geschlechter als gleichwertig gelten: die Naxi in Westchina; deren Nachbarn die Mosuo in der Provinz Yunnan; die Xiang-Völker in Nordwestchina; die Yao und Miao in Südchina und die Völker der Yüeh-Kultur in Südostchina.[2] Diese Gesellschaften haben die matriarchalen Strukturen der jungsteinzeitlichen Kulturen Chinas bewahrt; für die Zeit von 5000 bis 2000 v. u. Z. weisen verbreitet Spuren darauf hin, dass die Geschlechter matriarchal gelebt haben.[3]

Patriarchale Unterjochung

Im 2. Jahrtausend v. u. Z. fand in China offenbar wie in anderen Teilen Vorder- und Ostasiens ein kultureller Umbruch statt. Die spätneolithischen Kulturen wurden in patriarchal geprägte sogenannte Hochkulturen transformiert. In China kennen wir von diesem Prozess – im Unterschied etwa zu Mesopotamien[4] – nur noch das Ergebnis: Das chinesische Reich, mit seiner immer ausgeprägteren hierarchischen und zentralistischen Struktur, nahm langsam Gestalt an. Von dieser Zeit an herrschte in China während den kommenden Jahrtausenden ein ausgeprägtes Patriarchat. Es wurde durch die Lehren des staatstragenden Konfuzianismus geprägt, verhärtete sich im Laufe der Zeit und führte zu einer immer weitgehenderen Degradierung der Frauen.

Grundbaustein des konfuzianischen Gesellschaftsmodells ist, wie im 3. Kapitel schon dargestellt, die Familie, deren Oberhaupt der patriarchale Vater oder Ehemann ist. Das trifft die Frauen in besonderem Maße, denn sie müssen in einem klar definierten Über- und Unterordnungsverhältnis dreimal gehorsam sein: gegenüber dem Vater, solange sie jung sind, gegenüber dem Ehemann und als Witwe gegenüber dem erwachsenen Sohn. Der patriarchale Charakter der konfuzianischen Soziallehre zeigt sich auch daran, dass die Frauen in erster Linie Mütter sind. Diese Zuschreibung ist ambivalent. Positiv könnte man sagen, dass die Mutterschaft der Frau auch noch in einer patriarchalen Gesellschaft eine gewisse ›Macht‹ verleiht. Die historisch-politische Erfahrung zeigt aber, dass mit der politischen Betonung der Mutterschaft in der Regel die Einhegung der Frau verbunden ist.

Noch in den 1950er Jahren meinte Lin Yutang, ein populärer chinesischer Schriftsteller: »Das größte aller Frauenrechte ist das Recht auf Mutterschaft.«[5] Und Zhou Enlai, langjähriger Ministerpräsident der VRCh und einer der einflussreichsten Politiker des 20. Jh., betonte, dass »Kinder zu gebären die natürliche Pflicht der Frauen« sei.[6]

Die Stellung der Frauen in der späten Kaiserzeit war zwar »nicht niedriger als die des Viehs«, um es mit den Worten Qiu Jins (1875-1907), einer chinesischen Dichterin und frühen Feministin des 19. Jh. u. Z., auszudrücken. Dennoch erscheinen die damaligen Verhältnisse aus heutiger Sicht kaum vorstellbar. »Unterjochung« ist der adäquate Begriff, um die Lage der Frauen zu charakterisieren. Sie durften keinen Besitz haben, mussten sich die Füße zu sogenannten »Lotusfüßen« verstümmeln lassen, was nicht nur einen sexistischen Grund, sondern auch eine erotische Konnotation hatte. Sie wurden nicht als eigenständige Personen, sondern in extremis als Handelsware betrachtet. Zwar gab es innerhalb der Kulturen Chinas Ausnahmen sowie auch staatliche Reformversuche, doch substanzielle Verbesserungen gab es für die Frauen erst mit der chinesischen Revolution.[7]

Gleichstellung in der VRCh

Seit der Gründung der KPCh 1921 ist die Frauenfrage eine feste Größe am politischen Horizont der Parteiführung. Die Überwindung der konfuzianisch geprägten patriarchalen Gesellschaftsstruktur war schon bei den fortschrittlichen Eliten im 19. Jh. u. Z. ein Thema. Die frühe (männliche) Parteiführung der KPCh war im Großen und Ganzen frauenfreundlich. Christina Gilmartin machte unter den männlichen Parteigründern sogar ein feministisches Profil aus.[8] Es war eine Selbstverständlichkeit, dass in der ersten Verfassung der VRCh die Gleichberechtigung von Frauen und Männern als ein unverrückbares Grundprinzip Chinas und seiner Rechtsordnung verankert wurde. Heute gehört Artikel 48 der aktuell geltenden Verfassung, der die Gleichstellung der Frauen in sämtlichen Bereichen des Lebens festhält, zu den sogenannten »unabhängigen politischen Leitsätzen«, die gewissermaßen über der Verfassung stehen.

Die frühe Phase der kommunistischen Frauenbewegung in China war durch einen regen Aktivismus gekennzeichnet. Bis in die 1940er Jahre war der Kampf gegen die patriarchalen Strukturen und insbesondere gegen die repressiven Verhältnisse in der ländlichen Familie zentral. In der ersten Phase des Bürgerkrieges (1927-1937) spielten die Frauen in Mao Zedongs Bauernarmee eine wichtige Rolle. In den befreiten Gebieten und ihren Sowjetregierungen fand ein Schub Richtung Gleichberechtigung statt. Die Frauen bekamen das wichtige »Recht auf Land« und profitierten von den ersten Ehegesetzen.

Im Krieg gegen die japanischen Aggressoren von 1937 bis 1945, der zu den einschneidenden Ereignissen der chinesischen Geschichte des 20. Jahrhunderts gehört, kam China in eine große Notlage, angesichts derer viele gesellschaftliche Probleme dem bloßen Überleben untergeordnet wurden. Auch die Fraueninteressen wurden mehr oder weniger »zurückgestellt«. Das änderte sich mit dem Sieg der Revolution und der Gründung der VRCh. Im selben Jahr wurde die All-Chinesische Frauenvereinigung (ACWF) gegründet. Diese Massenorganisation war von Anfang an eng mit der KPCh verbunden, beziehungsweise ihr untergeordnet.

Neue Rechtsstellung und Rückschritte

1950 wurde nach dem Vorbild der provisorischen Regierungen in den befreiten Regionen das erste Ehegesetz verabschiedet. Es war zugleich das erste nationale Gesetz der VRCh nach ihrer Gründung. In ihm veränderte sich die Rechtsstellung der Frauen gegenüber derjenigen im kaiserlichen China grundlegend:

- Frauen wurden nicht mehr von ihren Familien verkuppelt, sondern wählten ihren Ehepartner selbst.
- Die Verheiratung Minderjähriger, der sogenannten ›Kinderbräute‹, und der Brautkauf wurden verboten.
- Jeder Mann durfte nur eine Frau haben und umgekehrt.

- Frauen konnten nicht einfach verstoßen werden, sondern hatten das Recht auf Scheidung.
- Frauen hatten Anspruch auf eigenes Vermögen, auch bei Scheidung, und auf die Kinder.
- Witwen und Geschiedenen wurde es freigestellt, wieder zu heiraten.

Während der Kulturrevolution (1966-1976) wurde die Frauenbewegung als »bourgeois und reaktionär« angesehen, unter anderem, weil sie ihren Ursprung im Westen hatte. Die Frauenbewegung, hieß es, müsse komplett in der Revolutionsbewegung aufgehen. Sie wurde deshalb ausgeschaltet, und die Frauenvereinigung (ACWF) wurde 1968 aufgelöst. Einen Vorteil hatte die Kulturrevolution: Viele patriarchale Regeln wurden radikal in Frage gestellt. Ob sie – wie damals verlangt – auf dem Müllhaufen der Geschichte landeten, darf bezweifelt werden.

Die Frauen profitieren von Reform und Öffnung

Der Status der Frauen wird in China in marxistischer Tradition vorrangig über ihre Stellung im Produktionsprozess und nicht über ihr Geschlecht definiert.[9] Das heißt konkret: Die Frauenbefreiung wird mit »Teilhabe an der Produktion« gleichgesetzt. Plausibel erscheint diese Gleichsetzung heute im geschichtlichen Rückblick. Die chinesische Geschichte seit der Gründung der KPCh 1921 zeigt – ausgenommen sind historische Extremsituationen wie der chinesisch-japanische Krieg –, dass nicht von einer Frauenbefreiung die Rede sein kann, solange nicht genügend materielle Ressourcen vorhanden sind, um die notwendigen Mittel zur Verfügung zu stellen. Die wirtschaftliche Situation erlaubte es lange nicht, genügend Arbeitsplätze und Bildungsinstitutionen zu schaffen, und die patriarchale Tradition gab den Männern bei den wenigen Arbeitsplätzen allemal den Vortritt. Es brauchte – mit anderen Worten – eine gewisse Entwicklung der Produktivkräfte und einen minimalen Wohlstand. An dieser Tatsache konnten auch alle RotgardistInnen der Kulturrevolution nicht rütteln, die abgekoppelt von der wirtschaftlichen Situation agierten.

Untersuchungen zeigen, dass die Frauen von »Reform und Öffnung« profitiert haben. Abermillionen Frauen wurden in den sich schnell entwickelnden Produktionsprozess integriert. Ihre Stellung und ihre Rechte wurden durch den wirtschaftlichen Aufschwung gestärkt.[10] Seit Frauen auch auf dem Land immer besseren Zugang zu Bildung haben und es ihnen nicht mehr verboten ist, vom Land in die Stadt zu ziehen, haben sie bessere Chancen, sich selbst versorgen zu können und somit unabhängiger von den Männern zu werden. 2009 war zum ersten Mal über die Hälfte der chinesischen Studentenschaft weiblich; bis Anfang 1980er Jahre war der Anteil der Frauen deutlich unter 30 Prozent.[11] Umfragen bei beruflich erfolgreichen Frauen über die Chancengleichheit im Jahr 2018 in China und in Deutschland fallen in China positiv aus, in Deutschland sind sie ernüchternd: Auf einer Skala von null (sehr schlecht) bis zehn (sehr gut) gaben die Befragten Chinas einen Wert zwischen acht und zehn an; jener für Deutschland schwankte zwischen drei und vier.[12] Laut der ILO, der UN-Arbeitsorganisation, sind 44 Prozent der Führungskräfte, der AkademikerInnen und der TechnikerInnen in der chinesischen Wirtschaft weiblich.[13] Negativ steht zu Buche, dass die meisten relativ schlecht bezahlten Dienstleistungsjobs immer noch mit Frauen besetzt werden.

Neuer Wind für die Frauenbewegung

In der Ära »Reform und Öffnung« ist für die Frauenvereinigung (ACWF) Ende 1970er Jahre eine neue Situation entstanden. Sie wurde 1976 wiederbelebt, reorganisiert und etwas parteiunabhängiger und entwickelte sich zur größten Massenorganisation Chinas und gleichzeitig zu einer gewaltigen Dienstleistungsorganisation für die Frauen. Dabei versuchte sie, auch neue Akzente zu setzen, zum Beispiel mit der sogenannten »Vier-Selbst-Kampagne« zur weiblichen Selbstentdeckung (Selbst-Respekt, Selbst-Vertrauen, Selbst-Verbesserung und Selbst-Verlässlichkeit).

Folge der Ära »Reform und Öffnung« war eine tiefgreifende Umgestaltung der Geschlechterordnung und eine Akzentuierung der »Frauenfrage«. Als Reaktion auf die Entwicklungen seit Mitte der 1980er Jahre nahm eine neue Frauenbewegung in China Gestalt an, die sich die Aufgabe stellte, die chinesischen Frauen bei der Lösung ihrer Probleme tatkräftig zu unterstützen und zu vertreten.[14]

1992 wurde das sogenannte »Frauenrechtsschutzgesetz« erlassen, in dem alle gesetzlichen Rechte der Frauen zusammengefasst wurden. Es wurde 2005 um das Verbot der sexuellen Belästigung und der häuslichen Gewalt und ihrer Verfolgung von Amtes wegen ergänzt. Die ACWF bezeichnet das Gesetz als »Frauenverfassung Chinas«.[15] In der Gesetzeshierarchie kommt es jedenfalls direkt nach der Verfassung. Die 2003 eingeführten »Eheregister-Bestimmungen« sollten das Scheidungsverfahren erleichtern. Seitdem verzeichnet die VRCh bis zu zweistellige jährliche Scheidungszuwachsraten.[16]

Alte und neue Probleme

Ohne Anspruch auf Gewichtung seien hier einige Probleme zur Situation der Chinesinnen genannt:

Ein-Kind-Politik | Einschneidend für die Lage der chinesischen Frauen war die Einführung der Ein-Kind-Politik im Jahr 1980, die für alle Paare galt, außer für diejenigen der ethnischen Minderheiten. Die Ein-Kind-Politik war für die chinesische Führung Ultima Ratio, um die Bevölkerungsentwicklung des Milliardenvolkes einigermaßen in den Griff zu bekommen. Sie hatte zur Folge, dass der patriarchale Druck auf die Frauen und ihre psychische Belastung noch verstärkt wurden, denn von den Frauen wurde nun erwartet, nur männliche Nachkommen zu gebären und die weiblichen entweder abzutreiben oder sogar als Neugeborene zu töten. Nach dem relativen Erfolg der Ein-Kind-Politik wurde diese 2013 aufgehoben.

Demografische Probleme | Direkte Folgen der Ein-Kind-Politik waren die wachsende Unausgewogenheit des Geschlechterverhältnisses und die Überalterung der Bevölkerung. Der demografische

Männerüberschuss führte und führt bei »nackten Ästen«, das heißt alleinstehenden Männern, offenbar zu sexuellen Frustrationen, die wiederum ein erhebliches, die Gesellschaft destabilisierendes Gewaltpotential haben.[17]

Lohndifferenz und Vielfachbeschäftigung | Immer noch besteht ein großer Handlungsbedarf angesichts der schlechteren Situation der Frauen in Land und Stadt und der immer noch vorhandenen geschlechterbedingten Lohnunterschiede im ganzen Land. Generell sind die Frauen einer Drei- oder Vierfachbelastung ausgesetzt durch Arbeit (70 Prozent der Mütter zwischen dem 25. und 34. Lebensjahr sind 2010 berufstätig), Haushalt, Kleinkinderbetreuung und Pflege der Alten. Das führt bei vielen Frauen zu einem Stress, dem sie kaum gewachsen sind[18] und drückt sich unter anderem darin aus, dass China das einzige Land der Welt ist, in dem mehr Frauen als Männer Suizid begehen.[19] Laut der Frauenvereinigung ACWF haben gut ein Drittel der verheirateten Chinesinnen mehr oder weniger unter Gewalt seitens ihres Ehemannes zu leiden. Im internationalen Vergleich liegt China laut WHO damit etwas über dem weltweiten Durchschnitt. Erst seit März 2016 sind Tätlichkeiten zwischen Mann und Frau strafbar und ein offizieller Scheidungsgrund.[20] Viele Frauen verzichten, trotz erleichtertem Scheidungsverfahren, nach wie vor wegen des gesellschaftlichen Druckes auf eine Scheidung. Sie verzichten damit auf eine Scheidungsrente und sorgen lieber allein für den Familienunterhalt und die Kindererziehung.[21]

Patriarchat immer noch prägend | Trotz aller Fortschritte in der Lage der Frauen gilt die nüchterne Feststellung, dass das konfuzianisch untermauerte Patriarchat die chinesische Gesellschaft immer noch prägt. Staatspräsident Xi bezeichnete die traditionelle Familie als »spirituelle und moralische Grundlage der chinesischen Zivilisation«. Die ideale Frau beschrieb er als »tugendhafte Ehegattin und warmherzige Mutter«.[22] Die aufgeklärt-patriarchale Grundstimmung zeigt sich auch darin, dass sich von den vielen Aufsätzen in

Xis vier Bänden »China regieren« kein einziger der Frauenfrage widmet. Mao hatte immerhin noch gesagt, dass Frauen die »Hälfte des Himmels« tragen könnten.[23]

Geschlechterwiderspruch als Nebenwiderspruch | Wenn westliche Feministinnen die Frauenpolitik der KPCh kritisieren, dann haben sie meistens die »Nebenwiderspruchs-Frage« im Fokus. Die KPCh stehe in der marxistischen Tradition, wonach der Geschlechterwiderspruch nur ein »Nebenwiderspruch« sei, dessen Lösung erst nach der Lösung des »Hauptwiderspruchs« möglich sei. Die Praxis und die Parteidokumente würden dies bestätigen.[24] Tatsächlich wird in der KPCh unter Frauenbefreiung ein Prozess verstanden, der nur im Gesamtkontext einer sozialistischen Revolution endgültig gelöst werden könne.

Tabuthemen | In China tut man sich traditionell schwer mit öffentlichen Debatten über kontroverse Themen wie das Frauenbild und die Sexualität. Offen zur Schau gestellte Sexualität ist in China verpönt. In der chinesischen Bildenden Kunst gibt es kaum Darstellungen von nackten Frauenkörpern. Im Fernsehen sind erotische Filme oder sexualisierte Werbung nicht zu sehen. Prostitution und Pornografie, Baden oben ohne oder FKK sind gesetzlich untersagt.[25] Das Thema Sexualität sprechen Eltern bei ihren Kindern kaum an, in den Schulen fehlt Aufklärungsunterricht. Außer bei ganz jungen Leuten ist es unüblich, sich in der Öffentlichkeit beim Küssen oder eng umschlungen zu zeigen. Selbst Ehepaare halten in der Öffentlichkeit körperlich Abstand zueinander. Gleichgeschlechtliche Liebe verstößt in China seit 1997 nicht mehr gegen das Gesetz, wurde aber noch bis 2001 offiziell als psychische Störung klassifiziert.

Persönliche Bemerkung

Im Westen wird oft die Meinung vertreten, dass Beziehungen zwischen den Geschlechtern im Westen fortschrittlicher seien als anderswo und dass westliche Frauen befreiter und unabhängiger seien. Dies ist meines Erachtens ein eurozentristischer Irrtum.

In der heutigen Situation Chinas stellt sich die Frage, ob das gesellschaftliche Potential nun auch in Richtung weiterer Frauenbefreiung genutzt wird und ob patriarchale Gesinnungen und Machtstrukturen weiterbestehen können. Die chinesische Frauenbewegung steht vor einer riesigen Aufgabe. Vielleicht erinnert sie sich an die Erkenntnis Rosa Luxemburgs vor über hundert Jahren: »Keine Frauenbefreiung ohne Sozialismus – Kein Sozialismus ohne Frauenbefreiung«.[26]

Anmerkungen

1 Zitiert in: Baron et al., S. 212
2 Vgl. Schneider, S. 84f
3 Vgl. ebd.
4 Vgl. ebd.
5 Zitiert in: Baron et al., S. 215
6 Zitiert in: Wemheuer 2019a, S. 159
7 Vgl. de.wikipedia.com/wiki/ Frauen in China, besucht 23.5.2019
8 Zitiert in: Spakowski 2015
9 Vgl. ebd.
10 Vgl. Forrer
11 Vgl. Kunzmann 2018, S. 80
12 Vgl. Müller 2018
13 Vgl. Baron et al., S. 219
14 Vgl. Spakowski 2014
15 Zitiert in: Lipinsky
16 Vgl. ebd.
17 Vgl. Bartsch
18 Vgl. National Bureau of Statistics of China, zitiert in: Müller 2018
19 Vgl. Albrecht et al., S. 1025
20 Vgl. Baron et al., S. 212
21 Vgl. Lipinsky
22 Zitiert in: Baron et al., S. 224
23 Zitiert in: Müller 2018
24 Vgl. Spakowski 2015
25 Hierzu und zum Folgenden vgl. Baron et al., S. 226ff
26 Vgl. www.marx21.de/kein-sozialismus-ohne-frauenbefreiung, besucht 14.9.2022

10. Kapitel

Der Traum von Erneuerung und von einer modernen sozialistischen Nation

These: Die Ära Xi Jinping ist die dialektische Synthese aus der Ära Mao Zedong und der Ära Deng Xiaoping

Persönliche Bemerkung

Das Verfassen des 10. Kapitels gehörte für mich zum Schwierigsten in diesem Buch. Alles, was hier an Sachverhalten, Zitaten, Interpretationen, Hypothesen oder Theorien vorgestellt wird, stößt zwangsläufig auf emotionelle Reaktionen. Das ist dem Umstand geschuldet, dass das gegenwärtige China-Bashing auf die Person Xi Jinpings fokussiert ist. Es ist nicht einfach, in diesem tief verwurzelten Gestrüpp von Unterstellungen, Verdächtigungen, Fehleinschätzungen und Verleumdungen, aber auch begeisterten Lobhudeleien und quasireligiösen Verehrungen, die sich an einer der herausragendsten Personen der Gegenwart festmachen, den richtigen Weg zu einer angemessenen Einschätzung zu finden. Es ist aber allemal den Versuch wert.

Der Chinesische Traum

Ein unbekannter chinesischer Blogger schrieb im September 2021 im chinesischen sozialen Netzwerk WeChat: »Das Ziel Chinas muss sein, das Haus zu säubern, frische Luft hereinzulassen und die Gesellschaft gesünder zu machen.«[1] Dieser Eintrag bietet eine Zusammenfassung der gegenwärtigen Situation in China. Das Außerordentliche ist, dass er von Hunderten Millionen chinesischer

Leserinnen und Lesern geteilt wurde. Diese Resonanz zeigt, dass er die Stimmung und die Hoffnungen in der Ära Xi Jinping gut zum Ausdruck bringt. Xi hat die Hoffnungen zu Beginn seiner Ära 2012 unter den Begriff des sogenannten »Chinesischen Traums« gestellt.[2] Dieser besteht in der »Renaissance Chinas« und der Schaffung einer »modernen sozialistischen Nation«. Der Traum gebe, so Xi, der Hoffnung der Mehrheit der Chinesinnen und Chinesen Ausdruck, nach einem »Jahrhundert der Demütigung« in einem wiederauferstandenen China eine sichere Zukunft zu haben. Der landesweite Diskurs über den »Chinesischen Traum« scheint so etwas wie der größte gemeinsame Nenner zu sein, der die überwiegende Mehrheit der Chinesinnen und Chinesen vereint.[3]

Xi: »Um den Traum zu verwirklichen, muss China den sozialistischen Weg gehen.«[4] Der Traum werde endgültig Realität, wenn es der KPCh zusammen mit dem chinesischen Volk gelinge, bis 2049 das zweite Hundert-Jahres-Ziel zu verwirklichen (siehe 8. Kapitel, Abschnitt Dialektische Widerspruchslehre).[5] Xi: »Der chinesische Traum ist ein Ideal. Aber als Kommunisten sollten wir naturgemäß ein noch höheres Ideal verfolgen und das ist der Kommunismus.«[6]

Der Gegenstand von »Chinas Traum« ist der »gemeinsame Wohlstand«. Dieser konterkariert den »Amerikanischen Traum« vom individuellen Wohlstand, vom Tellerwäscher, der auf der Karriereleiter zum Millionär wird.

Das neue China ist der lebendige Beweis, dass das Träumen nicht weiterhin ein Monopol der AmerikanerInnen ist.[7] Um aber den Weg von der zweitgrößten Wirtschaftsmacht der Welt zu einem vollentwickelten sozialistischen Land zu bewältigen, hat China, so Xi, noch einen tiefgreifenden ökonomischen Strukturwandel und Erneuerungsprozess vor sich.[8]

Die Ära Xi Jinping

Xi wurde 2012 beim 18. Parteitag der KPCh zum Generalsekretär der Partei und zum Vorsitzenden der Zentralen Militärkommission (Chef der Volksbefreiungsarmee) und 2013 zum Staatspräsidenten gewählt. Beim 19. Parteitag der KPCh (2017), wurde Xis politische Philosophie, die in den »Gedanken zum Sozialismus chinesischer Prägung für eine neue Ära«[9] zusammengefasst ist, ins Parteistatut aufgenommen. Xi wurde somit nach Mao und Deng der dritte Parteiführer, der in der Parteiverfassung erwähnt wird. Seine Gedanken gehören nun zum Kanon der KPCh. 2018 fand in einer Verfassungsänderung die Aufhebung der bisherigen Amtszeitbeschränkung für den Präsidenten statt, so dass Xi theoretisch bis an sein Lebensende amtieren kann. Die neuen theoretischen und politischen Debatten und die einschneidenden praktischen Maßnahmen, die Xi initiiert und umgesetzt hat, sind Grund genug, um von einer Ära Xi Jinping zu sprechen. Diese steht sowohl für einen wirtschaftlichen Erneuerungsprozess als auch für eine politische und philosophische Selbsterneuerung der KPCh und der chinesischen Gesellschaft.[10]

Xiismus

Ob es gerechtfertigt ist, jetzt schon von einem eigentlichen »Xiismus« zu sprechen, wird die Geschichte erst noch zeigen. Seine Gedanken hat Xi in den vier Bänden »China regieren« festgehalten. Auf rund 2600 Seiten äußert er sich in einer großen thematischen Breite und mit überraschenden Detailkenntnissen zu Themen wie Marxismus, internationale Arbeiterbewegung, Kapitalismus, chinesische Philosophie und Geschichte, Ökologie, Ethik und Bildungstheorie, Globalisierung und Geopolitik, Ökonomie und Technologie, Militärstrategie und Friedenspolitik. Wenn man das heutige China kennenlernen will, lohnt sich die Lektüre dieser Bände.

Die Philosophie Xis mündet nach seinen eigenen Worten darin, »das Volk in den Mittelpunkt zu stellen und mit der Partei dem Volk mit Leib und Leben zu dienen. (…) Wir sollten die Aktivität, Initiative und Kreativität der Bevölkerung voll entfalten.«[11] Davor schon hatte er bemerkt: »Diejenigen, die die Herzen der Menschen gewinnen, gewinnen auch das Land, und diejenigen, die die Herzen der Menschen verlieren, verlieren letztlich auch das Land.«[12]

Zum »Xiismus« noch die Einschätzungen von zwei ausgewiesenen Chinaexperten:

Jean-Louis Rocca meint in *Le Monde diplomatique*, der »Xiismus« stütze sich

- auf den Leninismus: die Führung der Partei über alle Institutionen gewährleisten
- auf die Aufklärung: auf der Grundlage von Wissenschaft und durch weltweite Kooperation »eine Schicksalsgemeinschaft der Menschheit« (engl.: a shared future for mankind) schaffen
- auf den Humanismus: ein besseres Leben für alle Menschen ermöglichen
- auf die Ökologie: ein Leben im Einklang mit der Natur ermöglichen[13]

Peter Achten urteilte Anfang 2021, dass Xi für einen »neuen kulturellen, politischen, sozialen und wirtschaftlichen Umbruch« stehe.[14]

Zu einem wichtigen Element des »Xiismus« wird in der zukünftigen Geschichtsschreibung vermutlich auch die Neuerfindung des »eurasischen Raumes« mittels der Initiative der Neuen Seidenstraßen gehören (siehe 11. Kapitel).

Wenn man den »Xiismus« nur auf die Person Xis fokussiert, verkennt man die KPCh und ihre lange Geschichte. Die Führung der Partei besteht aus einem Kollektiv, in welchem auch andere Persönlichkeiten eine große Rolle spielen. Im 4. Kapitel wurde Wang Huning erwähnt, der nur im Hintergrund in Erscheinung tritt, aber als Mitglied des siebenköpfigen ständigen Ausschusses des Politbüros und als Theoretiker ein Schwergewicht ist. Er soll maßgeblich an der Formulierung des Konzepts des »Chinesischen Traums« und der »Gedanken zum Sozialismus chinesischer Prägung für eine neue Ära« beteiligt gewesen sein.[15]

Große Unterstützung

In einer Umfrage der Harvard University im Jahr 2014 zur Bewertung der Staatsoberhäupter im eigenen Land erhielt Xi mit 9 von 10 Punkten die höchsten Zustimmungswerte. 94,8 Prozent der Befragten hatten Vertrauen in Xi bei der Lösung innenpolitischer Probleme, 93,8 Prozent bei der Außenpolitik. Das etwas zurückliegende Jahr 2014 bietet sich deshalb an, weil es einen Vergleich mit dem damaligen US-Präsidenten Obama erlaubt, der in beiden Bereichen in den USA nur 51,7, beziehungsweise 49,4 Prozent erhielt.[16] Ebenfalls im Jahr 2014 lobte der kubanische Staatspräsident Fidel Castro Xi als einen der »standhaftesten und fähigsten Revolutionsführer, die ich je kennengelernt habe.«[17]

Dank seiner Leistungen ist Xi beliebt, und die Mehrheit der Chinesinnen und Chinesen folgt ihm.[18] Nach Felix Wemheuer hat ihm vor allem die Antikorruptionskampagne große Popularität gebracht und ein hervorragendes Image über die Partei hinaus, weil er die Korruption in Partei und Regierung rücksichtslos bekämpft hat. Obwohl er deren Vorsitzender ist, stehe er, wie einst Mao, gewissermaßen über der Partei.[19]

Problembewusstsein und Selbstkritik

Seit 2015 betont Xi unermüdlich, dass sich China in einer »kritischen Phase« befinde.[20] China erlebe bewegte Zeiten, und die KPCh müsse alles tun, um »das Mandat des Himmels« immer wieder von neuem zu erhalten.[21] Ist diese Sorge Ausdruck eines erneuten innerparteilichen »Kampfes der zwei Linien«, wie es die chinesischen KommunistInnen der 1960er Jahre bezeichnen würden? Meint »kritische Phase«, dass der Weg Chinas Richtung Sozialismus erneut gefährdet ist? Wie dem auch sei, Xi hat erkannt, dass die Periode »Reform und Öffnung« zwar einen moderaten Wohlstand ermöglicht, aber auch Probleme und Risiken mit sich gebracht hat. Im Originalton hört sich das folgendermaßen: »Wir sind uns bewusst, dass unsere Partei mit der ständigen Vertiefung der Reformen und der dauerhaften Erweiterung der Öffnung noch nie dagewesenen Risiken und Herausforderungen gegenübersteht.« und »Wir müssen die Wahrheit aussprechen, dürfen kein Blatt vor den Mund nehmen und müssen unseren innersten Gedanken und Gefühlen Ausdruck verleihen.«[22] Oder: »In unserer Gesellschaft läuft nicht alles ideal, und es existieren ja auch abscheuliche Phänomene.«[23] »Wir müssen die Wahrheit aussprechen, dürfen kein Blatt vor den Mund nehmen und müssen unseren innersten Gedanken und Gefühlen Ausdruck verleihen.«[24]

Mit welchen Problemen ist China heute im Innern konfrontiert? Zählen wir in Stichworten einige von Xi und nicht etwa von westlichen China-KritikerInnen genannte auf:[25]

- In den Bereichen Partei und Staat: »Korruption als Überlebensproblem für Partei und Staat«, »Loslösung der Partei von der Bevölkerung«, »Mangelhafte parteiinterne Kontrolle«, »Mängel bei Staatsbetrieben«, »Mängel in der Rechtsprechung und im Justizsystem«, »Mängel bei der Einhaltung der Menschenrechte«.
- Im Bereich Gesellschaft: »Schlechte oder fehlende soziale Moral«, »Kriminalität, Gewaltverbrechen«, »Unwesen wie Clans und Mafiabanden«, »Internetbetrug und Mängel in der Netzsicherheit«
- Im Bereich Wirtschaft und Umwelt: »Zu tiefes Entwicklungsniveau und Lebensstandard der Bevölkerung«, »Große Einkommensschere in der Bevölkerung«, »128 Millionen Menschen gemäß UN-Kriterien unterhalb der Armutsgrenze«, »Probleme der sozialen Ungerechtigkeit«, »Spekulation mit Wohneigentum und die Immobilienblase«
- »Entwicklungsdisparität zwischen Stadt und Land und Ost- und Westchina«, »Auslandsabhängigkeit in den Schlüsseltechnologien«, »Risiken durch massive Überkapazitäten und fehlende Nachfrage«, »Verschärfung der Ressourcenengpässe«, »Arbeitslosigkeit und Wanderarbeit«, »Unsicherheit beim geistigen Eigentum«, »Verschlechterung der Umweltsituation (Luft, Trinkwasser, Lebensmittel)«.

In dieser schockierenden Aufzählung kommt ein erstaunliches Problembewusstsein und ein für westliche Politik ungewohnter selbstkritischer Geist zum Ausdruck. Es gehört zwar zur parteiinternen Tradition der KPCh, sich immer wieder ihrer selbst zu vergewissern. Xi geht in der Offenheit und Selbstkritik aber viel weiter als seine Vorgänger. Die Führung der KPCh scheint sich seit geraumer Zeit der störenden Kollateralschäden bewusst zu sein, die durch die Öffnungspolitik verursacht worden sind. Sie sind »Nebenwidersprüche«, die der Lösung des »Hauptwiderspruchs« massiv im Wege stehen können. Ohne die erfolgreiche Lösung dieser »Nebenwidersprüche« wird die Lösung des »Hauptwiderspruchs« verzögert oder gar gefährdet.

Kritik und Lösungsvorschläge von Wang Huning

Von dieser Gefährdung spricht der schon im 4. Kapitel erwähnte Wang Huning in seinen Büchern und Aufsätzen.[26] Nach einem längeren akademischen Aufenthalt in den USA zeichnete Wang ein düsteres Bild der dortigen Gesellschaft, die sich in ihrem »nihilistischen Individualismus« in einer unaufhaltsamen Krise befinde. Zurück in China stellt Wang fest, dass sich auch die VRCh in einer kritischen Phase befinde. Er beschreibt den Albtraum von einem China, das auf Grund der Öffnungspolitik, die grundsätzlich auch er begrüßt hatte, verwüstet sei und von einem China, das keine wirkliche kulturelle Ausrichtung habe. China sei gegenüber der westlichen hegemonialen Kultur, welche durch Außenhandel und andere Formen von »Softpower« importiert worden war, verwundbar geworden. Wang spricht in etwa dieselben Probleme an wie Xi. Die Rede ist von der gefährlich werdenden Ungleichheit in der chinesischen Gesellschaft und von einer Jugend, die sich in einem Zustand nihilistischer Verzweiflung in einer »Wende nach innen« (chin.: neijuan; engl.: involution) von der Gesellschaft und der Zukunft abkapsle.[27] Ebenso problematisiert Wang Chinas eingebrochene Kinder- beziehungsweise Fruchtbarkeitsrate, eine der niedrigsten der Welt, welche der VRCh große Probleme bescheren werde. Er warnt davor, dass China so werden könne wie die USA.

Wangs Problemlösungsansatz besteht in einer Mobilisierung des chinesischen Widerstands gegen den globalen liberalen Einfluss. Von seiner Theorie ausgehend, dass nur ein kulturell starker Staat ein wirklich starker Staat sein könne, plädiert er dafür, eine politische und soziale Kultur aufzubauen, welche traditionelle mit modernen und marxistischen Strukturen verbindet. Diese Kultur soll die Grundlage für den Aufbau eines sozialistischen und demokratischen China sein, das den westlichen Systemen widerstehen könne, weil es ihnen überlegen sei.

Erneuerung der Wirtschaft

Weitere Öffnung | Im Kern besteht die Wirtschaftspolitik in der bisherigen Ära Xi Jinping in einer noch größeren Öffnung nach außen. Xi: »China will seine Tür zur Außenwelt nicht verschließen, sondern im Gegenteil noch weiter öffnen.«[28]. In einer Grundsatzrede bezeichnete Xi die Öffnung als das klare Kennzeichen des heutigen China.[29] Seit dem Beitritt zur Welthandelsorganisation (WTO) 2001 hat China seine Zusagen vollständig umgesetzt und die Gesamtzollsätze von 15,3 auf 7,4 Prozent gesenkt. Seit 2001 ist Chinas Warenhandel vom sechsten auf den ersten und der Handel mit Dienstleistungen vom elften auf den zweiten Platz aufgestiegen. Die Investitionen im Ausland haben kontinuierlich den ersten Platz unter den Entwicklungsländern eingenommen und die chinesischen Direktinvestitionen im Ausland sind von Platz 26 auf Platz 1 in der Welt aufgestiegen.[30] Die alte Bedingung für Joint Ventures, wonach chinesische Anteilseigner die Mehrheit halten mussten, ist aufgegeben worden.[31]

Innovationsgetriebene qualitative Entwicklung | Die neue Wirtschaftspolitik besteht in einer tiefgreifenden Umstrukturierung hin zu einer innovationsgetriebenen qualitativen Entwicklung. In der VRCh wurde mit dem 13. Fünfjahresplan (2016-2020) die Phase der sogenannten »Neuen Normalität« propagiert:[32]

- »Weg von hohem, hin zu mäßig schnellem Wachstum
- Weg von Quantität und Geschwindigkeit, hin zu Qualität und Effizienz
- Weg von der Ausweitung der Produktion, hin zu einer qualitativ hochwertigen Produktion

- Weg von den Produktionsfaktoren Ressourcen und billige Arbeitskräfte, hin zu Innovation in Wissenschaft und Technologie als Haupttriebkraft«.[33]

»Der alte Weg (gemeint ist der quantitätsorientierte, Anm. BS) muss«, so Xi, »verlassen werden, denn er führt in eine Sackgasse.« China soll weg von seiner Rolle als »Fließband der Welt und Exportland für billige Konsumgüter.«[34] »Die VRCh braucht in der neuen Entwicklungsphase neue Entwicklungsideen, nämlich Innovation, Koordination, Offenheit und grüne Gesellschaft.«[35]

Dabei steht Innovation im Zentrum. Koordination meint die Auflösung der innerchinesischen Disparitäten zwischen Stadt und Land sowie Ost- und Westchina. Offenheit bedeutet noch mehr Globalisierung und Liberalisierung. Grüne Gesellschaft heißt gemäß Xi: »Aufbau einer ökologischen Zivilisation des Sozialismus in einer harmonischen Koexistenz von Menschen und Natur«.[36]

Made in China 2025 | Ein konkreter Wendepunkt in Richtung qualitativer Entwicklung bildete die 2015 gestartete Initiative »Made in China 2025«.[37] Sie zielt auf verstärkte Investitionen in Spitzentechnologien wie Robotik, künstliche Intelligenz und Informationstechnologie und will erreichen, dass China innerhalb eines Jahrzehnts in zehn Hightech-Bereichen zur Führungsmacht wird.[38] »Made in China 2025« soll die VRCh technologisch autonom machen, denn für die Kontrolle über wichtige Kerntechnologien sei Eigenständigkeit notwendig.[39] Diese Einschätzung geht nüchtern davon aus, dass die chinesische wissenschaftliche und technologische Innovation noch nicht überall auf internationalem Spitzenniveau ist.[62] Immer noch ist China auf den Zugang zu Schlüsseltechnologien im Ausland angewiesen. In der Zwischenzeit wurde dieser durch den westlichen Handelsprotektionismus und den US-Handelskrieg gegen China erschwert.

Zwei Wirtschaftskreisläufe | China reagierte darauf unter anderem mit der sogenannten »Dual Circulation«, den zwei mehr oder weniger voneinander getrennten Wirtschaftskreisläufen.[40] Der erste

Kreislauf ist der globale und betrifft das chinesische Auslandsgeschäft. Dieses ist durch die US-Angriffe verwundbarer geworden. Die globale Integration soll aber weiter ausgebaut werden. Gleichzeitig soll der binnenwirtschaftlich orientierte Kreislauf gefördert werden. Angestrebt wird eine nachhaltige und eigenständige Binnenwirtschaft mit einem hohen und wachsenden Konsumanteil. Der Förderung einer innovativen Binnenwirtschaft dient eine strengere Regulierung der riesigen Technologiekonzerne. Bezweckt wird die Konzentration ihrer Forschung und ihrer Investitionen in innovative und hochkompetitive Bereiche. Die Industrien im inneren Kreislauf sollen sich nicht auf ausländische Hilfe verlassen müssen.

Das starke Gewicht auf dem inneren Kreislauf hat ein geringeres Wachstum des chinesischen Bruttosozialprodukts zur Folge. Das scheint längerfristig auch aus Sicht von westlichen Ökonomen wie Markus Diem eine kluge Wirtschaftspolitik zu sein.[41] Wenn mit einer stärkeren Inlandnachfrage die Importe steigen, dürfte Chinas Wirtschaft noch mehr zum weltweiten Wachstum beitragen als schon jetzt. Der westliche Mainstream beklagt sich aber über die Dual-Circulation-Politik und nennt sie eine Abschottungspolitik.[42] Hier scheint allerdings Ursache und Wirkung verwechselt zu werden, denn die chinesische Wirtschaftspolitik ist unter anderem eine Folge der neueren westlichen Handelspolitik.

Der 14. Fünfjahresplan | Im Fünfjahresplan für die Jahre 2021-2025 hat die Wirtschaftspolitik der Ära Xi Jinping einen weiteren konkreten Ausdruck gefunden.[43] Der Plan wurde von mehr als 60 Forschungsinstituten erarbeitet, welche ihre Prognosen und Berechnungen in 37 Themenfeldern konkretisierten. Mit seinen Konzepten und Ideen wurde er zu einem beachtlichen Mobilisierungsinstrument, war also alles andere als ein bürokratisches Ritual. Er fasst die oben genannten wirtschaftspolitischen Ziele zusammen und richtet sein Hauptaugenmerk auf Lebens- und Wirtschaftsqualität. Darin ist eine niedrigere Wachstumsrate des

Bruttosozialprodukts geplant. Bei ihrer Innovationspolitik kann die chinesische Regierung den Systemvorteil ausnutzen, der auf den staatlichen Befugnissen gegenüber der Wirtschaft beruht. Sie kann, im Gegensatz zu den meisten kapitalistischen Regierungen, eine langfristige Industriepolitik betreiben. Die chinesische Industriepolitik ist Ausdruck des chinesischen Sowohl-als-auch. Sie gilt als agil, flexibel und innovativ und besteht aus einer Interaktion von Deregulierung und Re-Regulierung, einem flexiblen Umgang mit Quotenschutz zugunsten der Kleinen und mittleren Unternehmen (KMU) und zuungunsten der Konzerne, einer politischen Unabhängigkeit und einer Dominanz der Politik gegenüber den großen Konzernen und gleichzeitig einer starken Förderung derselben.[44]

Immobilienblase und Inlandsverschuldung | Eine große Gefahr für die chinesische Wirtschaft stellen seit einigen Jahren die Inflation bei den Immobilienpreisen und das interne Schuldenwachstum dar.[45] Der Immobiliensektor hat einen viel zu hohen Anteil am Bruttoinlandsprodukt. Im vergangenen Jahrzehnt haben sich die Haus- und Wohnungspreise in Chinas großen Städten verfünffacht.[46] Große Immobilienkonzerne wie Evergrande und Country Garden drohten ab 2021 in Konkurs zu gehen und/oder konnten ihre Investoren nicht mehr bedienen. Westliche Medien verglichen die Immobilienkrise mit dem US-Immobiliencrash 2007 unter Präsident Barack Obama und redeten von einer ›drohenden Totalkrise Chinas‹.[47] Vermutlich war auch hier der Wunsch der Vater, beziehungsweise die Mutter des Gedankens. Die folgenden Überlegungen stammen von Michael Hudson, dem bekannten US-amerikanischen Ökonomen, ehemaligen Finanzanalysten für verschiedene US-Großbanken an der Wall Street und Berater verschiedener Regierungen.[48] In beiden Krisen spielen die großen Banken eine zentrale, aber völlig divergierende Rolle. 2007 rettete der US-Staat die bedrohten Banken, welche die Immobilienkonzerne gestützt hatten. Diese gingen in Konkurs und wurden verscherbelt. Die HauseigentümerInnen wurden vom Staat und den Banken hängen gelassen und aus ihren Häusern vertrieben. In China interveniert der Staat zugunsten der KäuferInnen der Häuser und Wohnungen. Da er Gläubiger der großen Unternehmen ist, ist er auch in der Lage, die Schulden der Immobilienkonzerne teilweise zu tilgen, so dass diese nicht geschlossen werden müssen. Die chinesische Volksbank pumpt gegenwärtig Milliardenbeträge in den Markt. China hat aus der Krise gelernt: Der Hypothekenmarkt wird allmählich wieder verstaatlicht, und die Immobilienmilliardäre werden mit einer Art Grundsteuer belastet. Beides bewirkt, dass nicht die EigentümerInnen für die Wertsteigerung der Immobilien in Form von steigenden Hypothekenzahlungen aufkommen müssen, sondern dass die Wertsteigerung in Form einer Steuer an die Regierung fließt. In China gab es offenbar eine große Auseinandersetzung mit jenen wirtschaftlichen Kräften, die den Immobilienmarkt nicht regulieren wollten.

Die Inlandsverschuldung Chinas ist sehr hoch und für die Regierung ein wachsendes Problem. Sie wuchs seit 2008, im Jahr der Olympischen Spiele in Beijing, von 145 Prozent auf inzwischen 250 Prozent des Bruttoinlandsprodukts.[49] Das chinesische Schuldenproblem betrifft weniger die privaten Haushalte. Mit rund 45 Prozent des Bruttoinlandsprodukts (BIP) ist die private Verschuldung immer noch weit niedriger als etwa in den USA, wo sie rund 80 Prozent beträgt. Problematischer ist die Verschuldung der Staatsunternehmen, der staatlichen Finanzinstitutionen, der großen Immobilien- und Baukonzerne und der regionalen Gebietskörperschaften.[50] Der chinesische Staat hat rechtzeitig einen Kurswechsel und offensichtlich erfolgreiche Bremsmanöver eingeleitet, um die Marktexzesse zu korrigieren. Die Staatsunternehmen mussten zum Beispiel Schulden und Überkapazitäten abbauen, schlanker, konzentrierter, schlagkräftiger und innovativer werden, um international wettbewerbsfähig zu bleiben. Xi hatte dies schon im Sommer 2017 zur »Priorität der Prioritäten« erklärt.[51] Dank der direkten staatlichen Eingriffe hat die Verschuldung seit 2017 deutlich langsamer zugenommen als in den Jahren zuvor. Die Chancen stünden gut, dass der Kurswechsel gelingt, meinen westliche China-ExpertInnen, denn die chinesische Wirtschaft zeige sich heute trotz allem in einer robusten Verfassung.[52]

Im Gegensatz zu der Inlandsverschuldung kennt die VRCh keine Auslandsverschuldung. Der Anteil des Gläubigerlandes an den gesamten globalen Schulden schnellte seit der Finanzkrise 2007/08 von 5 auf 25 Prozent hoch. Dies hatte zur Folge, dass China nicht in eine Rezession rutschte und dass die gesamte Weltwirtschaft stabilisiert wurde.[53] Die chinesischen Auslandsinvestitionen verdoppelten sich in dieser Zeit.

Erneuerung der Gesellschaft

Seit Beginn der Ära Xi Jinping wurde in China mit einer gewissen Radikalität ein Prozess der »Selbsterneuerung«[54] der KPCh und der Gesellschaft insgesamt und eine »Reinigung des Staatsapparats«[55] eingeleitet. Das ist eine Reaktion auf die Entpolitisierung und den Bedeutungsverlust der Ideologie während der Reform-Ära.[56] Auch die ChinesInnen sind seit Jahrzehnten mit der westlichen, vom Neoliberalismus geprägten Lebensweise des Egozentrismus und Egoismus, der Schnelllebigkeit und Oberflächlichkeit konfrontiert. Die Öffnung bescherte dem Land nicht nur ökonomisches Wachstum, sondern öffnete auch das Tor zu einer kolonialistischen kulturellen Abhängigkeit.[57]

Die Partei versucht dem mit der Re-Ideologisierung des gesellschaftlichen Lebens gegenzusteuern. Xi ist unter anderem angetreten, um die »ideologische und kulturelle Dekadenz«, die in der Partei und im Lande »überhandnimmt«, die Kollateralschäden der Öffnungspolitik, zu bekämpfen.[58] Der »Chinesische Traum« beinhalte sowohl materiellen Wohlstand (durch »Hardpower«) als auch politische Stärke und kulturelle Größe (durch »Softpower«). Bei der Re-Politisierung der Gesellschaft verfolgt die Partei eine Doppelstrategie: Sowohl der »Marxismus mit chinesischen Besonderheiten«, als auch die konfuzianische Tradition werden gefördert[59] (siehe 4. Kapitel).

Die KPCh ist betreffend der »Softpower« in den letzten Jahren deutlich in die Offensive gegangen. Die Kontrolle des Internets wurde verschärft und zugleich verfeinert. Es ist in Xis Augen heute »die wichtigste Variable für soziale Stabilität«[60] (siehe 17. Kapitel).

Zur gesellschaftlichen Erneuerung Chinas gehört auch das, was die Parteisprache »Gemeinsame Teilhabe des Volkes« nennt.[61] Diese besteht nach Xi aus mehr sozialer Gerechtigkeit und aus den hochgesteckten Zielen nach »sozialistischer Rechtsstaatlichkeit chinesischer Prägung«,[62] Erweiterung der »politischen Partizipation des Volkes«, Weiterentwicklung der »Basisdemokratie und der Bürgerselbstverwaltung.«[63] Die politischen Debatten über ein »Credible China«, ein glaubwürdiges China, in dem das Justizsystem unter die Herrschaft von Recht und Gesetz gestellt ist und über die »Rule of Law«, einer realen zukunftsfähigen Rechtsstaatlichkeit, sind in vollem Gange.[64] Die Ausarbeitung neuer gesetzlicher Grundlagen mit sozialen und ökonomischen Menschenrechten und die Einführung von neuartigen Formen der Herrschaft des Rechts im Sinne direkter und substanzieller Demokratie sind in die Wege geleitet (siehe 16. Kapitel).

Erneuerung der Partei

In der Periode »Reform und Öffnung« sei, so analysierte vor Jahren Martin Jacques, die KPCh immer mehr von einer revolutionären Organisation zu einer regierenden Verwaltungspartei geworden.[65] Wenn man den Stellenwert der Partei in der Struktur des heutigen China bedenkt, wird verständlich, dass ihre Zukunft das zentrale Anliegen der politischen AkteurInnen ist. Die »Repolitisierung«, beziehungsweise die Erneuerung der Partei, steht im Zentrum von Xis Bemühungen. Schon der 18. Parteitag, der erste Parteitag in der Ära Xi Jinping, formulierte 2013 folgende Maßnahmen:

Betonung der »Führung durch die KPCh in allen Bereichen«, insbesondere in der staatlichen Makrosteuerung der Wirtschaft und in den Staatsbetrieben sowie in der Volksbefreiungs-Armee, welche von Xi als »bewaffneter Arm der Partei« bezeichnet wird.[66] In der

Verfassung steht: »Die Führung durch die KPCh ist das grundlegende Merkmal des Sozialismus chinesischer Prägung.«[67]

- »Verstärkung des Parteiaufbaus« vor allem durch »die politisch-theoretische Erziehung«[68]
- Rigorose Korruptionsbekämpfung
- Verstärkung der parteiinternen Kontrolle und Betonung der »strikten Disziplin in der Partei«[69]
- Betonung der »sozialistischen Moral chinesischer Prägung«[70]
- Durchsetzung der »sozialistischen Rechtsstaatlichkeit chinesischer Prägung«[71]
- Reaktivierung der »marxistischen Schulung und Erziehung in allen Bereichen«, auch in den Betrieben des Privatsektors[72]
- Stärkung der »spirituellen Kraft aller Parteimitglieder«[73]
- Intensivierung des Systems von »Kritik und Selbstkritik« in der Partei[74]

Unter Xi hat Bildung und Schulung in der Partei wieder einen hohen Stellenwert bekommen. Die KPCh folgt auch in dieser Hinsicht der konfuzianischen Bildungstradition. Ausdruck davon sind die vielen Marxismus-Studien und die Institute für Marxismus. In seinen Grundsatzreferaten betont Xi immer wieder die Bedeutung des Marxismus für China: »Würde unsere Partei dem Marxismus den Rücken kehren, würde sie ihre Seele und ihre Richtung verlieren.«[75] Der Marxismus sei die »einflussreichste Theorie der Geistesgeschichte«.[76] Nur eine geschulte und selbstbewusste KPCh könne die großen Aufgaben stemmen, die vor der VRCh stünden.[77]

Die Verankerung der Partei im praktischen Alltag wird seit Xis Amtsantritt intensiv vorangetrieben. Das betrifft vor allem die Wirtschaft, den Kern der Macht des neuen China. Neben den Staatsbetrieben müssen neu auch sämtliche größeren privaten Unternehmen über eine Parteizelle verfügen. Das Ziel sei es, so Xi, »ein System moderner Unternehmen mit chinesischem Charakter« zu entwickeln.[78] Mittels der Parteizellen wird das Personal-Management der Aufsicht der Partei unterstellt.

Kampf gegen die Korruption

Die Bekämpfung der Korruption in Partei und Regierung hat es geschafft in den Mittelpunkt des Interesses der Öffentlichkeit zu treten (siehe 15. Kapitel). Sie war in den vergangenen Jahrzehnten zwar ein Dauerbrenner, hat aber unter Xi ein besonders Gewicht bekommen. Sie kann offenbar auch Erfolge aufweisen. Seit Xis Amtsantritt wurden gegen eine Million Parteimitglieder und Regierungsbeamte Verfahren eingeleitet. In den ersten fünf Jahren seiner Amtsführung wurden 14.000 Offiziere wegen Korruption bestraft, über hundert Generäle abgelöst und sämtliche Spitzenpositionen auf der höchsten Kommandoebene der Streitkräfte mit neuen Leuten besetzt.[79] Dabei gilt das Prinzip der »Null-Toleranz bei der Erlegung von Tigern und Fliegen«. Das heißt, dass kein Unterschied gemacht wird zwischen höchsten und unbedeutenden Kadern und Beamten.[80] Die alltägliche Korruption und der Ärger, den sie in der Bevölkerung auslöst, werden von der Regierung als große Gefahr für die soziale Stabilität angesehen, denn Stabilität gebe es nur, wenn die Menschen zufrieden seien.[81] Deshalb reagiert der chinesische Staat so sensibel auf alle Stimmungen in der Bevölkerung (siehe 16. Kapitel).

Die Korruption scheint keineswegs überwunden zu sein, ist aber weitgehend eingeschränkt und gefährdet insofern die Stabilität des Staates nicht mehr.[82] Die Antikorruptionskampagne hat nicht nur das Ansehen Xis, sondern auch die Glaubwürdigkeit der Partei erhöht.[83] Sie scheint auch einer der Gründe für die wiederholte Bestätigung Xis in der Funktion des Generalsekretärs und für die Aufhebung der Amtszeitbeschränkung als Staatspräsidenten zu sein.[84]

Gemeinsamer Wohlstand und vermehrte Regulierung des Marktes

Nach dem Erreichen des ersten Hundert-Jahres-Ziels im Jahr 2021, das in einer Gesellschaft mit moderatem Wohlstand bestand, wird nun das zweite Hundert-Jahres-Ziel angepeilt. Dabei geht es zuerst einmal darum, in den kommenden Jahren die Lebensverhältnisse in China auf einen »gemeinsamen Wohlstand« (engl.: Common Prosperity) anzuheben. Die Parteiführung meint es damit offensichtlich ernst.[85] Ein Pilotprojekt in der Provinz Zhejiang konkretisiert dies dahingehend, dass die Mittelschichten bis zum Zieldatum im Jahr 2035 auf rund 80 Prozent der Bevölkerung wachsen sollen.[86]

Den Begriff des »gemeinsamen Wohlstands« hatte schon Deng verwendet, wobei er bei Deng ein anderes Gewicht hat als bei Xi. Während Deng den Schwerpunkt auf Wohlstand legte, unterstreicht Xi das Wort »gemeinsam«.[87] Einig wären sich beide wohl in der Ablehnung des Egalitarismus im Sinne der Kulturrevolution.

Die heutige Phase der verstärkten Regulierung der Wirtschaft ist im Zusammenhang mit der gemeinsamen Wohlstandsvermehrung zu sehen. Sie ist ein Sowohl-als-auch: Das alte war richtig, Korrekturen sind aber nötig geworden. Lange profitierten zum Beispiel die großen IT-Konzerne wie Alibaba von einem Laissez-faire, indem es vor allem darum ging, Wachstum zu fördern. Heute geht es darum, diese Konzerne zu mehr Innovation zu verpflichten und ihre zum Teil exzessive Ausnutzung ihrer wirtschaftlichen Macht gegenüber den KonsumentInnen (den KleinkreditnehmerInnen), die für das Land zu einem zunehmenden finanziellen Risiko wurde, in die Schranken zu weisen. Ergebnis: China schützt in neuester Zeit die KonsumentInnen- und BürgerInnenrechte gegenüber den IT-Konzernen besser, als es westliche Staaten tun können, wo Facebook, Google, Amazon und Apple weitgehend unreguliert schalten und walten.[88]

Wenn heute die großen Konzerne zur Korrektur ihrer Geschäftspolitik gezwungen werden, indem sie sich vermehrt den ökonomischen Gesamtzielsetzungen der VRCh unterordnen müssen, findet das sogar die Washington Post sinnvoll.[89] Wenn die Regierung die chinesischen MilliardärInnen heute vermehrt zur Kasse bittet, ist diese Maßnahme der verstärkten Kontrolle des Privatsektors ein Element im Umverteilungsprogramm zugunsten der breiten Bevölkerungsschichten.

Die dritte Geschichtsresolution

Das 6. Plenum des XIX. Zentralkomitees der KPCh verabschiedete im Herbst 2021 eine sogenannte »Geschichtsresolution«, die weltweit für großes Aufsehen und im Westen für Aufregung gesorgt hat.[90] Dabei handelt es sich um eine Art Selbstvergewisserung der Partei, um ein Innehalten und die Schaffung einer Gesamtschau. Bisher gab es nur zwei »Geschichtsresolutionen«: die erste 1945 bei der Konsolidierung der führenden Stellung Maos in der Partei und die zweite 1981 bei der Konsolidierung von Dengs Öffnungspolitik. Bei der neuen »Geschichtsresolution« geht es nicht um die Bereinigung von inneren Konflikten, sondern um die Konsolidierung der Partei angesichts des zunehmenden Druckes vom Ausland und der großen Herausforderungen auf dem Weg bis 2049.[91] Gemäß »Geschichtsresolution 2021« ist der 20. Parteitag der KPCh im Oktober 2022 ein historischer Augenblick. »Die KPCh nimmt den umfassenden Aufbau eines modernen sozialistischen Landes in Angriff und schreitet voran auf dem Marsch des zweiten der beiden Jahrhundertziele.«[92]

Die dritte »Geschichtsresolution« verlangt eine größere Geschlossenheit und einen »Schulterschluss der Partei hinter Xi Jinping«.[93] Der Grund: Die Stärke der VRCh habe in zunehmendem Maße die westlichen Mächte auf den Plan gerufen, was zur Zunahme des äußeren Druckes geführt habe.[94] In diesem Kontext steht die im Westen viel kritisierte Aufhebung der Amtszeitbeschränkung Xis. Die Ermöglichung der unbegrenzten Amtszeit des Staatsoberhauptes, in verschiedenen westlichen Staaten, wie in der Bundesrepublik Deutschland, eine Normalität, ist in China, so Jörg Kronauer, Ausdruck des »Schulterschlusses« und ermöglicht eine personelle und politische Kontinuität.[95]

Der Westen und Xi Jinping

Im Lauf des immer heftiger werdenden China-Bashings haben sich die westlichen Bezeichnungen für den gegenwärtigen chinesischen Staatspräsidenten gewandelt, und es geht bis hin zu aggressiven Beschimpfungen, bei denen Xi wahlweise als »brutaler Diktator«, »Stalins Erbe«[96] und »faschistoider Politiker«[97] verunglimpft wird. Es gibt aber auch nüchterne westliche KommentatorInnen, welche die polit-ökonomischen und gesellschaftspolitischen Maßnahmen unter Xi sinnvoll finden. So zum Beispiel Peter Fischer, der in der *Neuen Zürcher Zeitung* meinte, Xi propagiere ein ausgeglichenes Wachstum, das die Unterschiede zwischen Arm und Reich verringern solle. Die chinesische Bevölkerung habe sich zu Recht an der zunehmenden Ungleichheit und am Machtmissbrauch durch Parteikader gestört, und mit einer breitangelegten Antikorruptionskampagne sichere sich Xi in der Bevölkerung große Popularität und unterbinde den Widerstand in der Elite.[98] Es ist manchmal rührend, wie sich Stimmen, wie diejenige Fischers, um das Schicksal des chinesischen Volkes kümmern. Diese Besorgnis ist aber oft mit der noch dringlicheren Sorge um die gefährdeten Profite der ausländischen Firmen und InvestorInnen in China gepaart. Der bekannte US-amerikanische Ökonom Michael Hudson scheint es aber wirklich ernst zu meinen, wenn er positiv bemerkt, dass Xi den »Aufstieg der Oligarchie« verhindere.[99] Bei allen Etiketten, die Xi angeheftet werden, geht es nicht eigentlich um die Person, sondern um die KPCh und die VRCh. Xi ist so gesehen das Symbol für die neue Stärke Chinas.

Der Umbruch, der mit der Ära Xi Jinping begonnen hat, wird im kapitalistischen Westen seit einigen Jahren wahrgenommen. Dass im politischen Diskurs in der VRCh Marxismus, Sozialismus und Kommunismus wieder eine Rolle spielen, macht die westlichen Leitmedien zunehmend nervös. Am Anfang gab Xi den westlichen KommentatorInnen Rätsel auf. Nach seiner Wahl zum Generalsekretär im Jahr 2012 hätten sie ihn gern als ›chinesischen Gorbatschow‹ gesehen. Drei Jahre später schrieb die *Neue Zürcher Zeitung*, dass im Gegenteil schnell deutlich geworden sei, dass Gorbatschow so etwas wie die negative Folie für Xis Vorstellung von der Reform des chinesischen Staatswesens sein würde.[100] Daraufhin richteten sich die westlichen Medien gegen den in China wieder auflebenden Sozialismus-Diskurs, gegen den »neuen Marxismus« und den »neuen Mao«.[101] Peter Achten meint, dass der Vergleich mit Mao falsch sei, denn Xi verkörpere mit neuen Ideen und einer neuen Politik eine genuin eigene Epoche der jüngsten chinesischen Geschichte.[102] Er bemerkt, dass westliche ExpertInnen und selbst einige SinologInnen mit ihrer nach wie vor eurozentristischen Sichtweise generell Mühe damit hätten, dass China weder Demokratie noch Sozialismus in westlicher Tradition akzeptiere. Achten: »Die schrille Berichterstattung und Kommentierung der beschlossenen Amtszeitverlängerung für Xi oder das wenig kenntnisreiche Hyperventilieren und Schwadronieren zum neuen chinesischen Sozialkredit-System zeigen das deutlich.«[103]

Doch zurück zu Xi. Markus Ackeret kommt in der *Neuen Zürcher Zeitung* zum Schluss, dass Xi ein schwer fassbarer Geist voller Widersprüche sei.[104] Er mache keinen Hehl aus seiner Bewunderung für Marxismus und Sozialismus mit chinesischer Prägung. Gleichzeitig verspreche er eine weitere Öffnung der chinesischen Wirtschaft. Das sei ein Widerspruch.[105] Im eurozentristischen Denkschema mag das stimmen: Das Pendel schlägt entweder in Richtung Liberalismus oder in Richtung Marxismus. Wahrscheinlicher ist jedoch, dass dies ein weiteres Beispiel des Sowohl-als-auch ist, mit dem die chinesische Führung das »zweite Hundert-Jahres-Ziel« anvisiert.

Vorläufige Beurteilung

Schlägt mit Xi das Pendel in die andere Richtung als unter Deng? Nein, es handelt sich sowohl um Öffnung als auch um die Besinnung auf die eigenen Wurzeln. Aus zwei mache eins! Das Dreigestirn Mao-Deng-Xi steht für den dialektischen Weg des chinesischen Sozialismus. Die Ära Mao Zedong steht für die These, das heißt die antikoloniale Revolution, die ideologische Selbständigkeit und das ›Aufstehen‹ des Landes. Die Ära Deng Xiaoping steht für die Antithese, das heißt für die nachholende Entwicklung, die Öffnung Chinas für die Welt und den Sieg über den Hunger. Die Ära Xi Jinping ist die dialektische Synthese der beiden. Sie bedeutet die Erneuerung des gesellschaftlichen und politischen Systems auf dem Weg zum Sozialismus und den Schritt Chinas zur respektierten Weltmacht. These und Antithese sind in der Synthese in doppeltem Sinn aufgehoben, nämlich aufgelöst und aufbewahrt.[106]

Anmerkungen

1 Zitiert in: Sahay 2021a
2 Xi 2014, S. 41ff
3 Vgl. ebd., S. 197
4 ebd., S. 41f
5 Vgl. ebd., S. 42
6 Zitiert in: Kunzmann 2018, S. 50
7 Vgl. Sieren 2021, S. 263
8 Vgl. Baron et al., S. 321
9 Xi 2020, S. 83-102 und de.wikipedia.org/wiki/Xi_Jinpings_Ideen_des_Sozialismus_chinesischer_Prägung_im_neuen_Zeitalter, besucht 5.9.2022
10 Vgl. Kronauer 2021c
11 Xi 2018, S. 261
12 Xi 2014, S. 451
13 Vgl. Rocca
14 Achten 2019a
15 Vgl. Kretzschmar/Lohmann
16 Vgl. Kunzmann 2018, S. 87
17 Castro
18 Vgl. Sigg
19 Vgl. Wemheuer 2016
20 Zitiert in: Achten 2017
21 Vgl. Kronauer 2021a
22 Xi 2014, S. 449, 490
23 Xi 2018, S. 391
24 Xi 2014, S. 490
25 Xi 2014 und 2018
26 Vgl. Wang Huning 1991 und 1997
27 ebd.
28 Zitiert in: Baron et al., S. 386
29 Vgl. http://german.people.com.cn/n3/2021/1105/c209065-9915811.html, besucht 4.12.2021
30 Zitiert in: ebd.
31 Vgl. https://ec.europa.eu/commission/presscorner/detail/de/ip_20_2542, besucht 14.9.2022
32 Xi 2018, S. 290ff
33 ebd., S. 62, 288, 291, 297f, 313, 630
34 Xi 2014, S. 147
35 ebd., S. 241f
36 ebd., S. 256f
37 Vgl. de.wikipedia.org/wiki/Made_in_China_2025, besucht 3.12.2021
38 Vgl. Sieren 2018, S. 62
39 Vgl. Xi 2014, S. 147
40 Vgl. en.wikipedia.org/wiki/Dual_circulation, besucht 9.3.2022

41 Vgl. Diem
42 Vgl. ebd.
43 Der 14. Fünfjahresplan der VRCh, in: http://de.china-embassy.gov.cn/det/zt/Newsletter/202104/P020210912054562562053.pdf
44 Vgl. Sieren 2018, S. 62
45 Vgl. Baron et al., S. 291
46 Vgl. ebd., S. 289
47 Vgl. Müller, Florian: Sollte der Markt weiter abschmieren, droht Peking die Totalkrise, in: Der Bund v. 10.8.2022, S. 8
48 Hudson 2022a
49 Vgl. Kronauer 2019, S. 155
50 Vgl. Baron et al., S. 290
51 Zitiert in: ebd., S. 281
52 Vgl. ebd., S. 291ff
53 Vgl. ebd., S. 290
54 Xi 2018, S. 108
55 ebd., S. 49 und 200
56 Vgl. Jacques, S. 282
57 Vgl. Behrens, S. 159
58 Zitiert in: Baron et al., S. 334
59 Vgl. Baron et al., S. 334, 342
60 Zitiert in: ebd., S. 326
61 Xi 2018, S. 133
62 ebd.
63 ebd., S. 351, 355
64 Zum Beispiel: Elsner 2020, S. 227ff, 232
65 Vgl. Jacques, S. 283
66 Zitiert in: Achten 2018a
67 Vgl. www.verfassungen.net/rc/verf82-i.htm, besucht 9.3.2022
68 Xi 2018, S. 208, 218
69 ebd., S. 174
70 ebd., S. 200 und 2014, S. 206, 212, 483
71 ebd., S. 133
72 ebd., S. 218
73 ebd., S. 40
74 ebd., 2014, S. 221
75 Xi 2014, S. 76
76 Xi 2018, S. 75
77 Vgl. ebd., S. 167, 501, 505
78 Zitiert in: Le Monde diplomatique (Ausgabe Schweiz) Juli 2021, S. 13
79 Vgl. Baron et al., S. 325
80 Xi 2018, S. 28, 50
81 Vgl. Xi 2014, S. 483 und 2018, S. 50
82 Vgl. Behrens, S. 123
83 Vgl. Sieren 2018, S. 151

84 Vgl. Behrens, S. 123
85 Vgl. Kronauer 2021b
86 Vgl. ebd.
87 Vgl. Yang Liu, in: Newsletter Here Comes China v. 13.11.2021
88 Vgl. Monroy
89 Vgl. junge Welt v. 16.10.2021, S. 3
90 Vgl. Kommuniqué der 6. Plenartagung des XIX. Zentralkomitees der KPCh, german.people.cn, 12.11.2021
91 Vgl. Kronauer 2021c
92 Zitiert in: Kommuniqué der 6. Plenartagung des XIX. Zentralkomitees der KPCh, german.people.cn, 12.11.2021, S. 16
93 Zitiert in: Kronauer 221c
94 Vgl. ebd.
95 Vgl. ebd.
96 Vgl. Brutaler Diktator. NBA-Star Kanter attackiert China, in: www.msn.com/de-de/sport/sport-mix/brutaler-diktator-nba-star-kanter-attackiert-china/ar-AAPMut2, besucht 4.9.2022
97 Vgl. Kremb, Jürgen: National-Sozialismus Made in Xi-Na, in: https://publikum.net/chinas-problem-heisst-xi-jinping-mit-seinem-neofaschistischen-fuhrerkult-zerstort-der-parteichef-alle-errungenschaften-seiner-vorganger, besucht 4.9.2022
98 Vgl. Fischer 2021
99 Hudson 2021
100 Vgl. Achten 2019a
101 Achten 2018d
102 Vgl. Achten 2021a
103 Achten 2018e
104 Vgl. Ackeret; siehe auch Müller 2017
105 ebd.

11. Kapitel

Das größte Infrastrukturprojekt der Weltgeschichte

These: Die Neuen Seidenstraßen sind die Globalisierung made in China

Das große Projekt in der Ära Xi Jinping

2013 stellte Präsident Xi Jinping auf einer Konferenz in Kasachstan das Vorhaben der Neuen Seidenstraßen vor: ein gigantisches Projekt zum Auf- und Ausbau interkontinentaler Handels- und Infrastrukturnetzwerke zwischen der VRCh und über 60 weiteren Ländern Asiens, Europas und Afrikas. Die Seidenstraßen verlaufen auf dem Land (»economic belt«) und zur See (»maritime road«) mehr oder weniger entlang der Land- und Seerouten der antiken Seidenstraße, die vor mehr als 2000 Jahren entstanden war. Sie umfassen sechs Wirtschaftssektoren, eine Art Freihandelszone mit Abertausenden von Infrastrukturprojekten und mit Finanzierungsplattformen, die ebenso wie die Asian Infrastructure and Investment Bank (AIIB) nicht auf die Weltbank und den Internationalen Währungsfonds (IWF) angewiesen sind.[1] Sie sehen insgesamt ein Investitionsvolumen von über einer Billion US-Dollar vor.

Neben Straßen, Schienen, Häfen und Brücken sollen in Anrainerstaaten auch Industrieparks und neue Wertschöpfungsketten entstehen. Die gemeinsame Nutzung der Infrastruktur und die Bündelung der Kräfte ist das Ziel.[2] Offiziell heißt das Projekt »Ein Gürtel, eine Straße«. Eingebürgert hat sich »Belt and Road Initiative« (BRI).[3] Zum Projekt gehört auch eine »digitale Seidenstraße«, das heißt die digitale Transformation in den Partnerländern mittels Aufbau von Kommunikationsverbindungen (Verlegung von Hunderttausenden von Kilometern von Glasfasernetzen, Vernetzung mit 5G-Technik, Zurverfügungstellung von erschwinglichen Mobiltelefonen usw.).[4]

Bisher hatte noch nie ein chinesischer Präsident ein so ambitioniertes Projekt initiiert und durchgesetzt.[5] Es braucht die Verfügungsgewalt über unglaubliche finanzielle Ressourcen, um ein solches Billionenprojekt aufzugleisen. Außer China ist heute kein anderes Land finanziell, technisch und politisch in der Lage und willens, ein Projekt wie die BRI zu stemmen.[6] In seiner Rede in Kasachstan sagte Xi: »Lasst uns etwas Innovatives tun und die eurasische Region neu erfinden, indem wir gemeinsam einen Wirtschaftsgürtel entlang der Seidenstraße bauen.«[7] Die eurasische Region umfasst Asien und Europa, wo sich 70 Prozent der Weltbevölkerung und 75 Prozent der Energieressourcen befinden und 70 Prozent des weltweiten Bruttoinlandsproduktes erwirtschaftet werden.[8]

Die BRI ist, so Xi, Ausdruck des »asiatischen Aufstiegs«,[9] und schließlich ist sie nichts weniger als ein geostrategischer Modellversuch der Globalisierung im 21. Jahrhundert,[10] eine Globalisierung made in China. Am Anfang hatte Xis Vorschlag kaum globale Resonanz,[11] und für diejenigen, die ihn wahrnahmen, erschien das Projekt halsbrecherisch.[12]

Die Ziele der BRI

China erwarte, dass mit der Eröffnung der BRI ein »neues Kapitel in der Entwicklungs- und Fortschrittsgeschichte der Menschheit« eingeleitet werde, so Xi.[13] Die BRI soll den Austausch zwischen West und Ost in jeder Hinsicht revolutionieren, was für alle beteiligten Länder mit großem Vorteil verbunden sei.[14] China will nach eigenen Angaben mit den Neuen Seidenstraßen auf ökonomischem Gebiet einen Beitrag zur friedlichen Entwicklung in der Welt leisten.[15] Die BRI erhebt, gemäß Xi, den Anspruch »grün, gesund, innovativ und friedlich« zu sein.[16]

Stichwort ist das der ›internationalen Konnektivität‹, der internationalen Vernetzung. Im Wissen um die Risiken, die in der gegenwärtigen Welt angelegt seien, beschwört Xi den »Geist der alten Seidenstraße«. Der antiken Seidenstraße soll »neues Leben eingehaucht werden«. Diese sei weder »imperialistisch noch militärisch, sondern friedlich und konnektiv und für alle Partner von gemeinsamem Nutzen gewesen«. In diesem Zusammenhang ist zu erwähnen, dass die Beteiligung der Partner an den BRI-Projekten nicht an politische Vorbedingungen geknüpft ist, im Kontrast zu den neoliberalen politischen Vorgaben von IWF und Weltbank, die in aller Regel mit Austeritätspolitik, Privatisierungen, Sozialkürzungen und Umverteilungsmaßnahmen zu Lasten der Bevölkerung einhergehen.[17]

Süd-Süd-Kooperation

Ein Aspekt der BRI betrifft die traditionelle Ausrichtung der chinesischen Außenpolitik auf die Süd-Süd-Kooperation. Die Unterstützung der antikolonialistischen Befreiungsbewegungen war in der frühen VRCh ein zentrales Anliegen.[18] Heute hat China den Vorteil, dass es den Entwicklungs- und Schwellenländern auf Augenhöhe begegnen kann, weil es selbst einmal zu den Opfern des Kolonialismus gezählt hat.[19] Die vielen Infrastrukturprojekte der BRI werden von China auch als ein Beitrag zur endgültigen Befreiung dieser Länder vom (Neo-)Kolonialismus gesehen.

Das Eigeninteresse Chinas

Die Ziele, welche China mit der BRI verfolgt, liegen auch in seinem eigenen Interesse, was offen ausgesprochen wird. Nach Peter Achten handle China wie jeder Staat auf dieser Welt in wohlverstandenem Eigeninteresse.[20] Dazu gehören die chinesischen Sicherheitsbedürfnisse, welche mit der Erweiterung des Handels zugenommen haben.[21] China ist getrieben von der Sorge, von seinen Export- und Zulieferwegen abgeschnitten zu werden.[22] Über die Seeverbindungen wickelt China 98 Prozent seines Handels mit Europa ab, zu

100 Prozent denjenigen mit Afrika. China verfügt über die größte Containerflotte der Welt.[23] Doch die Seerouten sind anfällig, weil sie einerseits die Nadelöhre von Malakka und Aden durchlaufen und weil andererseits die chinesische Handelsflotte der wachsenden Drohkulisse der US-Marine ausgesetzt ist.

Die USA haben bekanntlich in den 2010er Jahren einen militärisch-geostrategischen Wechsel vollzogen, den sogenannten »Pivot to Asia«. Dieser besteht – bei gleichzeitigem Rückzug aus dem Nahen Osten – in der Konzentration der US-Streitkräfte in Ost- und Südostasien auf den Hauptgegner China (siehe 13. Kapitel). Nach intensiven internen Debatten reagierte China auf den »Pivot«, wie so oft in seiner langen Geschichte, defensiv, das heißt mit der Strategie des sogenannten »Marching Westward« (dt.: nach Westen marschieren; gemeint ist über den Landweg, Anm. BS).[24] Sie bestand im Ausbau einer sichereren Landroute über die eurasische Achse. Diese Landroute ist nichts anderes als die »economic belt« der BRI.[25] Auf der Landroute gab es allerdings auch ein Problem: die Straßenverbindungen durch die nordwestliche Provinz Xinjiang, die aufgrund religiöser und ethnischer Konflikte der latenten Terrorgefahr ausgesetzt war.

Weitere chinesische Interessen sind folgende:[26]

- Sicherung eines friedlichen Umfelds. Dies verlangt Stabilität und ökonomische Sicherheit in den zum Teil instabilen Nachbarstaaten entlang der BRI. Dem dient der Ausbau der wirtschaftlichen und politischen Zusammenarbeit mit den zentralasiatischen Staaten, deren wichtigster Handelspartner China Schritt um Schritt geworden ist.
- Innovationsschub für die eigene Ökonomie und diejenige der BRI-Partner. Dies soll zu gegenseitigem Nutzen und in einem offenen Wettbewerb geschehen.
- Schaffung neuer wirtschaftlicher Nachfrage von außen. Das trägt zur Lösung des Problems der chinesischen wirtschaftlichen Überkapazitäten bei.

- Wirtschaftlicher Aufschwung in den armen chinesischen Westregionen, den Provinzen Sichuan und Chongqing, und Befriedung der autonomen Gebiete wie Xinjiang und Tibet. (Die Erschließung Westchinas heißt in der VRCh »Go-West-Strategie«.[27])

Vorgeschichte

In der Vergangenheit gab es diverse Initiativen zur Reaktivierung der alten Seidenstraße.[28]

- Der letzte sowjetische Außenminister, Eduard Schewardnadse, sprach 1990 auf einer internationalen Konferenz vom Wiederaufbau der alten Seidenstraße.
- Der russische Präsident Wladimir Putin schlug 2001 während einer Rede im Deutschen Bundestag eine Freihandelszone von Lissabon bis Wladiwostok vor. Dies widersprach allerdings diametral der US-Strategie in Bezug auf Europa. Um einen mächtigen eurasischen Konkurrenten zu verhindern, wurden und werden von den USA alle Bemühungen hintertrieben, welche westeuropäisches Know-how mit russischen Ressourcen verbinden würden.
- Das US-Repräsentantenhaus formulierte 1999 einen Gesetzesentwurf, der allerdings nie ratifiziert wurde und der den Namen »Seidenstraßenstrategie« (engl.: Silk Road Strategy Act) trug. Darin wurden die Interessen der USA in Zentralasien klar definiert: Eroberung von neuen Absatzmärkten und Rohstoffquellen. Begleitet waren sie von Worten wie »Verbreitung von Souveränität, Unabhängigkeit, demokratischen Regierungsformen und Respekt für die Menschenrechte«.[29]
- 2011 sprach US-Außenministerin Hillary Clinton während eines Besuches in Indien von einer neuen Seidenstraße als der »Vision für das 21. Jahrhundert«. Clintons Aussagen basierten auf den Empfehlungen von Henry Kissinger und Zbigniew Brzezinski zur eurasischen Region (siehe 13. Kapitel).

Internationale Reaktionen auf die BRI

Beginnen wir mit den positiven westlichen Reaktionen auf die BRI: China katapultiere die Seidenstraße ins 21. Jahrhundert, meinte die deutsche Zeitung *Die Welt*. Die deutsche Wochenzeitung *Die Zeit* schrieb, dass die BRI ein grandioses Projekt sei. Die *Frankfurter Allgemeine Zeitung* fügte hinzu, dass das Projekt eine weltgeschichtliche Kühnheit sei, die einem den Atem raube, während das *Manager Magazin* lediglich feststellte, dass es das größte Investitionsprogramm der Welt sei. »Die Neuen Seidenstraßen haben sich als umsichtige und starke Kraft erwiesen, um die Infrastrukturentwicklung in den vielen teilnehmenden Ländern zu beschleunigen«, sagte der Siemens-Chef Joe Kaeser.[30] Gemeinsam ist diesen Äußerungen, dass sie aus der Zeit vor dem Beginn des China-Bashings stammen.

Westliche ChinaexpertInnen sehen in der BRI

- ein neues Entwicklungsmodell,[31] vergleichbar mit dem »Langen Marsch« der Volksbefreiungsarmee unter Mao Zedong 1934/35,[32]
- eine Alternative zur imperialen Globalisierung,[33]
- einen gigantischen neuen Marshallplan[34], der nur viel umfassender sei,
- eine chinesische Öffnung 2.0, die mit ähnlichen Risiken verbunden sei wie die Öffnungspolitik der Periode »Reform und Öffnung«.[35]

Einige Zeit nach ihrer Lancierung wurde die BRI ein offizieller Teil der UN-Ziele für nachhaltige Entwicklung (engl.: Substainable Development Goals).[36] UN-Unterorganisationen wie UNDP, UNEP oder FAO wurden Partner der BRI, so zum Beispiel bei der Qualitäts- und Wirkungskontrolle der Projekte.[37] Von den EU-Ländern haben bisher lediglich Griechenland und Italien mit China einen Rahmenvertrag für die Beteiligung an den Neuen Seidenstraßen abgeschlossen. Der Hafen von Piräus, heute in chinesischen Händen, ist zum großen Umschlagplatz für chinesische Exporte nach Europa geworden. Wie Piräus sollen auch die Häfen von Genua und Triest ausgebaut werden.[38]

Generell kann man sagen, dass außerhalb des Westens die Zustimmung gegenüber der BRI laufend zugenommen hat, während im Westen Kritik und Ablehnung größer geworden sind.[39]

Westliche Kritik an der BRI

Nach den anfänglich eher positiven oder verhalten optimistischen Reaktionen des Westens auf die BRI nahm mit dem Gewahrwerden des unaufhaltsamen Aufstiegs der VRCh die westliche Kritik an der BRI immer mehr überhand. Sie galt nun als Chinas Griff nach der Weltmacht.[40] Die Abhängigkeit vieler Staaten von China erinnere an die Machtfülle von Kolonialmächten in vergangenen Jahrhunderten, wurde gesagt.[41] Im Deutschlandfunk wurde von einem Zeitalter des Neoimperialismus chinesischer Prägung gesprochen.[42] Andere redeten von neokolonialistischem Ressourcendiebstahl.[43] Es wurde moniert, dass chinesische Unternehmen bei den Aufträgen den Löwenanteil ergattern würden, dass vor Ort kaum neue Arbeitsplätze geschaffen würden und dass die von China gesprochenen Kredite für einige Länder mit einem Verschuldungsrisiko verbunden seien.[44]

Die BRI hat Schattenseiten[45] und es gab in einigen Ländern Probleme.[46] Chinas außenpolitische Maxime der Nichteinmischung in die inneren Angelegenheiten anderer Länder hat zusammen mit der Korruption in einzelnen Partnerländern und der fehlenden Projektkontrolle dazu geführt, dass in der Vergangenheit bei nicht wenigen BRI-Verträgen die Erosion von Arbeits- und Umweltstandards in Kauf genommen wurde.[47] Im Klartext: Die Arbeitsbedingungen waren prekär und die Umweltschäden groß. Auf diese Kritik hat China inzwischen reagiert. Es hat neue Regelungen für Übersee-Investments eingeführt, welche die Umweltschutz- und Arbeitsstandards verbessern sollen.[48] Auch wenn die VRCh offensichtlich bemüht ist, beim Bezug von Rohstoffen und beim Zugang zu Märkten mit den beteiligten Ländern Abkommen zum gegenseitigen

Nutzen abzuschließen, ergibt sich doch allein durch die wachsende Größe des chinesischen Ressourcenbedarfs ein erhebliches Konfliktpotential.[49]

Der Vorwurf der ›Schuldenfalle‹ hat insofern etwas für sich, als dass die von China gesprochenen Kredite für einige Länder mit einem Verschuldungsrisiko verbunden sind.[50] Es gab Länder des Globalen Südens, auf die offenbar wegen ihrer Unfähigkeit zur Schuldenbegleichung erheblicher chinesischer Druck ausgeübt worden ist.[51] So blieb zum Beispiel Sri Lanka nach der Zahlungsunfähigkeit nichts anderes übrig, als die Nutzungsrechte des von China gebauten neuen Überseehafens Hambantota an die VRCh abzutreten, ein Vorgang, der von der westlichen Kritik weidlich ausgeschlachtet und als neokolonialistisches Gehabe Chinas kritisiert wurde. Der Rückschluss auf die ganze BRI scheint dagegen sehr willkürlich zu sein.[52] China hat mit etlichen Entwicklungsländern Neuverhandlungen von Kreditkonditionen, Umfinanzierungen, Stundungen und sogar Schuldenerlasse vorgenommen.[53] Die VRCh habe eine lange Tradition in der praktischen Solidarität mit Entwicklungsländern, und bisher seien keine Fälle von ›Schuldknechtschaft‹ bekannt geworden, meint Wolfram Elsner.[54]

Die Übernahme des griechischen Hafens Piräus durch den chinesischen Konzern Cosco (Ocean Shipping Company) wurde in Europa kritisiert. Nachdem Cosco von der griechischen Regierung die Konzession erhalten hatte, baute sie Piräus zum größten Containerhafen des Mittelmeers aus und stellte den innergriechischen Inselzubringerverkehr auf eine neue Basis, womit Piräus zum größten Passagierhafen Europas wurde. In Piräus wurden über 3000 neue Arbeitsplätze geschaffen, während in Griechenland unter dem bitteren Austeritätsdiktat der EU im Gegenteil Arbeitsplatzabbau stattfand.[55] Das Cosco-Projekt wurde aber nicht nur eine Erfolgsgeschichte.[56] Gegen Privatisierungspläne gab es bereits 2007 Proteste und Streiks. Gegen die von der EU-Troika durchgesetzte vollständige Privatisierung, der sich die linke Syriza-Regierung, entgegen ihren Wahlversprechen, beugte, gab es 2016 heftigen

Widerstand der Gewerkschaften. Die Geschäftspolitik der Cosco, insbesondere die Lohn- und Arbeitspolitik, sorgte zusätzlich für Unmut. Der Streit eskalierte 2018, als Cosco die Streiks zu verhindern suchte, die gegen ihre Attacken auf die Rechte der Arbeiterinnen und Arbeiter gerichtet waren. Die chinesische Cosco hat mit ihrem Piräus-Projekt dem Image des BRI keinen guten Dienst erwiesen.

Kritik gab es bis vor einigen Jahren auch im ökologischen Bereich. WachstumskritkerInnen kritisierten die BRI generell als gigantisches, umweltbelastendes Wachstumsprojekt. Zudem wurde bemängelt, dass ökologische Standards in den Projekten nur wenig Beachtung fänden. Inzwischen unterliegen alle BRI-Projekte strengen ökologischen Kriterien und einer ökologischen Projektkontrolle.[57] Der forcierte Schienentransport in der BRI – wöchentlich verkehren Hunderte von Güterzügen aus China ins deutsche Duisburg – wird von China als ein Beitrag zur Bekämpfung des Klimawandels propagiert: weg von der Luftfahrt und weg von der umweltverschmutzenden Schifffahrt.[58]

Westliche Gegenprojekte

Die BRI legte in kurzer Zeit eine große Dynamik an den Tag. In atemberaubendem Tempo wurde eine Vielzahl von Projekten auf den Weg gebracht. Ende der 2010er Jahre begannen die USA und ihre Verbündeten zu reagieren. Sie unternehmen seither alles, um das Projekt zu bremsen und versuchen Gegenprojekte zu lancieren.

Build Back Better World | 2021 legte US-Präsident Joseph Biden beim G7-Gipfel ein Projekt vor, das den Einfluss Chinas in Entwicklungs- und Schwellenländern zurückdrängen sollte. Es heißt ›Build Back Better World‹ (B3W) (dt.: eine bessere Welt wiederaufbauen). Ziel von B3W ist, den Ländern mit geringen und mittleren Einkommen ›transparente hochwertige Partnerschaften‹ anzubieten. Dazu soll vor allem Privatkapital mobilisiert werden. B3W ist global angelegt, von Lateinamerika über die Karibik bis nach Afrika. Die VRCh hat den USA angeboten, im B3W mitzumachen, nachdem sie die USA auch zur Kooperation in der BRI eingeladen hatte. Bisher blieb das Projekt folgenlos.[59] Ob es auch einem weiteren Projekt so ergehen wird, das von US-Präsident Biden auf dem Gipfel in Elmau von den G7 angekündigt worden ist? Die G7 beschlossen eine ›Partnership for Global Infrastructure and Investment‹ (PGII), die bis zu 600 Milliarden US-Dollar auftreiben will. Oder werden auch hier den Worten kaum sichtbare Resultate folgen?[60]

Global Gateway | 2021 erklärte auch die Kommission der Europäischen Union, dass sie dabei sein wolle, wenn es darum gehe, Chinas Neuen Seidenstraßen etwas entgegenzustellen. Ihr Projekt wurde unter dem Namen ›Global Gateway‹[61] (dt.: weltweiter Zugang) aus der Taufe gehoben und sieht eine Summe von 300 Milliarden Euro vor, die auf die Jahre bis 2037 verteilt werden sollen. Es will in Schwellen- und Entwicklungsländern den Bau von Transportnetzen, Energieprojekten und Datenleitungen fördern und ist auf Ost- und Südeuropa, Afrika, Zentralasien und den asiatischen und pazifischen Raum angelegt. Wo die Mittel konkret herkommen sollen, ist noch unklar.[62] Michael Clauss, deutscher EU-Botschafter, sagte 2021 offen, dass die Infrastrukturinitiative als eine attraktive Alternative zu den Neuen Seidenstraßen geplant sei.[63] Auf die Umsetzung wurde 2021 vergeblich gewartet. Die EU hatte bereits 2018 mit viel Rhetorik eine vergleichbare Initiative gestartet, die sogenannte ›EU-Asien-Konnektivitätsstrategie‹.[64] Diese verpuffte aber weitgehend und erzielte keinerlei nennenswerten Erfolg. Nun scheint aber Bewegung in Global Gateway gekommen zu sein. Das Deutsche Handelsblatt titelte im Juli 2022: »EU-Offensive im Systemkonflikt mit China: Europas Anti-Seidenstraße nimmt Gestalt an.«[65] Die EU-Kommission teilte mit, dass Global Gateway ›intelligent‹, ›sauber‹ und ›sicher‹ sein werde. Jörg Kronauer hört darin zu Recht einen ›anmaßenden Unterton‹ gegen die BRI.[66] Dem EU-Projekt wird von ExpertInnen nur eine kleine Durchführungschance zugebilligt.[67]

Das hängt unter anderem mit der fehlenden politischen Kontinuität in der EU zusammen, denn es gibt keinerlei Garantie, dass das Projekt in der nächsten Amtszeit der Europäischen Kommission weitergeführt wird. Verglichen mit Chinas Stabilität und seinem politischen Langzeithandeln sind Zweifel an der Langfristigkeit und Nachhaltigkeit westlicher BRI-Konkurrenzprojekte angebracht.[68]

Beurteilung

Die BRI ist ein im Schnellzugtempo verwirklichtes und gigantisches Vorhaben, das die Konturen einer vernetzten globalisierten Weltwirtschaft hat, welche auf einer, wie es die ChinesInnen nennen, Win-win-Konstellation und nicht auf Konfrontationsbasis beruht. Im Sinne eines vorläufigen Fazits kann man sagen, dass China aus den Anfangsfehlern in der BRI gelernt und entsprechende Konsequenzen gezogen hat.[69] Peter Achten war überzeugt, dass diejenigen, die dem Reich der Mitte bezüglich der BRI dubiose oder gar unlautere Absichten unterstellten, auf keinen Fall im Recht seien.[70] Eines steht fest: Die BRI zeigt eindrücklich, wie sich das Zentrum der Welt aus dem ehemaligen Abendland nach Asien verschoben hat.

Persönliche Bemerkung

China hat bisher von der Globalisierung enorm profitiert. Während vier Jahrzehnten hat es ein beispielloses Wachstum um jährlich rund acht Prozent hervorgebracht. Mit den Infrastrukturmaßnahmen der BRI hofft China, den bisherigen Wirtschaftsaufschwung halten zu können. Erfolg oder Misserfolg der Neuen Seidenstraßen- werden einen Teil der Antwort bilden auf die Frage, ob China bis 2049 sein zweites 100-Jahres-Ziel, die Schaffung einer reichen und entwickelten sozialistischen Gesellschaft, erreichen wird und ob der Traum der chinesischen Renaissance in Erfüllung geht. Offene Fragen bei der Realisierung sind meines Erachtens die Auswirkungen der wachsenden westlichen Aggressionen gegen die VRCh und vor allem die Folgen des dramatischen Klimawandels.

Kleiner Exkurs zur Afrikapolitik Chinas

Eine Strecke der BRI geht über den Seeweg (›maritime road‹) zum afrikanischen Kontinent. Dort ist China nicht erst mit den BRI-Projekten engagiert. Afrika ist für China seit der Gründung der Volksrepublik eine besondere Adresse. Nirgends war das antikolonialistische Engagement Chinas größer als auf diesem Kontinent. Seit Beginn des 21. Jh. u. Z. hat die chinesische Afrikapolitik eine Neuausrichtung der Prioritäten erfahren. Im Mittelpunkt stehen nicht mehr nur der Verkauf von chinesischen Waren und der Einkauf von Rohstoffen, sondern die Förderung und Realisierung von Infrastrukturprojekten, die den Schlüssel für die wirtschaftliche Entwicklung der afrikanischen Länder bilden, wofür Investitionskapital zu angemessenen Konditionen bereitgestellt wird. Heute investiert kein Land mehr in die afrikanische Infrastruktur als China, das damit der weltgrößte Partner Afrikas ist. Einen Überblick über die Dimensionen geben die ›Weißbücher der chinesischen Regierung zu Chinas Zusammenarbeit mit Afrika‹.[71] Das Engagement Chinas hat längst eine strategische Dimension. Der Kontinent wird in Zukunft eine große Rolle spielen,[72] denn er ist ökonomisch eine der am schnellsten wachsenden Regionen der Welt.[73] 2050 werden 2,4 Milliarden Menschen dort leben.[74] China, gewohnt in großen Zeitdimensionen zu denken und zu handeln, hat sich angesichts dieser Entwicklungsperspektiven schon seit längerer Zeit auf die Seite Afrikas gestellt. Die USA und insbesondere die EU sind in Afrika ins Hintertreffen geraten und scheinen eine Jahrhundertchance zu verpassen.[75] Die einzige handfeste Afrikapolitik der EU scheint darin zu bestehen, den jungen Afrikanerinnen und Afrikanern, die am Wohlstand der ehemaligen Kolonialmächte partizipieren möchten, den Weg übers Mittelmeer zu verbauen.[76]

Mit dem wachsenden Einfluss Chinas in Afrika ist seine Afrikapolitik ein immer beliebteres Objekt der westlichen Kritik geworden. Es wird von »Schuldenfalle«, von »neuem Imperialismus und Neokolonialismus«, von »Ressourcenklau« und »Landgrabbing«

(Aufkauf von Landwirtschaftsflächen zur Produktion für den Bedarf in China) gesprochen.[77]

Doch, wer genauer hinschaut, kommt zu einem differenzierteren Bild. Stellvertretend soll hier der deutsche Ostasienexperte Georg Blume zu Worte kommen: China erscheine dem westlichen Publikum heute wie ein ›neuer Eroberer‹, der in Afrika nichts anderes sucht als Rohstoffe. Es handle neokolonialistisch, weshalb sämtliche europäischen Dritte-Welt-Gruppen zusammen mit dem Weltbankchef Paul Wolfowitz unisono über die Morallosigkeit der chinesischen Afrikapolitik schimpfen würden. Diese fördere nur korrupte bis mörderische Regime. Die westliche Kritik am chinesischen Neokolonialismus, so Blume weiter, gehe in Afrika zu weit. Sie bleibe letztlich der europäischen Vergangenheit verhaftet und sehe die »Sinisierung Afrikas« nur im Rückspiegel eigener Kolonialverbrechen. In Wirklichkeit sei die von afrikanischen Staaten bezeugte »Inspiration« durch die chinesische Afrikapolitik keine Floskel, sondern echt. Afrika wolle heute mit aller Macht testen, ob sich das chinesische Modell bewähren kann. Es verlange von China keine Hilfe, es wolle vielmehr im Austausch mit China die Härtetests der Globalisierung bestehen.[78]

Bemerkenswert sind auch folgende westliche Stellungsnahmen und Untersuchungen zum Vorwurf des Neokolonialismus:

- Die *Financial Times* ist der Meinung, dass Afrika von China zumeist profitiert habe.[79]
- Die US-Beratungsfirma *McKinsey* findet, dass Chinas zunehmendes Engagement für die afrikanischen Volkswirtschaften, Regierungen und Arbeitnehmer sehr positiv sei.[80]
- Die internationale Stiftung *Carnegie Endowment for Peace* zieht das Fazit, dass Chinas Engagement zur nachhaltigen Bekämpfung der Armut auf dem Kontinent beitragen könne.[81]
- Die regierungsnahe US-amerikanische *Brookings Institution* bewertet Chinas Kreditvergabepolitik als freundlich.[82]
- Zur Debatte über den Neokolonialismus sagt Frank Sieren, dass afrikanische Regierungen in der Geschichte nie einen größeren

Spielraum hatten, sich weltweit auszusuchen, mit wem sie zusammenarbeiten wollen und dass sie und die Menschen in ihren Ländern noch nie freier und noch nie optimistischer gewesen seien, was die Zukunft angeht.[83] Derselbe schreibt, dass das Label des Neokolonialismus, das manche KritikerInnen dem chinesischen Afrikaengagement anheften, unpassend sei.[84]

- In einem Report der unabhängigen *Land Matrix Initiative* ist zu lesen, dass chinesisches »Land Grabbing« in Afrika eine untergeordnete Rolle spiele, entgegen der Wahrnehmung westlicher Medien.[85]
- In ihrem Buch ›Will Africa Feed China?‹ untersucht Deborah Brautigam systematisch das ›Land Grabbing‹ in Afrika und kommt zum Ergebnis, dass man in den meisten Fällen von »angeblichem chinesischem Land Grabbing« sprechen müsse und dass ein Drittel der Berichte in den westlichen Medien frei erfunden sei.[86]
- Umfragen des regierungsnahen US-Instituts *Afrobarometer* kommen zum Ergebnis, dass in 36 afrikanischen Staaten 63 Prozent der Befragten Chinas Einfluss als positiv oder sehr positiv und 15 Prozent als negativ einstufen.[87] Die Befragten scheinen sich der Unterschiede im Umgang mit ihrem Kontinent bewusst zu sein.

Anmerkungen

1 Vgl. Xi 2018, S. 616
2 Vgl. Kunzmann 2018, S. 100
3 Vgl. de.wikipedia.org/wiki/Seidenstrassenstrategie, besucht 10.12.2021
4 Xi 2018, S. 629
5 Vgl. Sieren 2018, S. 225
6 Vgl. ebd.
7 Zitiert in: Sieren 2018, S. 201
8 Vgl. ebd.
9 Xi Jinping 2018, S. 609
10 Vgl. Sieren 2018, S. 210
11 Vgl. ebd., S. 204

12 Vgl. ebd., S. 225
13 Xi 2018, S. 620
14 Vgl. Kunzmann 2018, S. 100
15 Zitiert in: ebd., S. 99
16 Dieses und die folgenden Xi-Zitate finden sich in: Xi 2018, S. 616, 609, 623, 620f, ebd., 618
17 Vgl. Elsner 2020, S. 275
18 Vgl. Kronauer 2019, S. 104
19 Vgl. Sieren 2018, S. 344
20 Vgl. Achten 2019b
21 Vgl. Behrens, S. 149
22 Vgl. Sieren 2018, S. 228
23 Vgl. Behrens, S. 149
24 Wang Jisi: Marching Westwards. The Rebalancing of China's Geostrategy, in: International and Strategic Report, Nr. 73 v. 10.7.2012, S. 9
25 Vgl. Kronauer 2019, S. 138
26 Sie sind alle ausgeführt in: Xi 2018, S. 620ff
27 Vgl. de.wikipedia.org/wiki/Chinas_Go-West-Strategie, besucht 7.3.2022
28 Behrens, S. 145ff
29 Vgl. de.wikipedia.org/wiki/Seidenstrassenstrategie, besucht 10.12.2021
30 Diese Äußerungen finden sich bei Sieren 2018, S. 210.
31 Vgl. Höring
32 Vgl. Elsner 2020, S. 272
33 Vgl. Xianming
34 Vgl. Balhuizen, Arnould, zitiert in: Kronauer 2019, S. 152
35 Vgl. Gosset, David: Keynote Tianjin Forum 2017, mimeo
36 Vgl. Der Bund v. 23.10.2021, S. 3 und www.univienna.org/univienna.de/multi-lang-Klink/sdg/index.html
37 Vgl. Elsner 2020, S. 290
38 Vgl. Behrens, S. 152
39 Vgl. de.wikipedia.org/wiki/Seidenstrassenstrategie, besucht 10.12.2021
40 Vgl. Der Bund v. 7.10.2021, S. 5
41 Vgl. Kronauer 2019, S. 120
42 Vgl. Deutschlandfunk Kultur, 20.3.2018, zitiert in: Kronauer 2019, S. 120
43 Vgl. Kunzmann 2018, S. 103
44 Vgl. Achten 2019b
45 Vgl. Kunzmann 2018, S. 103
46 Vgl. Kronauer 2019, S. 155
47 Vgl. Kunzmann 2018, S. 103
48 Vgl. ebd., S. 102
49 Vgl. Volksrepublik China – kapitalistisch oder sozialistisch?, in: KAZ – Kommunistische Arbeiterzeitung, kaz-online.de/artikel/volksrepublik-china-kapitalistisch-oder-sozialistisch, besucht 5.9.2022
50 Vgl. Achten 2019b
51 Zum Beispiel: Kronauer 2019, S. 156ff

52 Vgl. ebd., S. 158
53 Vgl. Elsner 2020, S. 279
54 Vgl. ebd., S. 279
55 Vgl. Kronauer 2019, S. 175
56 Vgl. ebd., S. 174ff
57 Vgl. Elsner 2020, S. 280
58 Vgl. Kunzmann 2018, S. 100
59 Vgl. Kronauer 2022a
60 Vgl. ebd.
61 Vgl. Kronauer 2021d
62 Vgl. Kronauer 2022a
63 Vgl. Kronauer 2021d
64 Vgl. Kronauer 2022a
65 Vgl. ebd.
66 Vgl. ebd.
67 Vgl. Kronauer 2021d
68 Vgl. Ein weiteres leeres Versprechen aus Brüssel?, in: Beijing Rundschau v. 3.12.2021, http://german.beijingreview.com.cn/International/202112/t20211203_800269055.html, besucht 10.12.2021
69 Vgl. Kunzmann 2018, S. 103
70 Vgl. Achten 2019b
71 Vgl. Neues Weißbuch des Staatsrats präsentiert die großen Erfolge der chinesisch-afrikanischen Zusammenarbeit, in: Bejing Rundschau v. 29.11.2021, http://german.beijingreview.com.cn/International/202111/t20211129_800264583.html-2019083081, besucht 11.12.2021
72 Vgl. Elsner 2020, S. 285
73 Vgl. Sieren 2018, S. 335
74 Vgl. ebd., S. 310
75 Vgl. ebd., S. 308
76 Vgl. ebd., S. 310
77 Zitiert in: Elsner 2020, S. 281
78 Blume
79 Zitiert in: Sieren 2018, S. 311
80 Vgl. Jayaram, Katrik et al., zitiert in: Elsner 2020, S. 282
81 Jafram
82 Vgl. Elsner 2020, S. 274
83 Vgl. Sieren 2018, S. 315
84 Vgl. ebd., S. 310
85 Zitiert in: Kunzmann 2018, S. 104
86 Zitiert in: Kronauer 2019, S. 124
87 Vgl. ebd., S. 129

12. Kapitel

Neue Weltmacht – Neue Weltordnung?

These: Der Aufstieg der neuen Weltmacht könnte zu einer neuen, multipolaren Weltordnung führen. Heute findet ein gefährlicher Zusammenbruch der Weltordnung statt

Neue Weltmacht

Der Aufstieg Chinas ist eine geschichtliche Ausnahmeerscheinung: Die VRCh ist die erste Großmacht, deren Machtgewinn ausschließlich auf wirtschaftlichen und politischen Mitteln beruht. Militärische Eroberungen spielten keine Rolle, im Gegensatz zu den westlichen Kolonialmächten und den USA, aber auch zu allen anderen Großmächten der Geschichte.[1]

Fakten zur neuen Weltmacht

Ökonomisch und finanziell | China ist heute die zweitgrößte Volkswirtschaft der Welt, an der Kaufkraftparität gemessen sogar die größte.[2] Legt man die Kaufkraft zugrunde, so hat China einen Weltmarktanteil von über 20 Prozent (die USA unter 15 Prozent und Deutschland unter 3 Prozent).[3] Es ist sowohl der Motor als auch die Werkbank der Weltwirtschaft, der größte Exporteur und der zweitgrößte Importeur. China ist das Land mit dem größten Exportvolumen im Tourismus.[4] Im letzten Jahr vor der Corona-Pandemie reisten 154 Millionen Chinesinnen und Chinesen ins Ausland, davon waren 60 Prozent Individualreisende.[5] China ist der weltgrößte Markt für Informationstechnologien; 2017 gab es in China 850 Millionen ›internetaffine Personen‹ (sogenannte ›Netizen‹), 700

Millionen mehr als in den USA.[6] China spielt zunehmend die Bank der Welt. Es hat die USA als wichtigsten Kreditgeber verdrängt, indem es Rekordsummen an Kapital in den Rest der Welt exportiert. Bereits vier Fünftel aller Staaten sind in irgendeiner Form Schuldner von chinesischen GeldgeberInnen. Eine große Rolle spielen dabei die Schwellenländer.[7] Bemerkenswert an Chinas Aufstieg ist die Tatsache, dass das Land keine Auslandsschulden hat.[8] Es verfügt über enorme Finanzreserven und hat mit gut 3,5 Billionen Dollar in Form von US-Staatsanleihen die weltweit größten Fremdwährungsreserven und spielt somit den »Banker« der USA.[9]

Volkseinkommen | Die kaufkraftbereinigte Wirtschaftsleistung pro Kopf hat sich seit der Jahrtausendwende gut verfünffacht.[10] Während China nach der Definition der Weltbank noch 1990 zur Gruppe der armen Länder gehörte, ist es mittlerweile in die Gruppe der Entwicklungsländer mit hohen mittleren Einkommen aufgestiegen.[11] Im Human Development Index (HDI), einem Index, der mehr die qualitativen Erfolgsindikatoren des Wachstums berücksichtigt und die Entwicklung besser wiedergibt als das Bruttosozialprodukt, ist China 2010 ein Land von ›hoher menschlicher Entwicklung‹.[12] Seine Lebensqualität wächst schneller als in den meisten Ländern der Welt, und es hat eine sehr tiefe und weiter sinkende Kindersterblichkeit, eine hohe Lebenserwartung und Alphabetisierungsrate sowie breiten Zugang der Menschen zu Arbeit, Bildung und Kultur. China ist in der Besiegung der absoluten und relativen Armut das erfolgreichste Land der Welt.[13] Gemäß Schätzungen wird der Anteil der Mittelschicht von derzeit 340 Millionen (2021) bis 2025 auf 500 Millionen Menschen steigen, während die Zahl der Superreichen 5,28 Millionen Menschen umfassen wird.[14]

Schauen wir uns trotzdem noch das Bruttoinlandsprodukt an: Es betrug 2020 pro Kopf 10.500 US-Dollar und lag hinter demjenigen von Rumänien mit 12.900 US-Dollar und etwas unter einem Viertel des BIP von Deutschland mit seinen 45.700 Dollar. Das Realeinkommen der ärmeren Hälfte der chinesischen Bevölkerung wuchs von 1978 bis 2015 um 401 Prozent, dasjenige in den USA war leicht rückläufig. Der chinesische Durchschnittslohn stieg kontinuierlich monatlich von 56 US-Dollar (1995) auf 717 US-Dollar (2016) was innerhalb von Jahren einem Wachstum von 1280 Prozent entspricht.[15]

Das sind insgesamt beeindruckende Zahlen, aber eben nur Durchschnittszahlen. Sie verbergen, dass in der VRCh die Armut längst nicht besiegt ist und die Ungleichheit krass ist. Ministerpräsident Li Keqiang sprach 2021 deutliche Worte: »Immer noch leben 600 Millionen der 1,4 Milliarden ChinesInnen von einem Pro-Kopf-Monatseinkommen von lediglich 1.000 Yuan (= rund 1.800 US-Dollar pro Jahr).«[16]

Innovation und humanes Kapital | Neben Werkbank und Weltbank ist China auch Erfinderwerkstatt und Innovationsweltmacht geworden, vor allem im Bereich der 4. Industriellen Revolution. Es verfügt über eine riesige menschliche ›Software‹. China entlässt gegenwärtig aus den Universitäten pro Jahr 8 Millionen akademisch ausgebildete Computerspezialistinnen und -spezialisten, und Kinder lernen ab dem dritten Schuljahr Englisch, so dass mit der Zeit 1,4 Milliarden Menschen Chinesisch und Englisch beherrschen werden.[17]

Chinas Führung ist es in der Ära Xi Jinping gelungen, in der Bevölkerung ein neues chinesisches Lebens- und Selbstwertgefühl zu schaffen, etwas das man nicht befehlen oder aufoktroyieren kann, das aber dennoch mit einem langfristigen Plan gezielt gefördert worden ist, einem Plan, der auch Räume für Experimente und Kreativität geschaffen hat.[18] Es ist kein Zufall, dass 65 Prozent der Chinesinnen und Chinesen überzeugt sind, dass ihnen Künstliche Intelligenz und Robotik neue Jobs und neue Chancen bringen.[19] Die jungen Chinesinnen und Chinesen sind in der Regel weitaus technologiefreundlicher und fortschrittsgläubiger als ihre AltersgenossInnen im Westen.[20]

Das chinesische Wirtschaftswunder | Die neue Wirtschaftsmacht hat bewiesen, dass sie in einem atemberaubenden Tempo Produktivkräfte quantitativ und qualitativ entwickeln kann, indem sie die systemischen (Konkurrenz-)Vorteile nutzt. Dazu gehört die Fähigkeit, die wirtschaftlichen Anstrengungen auf zentrale Dinge und Ressourcen zu konzentrieren und das noch bescheidene Pro-Kopf-Sozialprodukt in die sozialen, ökonomischen, technologischen und ökologischen Entwicklungsbereiche stärker »hochzuhebeln«, als wir es jemals in irgendeinem anderen Land erlebt haben, so Wolfram Elsner.[21] China betreibt eine überlegte, langfristig orientierte Industriepolitik,[22] während der Westen aus systemischen Gründen bei der Entwicklung einer nachhaltigen Industriepolitik blockiert ist. Dazu kommt die Belastbarkeit, das große Potential und die hohe Flexibilität der chinesischen Wirtschaft.[23] Nach Stefan Baron ist die Stärke des heutigen Chinas die Kombination einer auf die Wirtschaft fokussierten, in langen Linien denkenden, fachlich kompetenten, reformwilligen und durchsetzungsfähigen Regierung mit einer leistungsbereiten, bildungseifrigen, geduldigen, hochflexiblen und zukunftsoptimistischen Bevölkerung sowie einem gesunden Mix aus einer Reihe großer Konzerne im Weltmaßstab und einer Vielzahl kleiner und mittlerer Familienunternehmen.[24]

Wie schnell sich das chinesische Wirtschaftswunder vollzogen hat, wird einem klar, wenn man eine chinesische Stimme aus dem Jahr 2014 hört: »Es sollte uns (…) klar sein, dass unsere Wirtschaft zwar groß im Umfang, aber nicht stark ist, und unser Wachstum zwar schnell, aber nicht von hoher Qualität ist. Eine extensive Entwicklung mit einem Wirtschaftswachstum, das auf dem Faktoreinsatz, vor allem dem Einsatz von Naturressourcen, beruht, ist nicht nachhaltig.« Das sagte nicht ein kritischer Wirtschaftswissenschaftler der Beijing Universität, sondern Xi Jinping.[25]

Globale Vernetzung | Seit seinem rasanten Aufstieg nutzt China seine zunehmende Präsenz in allen internationalen Institutionen, allen voran in der UNO und ihren vielen Unterorganisationen, um seinen Einfluss geltend zu machen.

Seine internationale Vernetzung und seine Allianzen gehören zu den Stärken der chinesischen Weltmacht. Zu nennen sind unter anderem:

- Das Regional Comprehensive Economic Partnership Agreement (RCEP): die von China initiierte Freihandelszone zwischen den zehn Mitgliedern der Association of Southeast Asian Nations (ASEAN) (Brunei, Kambodscha, Indonesien, Laos, Malaysia, Myanmar, die Philippinen, Singapur, Thailand und Vietnam) und seinen sechs Partnern (Australien, China, Indien, Japan, Neuseeland und die Republik Korea).[26] Das RCEP, das 2022 in Kraft getreten ist, umfasst die größte Handelszone der Welt. Es ist gewissermaßen die chinesische Alternative zu der gescheiterten und von den USA mitinitiierten, aber unter Präsident Trump fallengelassenen ›Trans-Pacific Partnership‹ (TPP), der transpazifischen Freihandelszone. Die RCEP umfasst drei Milliarden Menschen oder rund 45 Prozent der Weltbevölkerung und steht für 40 Prozent des Welthandels.
- Die Shanghai Cooperation Organization (SCO) (dt.: Shanghaier Organisation für Zusammenarbeit) ist eine internationale Institution mit Sitz in Beijing, die 2001 von China, Russland und vier Ländern Zentralasiens gegründet und 2017 um Indien und Pakistan und 2022 um Iran erweitert wurde. Sie ist eine Plattform für eine umfassende wirtschaftliche, technische, wissenschaftliche und kulturelle Zusammenarbeit sowie für Sicherheitsfragen und verzeichnete 2021 eine Wirtschaftsleistung von 23,3 Milliarden US-Dollar – mehr als die USA oder die EU, vor allem aber dreizehnmal so viel wie zur Zeit ihrer Gründung. Die SCO bildet immer deutlicher ein »Gegengewicht zum Westen«.[27]
- Die BRICS-Staaten sind eine Vereinigung aufstrebender Volkswirtschaften, vor allem von Schwellenländern und stehen für fast ein Fünftel der globalen Wirtschaftsleistung. BRICS steht für die Anfangsbuchstaben von Brasilien, Russland, Indien,

China und Südafrika. Eine Erweiterung um Schwellenländer wie Argentinien, Indonesien u. a. steht auf der Tagesordnung. Das BRICS-Format funktioniert vor allem auf wirtschaftlicher Ebene. Aktuell erhält es einen neuen Schwung. Jörg Kronauer meint, dass dies damit zusammenhänge, dass der Westen den Ukraine-Krieg nutzen und Russland isolieren, ja gar in den Ruin treiben wolle, was aus unterschiedlichen Gründen keinem der fünf BRICS-Staaten behage.[28]

- Chinas internationales Engagement beinhaltet unter anderem aber auch eher ideologisch begründete Allianzen. Auffällig ist das verstärkte politische und wirtschaftliche Engagement der VRCh in den Staaten der ALBA-TCP (Bolivarische Allianz für die Völker unseres Amerika – Handelsvertrag der Völker), namentlich in Kuba, Venezuela, Bolivien und Nicaragua.
- Die chinesisch-russische Partnerschaft kommt unten im Abschnitt zur Neuen Weltordnung zur Sprache.

Der Charakter der neuen Weltmacht

Als Leitsatz dieses Abschnittes könnte die Überschrift eines Leitartikels in einer Schweizer Tageszeitung stehen: »Die Angst vor China ist unbegründet«.[29] Nach Kishore Mahbubani stimmt die Rede von einem »chinesischen Neoimperialismus«, von »aggressiver Expansionspolitik« und einer »chinesischen Weltmachthegemonie« nicht mit der Wirklichkeit überein.[30] Die Führung der KPCh hört nicht auf, den »friedlichen und von gegenseitigem Nutzen« geprägten Charakter ihrer Außenpolitik zu betonen.[31] Xi verweist auf das alte China, dessen Bruttosozialprodukt vor einigen Jahrhunderten einen Anteil von 30 Prozent am weltweiten Wirtschaftsvolumen ausgemacht hatte und nicht mit Aggression oder Expansion verbunden gewesen war.[32] Das Ziel der VRCh sei nicht, »nach Einflusssphären zu streben, sondern die gemeinsame Entwicklung aller beteiligten Länder anzusteuern. Wir trachten nicht danach, uns (mit der BRI, Anm. BS) einen eigenen Hinterhofgarten anzulegen, sondern hätten gerne einen Blumengarten für alle Länder.«[33] »Wir haben der Welt das feierliche Versprechen gegeben, dass wir niemals nach Hegemonie trachten oder irgendeinen Vorstoß der Expansion unternehmen werden und dass China eine standhafte Kraft im Aufrechterhalten des Weltfriedens ist und bleiben wird.«[34] »China steht gut auf eigenen Beinen. Doch wir sind gegen die Schlussfolgerung, dass ein starkes Land zwangsläufig Hegemonie anstrebt, und beharren auf einem friedlichen Entwicklungsweg.«[35] Dem stimmte Peter Achten zu, indem er feststellt, dass China kein Hegemon werde wie Spanien/Portugal und Frankreich im 16. und 17., Großbritannien im 18. und 19. und die USA im 20. Jh. u.Z. Die Welt sei komplexer geworden, sozial und wirtschaftlich. Richtig sei allerdings, dass sich das Zentrum vom Atlantik nach Asien verschoben habe. Das hätten allerdings nach 500 Jahren Vorherrschaft nur wenige EuropäerInnen mitbekommen.[36]

China hat auch nichts am Hut mit irgendeinem Werteuniversalismus. Unter dem des Westens hat es lange genug gelitten. Die Erfahrung hat gezeigt, dass dieser im Grunde ein kultureller Imperialismus ist, der im Übrigen auch von großen Teilen der westlichen Linken geteilt wird.[37]

Die chinesischen KommunistInnen haben sich, so Frank Sieren, in den letzten Jahrzehnten weitgehend als friedliebend, weitsichtig, kooperativ und pragmatisch erwiesen.[38] China hat kein Land der Welt bedroht und im Gegensatz zu anderen Großmächten in den letzten vier Jahrzehnten keinen einzigen Krieg geführt. Wenn die VRCh den friedlichen und antihegemonialen Charakter ihres außenpolitischen Handelns betont, so geschieht das auch aus Eigeninteresse.[39] Der beste Weg für die ökonomische Entwicklung sei eine grundsätzlich defensive Einstellung und ein geringes Sendungsbewusstsein.[40] Das entspricht der jahrtausendealten konfuzianischen Tradition Chinas. Wenn da und dort von einem »chinesischen Jahrhundert« die Rede ist, so stößt der Begriff bei chinesischen Offiziellen nicht auf Gegenliebe. Die VRCh und die KPCh beanspruchen auch ausdrücklich nicht, ein Modell des Sozialismus zu sein. Faktisch ist es aber so, dass die phänomenale Entwicklung der Produktivkräfte in China für Entwicklungsländer sehr attraktiv ist und zu einem Vorbild für die weltweite antikoloniale Entwicklung geworden ist.[41]

Noch eine Bemerkung zur militärischen Macht: Die VRCh liegt im Vergleich zu den USA weit zurück.[42] Das kann China mit einer noch so massiven Aufrüstung nicht wettmachen. Die chinesische Militärdoktrin folgt der alten defensiven daoistischen Tradition: China greift die USA auf keinen Fall an, will aber sicherstellen, dass es nicht von den USA angegriffen werden kann. Der Schwerpunkt seiner Militärtechnologie sei klar defensiv, meint Wolfram Elsner.[43]

Neues Selbstbewusstsein

Die VRCh ist nicht nur eine wirtschaftliche, sondern auch eine politische Großmacht geworden. Als solche ist sie bemüht, eine immer größere und kostspieligere weltpolitische Verantwortung zu übernehmen.[44] Xi Jinping: »Es ist ein feierliches Versprechen der KPCh und des chinesischen Volkes, ständig neue und größere Beiträge für die Menschheit zu leisten und auf internationaler Ebene dem humanitären Geist Folge zu leisten.«[45]

In China gab es große Debatten darüber, wie man angesichts des Abstiegs der USA strategisch vorgehen soll. Die Antwort in der Ära Xi Jinping ist eindeutig: Auf Grund der neugewonnenen Stärke Chinas sei es an der Zeit, die außenpolitisch defensiven und damals berechtigten Prinzipien Dengs zu verlassen und dem Westen auf Augenhöhe zu begegnen.[46] China hat die ständigen Provokationen und Demütigungen satt und reagiert heute selbstbewusst. Martin Jacques meint: »China will nicht die Welt erobern, aber respektiert werden, und es will die internationale Ordnung mitgestalten und geopolitisch eine aktive Verantwortung übernehmen.«[47] Heute werden die Karten neu verteilt und die Regeln der globalen Wirtschaft neu geschrieben. Dabei will China ein entscheidendes Wort mitreden.

Neue Soft Power

Wenn man davon ausgeht, dass Soft Power die politische Machtausübung und Strahlkraft durch kulturelle Attraktivität, Emotionen und Ideologie beschreibt, ohne dass wirtschaftliche Anreize oder militärische Bedrohungen eingesetzt werden,[48] so muss man feststellen, dass der Westen heute immer noch die Dominanz bei der Soft Power hat.[49] Die US-Hegemonie in diesem Bereich wird noch andauern, weil auch der Niedergang der USA, so ist Martin Jacques überzeugt, nicht so schnell vor sich gehen werde.[50] China ist im Bereich der Soft Power noch schwach. Es war historisch in den internationalen Diskursen kaum vertreten und hat auch heute im Westen noch wenig geistigen Einfluss. Der Hauptgrund liegt wohl in der Abwehr chinesischer Vorstellungen durch Sinophobie und Ignoranz.

In der Ära Xi Jinping ist die KPCh deutlich in die Offensive gegangen. Sie versucht, via Medien, Diplomatie, Thinktanks (dt.: Denkfabriken) und Agenda Setting (dt.: Setzen von politischen Themenschwerpunkten) ihre Diskursmacht zu stärken. Ob das im neuen Kalten Krieg gelingt, ist eine offene Frage.

Probleme der neuen Weltmacht

Die chinesische Regierung und die KPCh reden selbstkritisch von den Problemen, vor denen China heute steht. Dies wurde im 10. Kapitel dargestellt. Hier deshalb nur noch eine Zusammenfassung der am dringendsten zu lösenden Probleme:

- Die chinesische Knappheit an vielen natürlichen Ressourcen ist ein Dauerbrenner. Dies geht schon aus den nackten Zahlen hervor: In China leben 22 Prozent der Weltbevölkerung auf 10 Prozent kultivierbarer Erdoberfläche.[51] Dieses ökologische Defizit ergibt große Probleme für die Entwicklung und Ernährung der 1,4 Milliarden Menschen und macht China von außen abhängig, und dies zunehmend.
- Damit hängt die große Umweltbelastung zusammen, was die Bekämpfung des Klimawandels zur größten Herausforderung macht (siehe 14. Kapitel).
- Ein weiteres Problem ist die eingebrochene Geburtenrate, die unter anderem der ehemaligen Ein-Kind-Politik und den überteuerten Kosten für die Kindererziehung geschuldet ist.

- Zu kämpfen hat die VRCh mit einer großen Inlandsverschuldung und mit der Überhitzung des Immobiliensektors.
- Die wachsende Aggression der USA macht der VRCh zu schaffen.

Die Reaktionen des Westens

Defensiv und aggressiv | Der Westen reagierte auf den Aufstieg der neuen Weltmacht unvorbereitet. Zum zweiten Mal in der Geschichte wurde er ernsthaft angefochten und in Frage gestellt. Das erste Mal geschah es durch die Sowjetunion und ihre Verbündeten. Im Gegensatz zur Herausforderung durch die UdSSR musste der Westen nun feststellen, dass er von der neuen Macht, die zudem auch noch ein ehemaliger Verbündeter war, abhängig geworden war. Die Globalisierung hat für die USA und andere westliche Mächte die beklemmende neue Erfahrung gebracht, von anderen abhängig zu sein.[52] Der Westen ist in die Defensive geraten, was massive Konkurrenzängste ausgelöst hat. Dazu gehören auch individuelle Ängste, wie zum Beispiel Angst vor Jobverlust wegen dem immer größer werdenden Vorsprung der digitalen Weltmacht China. Die Ängste wurden verstärkt durch die ökonomischen, politischen und moralischen Schwierigkeiten, in denen sich die westlichen Staaten seit Anfang des 21. Jh. u. Z befinden. Zu erinnern ist an die Finanzkrise von 2007/08, die noch heute ihre Nachwirkungen hat. Die Lebensbedingungen in den verwöhnten westlichen Industriestaaten werden schlechter, die Armen ärmer, die Reichen immer reicher. Die Covid-Pandemie hat die Krise zusätzlich verstärkt und darüber hinaus einige Schwächen der westlichen Demokratien offenbart.

Nachdem sie sich einigermaßen vom ersten Schock erholt hatten, begannen die USA, mit einer Doppelstrategie zu reagieren: Einerseits mit der Fortsetzung der wirtschaftlichen Kooperation, verbunden mit einem protektionistischen Wirtschaftskrieg, der das De-Coupling der chinesischen Wirtschaft (dt.: Entkopplung) vom globalen kapitalistischen Markt zum Ziel hat; andererseits mit politischer, ideologischer und militärischer Aggression. Diese besteht aus der Entfachung eines Propagandakrieges, beziehungsweise eines hybriden Kalten Krieges, der die militärische Option eines Heißen Krieges ausdrücklich einschließt (siehe 20. Kapitel). In diesem Kampf geht es den USA um Verlieren oder Gewinnen. Ist es aber tatsächlich ein antagonistisches Entweder – oder, wie die USA behaupten?[53] Oder ist die Systemkonkurrenz zwischen China und dem Westen als ein Sowohl-als-auch möglich, wie es die VRCh propagiert?

Wendepunkt in der Finanzkrise 2007/08 | Die Weltfinanzkrise von 2007/08 läutete den langsamen Abstieg der US-Ökonomie ein. Sie war ein Wendepunkt im globalen Wirtschaftsgeschehen und offenbarte die Neuverteilung der globalen Rollen. China, welches eine global stark verflochtene Wirtschaft hat und größter Inhaber von ausländischen Währungsreserven ist, kurbelte 2007/08 mit einem Investitionsprogramm von 589 Milliarden Dollar die Weltwirtschaft an, wovon beide, die Weltwirtschaft und China, profitierten.[54] Es zog mit seiner wachsenden Inlandsnachfrage manches Land aus der Stagnation, wurde Wachstumslokomotive schlechthin und trug nach IWF-Daten 28 Prozent zum Wachstum des weltweiten Bruttoinlandsprodukts bei.[55]

China meisterte die Finanzkrise im Vergleich zum Westen gut, der sie nicht wirklich in den Griff bekommen konnte. Die wirtschaftliche und finanzielle Stärke Chinas wurde zum ersten Mal vor aller Welt sichtbar. China habe gezeigt, dass es vom Westen unabhängig handeln könne, meint Martin Jacques.[56] Die USA kamen in Zugzwang und mussten ihre Rolle neu definieren.

USA: gigantische Verschuldung | Die Lage der US-Wirtschaft zeichnet sich durch eine gigantische Innen- und Außenverschuldung aus. Die USA besitzen praktisch keine Devisenreserven und haben eine Außenverschuldung in astronomischen Ausmaßen in Form von staatlichen Dollar-Schuldscheinen, ausgerechnet bei der VRCh.[57] Das Land lebt seit langem auf Pump. Die Auslandsverschuldung wird dadurch vertuscht, dass der US-Dollar immer noch internationale Leitwährung ist. Die USA können gewissermaßen ins Blaue hinein die Gelddruckpresse betätigen. Sämtliche ausländischen Gläubiger helfen den USA auf Grund der stetigen Abwertung der Noch-Leitwährung ihre Schulden zu finanzieren.

Wenn es hart auf hart kommen sollte, könnte China mit einem Teilverkauf seiner US-Staatsanleihen zwar die Zinsen in den USA in die Höhe treiben und die Konjunktur abstürzen lassen, damit würde China allerdings auch seinen eigenen Devisenschatz entwerten, was nicht in seinem Interesse liegen kann. China und die USA befinden sich in einer sogenannten »Catch-22-Situation«: Zwischen beiden Ländern besteht eine Art »finanzielles Gleichgewicht des Schreckens«.[58] Die Außenverschuldung wird für die USA dann zu einem großen wirtschaftlichen Problem, wenn der Dollar nicht mehr Leitwährung ist und die USA den Staatsbankrott nicht mehr kaschieren können. Das Ende der Dollarherrschaft, ist absehbar. Die sogenannte »Dedollarisation« ist im Gange.[59] Über den Zeitpunkt existieren allerdings verschiedene Vermutungen.[60] Ersetzt würde die Dollarherrschaft wohl durch ein Währungssystem, das auf dem US-Dollar, dem Euro und dem chinesischen Yuan basiert.

USA: langsamer ökonomischer Abstieg | Die USA sind laut dem renommierten US-Ökonomen Michael Hudson und gemäß der meisten Kennziffern ein »Imperium auf dem Abstieg«.[61] Sie sind zwar nach wie vor größte Weltmacht, haben aber nicht mehr die ungeteilte Weltherrschaft inne.[62] Abstiegssymptome zeigen sich seit Ende der 2010er Jahre. Die US-Eliten realisierten, dass die US-Wirtschaft in vielen Bereichen ins Hintertreffen geraten war. Daraufhin engagierten sich die USA unter der Administration Trump immer weniger in der Welt und begannen, sich mit der eigenen binnenwirtschaftlichen und binneninfrastrukturellen Lage zu beschäftigen. Unter US-Präsident Biden wurden erste, allerdings vom Repräsentantenhaus arg beschnittene Maßnahmen zur Verbesserung der Konkurrenzfähigkeit des US-Kapitals eingeleitet. Ob sie Erfolg haben werden, ist abzuwarten. Die entscheidenden Lorbeeren müssen die US-Präsidenten jedenfalls im ökonomischen Bereich gewinnen. Der langsame Abstieg der USA und der individuelle Abstieg seiner BewohnerInnen gehen Hand in Hand. US-Präsident Trumps »Make America Great Again!« (dt.: Macht Amerika wieder großartig!) war Medizin für die vielen sich gekränkt fühlenden Amerikanerinnen und Amerikaner. Auch Präsident Biden kommt nicht umhin, diese Medizin zu verabreichen.[63]

Die Erhaltung der Konkurrenzfähigkeit des US-Kapitals (Innovation und Eroberung neuer Märkte) hat ihre Entsprechung in einer aggressiven Außenpolitik, das heißt in der Bekämpfung und Eindämmung ihres Hauptkonkurrenten, der VRCh. Der antichinesische Kampf ist in den USA inzwischen sehr populär und basiert auf dem Konsens der beiden Monopolparteien. Für die USA geht es um die Verteidigung und den Ausbau der wirtschaftlichen Hegemonie. Diese ist in einem rein kapitalistisch funktionierenden System das Alpha und Omega.[64] Denn das ungebändigte Akkumulationsmodell ist zwecks Sicherung der Profitrate zwangsläufig auf Wachstum und Eroberung neuer Ressourcen und Märkte angelegt, und das ist das, was man gemeinhin Kolonialismus und Imperialismus nennt. Der antichinesische Kampf wird also zwangsläufig zunehmen. Mit der Frage, ob China diesem Akkumulationszwang auch ausgesetzt ist, beschäftigt sich das 15. Kapitel.

Nicht mit dem Feuer spielen! | Der Westen müsse sich in seiner Reaktion auf die neue Weltmacht bewusst sein, so Helwig Schmidt-Glinzer, deutscher Direktor des China Centrum Tübingen (CCT), dass China für eine friedliche und prosperierende Zukunft der Welt eine Schlüsselrolle spiele. Der Westen solle nicht mit dem Feuer von Unterstellungen und nichtexistierenden chinesischen Expansionsgelüsten und herbeifantasierten chinesischen Weltbeherrschungsabsichten spielen.[65]

Beide Mächte sind aufeinander angewiesen. China und die USA stecken wirtschaftlich in Dilemmata: China muss sich, wenn es erfolgreich bleiben will, mehr mit der Welt vernetzen, darf aber gleichzeitig nicht zu abhängig werden von den weltwirtschaftlichen Schwankungen. Die USA müssen mehr im eigenen Land produzieren, ohne dass sich dadurch die Produkte auf dem Inlandsmarkt verteuern.[66]

Ende der westlichen Vorherrschaft

Verschiebung der globalen Kräfteverhältnisse | Durch den Aufstieg Chinas ist eine der eurozentristischen Grundannahmen der westlichen Zivilisation in Frage stellt: die weiße Vorherrschaft[67] des Westens und seiner Werte, von denen in eurozentristischer Hybris immer behauptet wurde, dass sie allen anderen überlegen und universell seien. Die westliche Epoche mit ihrer ökonomischen, militärischen, kulturellen, wissenschaftlichen, technologischen, sprachlichen und sportlichen Dominanz geht ihrem Ende entgegen.

Mit dem Aufstieg Chinas hat sich das geopolitische Zentrum nach Asien verschoben. Beides wurde von der westlichen Linken kaum wahrgenommen (siehe 15. Kapitel).[68] Diese Verschiebung hat schon in den 1950er Jahren mit Japan begonnen. Dann folgte das Aufblühen der sogenannten Tigerstaaten und zuletzt der Aufstieg Chinas.

Neue Balance of Power | Mit der Verschiebung des globalen Kräfteverhältnisses hat sich eine neue geopolitische ›Balance of Power‹ (dt.: politisches Kräftegleichgewicht)[69] eingestellt, und zwar zwischen den Kräften, die den USA und ihren Verbündeten zuneigen und den Kräften des Globalen Südens mit dem neuen China und den Ländern entlang der sogenannten »eurasischen Achse«.[70] Das ist nicht veraltetes Denken aus dem ersten Kalten Krieg, sondern ganz einfach reale Sicherheitspolitik. Die ›Balance of Power‹ hat auch Auswirkungen auf den antikolonialen Widerstand der Völker des Globalen Südens.[71] Wer genau hinschaut, sieht, wie sich die Nationen des Globalen Südens, die sich in neokolonialer Abhängigkeit befinden, immer weniger den Interessen der neoliberalen Herrschaften beugen und um internationalen Einfluss kämpfen. Das zeigte sich exemplarisch in der Weltklimakonferenz in Glasgow 2021.[72] Es äußert sich aber auch im Russland-Ukraine-Konflikt, wo sich der Globale Süden der Sanktionslogik der westlichen Länder mehr oder weniger verweigert.

Die chinesisch-russische Partnerschaft | Der Stein des Anstoßes der chinesischen Außenpolitik ist aus westlicher Sicht die chinesisch-russische Partnerschaft. Sie ist via negationis, das heißt unter dem Druck der US-Außenpolitik zustande gekommen und primär sicherheitspolitisch und wirtschaftlich begründet. In gemeinsamen Erklärungen wird zwar von einer »umfassenden strategischen Partnerschaft«[73] und einer »zwischenstaatlichen Beziehung neuen Typs«[74] gesprochen. China betont aber, dass die Partnerschaft kein »Anti-US-Bündnis mit blockpolitischem Charakter« bilde.[75] Es gelte zu verhindern, dass es den USA und dem Westen gelingt, »China und Russland in einen politischen und militärischen Block zu zwingen und einen Keil zwischen den beiden und dem Rest der Welt zu treiben.«[76] Die engere Zusammenarbeit soll vielmehr dazu dienen, »den Weg zu einer multipolaren Welt voranzutreiben«[77] (siehe unten).

Chinas Rolle in einer neuen Weltordnung

Und das chinesische Verhältnis zu den USA? Die VRCh ist überzeugt, dass China, als ›größtes Entwicklungsland der Welt‹ und die USA, als größtes Industrieland der Welt, eine große Verantwortung für die Menschheit tragen.[78] Die Zukunft ihrer bilateralen Beziehungen beeinflusse die Zukunft der Welt. Die gemeinsame Erwartung der Menschen beider Länder und der internationalen Gemeinschaft sei, dass beide Länder gesunde und stabile Beziehungen pflegen. Xi Jinping äußerte am 10.9.2021 in einem Telefongespräch mit US-Präsident Joseph Biden: »Ob China und die USA ihre Beziehungen gut gestalten, ist entscheidend für die Zukunft und das Schicksal der Welt.«[79] Wie sieht ihr jeweiliger Beitrag aus?

Die USA haben nach dem Zweiten Weltkrieg die heute noch existierende Weltordnung wesentlich mitgestaltet. Sie besteht aus dem Kern, der UNO, und den internationalen Organisationen wie dem Internationalen Währungsfonds (IWF), der Weltbank und der Welthandelsorganisation (WTO). Die USA waren auch der Architekt der kapitalistischen Globalisierung in den 1980er und 1990er Jahren. In der zweiten Hälfte der 2010er Jahre zogen sich die USA aber mit der Parole ›America first‹ in zunehmendem Maße in den internationalen Gremien aus der Verantwortung zurück. An die Stelle des internationalen Regelwerks setzten sie ein willkürliches Droh- und Interventionssystem, das aus Militärinterventionen, einem wildwüchsigen Sanktionsregime und der exterritorialen Anwendung von nationalen US-Gesetzen besteht.

Die VRCh spielt heute international eine aktive und initiative Rolle. Nach dem »Prinzip des zweifachen Führens« (chin.: er yindao) will China erstens die führende Rolle beim Bewahren der internationalen Sicherheit und bei der Verteidigung des bestehenden Völkerrechts übernehmen und zweitens in einer neuen Weltordnung eine wichtige Rolle spielen.[80] Darin unterscheidet sie sich wesentlich von der ehemaligen Sowjetunion. Diese hatte ein anderes Verhältnis zu den USA. Der Westen war aus sowjetischer Sicht ein Feind, mit dem man die friedliche Koexistenz suchte, dem man aber mit der eigenen Autarkie antwortete und folgerichtig außerhalb der westlichen Nachkriegsinstitutionen wie IWF, GATT, Weltbank usw. blieb. Ein Sowohl-als-auch gab es für die russischen KommunistInnen nicht, im Gegensatz zu den chinesischen.

Charakteristika der neuen Weltordnung aus chinesischer Sicht | Die Weltordnung soll aus chinesischer Sicht kooperativ, verantwortungsvoll, am gegenseitigen Nutzen orientiert (Win-win-Konstellation), nicht protektionistisch, antihegemonial und multipolar sein. Die VRCh schlägt einen neuen Typ von internationalen Beziehungen vor, der durch Kooperation gekennzeichnet ist[81] und folgt damit einer langen konfuzianischen Tradition. China machte in den letzten Jahren immer wieder Kooperationsangebote, sendete Signale der Konfliktabschwächung und mahnte gemeinsame Lösungen der bekannten gemeinsamen Menschheitsprobleme an: die Bekämpfung des Hungers, der Armut, der Ungleichheit, der Bildungslosigkeit, der Umweltzerstörung, der Ressourcenkriege und der Klimakrise. Die Angebote wurden aber von den USA zum großen Teil nicht angenommen oder arrogant abgewiesen, obwohl man die genannten Probleme nur gemeinsam bewältigen kann.[82]

Ein Schlagwort der chinesischen Außenpolitik ist seit 2013 das gemeinsame »Schicksal der Menschheit«, welches nur in einer »geteilten Zukunft der Menschheit« bestehen könne (engl.: shared future for mankind). Dieses Konzept wurde in der Zwischenzeit von der UNO in einem Resolutionsentwurf der Generalversammlung (2017) verabschiedet.[83]

Im Übrigen schlägt China vor, außenpolitisch nach den »Fünf Prinzipien der friedlichen Koexistenz« zu handeln. Darunter versteht man 1. den gegenseitigen Respekt der nationalen Souveränität und 2. den Respekt der territorialen Integrität, 3. den gegenseitigen Gewaltverzicht, 4. die gegenseitige Nichteinmischung in die inneren Angelegenheiten sowie 5. Gleichberechtigung und gegenseitigen Nutzen in einem friedlichen Nebeneinander. Die »Fünf Prinzipien« wurden 1953 vom damaligen chinesischen Ministerpräsidenten Zhou Enlai in Indien vorgestellt.[84] (Die Bilanz der Einhaltung der »Fünf Prinzipien« sieht für die USA sehr negativ aus.)

Gegenüber den USA heißt die außenpolitische Haltung der VRCh: kein Konflikt und keine Konfrontation, gegenseitiger Respekt, Gleichbehandlung und Win-win-Kooperation, friedliche Koexistenz und gleichzeitig Sicherung der eigenen Souveränität.

In der Wirtschaftspolitik ist die VRCh eine strikte Verteidigerin der Globalisierung. Für China ist ein offener internationaler Markt von existentieller Natur. Xis flammendes Plädoyer für Freihandel und Globalisierung am Davoser Weltwirtschaftsforum 2017 ist in internationaler Erinnerung.[85] Der Weg des Protektionismus und des Unilateralismus, wie ihn die USA begehen, werde kein Problem lösen, so ist China überzeugt, sondern nur die Unsicherheit in der Weltwirtschaft verschärfen. Was den chinesischen Antiprotektionismus betrifft: Der Objektivität halber muss gesagt werden, dass China in seiner Industriepolitik auch protektionistisch handelte. Es hat, wie zuvor Japan und Südkorea, nationale Industriezweige äußerst selektiv und immer erst dann dem internationalen Wettbewerb ausgesetzt, wenn sie diesem auf Augenhöhe begegnen konnten. Das ist eine Art selektiver Protektionismus.

China wird in Zukunft eine noch größere Rolle als Kreditgeber spielen. Das vor allem in der Süd-Süd-Kooperation, wo es um eine parallele Entwicklung Chinas und der Entwicklungsländer geht. Der Yuan oder Renminbi, die chinesische Währung, wird in dieser Kooperation an Gewicht gewinnen.

Prinzipien der neuen Weltordnung aus chinesischer Sicht | Nach dem Wegfall der Systemkonkurrenz zwischen dem sozialistischen Staatensystem und dem kapitalistischen Westen war die geopolitische Ordnung in den 1990er Jahren erst einmal ›unipolar‹. Chinas ökonomischer und politischer Aufstieg bedeutet, dass die unipolare Periode, in der die USA und ihre Verbündeten die Welt dominierten, vorbei ist und dass die geopolitische Landschaft eine radikal andere geworden ist.

China strebt nicht die Ablösung der USA in einer monopolaren Weltherrschaft an. Das bestätigen die meisten westlichen ChinaexpertInnen. Es will nicht neuer Hegemon werden. Die VRCh will auch um jeden Preis eine bipolare Weltordnung vermeiden, die nur aus den beiden Polen USA und VRCh besteht. Die Welt ist gegenwärtig in einem, wenn auch noch diffusen, Zustand der Multipolarität, die im Kern aus den Polen China, Europa und USA besteht und in der auch Russland, Indien und in zunehmendem Maße Afrika[86] eine Rolle spielen. Die USA haben Mühe, diese Tatsache zu akzeptieren. China schwebt ein Multilateralismus vor, der gekennzeichnet ist durch die Zusammenarbeit der Weltgemeinschaft im Kampf um die Aufrechterhaltung des Weltfriedens, die Lösung der Klimakrise und um die Überwindung der Corona-Krise. Heute braucht es dringend Abmachungen, die vernünftigerweise von der Tatsache der geänderten Weltordnung ausgehen und welche diese neue Weltordnung einigermaßen stabil machen. Der Ort, wo die verschiedenen Positionen zusammengeführt werden können, wo vernünftige Abmachungen getroffen und der Entwurf einer neuen stabilen Weltordnung fixiert werden kann,[87] ist aus chinesischer Sicht die UNO. Das große Engagement Chinas für die Stärkung der UNO ist nur folgerichtig.

Zusammenbruch der Weltordnung?

Wird die neue multipolare Weltordnung Realität? Gegenwärtig sieht es gar nicht danach aus. Im Gegenteil, die Weltordnung ist spätestens seit der Wahl Donald Trumps zum US-Präsidenten aus den Fugen geraten. Symptom (und erst in zweiter Linie Ursache) ist auch der Ukraine-Konflikt seit Frühjahr 2022. In kurzer Zeit ist nach über vier Jahrzehnten relativer geopolitischer Stabilität und Vorhersehbarkeit ein Zustand der Instabilität, Ungewissheit und Polarisierung entstanden. Ein neuer Kalter Krieg ist Realität geworden. Alles orientiert sich wie im ersten Kalten Krieg an einer bipolaren Blocklogik. Die Gefahr des Übergangs in einen heißen (Welt-)Krieg ist wieder real geworden. Dazu mehr im 20. Kapitel.

Persönliche Bemerkung

Ob die Beziehung der USA gegenüber China gegenwärtig weiter eskaliert, hängt stark davon ab, wie weit China sich provozieren lässt oder ob die ChinesInnen trotz allem einen kühlen Kopf behalten. Dafür hat China gute kulturhistorische und politische Voraussetzungen. Dass die Beziehung wieder in einen einigermaßen rationalen Rahmen gelenkt werden kann, ist meines Erachtens eine essentielle Voraussetzung für den Weltfrieden. Und ist es nicht auch so, dass die überwiegende Mehrheit der Menschen und der Nationen in der UNO am Funktionieren einer stabilen multipolaren Weltgemeinschaft interessiert ist? Eines steht fest: Das Geschick der

Menschheit wird global nicht mehr wie in den vergangenen Jahrhunderten eurozentristisch oder wie in den letzten drei Jahrzehnten allein in Washington entschieden. China wird darin eine Schlüsselrolle spielen.

Anmerkungen

1 Vgl. Sieren 2018, S. 353
2 Vgl. Interview mit Frank Sieren, in: junge Welt v. 16.10.2021
3 Vgl. Sieren 2018, S. 270
4 Xi 2018, S. 259
5 Vgl. www.e-unwto.org, besucht 28.10.2021
6 Vgl. Müller 2017
7 Vgl. Kieler Institut für Weltwirtschaft, in: Der Bund v. 13.7.2019, S. 13
8 Vgl. Sieren 2018, S. 11
9 Vgl. Baron et al., S. 293
10 Vgl. Fischer 2017
11 Vgl. Kunzmann 2018, S. 75
12 Vgl. de.wikipedia.org/wiki/Index_der_menschlichen_Entwicklung, besucht 4.3.2022
13 Vgl. Elsner 2020, S. 173
14 Mittelschichten: Gemäß Schätzungen der Londoner Großbank HSBC; Superreiche: gemäß Crédit Suisse Global Wealth Report. Beides zitiert in: junge Welt v. 18.9.21, S. 3
15 Vgl. Kunzmann 2018, S. 78
16 Zitiert in: junge Welt v. 18.9.2021, S. 3
17 Zitiert in: german.china.org.cn/txt/2019-02/27/content_74510893.htm, besucht 9.11.2021
18 Vgl. Sieren 2018, S. 80
19 Vgl. ebd., S. 91
20 Vgl. Baron et al., S. 295
21 Elsner 2021, S. 59
22 Vgl. Sieren 2018, S. 140
23 Xi 2018, S. 319
24 Vgl. Baron et al., S. 295
25 Xi 2014, S. 146
26 Vgl. de.wikipedia.org/wiki/Regional_Comprehensive_Economic_Partnership, besucht 9.11.2021
27 Kronauer 2022h
28 Vgl. Kronauer 2022b
29 Vgl. Mahbubani 2021
30 Vgl. ebd.

31 Xi 2018, S. 618f
32 ebd., S. 668
33 ebd., S. 47
34 Xi 2014, S. 303
35 ebd., S. 209
36 Vgl. Achten 2018b
37 Vgl. Losurdo 2017, S. 217
38 Vgl. Sieren 2018, S. 18
39 Vgl. Baron et al., S. 395
40 ebd.
41 Vgl. Losurdo 2021, S. 131
42 Vgl. Gespräch mit Frank Sieren, in: junge Welt v. 16.10.2021, S. 1
43 Vgl. Elsner 2020, S. 200
44 Vgl. Krätke
45 Xi 2018, S. 456
46 Vgl. Jacques, S. 460, 590
47 Jacques, S. 490
48 Vgl. de.wikipedia.org/wiki/Soft_Power – cite_note-2, besucht 31.8.2022
49 Vgl. Losurdo 2017, S. 347
50 Vgl. Jacques, S. 497ff
51 Vgl. Chinas Landwirtschaft. Stiftung Asienhaus. Beiblatt Nr. 6 zur Broschüre ›Sustainable Agriculture in China‹ 2015
52 Vgl. Sieren 2018, S. 271
53 Vgl. Schuhler; Kronauer 2021a
54 Vgl. Elsner 2021, S. 70
55 Vgl. Zeise
56 Vgl. Jacques, S. 191
57 Vgl. Sieren 2021, S. 159
58 Baron et al., S. 380
59 Hudson 2022a
60 Vgl. Sieren 2018, S. 158, 271
61 Vgl. Hudson 2022a
62 Vgl. Sieren 2018, S. 264
63 Vgl. ebd.
64 Vgl. Kronauer 2019, S. 99f
65 Vgl. Schmidt-Glintzer
66 Vgl. Sieren 2018, S. 278
67 Vgl. Frederick
68 Vgl. Losurdo 2017, S. 341
69 Vgl. de.wikipedia.org/wiki/Balance_of_Power_(Doktrin)#Kalter_Krieg_nach_1945, besucht 18.9.2022
70 Vgl. www.global-review.info/2011/07/12/front-national-faschismus-und-die-eurasische-achse-mit-china-und-russland—brzezinskis-alptraum-der-usa, besucht 24.3.2022
71 Vgl. Kunzmann 2018, S. 110

72 Vgl. Pfeifer, David: Kohle und noch mehr Kohle. Weil Indien die Schlussvereinbarung des Klima-Gipfels in Glasgow abgeschwächt hat, gilt es gemeinsam mit China als Bremser. Das ist nicht fair und auch nicht ganz zutreffend, 16.11.2021, in: www.sueddeutsche.de/meinung/cop26-indien-china-klima-gipfel-kohle-1.5464642, besucht 4.8.22

73 Zitiert in: Meeting of Chinese, Russian leaders injects stability into a world of change and disorder: Global Times editorial, www.globaltimes.cn/page/202209/1275379.shtml, besucht 18.9.2022

74 Zitiert in: Projanski 2022a

75 Vgl. Meeting of Chinese, Russian leaders injects stability into a world of change and disorder, www.globaltimes.cn/page/202209/1275379.shtml, besucht 18.9.2022

76 Wang Qi: Xi, Putin at SCO summit, www.globaltimes.cn/page/202209/1275348.shtml?id=12, besucht 18.9.2022

77 Sheng/Daye

78 Vgl. Krätke

79 Vgl. Xi Jinping: Ob China und die USA ihre Beziehungen gut gestalten, ist entscheidend für die Zukunft und das Schicksal der Welt, in: Beijing Rundschau v. 10.9.2021

80 Vgl. Baron et al., 2019, S. 386

81 Vgl. Xi 2018, S. 657ff

82 Vgl. Elsner 2021, S. 61

83 Vgl. Elsner 2020, S. 264

84 Zitiert in: Kunzmann 2018, S. 98

85 Vgl. Baron et al., S. 394

86 Vgl. Sieren 2018, S. 311

87 Vgl. Sieren 2018, S. 298f

13. Kapitel

USA – China: Die Geschichte eines zunehmenden Konflikts

These: Das Verhältnis der USA zu China besteht aus Kooperation und gefährlicher Konfrontation

Ein starker Gegner Chinas

Als 1949 die VRCh ausgerufen wurde, war das für die USA eine schlechte Nachricht. Neben dem nach dem Zweiten Weltkrieg sich herausbildenden sozialistischen Staatensystem um die Sowjetunion gab es noch einen zweiten ›roten Riesen‹. Weite Teile Eurasiens waren nun in kommunistischer Hand. Die USA erkannten die VRCh nicht an und betrachteten die jetzt auf die Insel Taiwan beschränkte Republik China weiterhin als legitime Vertreterin ganz Chinas.

China hatte es von nun an mit einem Gegner zu tun, der nach dem Niedergang des britischen Empire und nach der Niederschlagung des Faschismus zum neuen Imperium und zum Führer der westlichen kapitalistischen Staaten werden sollte, mit einem Gegner, der nach der Implosion der UdSSR nach 1989 den Höhepunkt seiner Macht erringen und die alleinige Weltmacht werden sollte, mit einem Gegner, der in den 230 Jahren seiner bisherigen Existenz – mit Ausnahme von sieben Jahren – ständig Krieg führte und laufend neue Kriege anzettelte.[1]

22 Jahre nach der Gründung wurde die VRCh von der UN-Generalversammlung, gegen die Stimme der USA, als alleinige le-

gitime Vertreterin Chinas anerkannt. Sie erhielt im Sicherheitsrat den bisherigen Sitz der Republik China. Diese wurde aus der UNO ausgeschlossen. Durch die Aufnahme vieler neu gegründeter afrikanischer Staaten war das Gewicht in der UN-Vollversammlung zu Gunsten der VRCh verschoben worden.

US-Embargo

1949, unmittelbar nach der Gründung, wurde die VRCh von den USA sogleich mit einem Embargo belegt, das noch bis 1972 dauerte und bis zur Aufnahme offizieller diplomatischer Beziehungen im Jahr 1979 ständig als Drohung eingesetzt werden sollte.[2] Wenn im Westen von der chinesischen Revolution gesprochen wird, wird das US-Embargo meist verschwiegen.[3] Die Politik der USA zielte auf Einkreisung und wirtschaftliches Abwürgen der VRCh, was spöttisch die »ökonomische Pistole von Uncle Sam« genannt wurde.[4] Das Embargo schloss China mehr oder weniger von wichtigen technologischen Erneuerungen aus und hielt die ökonomische Entwicklung einige Jahrzehnte auf.[5] Es mochte auch zur Entstehung der großen Hungersnot während des »Großen Sprungs nach vorn« beigetragen haben (siehe 7. Kapitel).[6]

Koloniale Kriege vor der Haustür

Im Koreakrieg (1950-53) kam es, wie im 6. Kapitel bereits erwähnt, zum ersten Mal zu einer gefährlichen Auseinandersetzung zwischen den USA und China. Die VRCh betrachtete das Vorrücken der US-Armee bis an die chinesische Grenze als Bedrohung und trat deshalb im Oktober 1950 in den Krieg ein. Der kommandierende US-General MacArthur wollte den Krieg von Korea aus nach China hineintragen, um die kommunistische Volksrepublik notfalls mit Atomwaffen »niederzubomben«. Er versprach, dass es an den Chinesinnen und Chinesen eine »große Schlächterei« geben würde.[7] US-Präsident Harry S. Truman entschied sich gegen die Eroberung Chinas. Im Koreakrieg starben 400.000 chinesische, 500.000 koreanische und 37.000 US-amerikanische Soldaten.[8]

Als die USA 1964 in den Vietnamkrieg eingriffen, nahmen die Spannungen erneut zu. Die USA fürchteten aufgrund der sogenannten Domino-Theorie, dass mit Vietnam ganz Südostasien unter den Einfluss kommunistischer Regierungen geraten würde. Die VRCh befürchtete ihrerseits, nach dem Koreakrieg einen weiteren Vorposten der USA an ihren Grenzen zu haben.

Annäherung USA – China

Nach dem endgültigen ideologischen Bruch zwischen der UdSSR und der VRCh im Jahr 1962 setzte in den USA in der Haltung zur VRCh ein allmähliches Umdenken ein. Im nun isolierten China wurde ein potentieller Verbündeter gegen die Sowjetunion entdeckt. Für China stand eine Annäherung an die USA zwar im völligen Gegensatz zu den erklärten Zielen seiner ab 1966 stattfindenden Kulturrevolution, und darüber hinaus waren die USA Schutzmacht der Regierung auf Taiwan. Das Zerwürfnis mit Moskau wog jedoch schwer genug, um von chinesischer Seite Kontakte in Richtung USA zu knüpfen. 1972 reiste US-Präsident Richard Nixon mit der amerikanischen Tischtennis-Nationalmannschaft nach China, daher die Bezeichnung Ping-Pong-Diplomatie. In der Neuausrichtung der US-Außenpolitik spielte der Politikwissenschaftler Henry Kissinger, von 1969 bis 1975 Nationaler Sicherheitsberater und von 1973 bis 1977 Außenminister der USA, eine entscheidende Rolle. Er war ein profunder Kenner Chinas und plädierte für eine Annäherung an die VRCh, um zusammen mit ihr den Einfluss der Sowjetunion einzudämmen. Kissingers Amtszeit fiel in eine politische Periode, die in der US-amerikanischen Öffentlichkeit als Epoche des Niedergangs des amerikanischen Einflusses wahrgenommen wurde, während die Sowjetunion als Aufsteiger angesehen wurde. Der sich durch Misserfolge hinziehende Vietnamkrieg fiel zusammen mit Enthüllungen über Machtmissbrauch in der US-Politik und in den Geheimdiensten. Aber auch die Ölkrise und die Grenzen des Wachstums verdüsterten die Aussichten der westlichen Supermacht. Gleichzeitig rüstete die Sowjetunion auf und gewann im Nahen Osten an Einfluss. Im Jahr 1971 hatte Kissinger zwei geheime Reisen in die VRCh unternommen, um in Gesprächen mit dem damaligen Premierminister Zhou Enlai den Weg für Nixons Besuch und eine Normalisierung der Beziehungen mit China zu ebnen.

Koopetition und Wandel durch Handel

Endgültig verbessert wurden die Beziehungen zu den USA während der Ära Deng Xiaoping ab 1978. Im Januar 1979 besuchte Deng die USA, was der erste offizielle Besuch eines Mitglieds der chinesischen Führung in den USA war. Die Gründe der Öffnung der VRCh für die USA und das westliche Kapital wurden im 8. Kapitel genannt. Nur so viel: Die Bittstellerin VRCh brauchte die USA mehr, als die USA China brauchten. Für die USA war China auf der Agenda der internationalen Beziehungen lange nur eine Beziehung unter anderen.

China tat einiges, um das Wohlwollen der USA nicht zu gefährden.[9] Trotz allem, für China bedeutete die Öffnung für den kapitalistischen Westen »Koopetition«, das heißt sowohl Kooperation als auch Kompetition, beziehungsweise Konkurrenz. Die chinesische Maxime lautete »taktische Freundschaft, strategische Feindschaft«.[10] Im Geiste dieser Maxime bildete schon Mao in den Jahren 1937 bis 1945 mit seinem Erzfeind Chiang Kai-shek eine »Einheitsfront«.[11]

Auf westlicher Seite löste die chinesische Öffnungspolitik einen wahren »China-Hype« aus, der mehr oder weniger bis Anfang des 21. Jh. u.Z. andauerte.[12] In den 1980er Jahren wurden westliche China-KorrespondentInnen nicht müde, das reformeifrige Land über den grünen Klee zu loben.[13] Die Hoffnung des kapitalistischen Westens und insbesondere der USA, dass sich China mit der Öffnung zu einer gigantischen ökonomischen Filiale entwickeln würde, wurde jedoch nicht erfüllt, ebenso wenig die Hoffnung auf eine Zersetzung des ›Sozialismus chinesischer Prägung‹, beziehungsweise auf die Liberalisierung des Systems durch Integration in den Weltmarkt. Die im Westen damals gängige sogenannte Konvergenztheorie, wonach mit der marktwirtschaftlichen Öffnung langsam demokratische Verhältnisse nach westlichem Vorbild Einzug halten würden (›Wandel durch Handel‹), erwies sich als zu optimistisch. Die Konvergenz-Politik und die guten Beziehungen hinderten die USA im Übrigen nicht daran, sich in den 1980er Jahren erwiesenermaßen mit destabilisierender Absicht in die inneren Angelegenheiten der VRCh einzumischen (siehe die Tian'anmen-Krise im 8. Kapitel).[14]

Neuer Kolonialismus

Nach der Implosion der Sowjetunion in den späten 1980er Jahren blieben die USA als einzige Weltmacht übrig. Der westliche Triumphalismus, der mit dem gleichzeitigen Erfolg der neoliberalen Phase des Kapitalismus einherging, verleitete die USA dazu, ihren Einfluss in der Welt zu überschätzen.

Der Sieg über den systemischen sowjetischen Gegner führte unter den US-Präsidenten George Bush Senior, Bill Clinton und George W. Bush zu einem außenpolitischen Strategiewechsel. Von nun an betrieben die USA eine unilaterale, militärbasierte aggressive Außenpolitik. Der Wegfall der Systemkonkurrenz enthemmte den weltweiten Kapitalismus und ermöglichte ihm eine neue Arroganz mit einem moralischen Alleinvertretungsanspruch. Resultat war eine neue Phase des Zusammenpralls von Kolonialismus und Antikolonialismus.[15] Durch die USA wurden neue Kolonialkriege entfesselt – erinnert sei an die US-Invasion in Panama 1989, an den Golfkrieg 1991 und an die weiteren kolonialen Kriege in Jugoslawien, in Afghanistan und im Irak, an den erneuten Golfkrieg (2003) und die Kriege gegen Libyen und Syrien. Alle diese Kolonialkriege wurden im Namen des Antiterrorismus und der Menschenrechte geführt und von einem medial inszenierten »Entrüstungsterrorismus« begleitet. Dies ist ein von Domenico Losurdo geprägter Begriff, der die Macht des US-amerikanischen »multimedialen Feuerwerks« umschreibt, das heute noch jederzeit in der Lage ist, mit Ideen, empörenden Bildern und Gefühlen »mentalen Terror« auszuüben, beziehungsweise militärische Aggressionen als sogenannte »humanitäre Interventionen« zu verkaufen und zu rechtfertigen.[16]

Eurasien

Ende des 20. Jh. u. Z. wurde auch die alte US-amerikanische Strategie der Eindämmung gegenüber China reaktiviert und intensiviert. 1997 bezeichnete Zbigniew Brzezinski, Harvard-Professor, Sicherheitsberater unter US-Präsident Jimmy Carter und langjähriger einflussreicher Chefstratege des außenpolitischen Establishments der USA, »Eurasien« (von Portugal bis China) als »größte Herausforderung« für die USA.[17] In ihm würden drei Viertel der Weltbevölkerung leben, lägen drei Viertel der bekannten Energievorräte und würden drei Fünftel des globalen Bruttoinlandsprodukts erwirtschaftet. Das Zustandekommen einer ›eurasischen Achse‹ müsse mit allen Mitteln verhindert werden, denn Eurasien stelle eine viel größere Macht dar als die USA. Brzezinski schlussfolgerte 1997, dass jede Osterweiterung der NATO helfe, die US-Position in »Eurasien« zu stärken und eine gegen die USA gerichtete ökonomische oder gar politische Einigung der riesigen Landmasse zu verhindern. Zudem sei die Osterweiterung nützlich, um zu verhindern, dass Russland sich neu konsolidiere und früher oder später erneut zu einem mächtigen Rivalen werde. Zwei Jahre später nahm die NATO die ersten europäischen Neumitglieder auf.[18] Brzezinski schlug auch vor, dass die USA Russland und China auseinanderdividieren müssten. Das Hauptaugenmerk sei auf das aufstrebende China zu lenken. Dabei schwankten seine Ratschläge zwischen einem Arrangement und einer Konfrontation mit China.[19] Schlussendlich plante die US-Strategie Ende des letzten Jahrhunderts eine »Fragmentierung des chinesischen Kolosses«.[20] Die Zerschlagung Chinas wurde von manchen AutorInnen als Beitrag zur Sache des Friedens betrachtet.[21]

»Pivot to Asia« unter Barack Obama

Die USA gingen unter den US-Präsidenten Obama und Trump militärisch, politisch und wirtschaftspolitisch in eine großangelegte Offensive. Der »Pivot to Asia« unter Obama war der Anfang; unter Trump folgte der Handelskrieg und die Eröffnung eines neuen Kalten Krieges. Seit die USA in China einen Rivalen bekommen haben, sind die US-Eliten frustriert, dass in China alles ganz anders gekommen ist, und so sind sie wieder in den Aggressionsmodus übergegangen.

2011 verkündete die damalige US-Außenministerin Hillary Clinton mit Blick auf das zu »bändigende China« den schon mehrmals erwähnten »Pivot to Asia«.[22] Das offizielle Ziel dieser Verlagerung des Schwergewichts des US-amerikanischen Militärapparats nach Asien war (und ist), China militärisch einzukreisen, seinen wirtschaftlichen Einfluss in der Region zu unterhöhlen und die VRCh zu zwingen, sich den Forderungen der USA zu unterwerfen. Die Umsetzung dieser Strategie hat die Region in einen brodelnden Kessel voller Spannungen und Rivalitäten verwandelt.

Clinton meinte, die USA müssten ihre Interessen absichern und ihre Werte voranbringen.[23] Obama sprach 2013 in seiner Inaugurationsrede zu seiner zweiten Präsidentschaft ebenfalls von den US-Werten, welche die mächtigste Nation der Welt dank der Macht ihrer Waffen und des Rechtsstaats hoch zu halten habe; er betonte, dass die Interessen der USA und das Gewissen die AmerikanerInnen zwingen würden, zum Vorteil jener zu handeln, die die Freiheit wollten.[24] China wurde nun im Rahmen des »Pivot« von einem engen Netz von US-Militärstützpunkten und Raketenbasen umzingelt, welches den USA erlauben soll, einen nuklearen Erstschlag gegen China und Russland zu führen, ohne atomare Repressalien fürchten zu müssen.[25] Seit 2019 kommt dazu, dass sich auch die NATO-Länder Frankreich, Großbritannien und Deutschland gegenüber China militärisch aufstellen, indem sie im südchinesischen Meer nahe dem chinesischen Festland ihre Kriegsmarinen patrouillieren lassen.

Kooperation geht auch

An dieser Stelle muss erwähnt werden, dass in den Jahrzehnten des chinesischen Aufstiegs das Verhältnis zwischen den USA und China auch aus Kooperation bestand. Die Initiativen gingen vorwiegend von der VRCh aus, bei der Kooperation zur außenpolitischen Leitplanke gehört (siehe 12. Kapitel). China verfolgt im Unterschied etwa zum Iran und zu Russland keine antiamerikanische Strategie, sondern will mit den USA friedlich koexistieren und in einem offenen Wettbewerb stehen und Win-lose-Situationen vermeiden. Ein Beispiel der Kooperation, bei dem die Initiative von den USA ausging, ist erwähnenswert: In der Weltfinanzkrise 2007/08 wandte sich die US-Außenministerin Hillary Clinton an China mit der Bitte, seine Guthaben an US-Staatsanleihen aufzustocken, was China dann postwendend auch tat. Die USA erhielten damit flüssige Mittel, um im amerikanischen Finanzmarkt staatliche Rettungsanker auszuwerfen.[26]

Marching Westwards

Wie hat die VRCh auf den »Pivot to Asia« reagiert? Mit der defensiven Strategie des »Marching Westwards«. Es gab im chinesischen außenpolitischen Establishment Anfang der 2010er Jahre eine intensive Debatte um diese Frage.[27] Einen maßgeblichen Beitrag leistete Wang Jisi, Dekan der School of International Studies an der renommierten Beijing Universität, Berater des chinesischen Außenministeriums und einer der einflussreichsten Außenpolitikexperten der VRCh. Wang legte 2012 ein Strategiepapier vor, in dem er Konsequenzen aus den weltpolitischen Kräfteverschiebungen zu ziehen versuchte.[28] Durch den »Pivot« würden sich die Spannungen zwischen den USA und China weiter zuspitzen. Wang schlug deshalb vor, die eigenen wirtschaftlichen und politischen Aktivitäten stärker auf den Landweg in Richtung Westen zu lenken, nach Zentralasien und Südasien, in den Mittleren Osten sowie in den Südkaukasus. Dem wachsenden Druck müsse China mit einer defensiven Gegenstrategie begegnen. Wang sagte wortwörtlich, dass man »Marching Westwards« umsetzen könne, indem man eine ›neue Seidenstraße‹ schaffe.[29] Auch dieser Plan sei allerdings mit einigen Risiken verbunden, weil die Länder entlang der Route in zahlreichen inneren Konflikten steckten, mit denen umzugehen die VRCh keine Erfahrung habe. Was aus diesem Plan wurde, ist im 11. Kapitel nachzulesen.

Die defensive Strategie des »Marching Westwards« erinnert an den »Langen Marsch« der Volksbefreiungsarmee unter Mao Zedong in den Jahren 1934/35. Damals wichen die kommunistischen Truppen dem Angriff der Kuomintang-Truppen unter Chiang Kaishek aus und begaben sich während 370 Tagen auf einen 12.500 Kilometer langen Rückzugsmarsch, um am Ende die erschöpfte nationalistische Armee zu besiegen. Die KPCh folgte dabei einer lange geübten chinesischen Strategie der Bezwingung des Gegners aus der Defensive heraus. In den klassischen chinesischen Schriften heißt es: »Wenn der Gegner uns stoßen will, trifft er auf eine unendliche Leere.«[30] Auch im chinesischen Kampfsport Tai-Chi-Quan wird in einer ständigen Gewichtsverlagerung im Yin-Yang-Rhythmus dem Angriff des Gegners nachgegeben und auch den weiteren Stößen ausgewichen, bis der Gegner ermüdet und schlussendlich ohne großen Aufwand bezwungen geworden ist. Tai-Chi-Quan heißt, die Kraft des Gegners auszunützen und gegen ihn selbst zu wenden.

US-Wirtschaftskrieg gegen China unter US-Präsident Donald Trump

Während der Trump-Administration begannen die USA und ein Teil ihrer Verbündeten einen systematischen und zum Teil aggressiven protektionistischen Wirtschaftskrieg gegen China, eine Offensive des »De-Coupling«, der Entkoppelung der chinesischen von der westlichen Wirtschaft. Konkret versuchten die USA die Lieferketten mit China zu behindern und zu zerstören. Die Medien sprechen vom größten Handelskrieg der Weltgeschichte.[31] Das ehrgeizige, 2015 formulierte chinesische Programm »Made in China 2025«, das vorsieht, China bis 2025 in zehn Hightech-Bereichen zur Führungsmacht zu entwickeln, sollte mit allen Mitteln gebremst werden. Ein Beispiel dafür war der Versuch der Eindämmung des chinesischen Telekommunikationskonzerns Huawei.

Die USA beklagten ihr großes Handelsdefizit gegenüber China und die Deindustrialisierung weiterer Teile der USA und warfen der VRCh die Missachtung geistigen Eigentums, unfaire Bedingungen im gegenseitigen Handel sowie Technologiediebstahl vor. Auch für das Handelsdefizit und die Deindustrialisierung gab die US-Regierung der VRCh die Schuld. Beides erwies sich als propagandistische Zweckbehauptung. Denn wenn beim Handelsdefizit die Dienstleistungsbilanz nicht ausgeklammert wird, ergibt sich ein viel ausgewogeneres Bild.

Was die Verlagerung eines Großteils der Produktion nach Asien und die Deindustrialisierung betrifft, so waren das bewusste Maßnahmen der USA, von denen das Kapital stark profitiert hat. In Kauf genommen wurden ihre verheerenden Folgen im sogenannten ›Rostgürtel‹ der USA. Von der Globalisierung made in USA profitierten aber sowohl die USA als auch China in gleichem Maße. Es war eine Win-win-Situation. Sobald die USA nicht mehr profitierten, gingen sie zum Protektionismus über. In den 2010er Jahren kam der Gegenwind zur wirtschaftlichen Globalisierung auf: Unilateralismus und Protektionismus breiteten sich im Westen aus. Die protektionistischen Angriffe der USA gegen China zielten nicht nur auf die angeblichen Disproportionen der bilateralen Leistungsbilanz, sondern waren, so der deutsche Volkswirtschaftler Stephan Krüger, »äußerst dreist vorgetragene Versuche«, den weiteren technologischen Aufstieg der chinesischen Wirtschaft zu behindern.[32]

Der Wirtschaftskrieg hat zu keinem Erfolg geführt. Die VRCh hat ihren Aufstieg fortgesetzt. Die USA schneiden sich im Handelskrieg und mit ihrer Eskalationsstrategie zur Verhinderung des chinesischen Aufstiegs erkennbar mehr ins eigene Fleisch als dass sie China schadeten.[33]

Neuer Kalter Krieg

Mit dem Handelskrieg begann auch ein neuer sinophober Kalter Krieg, der zunehmend antikommunistisch konnotiert ist und sich im Extremfall an die Schwelle zu einem heißen Krieg bewegen könnte. Wir erleben gegenwärtig ein orchestriertes, systempolitisch begründetes antichinesisches Bashing. Dabei müsse man sich die immense Überlegenheit der USA bei der Soft Power, was die Kapazität des »multimedialen Bombardements« betrifft, vor Augen halten, so Domenico Losurdo.[34] Die KPCh wird seit 2019 immer heftiger von den USA attackiert. Die US-Attacke betrifft aber nicht die KPCh als solche, sondern China als starken Staat mit einem anderen politischen System und einer unabhängigen Außenpolitik, das nicht Teil einer liberalen Weltordnung werden will. Das stellt für die USA-Weltherrschaft eine essentielle Herausforderung dar. Der neue Kalte Krieg, der gegen China geführt wird, schließt, das steht fest, die militärische Option eines Heißen Krieges ausdrücklich ein. Die USA und ihre engsten NATO-Verbündeten versuchen seit Ende der 2010er Jahre den Aufbau eines Militärbündnisses, einer Art pazifischer NATO, gegen China. Sie würde Japan, Australien und Indien umfassen und als indopazifische Achse in der Großregion im Asien-Pazifik-Raum agieren.[35] Am NATO-Jubiläumsgipfeltreffen 2019 wurde China erstmals als Bedrohung eingestuft. Die militärischen Drohkulissen der USA und ihrer britischen, französischen und deutschen Verbündeten gegen China werden laufend ausgebaut.[36] (siehe 20. Kapitel: Konfliktherd Taiwan)

Gefährliche Verschärfung unter US-Präsident Joseph R. Biden

Die Politik, die von US-Präsident Trump seit 2016 eingeleitet wurde, fand ihre nahtlose Weiterführung unter seinem Nachfolger Biden; sie wurde sogar noch verschärft, aber etwas feiner eingestellt: »Trumpismus ohne Trump«.[37] Die Regierung Biden formulierte den Systemkonflikt und will dem Rivalen offen »den Garaus machen«.[38] Christian Weisflog, *NZZ*-Auslandredakteur, schreibt: »Die große geopolitische Herausforderung für die USA ist China und nicht Russland.«[39]

Dieser Systemkonflikt wird begleitet von der größten innenpolitischen Krise in der Geschichte der USA. Die Corona-Krise und der misslungene Putschversuch des abgewählten US-Präsidenten Trump mit seinen faschistoiden Horden anlässlich des »Sturms auf das Kapitol« vom 6. Januar 2021 legten die tiefe Spaltung der US-amerikanischen Nation offen.[40] Die Spaltung und Verunsicherung der größten Militärmacht der Welt haben in der US-Politik zu einem unberechenbaren und gefährlichen außenpolitischen Machtvakuum geführt.[41] Das äußert sich unter anderem in der volatilen Natur der Beziehung der USA zu China, die durch Widersprüche und Unwägbarkeiten, vor allem aber durch eine zunehmende Aggressivität gekennzeichnet ist.[42] Der mögliche Ausgang der 2024 anstehenden US-Präsidentenwahlen lässt Schlimmes erahnen!

Noch einmal Henry Kissinger

Kissinger und Brzezinski hatten vor Jahrzehnten vor der »eurasischen Achse« als der größten Bedrohung der USA gewarnt. Sie hatten empfohlen, sich mit China, respektive mit Russland zu arrangieren.[43] Henry Kissinger hat auch heute noch sein großes China-Thema: Er kritisierte 2021 die politischen Eliten der USA, die aus seiner Sicht China falsch einschätzten und folglich eine falsche China-Politik betrieben. Kissinger meinte, dass China für die USA und die ganze Welt das größte Problem sei, das es zu lösen gelte.[44] Eine Konfrontation mit China würde einen Konflikt ohne Gewinner heraufbeschwören, der wie der Erste Weltkrieg mit der Erschöpfung beider Parteien enden würde.[45] Kissinger verlangte von den USA gegenüber China einen zweigleisigen Ansatz: Festhalten an den US-Prinzipien, um Chinas Respekt zu fordern, und Aufrechterhalten des ständigen Dialogs zwecks Suche von Bereichen der Kooperation.[46]

Persönliche Bemerkung

Hat Kissinger recht mit seiner These der Fehleinschätzung Chinas durch die USA? Ja, wenn man sich die China-Statements der ExponentInnen der US-amerikanischen politischen Elite anschaut. Diese strotzen vor Ignoranz und Arroganz. Er hat recht, wenn er meint, dass eine Koexistenz der USA und der VRCh möglich sei, auch wenn die Wall Street (und ihr verlängerter Arm in der US-Regierung) ihre Geschäfte und Profite kurzfristig in Gefahr sieht. Handeln die USA gegen die Interessen der eigenen Bevölkerung? Ja, wenn man die Erkenntnis des ehemaligen US-Präsidenten Jimmy Carter bedenkt, der in einem selbstkritischen Moment Folgendes gesagt hat: »Die USA sind eine Oligarchie mit unbegrenzter Korruption.«[47] Ein Satz für die Geschichtsbücher.

Anmerkungen

1 Vgl. Zhao 2021b
2 Vgl. Losurdo 2012, S. 371
3 Vgl. ebd.
4 Vgl. Losurdo 2012, S. 369ff
5 Vgl. Elsner 2020, S. 197
6 Vgl. Losurdo 2012, S. 372
7 Vgl. de.wikipedia.org/wiki/Koreakrieg, besucht 19.12.2021
8 Vgl. ebd.
9 Vgl. Jacques, S. 460
10 Zitiert in: von Senger 2008, S. 55
11 ebd.
12 Vgl. Achten 2018c
13 Vgl. Achten 2018b
14 Vgl. Losurdo 2017, S. 148ff
15 Vgl. ebd., S. 24
16 ebd., S. 228f
17 Brzezinski
18 ebd.
19 Vgl. de.wikipedia.org/wiki/Zbigniew_Brzezinski, besucht 19.12.2021
20 Losurdo 2017, S. 277
21 Vgl. ebd.
22 Vgl. ebd., S. 237
23 Zitiert in: ebd.
24 ebd.
25 Vgl. ebd., S. 274, 55f
26 Vgl. Wang Wen, in: www.globaltimes.cn, besucht 18.4.2022
27 Vgl. Kronauer 2019, S. 137ff
28 Vgl. Wang Jisi
29 Zitiert in: Kronauer 2019, S. 139
30 Zitiert in: Kobayashi Petra: Der Weg des Taijichuan. München 1987, S. 87
31 Vgl. Sieren 2018, S. 292
32 Vgl. Krüger
33 Vgl. Elsner 2021, S. 115
34 Zitiert in: Losurdo 2017, S. 228
35 Vgl. Bulard

36 Vgl. Kronauer 2019, S. 183f
37 Vgl. Steingart Morning Briefing v. 4.1.2021
38 Zitiert in: Schuhler 2021 und Kronauer 2021a
39 Weisflog
40 Vgl. Hill, Fiona: Wenn es nicht klappt mit Biden, kommt Trump zurück, in: Der Bund v. 29.12.2021, S. 3
41 Vgl. Jacques 2022
42 Vgl. ebd.
43 Vgl. Brzezinski, Zbigniew, zitiert in: Kronauer 2019a
44 Vgl. Kissinger 2021
45 Vgl. de.rt.co,/international/109410-kissinger-vergleichbar-mit-dem-ersten-weltkrieg, besucht 19.12.2021
46 Vgl. patorday.com/de/news/world-i58050, besucht 19.12.2021
47 Zitiert in: Wagenknecht, S. 249

14. Kapitel

China und die Umwelt

These: China ist sowohl Umweltverschmutzer als auch auf dem Weg zum ökologischen Vorreiter

Kritik an Chinas Umweltverhalten

China ist »Umweltverschmutzer Nummer eins« tönt es in den westlichen Medien. Zur gleichen Zeit gibt es Einschätzungen, wonach China auf dem Weg zur »ökologischen Weltmacht Nummer eins« sei.[1] China ist zwar der weltweit größte Erzeuger von Treibhausgasen, doch unter dem Leitbild einer »ökologischen Zivilisation« kann das Land in der Ära Xi Jinping beachtliche umweltpolitische Erfolge vorweisen.[2] Wir stehen also vor einem Sowohl-als-auch, das, wie wir wissen, schlecht ins westliche Denkschema passt. Die Haltung des Westens inklusive der Mehrzahl seiner KlimakaktivistInnen ist eurozentristisch. Durch die Brillen reicher Industrienationen wird sowohl die chinesische Umweltverschmutzung als auch der Umweltschutz beurteilt. Mit einer überheblichen Haltung werden die Umweltsünden des »größten Entwicklungslandes der Welt« an den Pranger gestellt. Viele Wenn-und-aber versuchen auch die existierenden großen Erfolge der VRCh zu relativieren. Es ist grotesk, wie all das, worin die reichen Industrieländer versagen, in Form von Maximalforderungen an die Adresse Chinas gerichtet wird. Ein gängiges Narrativ besteht darin, dass der große Einsatz Chinas beim Umweltschutz in den vergangenen Jahren zwar nolens volens anerkannt wird, dann aber bezweifelt wird, dass die VRCh den Klimaschutz wirklich über Versorgungssicherheit und Wachstum stellen könne.[3] Nonchalant wird über die Verantwortung der chinesischen Regierung für die 1,4 Milliarden Menschen hinweg gesehen. Etwas hat die Fokussierung auf China an sich: Das Land wird entscheidend dafür sein, wie schnell es der Welt gelingen wird, den Klimawandel zu bremsen. Ohne China hat die Weltgemeinschaft keine Chance, die globalen Klimaziele zu erreichen.

Chinas ökologisches Problem

China hat ein ökologisches Problem. Die ungünstige Verteilung von nutzbarem Ackerland und der schwierige Zugang zu Wasserressourcen haben den Menschen in China schon immer Sorgen bereitet. Fast zwei Drittel des Landes bestehen aus Wüste und Gebirgen. Im übrigen Drittel, das sich vor allem im Osten befindet und wo fast 90 Prozent der Milliardenbevölkerung leben, führen die Übernutzung der Böden und die dichte Besiedlung zu starker Belastung der natürlichen Ressourcen. Das ohnehin ungünstige Verhältnis von Bevölkerungsdichte zu verfügbaren Ressourcen hat sich durch das rasante ökonomische Wachstum in jüngster Zeit dramatisch verschlechtert. Der immense Rohstoffverbrauch und die großen Eingriffe in die Natur sind die Kehrseite des Wirtschaftsaufschwungs. Die Luft in vielen Städten ist gesundheitsschädigend, die Grundwasserspiegel sinken, viele Flüsse sind verseucht, der Lebensraum für Tiere und Pflanzen schwindet. Die Wasservorräte sind regional ungleich verteilt: Mehr als 80 Prozent der Vorkommen befinden sich in der Yangzi-Region und im Süden, während in Nord- und Nordwestchina, wo rund 550 Millionen Chinesen leben, extremer Wassermangel herrscht. Die hohen Emissionen von CO_2 sind für die Zukunft ein großes Problem. Dazu kommen die absehbaren Folgen des aktuellen Klimawandels, vor allem der möglicherweise steigende Meeresspiegel würde die Ostküste des Landes unter Wasser setzen.

Absolute und relative Zahlen zur CO_2-Emission

Wenn man die absoluten Zahlen der CO_2- und der Treibhausgasemissionen zum Maßstab nimmt, ist China der weltweit größte

Umweltverschmutzer. 2018 lag der Anteil Chinas an der globalen CO_2-Emission bei 29,7 Prozent, derjenige der USA bei 13,9 Prozent. Dies veranlasst westliche KommentatorInnen zu der verwegenen Behauptung, dass China der Treiber der Klimakatastrophe und Verursacher eines kommenden ökologischen Kollapses sei, denn die VRCh steige weiter auf und ermögliche Massenkonsum, Kapitalexport und Investitionen im Ausland.[4] China dient vermutlich auch hier als Projektionsfläche für das eigene Unvermögen und Versagen.

Die absoluten Zahlen bedürfen mehrerer Relativierungen.

- Erstens nehmen die chinesischen CO_2-Emissionen seit 2011 nicht mehr zu,[5] was angesichts des gleichzeitigen enormen Wachstums eine bemerkenswerte Tatsache ist.
- Zweitens leben die 1,4 Milliarden ChinesInnen heute ökologisch noch immer auf wesentlich kleinerem Fuße als die Bevölkerung der meisten Industrieländer. 2014 betrug der CO_2-Ausstoß pro Kopf ungefähr 7,54 Tonnen und war somit weniger als halb so hoch wie derjenige der USA.[6] Laut der deutschen Bundesregierung ist der Ausstoß Chinas an Treibhausgasen geringer als derjenige Deutschlands: 2018 lagen die Emissionen pro Kopf in China bei 7,95 Tonnen, in Deutschland bei 9,1 Tonnen.[7]
- Drittens besagt die historisch akkumulierte CO_2-Bilanz, dass China seit 1850 trotz seiner riesigen Bevölkerungszahl einen Anteil von 11 Prozent an der weltweiten CO_2-Emission hat, die USA 27 Prozent und die EU-Länder 25 Prozent.[8]

Outsourcing der Emissionen

Die relativierten Zahlen verbergen eine weitere Tatsache: Der Löwenanteil an Energiekonsum und Umweltbelastung geht nicht auf das Konto des Inlandskonsums, sondern auf den Warenexport für den westlichen Markt.[9] Die ChinesInnen waren sich seit den 1980er Jahren nicht zu schade, als Fabrik der Welt die Drecksarbeit für den Westen zu machen.[10] Um überhaupt zu Wohlstand zu kommen, ließ China zu, dass der Westen seine Umweltverschmutzung auslagerte.[11] Anders gesagt: Während Europa massiv chinesische Produkte einkaufte, welche es früher selbst produziert hatte, blieben die Emissionen dieser Produkte vorwiegend in China. Laut Schätzungen gehen rund 30 Prozent der deutschen Emissionsminderungen seit 1980 auf die Kappe der Auslagerung von Produktionskapazitäten nach China.[12]

Umweltschutz: Chinas Drache auf dem Sprung

Die Relativierungen sollen nicht vom eigentlichen Problem ablenken: China hat massive Umweltprobleme, die für das Land eine riesige Herausforderung darstellen. Regierung und Partei haben dies zu Beginn des 21. Jh. u. Z. ganz offensichtlich erkannt, und begonnen massiv umzudenken.[13] In der Bevölkerung ist in kurzer Zeit ein neues Umweltbewusstsein entstanden.[14] Entsprechend ist auch der Druck der Bevölkerung auf die Regierung gewachsen. Xi Jinping drückt das neue Umweltbewusstsein politisch so aus: »Wir müssen eine Balance herstellen zwischen wirtschaftlichem Wachstum und Umweltschutz und uns zu eigen machen, dass Umweltschutz auch Schutz der Produktivkräfte heißt. So werden wir die Förderung der grünen Kreislaufentwicklung und der kohlenstoffarmen Entwicklung noch bewusster vorantreiben. Wir lehnen ökonomisches Wachstum auf Kosten der Umwelt kategorisch ab.«[15] Zielvorgabe de KPCh ist der »Aufbau einer ökologischen Nation«, so Xi.[16] Die KPCh hat mit einer Umweltkampagne begonnen, in der Staat, Partei, Unternehmen und private Haushalte einbezogen sind. Sie alle werden mit einem System von Anreizen- und Strafen im Rahmen des Sozialkredit-Systems (SCS) zu einem umweltgerechten Verhalten ›erzogen‹ (siehe 17. Kapitel).[17]

China ist auch im Bereich des Umweltschutzes ein »Drache auf dem Sprung«.[18] Es hat Umweltschutz und Nachhaltigkeit für sich entdeckt.[19] Kein Land auf der Welt gibt so viel für den Umweltschutz aus wie die VRCh.[20] 2017 betitelte das Washingtoner Center for Strategic and International Studies (CSIS) einen Beitrag über »Chinas globale Führung bei erneuerbaren Energien« mit: »Der Osten ist grün.«[21] Fast scheint es, als ob die westlichen Naturschutzorganisationen ihre größten Erfolge in China erzielen würden, meint Wolfram Elsner ironisch.[22] Auf jeden Fall fand Greenpeace lobende Worte für Chinas grünen Kurs.[25] Die VRCh ist entschlossen, eine weltweite Führungsrolle bei umweltfreundlichen Technologien und nachhaltigen Lösungen einzunehmen. Chinas Ambitionen sollten daher ernst genommen werden meinte das *Deutsche Ärzteblatt.*[23]

CO_2-Reduktionsziele und der Glasgower Weltklimagipfel

Anlässlich der 75-Jahr-Feier der UNO 2020 kündigte Xi in seiner Rede an, dass China seine Rolle als Motor des Klimaschutzes stark ausbauen wolle. Der Zenit des CO_2-Ausstoßes werde 2030 erreicht, und 2060 werde China klimaneutral sein. Zudem versprach er bis 2030 die Aufforstung von sechs Milliarden Kubikmeter Wald, was der doppelten Fläche Deutschlands entspricht.[24] Ein Jahr später wiederholten die chinesischen Regierungsvertreter beim Weltklimagipfel in Glasgow die genannten CO_2-Reduktionsziele. Diese wurden aber von westlichen Regierungen als zu wenig weitgehend kritisiert. Kritisiert wurde in Glasgow auch, dass Indien – unterstützt von China – in der Schlusserklärung durchdrückte, dass nicht ultimativ vom Ausstieg aus der Kohle die Rede ist, sondern abgeschwächt von einer ›stufenweisen Verringerung‹. Indien betonte, dass die Entwicklungs- und Schwellenländer ein Anrecht auf eine ›verantwortungsvolle Nutzung‹ von fossilen Energieträgern hätten.[25] Diese realistische Haltung, die von Ländern des Globalen Südens formuliert wurde, hinderte die westlichen KommentatorInnen nicht daran, die Gelegenheit zum China-Umwelt-Bashing zu nutzen. Abgelenkt wurde damit von den seit Jahren vorgebrachten Forderungen der Entwicklungsländer nach wirksamer finanzieller Unterstützung der Maßnahmen zur Anpassung an den Klimawandel. Die Rede ist von 500 Milliarden Dollar jährlich bis 2050.[26] Abgelenkt wurde vom Versagen der reichen kapitalistischen Industrienationen im eigenen Haus und von der Tatsache, dass sie trotz öffentlich abgegebener Zusagen die Forderungen der Entwicklungsländer nicht erfüllen.[27] Auch wird kaum darüber gesprochen, dass sich zum Beispiel die

USA gegenüber der Weltöffentlichkeit in keiner Weise zu konkreten CO_2-Reduktionszielen verpflichten und es vorziehen, sich zeitweilig sogar aus dem Weltklimarat der UNO zurückzuziehen. China hat immerhin laut UNO sein Ziel im Rahmen des Pariser Klimaabkommens für das Jahr 2020 bereits im Jahr 2017 vorzeitig erfüllt.[28]

Konkrete Maßnahmen

Ein besseres Bild als alle umweltpolitischen Absichtserklärungen geben die konkreten Maßnahmen, die ein Land unternimmt. Von den chinesischen soll nun eine Auswahl genannt werden. Eines kann man im Voraus sagen: China sprüht förmlich von ökologischen Ideen und Experimenten.[29]

Städteplanung, ökologische Rekonstruktion und Modellstädte | Mit radikalen Maßnahmen ganze Städte umbauen, das geschieht aktuell in China. Es geht dabei nicht nur um Umweltverschmutzung, sondern grundsätzlich um eine neue Stadtplanung, die kurze Arbeitswege, ein zukunftsweisendes Verkehrsmanagement und zum Beispiel Aufforstung von Quartierflächen vorsieht.[30] Es geht also um eine ökologische Rekonstruktion der Städte.[31]

In Liuzhou wurde 2017 mit der Konstruktion der ersten sogenannten ›Forest City‹ (dt.: bewaldete Stadt) für 40.000 BewohnerInnen begonnen. Bis 2025 sollen auf Regions- und Provinzebene dreihundert weitere solche Städte folgen. Eine ›Forest City‹ wird nur mit erneuerbarer Energie betrieben, ihre Bäume sollen jährlich Zehntausende Tonnen CO_2, sowie viele Tonnen wassergefährdender Schadstoffe absorbieren.[32]

Die südchinesische 20-Millionen-Metropole Shenzhen ist ein Labor des »Sozialismus chinesischer Prägung«. Sie ist ein Schmelztiegel für ökologische, technologische, gesellschaftliche und kulturelle Innovationsprojekte. Ob bei E-Mobilität, Künstlicher Intelligenz, Robotik, 5G oder Gaming, die Megacity ist in vielem heute führend.[33] Shenzhen ist laut McKinsey & Company die nachhaltigste Stadt der Welt.[34] In ihr fahren im öffentlichen Verkehr bereits

16.000 Elektrobusse.[35] Als Taxis sind nur E-Autos zugelassen. Durch die Förderung der E-Mobilität spart Shenzhen im Jahr 850.000 Tonnen CO_2.[36]

Chengdu, die 14-Millionen-Hauptstadt von Sichuan, ist eine grüne Metropole mit vielen Innovationen in den Bereichen Verkehr, Recycling, grünes Bauen. Privathaushalte, Unternehmen und die öffentliche Verwaltung werden mit einem Bonussystem für umweltfreundliches Verhalten belohnt, das sich im digitalen WeChat in Geld umwandeln lässt. Chengdu ist auf dem Weg zu einer klimaneutralen Pilotstadt Chinas. Seit Beginn der Initiative hat sich die Lebensqualität der BewohnerInnen spürbar verbessert.[37]

Luftverschmutzung und Müllimporte | In den Städten wird seit einigen Jahren ein ›Krieg gegen die Luftverschmutzung‹ geführt.[38]

Provinz Hebei: Die chinesische Regierung ordnete 2017 an, Fabriken und Kraftwerke in der Provinz, einem Industriestandort mit 90 Millionen Einwohnern, mehrere Monate lang zu schließen. Bis im Mai 2018 mussten fast 4.000 der mehr als 7.000 Unternehmen vor Ort ihre Produktion einstellen – weil sie die Luft über Hebei zu stark verpesteten.[39]

Auch im oft unter Smog leidenden Beijing ändern sich die Dinge nach und nach. Alle vier Kohlekraftwerke der Stadt wurden geschlossen.[43] Die Tage mit blauem Himmel mehren sich allmählich wieder. Erik Solheim, ehemaliger norwegischer Exekutivdirektor des UN-Umweltprogramms, sagte 2022 in einem Interview: »Die Fortschritte bei der Luftverschmutzung in China sind im internationalen Vergleich absolut unglaublich. China hat diese in sieben Jahren so stark reduziert wie wir in Europa und Nordamerika in 30 Jahren.«[40]

Müllimporte werden eingeschränkt. Insgesamt 24 verschiedene Recyclingmaterialien dürfen seit 2018 nicht mehr nach China eingeführt werden, darunter unsortierter Plastikmüll, alte Textilien und Altpapier. Der Müll sei zu dreckig und zu gefährlich, ließ die Regierung des Landes die Welthandelsorganisation WTO wissen.[41]

Saubere Energie | Die eine Seite: Jährlich sind 26 Gigawatt an zusätzlicher Energie notwendig, um den Energiehunger der chinesischen Industrie zu stillen.[42] Wichtigster Energieträger ist die Kohle, das Sorgenkind für die Umwelt Chinas. Noch werden 56 Prozent der Energie durch Kohle erzeugt.[43] Zweitwichtigste Energieträger sind Erdöl und Erdgas. Zur Stärkung des Umweltschutzes setzt die VRCh verstärkt auf Atomkraft.[44]

Die andere Seite: China ist weltweit das Land mit der höchsten Kapazität und Produktion erneuerbarer Energien.[45] Kein anderes Land der Welt gewinnt so viel Energie aus Solaranlagen, Wasser- und Windkraft wie China.[46] Laut World Economic Forum (WEF) erzeugte es 40 Prozent der sauberen Energie weltweit (Stand 2022).[47] 2019 deckte diese in China 26 Prozent des Strombedarfs.[48] Bis zum Jahr 2040 soll sie auf fast 60 Prozent steigen.[49] China verfügt über gigantische Solarkraftwerke, mit denen das Land so viel Sonnenenergie erzeugt wie kein anderes auf der Welt. Allein auf den Dächern der Hauptstadt wird heute mehr Solarenergie erzeugt als in ganz Deutschland.[50]

Grüne Produktion | Einer der Schwerpunkte des laufenden 14. Fünfjahresplanes (2021-2025) ist die »grüne Innovation«.[51] China hat in den vergangenen Jahren eine Reihe von neuen Umweltgesetzen und Vorschriften auf den Weg gebracht.[52] So wird in der chemischen Industrie mit einem neuen gesetzlich verankerten Umsetzungsleitfaden der betriebliche Umweltschutz verbessert und der nachhaltige Umgang mit Ressourcen gefördert.[53] Neben einem Investitionsplan auf nationaler Ebene hatten rund 80 Provinzen und Städte ihre eigenen Pläne für den Aufbau einer umweltfreundlichen Produktion ausgearbeitet. So soll ein landesweites Fertigungssystem geschaffen werden, das umweltfreundlicheren Standards entspricht und zu einer saubereren Produktion führt. Sowohl die Aufwertung traditioneller Industrien wie der Stahlbranche, als auch die Schaffung neuer grüner Industriezweige, wie der Bau von Elektroautos, sind dabei Schlüsselprojekte. Schon jetzt gibt es landesweit mehr als 2100 sogenannte »grüne Fabriken«.[54]

Mobilitätstechnologie | 2019 rollte in Shanghai der erste neue Hochgeschwindigkeitszug aus dem Bahnhof, der Beijing über die neue 1318 Kilometer lange Hochgeschwindigkeitslinie (Strecke Ostsee – Mittelmeer) in nur viereinhalb Stunden erreicht. China hat in den letzten Jahren in der Mobilitätstechnologie große strategische Schritte gemacht und ist dabei Vorreiter in der Elektromobilität: 2018 wurden gut eine Millionen Elektrofahrzeuge abgesetzt. Damit ist China mit Abstand der weltweit größte Absatzmarkt für Elektromobile.[55] 90 Prozent aller auf der Welt verkehrenden E-Busse rollen in China.[56] Bis Ende 2020 wurde 1 Million Diesel-LKW stillgelegt.[57] China verfügt mit 2,223 Millionen Ladegeräten über das größte Ladeinfrastruktur-Netz der Welt.[58] 20 Millionen Autos mit Verbrennungsmotoren werden pro Jahr aus dem Verkehr gezogen.[59] Um die Umweltbelastung durch Herstellung und Recycling der Batterien zu minimieren, forschen die ChinesInnen bereits an sogenannten ›intelligenten Straßen‹. Dort soll die Energiezufuhr für die Fahrzeuge über Induktionsschleifen erfolgen. Erste Versuchsstrecken der batterieunabhängigen E-Mobilität mit Solarpanelen und Induktionsstrom befinden sich bereits in Betrieb.[60]

Aufforstung und Begrünung | »Green Great Wall«, Chinas große grüne Mauer, ist das älteste Aufforstungsprogramm der VRCh. Es ist gleichzeitig das größte Aufforstungsprojekt der Menschheitsgeschichte. Seit den 1970er Jahren hat China am Rande der Wüste Gobi bereits siebzig Milliarden Bäume auf 45 Millionen Hektar gepflanzt, auf einem Gebiet, das größer ist als Deutschland. Damit ist es China als einzigem Land gelungen, die Wüsten zurückzudrängen und so den globalen Waldverlust zu kompensieren.[61] »Grain-to-Green« ist ein weiteres Renaturierungsprogramm, das seit 2000 der Umwidmung von Agrarflächen in Wald dient. So werden jährlich insgesamt 4 Milliarden Hektar Wald neu aufgeforstet. Die Waldfläche ist von 17 Prozent 1990 auf 22 Prozent im Jahr 2017 gestiegen. Die Regierung hat vor kurzem beschlossen, bis 2050 25 Prozent des Staatsgebiets (2,5 Millionen Quadratkilometer) begrünt zu haben.[62]

IT-Begleitung | Mit der App ›Blue Map‹ besteht seit 2006 eine interaktive Landkarte, auf der eine Vielzahl von öffentlichen Umweltstatistiken und Berichten über Umweltverstöße verfügbar sind. Sie ist weltweit für die Umweltbewegung ein Renner geworden.[63] Mit der Baumpflanz-App »Ant Forest«, die 2019 300 Millionen registrierte NutzerInnen hatte, werden gezielte Anreize für umweltbewusstes Konsum- und Alltagsverhalten gegeben. NutzerInnen können Punkte sammeln und einen visuellen Baumsetzling erhalten, den sie durch klimafreundliches Verhalten weiterhin ›wässern‹ können. Dann können sie den virtuellen Setzling mit Alibaba, dem chinesischen IT-Giganten, als realen Baum pflanzen.[64] In der vom führenden chinesischen Umweltschützer Ma Jun gegründeten App, die auch von der Regierung unterstützt wird, kann die Bevölkerung Fotos von Umweltvergehen hochladen. Diese erscheinen für alle sichtbar und gehen direkt an die lokalen Behörden. Alle Chinesinnen und Chinesen können so online sehen, welche Fabrik Umweltauflagen gebrochen hat. Das wirkt.[65] Noch ein witziges Beispiel einer vernetzten Umweltaktion: An U-Bahn-Stationen gibt es zum Teil Recycling-Automaten, die leere Plastikflaschen als Zahlungsmittel für ein Bahnticket akzeptieren.[66]

Durchsetzung der Umweltziele

Der chinesische Autor Zheng Yi behauptet, dass in China eine »katastrophale Umweltsituation« herrsche und dass diese ein Problem des »undemokratischen Systems« der VRCh sei. Im Westen könne das System ein Umweltproblem, gerade deshalb korrigieren, weil es demokratisch sei.[67] Die Tendenz dieser Aussage überrascht nicht, wenn man weiß, dass Zheng in den USA unter anderem als Kommentator bei *Radio Free Asia* tätig ist. Dieser Sender wird direkt von der US-Regierung finanziert und wurde bis zur Enthüllung direkt vom amerikanischen Geheimdienst CIA gelenkt.[68] Trotzdem wird Zheng im Westen als chinesischer Umweltexperte gehandelt. Bei seiner Argumentation wird der Gaul am Schwanz aufgezäumt. Die Systemfrage stellt sich genau umgekehrt; denn es sieht gegenwärtig überhaupt nicht danach aus, dass die westlichen kapitalistischen Staaten fähig wären, die dringenden Umweltprobleme in den Griff zu bekommen. Bei China scheint das aber gerade aus systemischen Gründen der Fall zu sein. Christian Zimmermann, Chef der Kölner Brand-Experience-Agentur Uniplan und langjähriger Chinakenner, wagte 2019 die Prophezeiung, dass China im Umweltschutz »in ein paar Jahren weiter sein wird als der Westen«, weil es die Maßnahmen »radikal durchsetze«.[69] China kann auf Grund des Primats der Politik über die Ökonomie seine gesellschaftlichen Ziele durchsetzen. Es kann mit anderen Worten den politisch formulierten Willen ökonomisch umsetzen. Darin besteht die sogenannte »demokratische Diktatur des Volkes«, die in der Verfassung der VRCh verankert ist.[70] Im Gegensatz zu den kapitalistischen Ländern kann China, so Marcel Kunzmann, das gesamtgesellschaftliche Interesse an einer »ökologischen Zivilisation« gegenüber den Profitinteressen der einzelnen Unternehmen, auch der privaten, durchsetzen.[71]

Persönliche Bemerkung

Es ist ein Paradox, dass die Fridays-for-Future-Bewegung mit ihrer Forderung nach ›System Change‹ (dt.: Systemwechsel) gegen die Wand des politischen und wirtschaftlichen Systems anrennt und keine reale Chance hat, das kapitalistische System abzulösen. China kann aus systemischen Gründen seine umweltpolitischen Ambitionen viel leichter durchsetzen und so allmählich zum ökologischen Vorreiter avancieren.

Anmerkungen

1 Elsner 2020, S. 193, 199
2 Vgl. www.bundesregierung.de/breg-de/aktuelles/fuenf-fakten-ueber-china-1686732, besucht 14.9.2022
3 Vgl. Sahay 2021c
4 Vgl. Smith, Richard, zitiert in: Elsner 2020, S. 194
5 Vgl. Kunzmann 2018, S. 88
6 Vgl. ebd.

7 Vgl. www.bundesregierung.de/breg-de/aktuelles/fuenf-fakten-ueber-china-1686732, besucht 2.1.2022
8 Vgl. Johannes
9 Vgl. Sieren 2018, S. 21f
10 Vgl. ebd.
11 Vgl. Elsner 2020, S. 196
12 Vgl. Kunzmann 2018, S. 95
13 Vgl. ebd., S. 89
14 Vgl. Sieren 2021, S. 175
15 Xi 2014, S. 256
16 Zitiert in: Kunzmann 2018, S. 89
17 Vgl. Elsner 2020, S. 213
18 Zitiert in: www.youtube.com/watch?v=xDVWyOidj2w, besucht 2.1.2020
19 Vgl. www.dasinvestment.com/naschhaltigkeit-wie-china-seine-umweltprobleme-loesen-will, besucht 2.1.2022
20 Vgl. Achten 2017
21 Zitiert in: Kronauer 2022c
22 Vgl. Elsner 2020, S. 243
25 Vgl. www.daserste.de/information/politik-weltgeschehen/weltspiegel/sendung/china-klimaengel-statt-umweltsuender-100html, besucht 2.1.22
23 Vgl. www.aerzteblatt.de/nachrichten/119919/China-hta-bei-Umwelt-und-Klimaschutz-viel-Arbeit-vor-sich, besucht 2.1.2022
24 Zitiert in: Elsner 2021, S. 74
25 Vgl. www.tagesschau.de/ausland/europa/abschlusserklaerung-klimagipfel-analyse-101.html, besucht 4.1.2022
26 Vgl. ebd.
27 Vgl. ebd.
28 Vgl. Elsner 2021, S. 219
29 Vgl. Elsner 2020, S. 204
30 Vgl. Sieren 2018, S. 147; Elsner 2020, S. 209
31 Vgl. Elsner 2020, S. 209
32 Vgl. ebd.
33 Vgl. Sieren 2021, S. 13
34 Zitiert in: ebd., S. 14
35 Vgl. ebd., S. 19
36 Vgl. ebd., S. 118
37 Vgl. www.german.beijingreview.com.cn/China/202112/t20211201_2002, besucht 3.1.2022
38 Vgl. Kunzmann 2018, S. 91
39 Vgl. www.dasinvestment.com/nachhaltigkeit-wie-china-seine-umweltprobleme-loesen-will, besucht 2.1.2022
40 Solheim
41 Vgl. www.dasinvestment.com/nachhaltigkeit-wie-china-seine-umweltprobleme-loesen-will, besucht 2.1.2022
42 Vgl. www.chinaexpert.de/china-energie-umwelt.html, besucht 2.1.2022

43 Vgl. www.chinahirn.de/2021/11/16/politik-i-rueckblick-weltklimagipfel, besucht 6.1.2022
44 Vgl. www.aerzteblatt.de/nachrichten/119919/China-hat-bei-Umwelt-und-Klimaschutz-viel-Arbeit-vor-sich, besucht 6.1.2022
45 Vgl. de.wikipedia.org/wiki/Erneuerbare_Energien_in_China, besucht 14.9.2022
46 Vgl. www.bundesregierung.de/breg-de/aktuelles/fuenf-fakten-ueber-china-1686732, besucht 2.1.2022
47 Vgl. Elsner 2020, S. 201
48 Vgl. ebd.
49 Vgl. Kunzmann 2018, S. 93
50 Vgl. Behrens, S. 129
51 Vgl. Sonderausgabe 14. Fünfjahresplan, in: http://de.china-embassy.gov.cn/det/zt/Newsletter/202104/P020210912054562562053.pdf, besucht 7.9.2022
52 Vgl. www.giz.de/de/weltweit/15582.html, besucht 7.1.2022
53 Vgl. ebd.
54 Zitiert in: www.aerzteblatt.de/nachrichten/119919/China-hat-bei-Umwelt-und-Klimaschutz-viel-Arbeit-vor-sich, besucht 2.1.2022
55 Vgl. www.bundesregierung.de/breg-de/aktuelles/fuenf-fakten-ueber-china-1686732, besucht 2.1.2022
56 Vgl. Behrens 2020, S. 130
57 Vgl. Elsner 2020, S. 204
58 Vgl. germanpeople.com.cn, besucht 20.12.2021
59 Vgl. Elsner 2020, S. 201
60 Vgl. Behrens, S. 130
61 Vgl. Kunzmann 2018, S. 94; Elsner 2020, S. 211; Behrens, S. 131; Kunzmann 2018, S. 94
62 Vgl. Elsner 2020, S. 210ff
63 Vgl. ebd., S. 215
64 Vgl. ebd., S. 216f
65 Vgl. www.daserste.de/information/politik-weltgeschehen/weltspiegel/sendung/china-klimaengel-statt-umweltsuender-100.html, besucht 4.1.2022
66 vgl. Elsner 2020, S. 204
67 Zitiert in: www.epochtimes.de/umwelt/chinas-umweltproblem-ist-ein-system-problem-a144393.html, besucht 4.1.2022
68 Vgl. https://arrangement-group.de/wie-die-cia-die-signal-messenger-app-entwickelte, besucht 6.1.2022; https://medxr.blogspot.com/2016/01/the-original-radio-free-asia-richard.html, besucht 6.1.2022
69 Zitiert in: www.absatzwirtschaft.de/china-wird-uns-sogar-beim-umweltschutz-ueberholen-164215, besucht 2.2.2022
70 Zitiert in: Kopf, S. 103
71 Kunzmann 2018, S. 94

15. Kapitel

Westlicher Albtraum: Sozialismus und Kommunismus

These: Vom Kapitalismus gefürchtet, für die westliche Linke ein Problem: China auf dem Weg zum Sozialismus

Reitet der rote Drache den kapitalistischen Tiger oder wird er von diesem geritten? Eine viel geäußerte westliche Fragestellung mit der typischen Konstellation des Entweder-oder, deren Beantwortung fast zwangsläufig unbefriedigend ist. Die Sinisierung des Marxismus, die Entwicklung des »Sozialismus chinesischer Prägung« und die Praxis der chinesischen Kommunistinnen und Kommunisten bilden in diesem Kapitel die Ausgangspunkte für die Beantwortung der eingangs genannten Frage.

Sinisierung des Marxismus und Sozialismus chinesischer Prägung

Die seit über hundert Jahren bestehende KPCh, die ihr theoretisches Fundament im Marxismus und im sowjetischen Leninismus hat, war mit der Tatsache konfrontiert, dass sie nicht in einem kapitalistischen Land, sondern in einem großen Entwicklungsland agieren musste. Mao hatte mangels Kapitalismus und Arbeiterklasse in China die Bauern zum revolutionären Subjekt erklärt und so den Marxismus selbst schon ein gutes Stück weit sinisiert.[1] Die undogmatische Weiterentwicklung des Marxismus wurde zu einem Merkmal der KPCh und mündete später im Konzept des sogenannten ›Sozialismus chinesischer Prägung‹. Im Statut der KPCh ist zum ersten Mal 2007 von einer »Sinisierung des Marxismus« die Rede, was die Weiterentwicklung des Marxismus aufgrund der Erfahrungen der KPCh und die Anreicherung mit Elementen der chinesischen Kultur und Tradition meint.[2] Deng ging noch einen Schritt weiter als Mao. Er übertrug die Entwicklung der Produktivkräfte, die Karl Marx als Aufgabe des Kapitalismus betrachtet hatte, in China dem Sozialismus und veranschlagte als Zeitraum dafür hundert Jahre bis 2049.[3] Im Wesentlichen standen vier große Erfahrungen im Zentrum der Formulierung des sinisierten Sozialismus:

- Der antikoloniale Befreiungskampf wurde in einem breiten Bündnis geführt, in dessen Kern die Klasse der Bauern und Bäuerinnen stand. China wurde nicht von einem revolutionären Proletariat von der Stadt aus, sondern vom Land her durch eine Bauernarmee unter kommunistischer Führung revolutioniert.
- Die Entwicklung der Produktivkräfte als Basis für die Schaffung eines minimalen Wohlstands erfolgte nach einem schwierigen Lernprozess mit Hilfe der kapitalistischen Erzfeinde unter der Ägide des von der KPCh kontrollierten Staates.
- Auf dem Weg zu einer sozialistischen Gesellschaft stand die VRCh auch nach den drei ersten Jahrzehnten gemäß Deng erst im »Anfangsstadium«. Aus der Sicht der KPCh würde der Übergang zum Sozialismus ein Werk von Generationen werden. Erst nach einer verhältnismäßig langen Übergangsphase würde die Schaffung eines wohlhabenden sozialistischen Landes möglich sein (zweites 100-Jahres-Ziel). Vor dem Erreichen der sozialistischen Gesellschaft liegt die Periode der Umwandlung der einen in die andere. Der Staat, der diese politische und ökonomische Übergangsperiode lenkt, hat nach Karl Marx den Charakter einer »revolutionären Diktatur des Proletariats«.[4] In China heißt dieser Staat in der Verfassung »demokratische Diktatur des Volkes«.[5]

Die negativen Erfahrungen in der Sowjetunion hingen als Damoklesschwert über der KPCh. Sie galt es mit allen Mitteln zu vermeiden und sie bestärkten die KPCh in ihrem Beharren auf theoretischer und praktischer Eigenständigkeit. Den großen kulturellen und ideologischen Problemen, welche mit der Öffnung für den kapitalistischen Westen in Kauf genommen wurden, begegnete die KPCh mit einer Mobilisierung des ›chinesischen Schwungrades‹ (siehe 1. Kapitel). Die stark präsente konfuzianische Tradition wurde aktiviert und mit dem Marxismus verbunden. Nie zuvor wurde der Konfuzianismus laut Wang Shouchang, Direktor der Akademie für chinesische Kultur in Beijing, so positiv bewertet wie in der Ära Xi Jinping und nie zuvor wurde seine Vereinbarkeit mit dem Marxismus und Sozialismus so betont.[6] Die »Mobilisierung aus Tradition«[7] wurde zu einer Produktivkraft und zu einer Stärke der VRCh, die ihrer Entwicklung eine große Vitalität verlieh.

Die Bedeutung des Marxismus und des Kommunismus

An der Feier zum 200. Geburtstag von Karl Marx am 5. Mai 2018 sagte Xi, dass Marx der »größte Denker in der Geschichte der Menschheit« sei.[8] Bei anderen Gelegenheiten: »Der Marxismus ist die einflussreichste Theorie der Geistesgeschichte.«[9] »Würde unsere Partei dem Marxismus den Rücken zukehren, würde sie ihre Seele und ihre Richtung verlieren.«[10] »Der Marxismus hat zum ersten Mal den Weg für die Freiheit und als wissenschaftliche Theorie die Richtung zu einer idealen Gesellschaft ohne Unterdrückung oder Ausbeutung eingeschlagen, in der jeder Mensch Gleichheit und Freiheit genießen kann.«[11] Im fernen Berlin sagte Yu Xiaoxuan, Botschaftsrätin der VRCh, anlässlich der 100-Jahr-Feier der KPCh: »Der Marxismus ist kein unveränderliches Dogma, sondern ein mächtiges ideologisches Werkzeug, um die Welt zu verstehen, die Gesetze zu begreifen, die Wahrheit zu suchen und die Welt zu verändern.«[12] Zurück nach Beijing: Dort findet zurzeit die wohl umfangreichste Forschung auf dem Gebiet der marxistischen Theorie statt.[13] Im sogenannten ›Marx-Projekt‹ wird seit 2004 die in Moskau und Berlin begonnene Marx-Engels-Gesamtausgabe (MEGA) fertiggestellt und auf dem Gebiet des Marxismus-Leninismus Grundlagenforschung betrieben. Dabei spielt die Chinesische Akademie der Sozialwissenschaften (CASS) mit ihrem Marxismus-Institut eine wichtige Rolle.

Kommunismus ist ein Wort, das man im Westen glaubte, für immer entsorgt zu haben. Die KPCh macht von ihm offensiv Gebrauch. Dies scheint die westliche Öffentlichkeit recht nervös zu machen. Keyu Jin, chinesische Wirtschaftswissenschaftlerin an der London School of Economics, meint: »Der Kommunismus ist sehr präsent, und Präsident Xi hat den Sozialismus chinesischer Prägung noch einmal akzentuiert. Es geht darum, wie ein ideales Leben unter den Bedingungen eines starken fürsorglichen Staates aussehen kann und soll. Das unterscheidet sich sehr vom Liberalismus oder Kapitalismus, und Präsident Xi sind diese kommunistischen Werte sehr wichtig.«[14]

Das Festhalten am Kommunismus als »höchstem revolutionärem Ideal«[15] und »endgültigem Ziel«[16] ist ein Teil der chinesischen Supraplanung. In der chinesischen Verfassung steht: »Das höchste Ideal des Kommunismus, das die Kommunisten anstreben, kann nur auf der Grundlage der vollen Entwicklung und des hochgradigen Gedeihens der sozialistischen Gesellschaft realisiert werden.«[17] Mao meinte zudem, dass sich der Kommunismus nur gemeinsam von der ganzen Menschheit verwirklichen lasse: »Wenn es so weit ist, dass die ganze Menschheit sich selbst und die Welt bewusst umgestaltet, dann wird die Epoche des Kommunismus in der ganzen Welt erreicht sein.«[18]

Das Kommunismus-Paradox

Harro von Senger fasst den Erfolg der KPCh folgendermaßen zusammen: »Ohne die Kommunistische Partei, welche die Kräfte zielstrebig auf die Hauptaufgabe gebündelt hat, wäre China eventuell in einem durch den Westen befeuerten Bürgerkrieg stehen geblieben und wäre heute immer noch ein armes Entwicklungsland.«[19] Wolfram Elsner meint, es sei das Verdienst der KPCh, einer der ältesten und erfahrensten Parteien der Welt, China aus der Sackgasse, in der es ein Jahrhundert lang steckte, geholt zu haben und die Modernisierung geschafft zu haben.[20] Er spricht von dem »Kommunismus-Paradox«: »Während der europäische Kommunismus kollabierte, schaffte der chinesische Kommunismus die größte wirtschaftliche Transformation in der Menschheits-Geschichte.«[21] 1989 endete die historisch bedeutsame Epoche des Sowjetkommunismus, aber schon 1978 begann die vermutlich viel bedeutsamere Epoche des sinisierten Kommunismus, der mit seinem »Sozialismus chinesischer Prägung« eine Art zweite Chance bekommen hat, als materialistische Theorie zur Praxis für Milliarden von Menschen zu werden.[22]

Das Primat der Politik über die Ökonomie

Das Primat der Politik über die Ökonomie bedeutet, dass der chinesische Staat die letztendliche Verfügungsgewalt über die gesamte Wirtschaft, die staatlichen und privaten, die großen und kleinen Unternehmen hat. Es erlaubt der Regierung die Regulierung des Marktes und ermöglicht Eingriffe in die Marktwirtschaft entsprechend den politischen Zielen. Grundlage des Primats ist die führende Stellung der KPCh im Staat und in der Ökonomie. Das ist das konstituierende Element des »Sozialismus chinesischer Prägung«. Aus chinesischer Sicht liegt in der Führung durch die KPCh und in der institutionellen Möglichkeit der Bündelung aller Kräfte für große Vorhaben der Vorteil gegenüber den parlamentarischen westlichen Demokratien. Xi: »Diese haben Mühe, ökonomisch im Interesse der breiten Bevölkerung zu handeln.«[23] In ihnen herrsche offen oder verschleiert das kapitalistische Primat über die politischen Gewalten.

Das Primat der Politik ist neben der stark präsenten Geschichte und der immensen Größe des Landes der Hauptgrund, weshalb es China gelungen ist, die Öffnung für den Weltmarkt zu seinem Vorteil zu nutzen und dem Schicksal der übrigen Entwicklungsländer zu entgehen. Die Öffnung hat den Entwicklungsländern normalerweise weder nationalen Reichtum noch wirkliche politische Selbstbestimmung gebracht, sondern sie zu Absatzmärkten, Rohstofflieferanten sowie zum Hinterhof der kapitalistischen Hauptmächte degradiert und in den nationalen Ruin getrieben.

Staat und Markt

Wenn vom Verhältnis von Staat und Markt in der VRCh die Rede ist, muss man sich bewusst sein, dass die westliche Vorstellung vom Staat mit dem Narrativ vom unfähigen, ineffizienten und Steuergelder verschleudernden Staat konnotiert ist. Das ist ein Ergebnis einer jahrzehntelangen neoliberalen Gehirnwäsche, des Kaputtsparens und der Privatisierung von öffentlichen Verwaltungen.[24]

In der VRCh spielt der Staat seit 1949 eine zentrale Rolle in der Lenkung der Wirtschaft,[25] auch nach der Einführung des Marktes in der Periode ›Reform und Öffnung‹. Die Entscheidung für eine Marktwirtschaft wurde in China nie als Systementscheidung betrachtet.[26] Die chinesischen KommunistInnen haben zum Verhältnis von Staat und Markt eine nüchterne, relativ unideologische Einstellung, was sich im folgenden Zitat von Deng ausdrückt: »Planung und Markt sind beides Mittel zur Steuerung der Wirtschaft.«[27] Die Kraft des Staates zur Makrosteuerung der Wirtschaft zeigt sich darin, dass kein großes Unternehmen gegen die Interessen des Staates, beziehungsweise der KPCh handeln kann, während im Westen die Erfahrung eher in die umgekehrte Richtung weist. Keine Regierung kann längerfristig gegen die Interessen der geballten Macht der großen Konzerne handeln.[28]

Die heute ungefähr hundert staatseigenen Konzerne bilden das wirtschaftliche Rückgrat der VRCh. Seit 2017 müssen sie wieder 30 Prozent ihrer Gewinne direkt an den Staat abführen.[29] Sie sind die Haupteinnahmequelle des Staates und sorgen für seine Stabilität sowie die Grundversorgung der Gesellschaft in den Bereichen der Infrastruktur, Telekommunikation, Energieversorgung, Finanz- und Versicherungswesen, Gesundheitswesen und Pharmazie.[30]

Die chinesische Kampagne in den Jahren 2020 und 2021 gegen die sehr mächtig gewordenen Konzerne, vor allem die großen Tech-Unternehmen, bestätigt, dass in der VRCh im Fall der Fälle die kommunistische Regierung die Marktmacht in die Schranken weisen kann, während in den USA Maßnahmen gegen die IT-Giganten keine Chancen haben, wie die Washington Post am 28. Juli 2021 beklagte.[31]

Xi: »Die Wirtschaft wird nicht durch eine unsichtbare Hand gelenkt, sondern durch eine recht deutlich sichtbare, von der KPCh gesteuerte staatliche Hand, und sie wird einer rigiden gesetzlichen Marktkontrolle unterzogen.«[32] Mit anderen Worten: Die KPCh hat die Marktwirtschaft nicht der Kalkulation und Spekulation von Privateigentümern überlassen, die Partei war ja von Anfang an das bestimmende Subjekt bei der Öffnung der Wirtschaft.

Die VRCh konnte von ausländischen Direktinvestitionen und Produktionsverlagerungen vor allem deshalb profitieren, weil es keinen freien Kapitalverkehr, sondern restriktive Kapitalverkehrskontrollen und staatliche Auflagen gab, die das klare Ziel verfolgten, das ausländische Know-how ins Land zu holen.[33] China hat trotz der marktwirtschaftlichen Reformen die eigene Währung nicht dem internationalen Finanzmarkt geöffnet und damit der Kontrolle des US-Dollars unterworfen. Es hat den nationalen Markt nicht dereguliert, sondern im Gegenteil mittels staatlicher Eingriffe im Interesse eines »gemeinsamen Wohlstands« kontrolliert.[34] Liu Wie, Vizedirektor der Beijing Universität: »Der Marxismus musste zeigen, dass eine Marktwirtschaft unter der Hand des Staates effizient arbeitet – in Konkurrenz zur Privathand im Kapitalismus.«[35] Der marxistischen Steuerung der chinesischen Wirtschaft dienen heute hochentwickelte und hochkomplexe Informations- und Lenkungsinstrumente, die auf der laufenden Erhebung von Milliarden von Daten basieren. Wolfram Elsner kommt zum Schluss, dass China heute zeige, wie Marktwirtschaft in der Tat funktionieren kann: als flexibler Anpassungsmechanismus an das, was die Menschheit braucht. China habe die Marktwirtschaft besser verstanden als die westlichen Länder.[36]

Massenlinie

Der chinesische Staat gewinnt seine Legitimität beim Volk auf eine andere Art als über parlamentarische Repräsentation. Der australische Philosoph Roland Boer macht einen Unterschied zwischen historischer und praktischer Legitimität der KPCh.[37] Die historische

Legitimität sei zeitlich begrenzt und beruhe auf der Befreiung Chinas und der Gründung der VRCh, welche das Verdienst der KPCh seien. Die praktische Legitimität müsse die KPCh ständig neu erlangen. Darin besteht die sogenannte »Massenlinie« der Partei, die schon Mao mit dem Slogan »von den Massen zu den Massen« formuliert hatte. »Massenlinie« heißt symbiotische Bindung zwischen der Partei und dem Volk, welche garantieren muss, dass sich die große Mehrheit der Bevölkerung vertreten fühlt. Ein Beispiel dafür ist der Umgang der VRCh mit der Corona-Krise vor Ort (siehe 19. Kapitel). China habe gezeigt, so Wolfram Elsner, wie planmäßiges, vertrauensbasiertes, wissenschaftsbasiertes, gesellschaftliches und staatliches kollektives Handeln im Umgang mit einer neuartigen Virenpandemie geht.[38]

Um die Legitimität oder das »Mandat des Himmels« nicht zu verlieren muss die Regierung möglichst zeitnah regieren. Frank Sieren stellt fest, dass sie durch die IT-Innovationen schon heute viel besser über die Stimmung der Menschen im Land Bescheid wisse, als es die Politik im Westen tue.[39] Es ist einer der großen Unterschiede der KPCh gegenüber der sowjetischen Kommunistischen Partei (KPdSU), dass sie einen viel stärkeren Rückhalt in der Bevölkerung hat, vor allem auch in der Landbevölkerung. China überstand viele Krisen, weil die KPCh auf der untersten Ebene im täglichen Leben präsent ist.[40] Die KPCh ist zwar eine straff organisierte leninistische Partei, sie ist aber keine elitäre Partei besonderer Auserwählter.[41]

Eigenständigkeit und Unabhängigkeit

Leitprinzip der KPCh in ihrer über hundertjährigen Geschichte ist Eigenständigkeit und Unabhängigkeit. Es ist der Schlüssel für die Erfolge der Partei unter Mao Zedong, Deng Xiaoping, Jiang Zemin, Hu Jintao und Xi Jinping, wie Cheng Enfu, Professor und Präsident der Akademie für Marxismus der Chinesischen Akademie für Sozialwissenschaften in Shanghai, darstellt.[42] Eigenständig bleiben und gleichzeitig auf allen Gebieten die nützlichen Dinge des Westens kritisch überprüfen und dann übernehmen, dazu hat schon Mao geraten.[43] Die KPCh hat es auch in der Periode der Öffnung geschafft, einen eigenständigen Weg zu gehen, statt sich den westlichen Regeln der Globalisierung zu unterwerfen.[44] Xi sagt rückblickend: »In der Frühphase der ›Reform und Öffnung‹, als es China noch an Kraft und Erfahrung fehlte, bezweifelten viele Menschen, dass wir die Vorteile der ›Reform und Öffnung‹ tatsächlich würden nutzen können, ohne von den dominierenden westlichen Ländern zersetzt oder verschluckt zu werden.«[45] Das chinesische Wirtschaftswunder wurde durch Eigenständigkeit erarbeitet.

Debatten und Selbstkritik

Widersprüche und Probleme werden in der KPCh und in der chinesischen Gesellschaft, entgegen der westlichen Wahrnehmung, reflektiert und offen diskutiert.[46] Die KPCh folgt auch hier dem alten konfuzianischen Prinzip von Selbstkritik und Kritikbereitschaft.[47] Sie steht heute offen zu ihren Fehlern und hat sich als äußert belastbar erwiesen.[48] »Die Vitalität der KPCh beruht auch auf ihrer Selbstrevolution und insbesondere auf ihrer Fähigkeit, sich ihren eigenen Problemen zu stellen, für die Wahrheit einzutreten, ihre Fehler zu korrigieren und sich ständig selbst zu reflektieren«, so die oben zitierte Yu Xiaoxuan.[49] In der Selbsterneuerung und Selbstkorrektur unterscheidet sich die KPCh von den kommunistischen Parteien in den ehemaligen sozialistischen Ländern Osteuropas. So gab es zum Beispiel in den Jahren der »Reform und Öffnung« in der KPCh offene Orientierungskämpfe um die Entwicklungsstrategie und die kapitalistischen Elemente in der Wirtschaft, mit anderen Worten um Kapitalismus und Sozialismus und um die Folgen der gigantischen wirtschaftlichen und sozialen Umbrüche durch Öffnung und Liberalisierung. Im 10. Kapitel wurde gezeigt, wie seit Beginn der Ära Xi Jinping ein radikaler Prozess der »Selbsterneuerung« der KPCh und der Gesellschaft und eine »Reinigung des Staatsapparats« stattfindet.[50]

Kampf gegen Korruption

Xi Jinping hat die Bekämpfung der Korruption als »Überlebensfrage für Partei und Staat« dargestellt[51] und in diesem Zusammenhang von einer »Loslösung der Partei von der Bevölkerung, Bürokratie und von mangelhafter parteiinterner Kontrolle« gesprochen.[52] Der Antikorruptionskampf hat in der KPCh seit den 1980er Jahren Tradition. Auch unter Jiang Zemin und Hu Jintao kämpfte die Parteiführung gegen Korruption. Doch was steckt eigentlich dahinter? Der Begriff Korruption ist ein unterdefinierter Begriff, unter dem man je nach Bedarf Verschiedenes verstehen kann. Wenn Gruppen von Menschen oder Einzelne auf Grund ihrer Machtposition oder ihres Geldes (was praktisch auf dasselbe herauskommt) sich oder anderen Vorteile verschaffen können, so werden dadurch meistens die weniger Privilegierten oder Schwächeren geschädigt. Im Staat und in der Partei versuchen so Lobbys ihre Interessen gegen die breite Bevölkerung durchsetzen. Das ist nichts anderes als eine versteckte Art des Klassenkampfes. Deshalb hat der Antikorruptionskampf Xis nicht nur eine moralische, sondern auch eine eminent politische Bedeutung. Partei und Staat sind auch in China Orte, wo Interessen ausgefochten werden und wo ein Kampf um die richtige Linie stattfindet. In der westlichen Wahrnehmung wird dieser Kampf sehr unpräzis als Xis Unterbindung des »Widerstands der Elite« reflektiert.[53]

Kleiner Exkurs zur Systemfrage

Große Ungleichheit in China

Die Wohlstandskluft in der chinesischen Gesellschaft ist durch das schnelle Wachstum seit der Periode »Reform und Öffnung« stark gestiegen. Der Gini-Index, ein Maß für die Ungleichheit in einer Gesellschaft, ist in der VRCh von 0,28 im Jahr 1989 auf 0,46 im Jahr 2017 gestiegen (USA: 0,41; Deutschland: 0,32; Finnland: 0,27). Eine absolut egalitäre Verteilung hätte den Wert null, und eine möglichst extreme Ungleichheit bekäme den Wert eins.[54] Die Ungleichheit ist einer der Gründe, weshalb westliche Linke der VRCh den Sozialismus absprechen.

Der zunehmende Einkommensunterschied spielte für die KPCh lange keine entscheidende Rolle. In der Langzeitplanung war die Ungleichheit ein zeitlich begrenzter Nebenwiderspruch, der in Kauf genommen wurde, solange die Armut beseitigt und ein bescheidenes Maß an allgemeinem Wohlstand erreicht werden konnte. Heute findet in der Ära Xi Jinping eine Korrektur statt. Die KPCh versucht, die enorme Ungleichheit zu senken und hat den »gemeinsamen Wohlstand« auf ihre Fahne geschrieben. Geplant ist ein Gini-Index von 0,32.[55] »Essentielle Bedingung für den ›Sozialismus chinesischer Prägung‹ ist ein vergleichbares (nicht gleiches! Anm. BS) Einkommen für verschiedene Bevölkerungsschichten und in den einzelnen Landesteilen.« meint Xi.[56]

Wessen Partei ist die KPCh?

Unter den über 96 Millionen Mitgliedern der KPCh, die 6,6 Prozent der Gesamtbevölkerung ausmachen, sind 34,8 Prozent ArbeiterInnen und Bauern/Bäuerinnen. 26,7 Prozent sind TechnikerInnen oder ManagerInnen, 8,4 Prozent Staatsangestellte und 7,7 Prozent Studierende. Die Mitglieder mit Hochschulbildung machen 40,7 Prozent aus. Der Frauenanteil liegt bei 28 Prozent.

Seit den 1990er Jahren können auch private UnternehmerInnen Mitglied der Partei werden. Ändert sich dadurch der Charakter der Partei? Deng wurde die Frage schon 1978 bei der Öffnung für das westliche Kapital gestellt. Seine Antwort: »Es kann sich eine Handvoll bürgerlicher Elemente entwickeln, aber sie bilden keine Klasse.«[57] und: »Wir werden die Entwicklung einer neuen Bourgeoisie nicht erlauben.«[58] Dem stimmt heute der britische Sozialtheoretiker David Harvey vorsichtig formulierend zu: Der Unterschied gegenüber den Machtzentren des Weltkapitalismus und des Neoliberalismus sei, dass diejenigen, welche in China die Macht ausübten, eine Politik betrieben, die sich durch den Versuch auszeichne, die Bildung einer Klasse von KapitalistInnen zu verhindern.[59]

Um den Klassencharakter der KPCh zu bestimmen, sind die privaten UnternehmerInnen tatsächlich nicht das Hauptproblem. Auch wenn die Partei heute offiziell beteuert, dass »Arbeiter, Bauern, Soldaten und Intellektuelle das Fundament und das Rückgrat der KPCh bleiben«,[60] so muss ergänzt werden, dass die KPCh längst eine breite Volkspartei ist. Sie ist heute eine Kombination von verschiedenen Klassen. In ihr nimmt die neue und »weltgrößte Mittelschicht« einen bedeutenden Platz ein.[61] Hier wird bewusst der soziologische und nicht klassenpolitische Begriff übernommen. Er umfasst die vielen FacharbeiterInnen, Staatsangestellten, LehrerInnen, IngenieurInnen, AkademikerInnen, KleinunternehmerInnen usw. Die chinesische Mittelschicht ist das Produkt des Wirtschaftswunders. Sie profitiert vom »Sozialismus chinesischer Prägung« und reklamiert heute, zusammen mit den untersten Schichten, einen größeren Anteil am »gemeinsamen Wohlstand«.

Für den Kapitalismus: ein Systemrivale

Auf den ersten Blick könnte man meinen, dass die Auseinandersetzung zwischen dem Westen und der VRCh nichts anderes sei als ein Konflikt zwischen großen wirtschaftlichen Rivalen, ein Kampf um Märkte und Lieferketten, um Einflusssphären und technologische Innovation. Beim genaueren Hinschauen stellt man fest, dass China vom internationalen Kapital nicht nur als Konkurrent angesehen wird, sondern auch explizit als politischer und ökonomischer »Systemrivale«, so vom Bundesverband Deutscher Industrie (BDI) und von der EU-Kommission.[62] Es ist eine Rivalität zwischen zwei verschiedenen Wirtschaftssystemen.[63] Die US-Eliten der Republikanischen und der Demokratischen Partei suchen offen den »Systemkonflikt« und wollen diesen mit allen Mitteln gewinnen.[64] Auch bedeutende Teile der europäischen kapitalistischen Eliten meinen, im Erfolg Chinas eine der größten Gefahren für die langfristige Legitimität ihres eigenen Systems erkennen zu müssen.[65]

Auch den verbliebenen weltoffenen westlichen Liberalen sowie den chinafreundlichen westlichen UnternehmerInnen wäre eine

VRCh lieber, welche die marktwirtschaftlichen Errungenschaften nicht in eine sozialistische Entwicklung einbettet, ihre modernen wissenschaftlichen und technischen Errungenschaften nicht nach politischen Prioritäten fördert und den westlichen Werteuniversalismus nicht in Frage stellt.

Eine gute Nase für die Richtung, in welche der chinesische Schnellzug fährt, haben westliche Medien und Finanz- und InvestitionsberaterInnen, wenn sie sich gegen den in China wiederauflebenden Sozialismus-Diskurs und gegen den »neuen Marxismus« richten[66] oder wenn sie empfehlen, dass westliche GroßinvestorInnen China meiden sollten, weil dort »Grundlegendes im Gange« sei und »aggressive Reformen« darauf abzielten, die »Ungleichheit zu senken – notfalls zulasten der Unternehmen.«[67] Der Präsident der EU-Handelskammer in Beijing, Jörg Wuttke, beklagte zwei Dinge: erstens den neuen Wirtschaftskurs der chinesischen Regierung, der die Abhängigkeit vom Rest der Welt verringern wolle und zweitens die andauernde Reglementierung des Privatsektors des Landes. Die Regierung habe ein Umverteilungsprogramm verabschiedet, durch das ein »gemeinsamer Wohlstand« erreicht werden soll.[68] Die deutsche Zeitung *Wirtschaftswoche* stellte panisch fest, dass riesige Technikkonzerne in die Schranke gewiesen werden und dass gleichzeitig von der Forderung nach »gemeinsamem Wohlstand« geredet werde.[69]

Für die westliche Linke: ein Problem

Viele westliche Linke, auch verbliebene westliche marxistische Linke, sind – wie es scheint – der gegenwärtigen Sinophobie erlegen. Sie verkennen, was gegenwärtig in China vor sich geht, stellen sich offen auf die Seite der westlichen Mächte und teilen deren Ängste vor China. Jan Turowski, Leiter des Büros der Rosa-Luxemburg-Stiftung in Beijing, meint, dass viele westliche Linke von einem konfrontativen bürgerlichen und antikommunistischen China-Diskurs getrieben seien und kaum über Kenntnisse der Geschichte und Entwicklung der VRCh verfügen.[70] Viele Linke scheinen nach einigen

Jahrzehnten neoliberalem Mainstream nicht mehr zu einer sachlichen China-Analyse, geschweige denn zu einem qualifizierten China-Diskurs fähig. Die Inhalte der gegenwärtig stattfindenden historischen Wende und die sich weltweit vollziehende epochale Änderung der globalen Kräfteverhältnisse werden nicht wahrgenommen.[71]

Eine verbreitete Meinung in der marxistischen Literatur besagt, dass in China ein »Staatskapitalismus« herrsche.[72] Wahlweise wird noch das Adjektiv ›autoritär‹[73] oder ›grauenhaft‹[74] hinzugefügt. Theodor Bergmann nennt den »Sozialismus chinesischer Prägung« einen »leninistischen Kapitalismus«.[75] Slavoj Žižek, der Vorzeigeintellektuelle der sogenannten »radikalen Linken«,[76] spricht sogar von einem »autoritären Kapitalismus«.[77] Diejenigen, die unsicher sind, nennen ihn eine »hybride Gesellschaftsform«, die sowohl kapitalistische als auch sozialistische Elemente beinhalte.[78] Die linke Restaurationstheorie besagt, dass es keinen Unterschied gebe zwischen China und einem beliebigen anderen kapitalistischen Land und dass die VRCh ein »imperialistisches Land« sei.[79] Lieblingsobjekt linker marxistischer Kritik im Westen ist der Weg der »Reform und Öffnung«, beziehungsweise die Übergangsphase zum Sozialismus, welche als »Verrat an der Revolution« angesehen wird.[80] Das Unverständnis gegenüber der Öffnungspolitik teilte übrigens auch die kubanische Linke. Fidel Castro hatte schon in den 1960er Jahren Mao als »senilen Idioten« bezeichnet, nachdem dieser das immer enger werdende Bündnis Kubas mit der Sowjetunion kritisiert hatte.[81] Castro bezeichnete Deng wegen der Öffnungspolitik als eine »Art Hitler-Karikatur«.[82] Auch ein Fidel Castro konnte sich offensichtlich verrennen.

Im westlichen Marxismus gibt es eine lange Tradition des Entweder-oder, welche jetzt auch gegenüber der VRCh zum Tragen kommt: entweder Sozialismus oder gar nichts! Der italienische Philosoph Domenico Losurdo, der in diesem Buch immer wieder zu Wort kommt, kritisierte diese Tradition treffend: »Sobald eine konkrete linke staatstragende Politik nicht mehr den dogmatischen Idealvorstellungen der westlichen Linken entspricht, wendet sich diese ernüchtert ab.«[83] Die Schwierigkeiten beim Aufbau einer postkapitalistischen Gesellschaft sind nicht mehr so attraktiv und faszinierend wie der Befreiungskampf. Kuba, Vietnam und jetzt auch China wurden nur »geliebt«, solange sie als »arm oder gleich« und als Opfer von imperialistischer Unterdrückung wahrgenommen wurden. Wenn reale Schritte zur Überwindung dieses Zustandes unternommen werden, auch wenn diese neuen Widersprüche mit sich bringen, ist der Anspruch an die Utopie in den Augen vieler westlicher MarxistInnen verwirkt. Ernüchterung und zunehmende Distanz stellen sich ein, die manchmal sogar in Hass übergehen. Wenn die vollendete Utopie zum Gradmesser der Sympathien wird, ist das gemäß Losurdo ein »eklatanter Eurozentrismus«, der den Bezugsverlust der westlichen Linken zu den realen antikolonialistischen Emanzipationsbewegungen im Globalen Süden zeige.[84]

Bei der sozialdemokratischen westlichen Linken gibt es für die antichinesische Haltung neben den eingangs erwähnten auch noch andere Gründe. Wenn man das sozialdemokratische Einstimmen ins China-Bashing untersucht, wird man bei der traditionellen Einbettung der europäischen Sozialdemokratie in das von den USA geführte transatlantische Bündnis fündig. Der sozialdemokratische Transatlantismus gesellte sich nach dem Zweiten Weltkrieg zum traditionellen sozialdemokratischen Antikommunismus. Wolfram Elsner bemerkt, dass den SozialdemokratInnen der kommunistische Osten als Feindbild spätestens seit 1918 und weit mehr als vielen Bürgerlichen in den politischen Genen stecke.[85] Die Sozialdemokratie stehe heute angesichts der »Systemherausforderung durch den Wohlstands-Sozialismus«, wie er in China entstehe, »auf der Seite des Kalten Krieges 2.0«.[86] Fündig wird man in punkto Sozialdemokratie auch in Bezug auf ein ganz simples, aber kommodes politisches Muster: Durch die Anti-VRCh-KPCh-Haltung können zwei Fliegen mit einer Klappe geschlagen werden, die Feindbilder Kommunismus und Kapitalismus, beziehungsweise ›kommunistisches‹ und ›kapitalistisches‹ China.

Bei den europäischen Grünen ist die Gemengelage ähnlich wie bei der Sozialdemokratie. Auch die Grünen gehören seit ihrer Versöhnung mit dem kapitalistischen Establishment der transatlantischen Großkoalition an. So meinen zum Beispiel die deutschen Grünen, dass das Bekenntnis zur NATO und den »transatlantischen Partnern« die Voraussetzung sei, um sich im »demokratischen Lager« überhaupt für Umweltschutz engagieren zu können.[87] Die Grünen haben sich offensichtlich weit von der eigenen Vergangenheit entfernt. Sie applaudieren den antichinesischen Attacken ihrer US-amerikanischen Bündnispartner und übertreffen diese sogar. Sie argumentieren mittels der Menschenrechte vor allem auf moralischer Ebene, weshalb ein Grünenkritiker, wie der deutsche Regisseur und Publizist Hans-Rüdiger Minow, sie schon 1999 als »ethische Imperialisten« etikettierte.[88] Wolfram Elsner geht noch weiter und bezeichnet die deutschen Grünen als »neue kriegslüsterne westliche Speerspitze« gegen China.[89] Das Verhältnis von deutschen Grünen-ExponentInnen zu China hat zum Teil auch biografische Dimensionen. Jürgen Trittin (ehemaliger Bundesminister), Antje Vollmer (ehemalige Vizepräsidentin des Bundestages), Winfried Kretschmann (Ministerpräsident von Baden-Württemberg), Reinhard Bütikofer (ehemaliger Parteichef und EU-Parlamentarier) und Joscha Schmierer (Planungsstab Auswärtiges Amt), um nur einige der bekannten deutschen Grünen PolitikerInnen zu nennen, waren einst im Umfeld der deutschen MaoistInnen politisch engagiert. Wenn viele von ihnen am heftigsten am China-Bashing beteiligt sind, haben sie offensichtlich ein echtes Chinaproblem.

Schlussfolgerung zur Systemfrage

Kommen wir nun zur Beantwortung der Systemfrage. Ist die VRCh ein sozialistisches Land? Ist es eine ›kapitalistische Marktwirtschaft‹ oder eine ›sozialistische Marktwirtschaft‹ oder ein ›marktwirtschaftlicher Sozialismus‹ oder ein ›Sozialismus mit Märkten‹? Vielleicht sollte man sich zuerst fragen, was ein Land denn als kapitalistisches kennzeichnet? Es ist ein verbreiteter Fehler, wenn man den Kapitalismus nur auf ein ökonomisches Phänomen reduziert. Er ist vielmehr ein »komplexes System«,[90] ein »Ganzes«, das aus einer dialektischen Totalität aus Basis und Überbau, aus Wirtschaft und Staat, Kultur und Ideologie besteht. Systemisch betrachtet macht eine Marktwirtschaft allein also noch keinen Kapitalismus aus. Dazu gehören die Ausbeutung der werktätigen Bevölkerung durch die Klasse der KapitalistInnen, die endlose, der Profitrate folgende Akkumulation des Kapitals und – ganz wichtig – die Unterordnung des Staates und des ganzen Überbaus unter die wirtschaftlichen Interessen des Kapitals. Kurz gesagt: Im kapitalistischen System ist alles einem einzigen Ziel untergeordnet.

Wenn aber in einem sozialistischen Staat wie der VRCh in den 1970er Jahren Marktelemente eingeführt werden und neben dem staatlichen und gemeinwirtschaftlichen Sektor auch private Unternehmen zugelassen werden, bei denen die Mehrwertabschöpfung privatisiert und der Mehrwert teilweise ins Ausland abgeführt wird, so wird das »Ganze« keineswegs ein kapitalistisches System, solange das politische Primat über die Ökonomie bestehen bleibt und dieses von der kommunistischen Partei für die Realisierung einer sozialistischen Transformation eingesetzt wird. Das ist im heutigen China offensichtlich der Fall. Aus systemischer Logik ist die VRCh deshalb kein kapitalistisches Land, auch kein staatskapitalistisches, denn letzteres wäre nach wie vor ein kapitalistisches »Ganzes«. Der Begriff des Staatskapitalismus ist eine Contradictio in Adiecto, ein Widerspruch in sich. Aus derselben systemischen Logik gibt es auch kein »hybrides System«, welches gleichzeitig kapitalistisch und sozialistisch ist.

Zur weiteren Klärung müssen die Erkenntnisse aus dem ersten Teil dieses Kapitels herangezogen werden:

- Das sozialistische Grundprinzip des öffentlichen Eigentums an den Ressourcen und Produktionsmitteln und der Verteilung nach Leistung ist in China beibehalten.
- Das politische Primat über die Ökonomie ist durch die Füh-

rung des Staates, beziehungsweise durch die KPCh, gewährleistet. Die Entwicklung der Produktivkräfte geschieht bewusst und wird nicht der unsichtbaren Hand des Marktes überlassen. Michael Hudson meint, dass »nur eine sozialistische Regierung die Gesellschaft vor der Übernahme durch eine Finanzoligarchie schützen« könne.[91]

- Keine kapitalistische Marktwirtschaft wäre in der zweiten Hälfte des 20. Jahrhunderts in der Lage gewesen, 800 Millionen Menschen innerhalb von ein paar Jahrzehnten aus großer Armut zu befreien und in einen bescheidenen Wohlstand zu führen und keine kapitalistische Marktwirtschaft wäre in der Lage gewesen, China so lange anhaltend und stabil gegen alle äußeren Widrigkeiten nachholen und aufsteigen zu lassen.[92]
- Der Marxismus ist in der VRCh weiterhin das theoretische Werkzeug für das Begreifen der Wirklichkeit und für die Lenkung der Praxis. Es ist letztendlich eine eurozentristische Haltung, wenn man im Sinne der Gralshüter des reinen Marxismus die Weiterentwicklung des Marxismus unter neuen Bedingungen ablehnt. Die KPCh hat es geschafft, mit dem Marxismus die Lage eines Drittweltlandes zu analysieren und zu lernen, wie die Voraussetzungen für einen Übergang zum Sozialismus erst noch geschaffen werden können.

Schlussfolgerung: Die VRCh ist ein Staat, der sowohl von sozialistischen Prinzipien geleitet wird, als auch marktwirtschaftliche Elemente einsetzt, um diese Prinzipien zu erreichen. Ein Staat, der im Begriff ist, die Grundlagen für eine entwickelte sozialistische Gesellschaft aufzubauen. Die KPCh verfolgt ein langfristiges Programm der bewussten Gestaltung der Gesellschaft mit dem Ziel, über den Sozialismus hinaus den Kommunismus zu verwirklichen.[93] Der »Sozialismus chinesischer Prägung« ist ein »System sui generis«, ein System eigener Art, für das es bisher kein Analysemodell gab, meint Yukon Hunang, ehemaliger Chef der Weltbank.[94] Er ist einerseits eine nicht-eurozentristische Antwort auf die Frage der sozialistischen Transformation eines Drittweltlandes und andererseits die Antwort auf die zentrale Frage, wie vier Fünftel der Menschen aus einer seit dreihundert Jahren dauernden kolonialen Abhängigkeit befreit werden können. Er ist für andere Transformationsversuche und sozialistische Aufbauversuche in Afrika, Vietnam, Laos und seit kurzem auch in Kuba eine fruchtbare Inspirationsquelle.[95]

Zuletzt eine Bemerkung eines Mitgliedes des Marxismus-Instituts der Akademie der Sozialwissenschaften (CASS) in Beijing: »Ihr fragt, ist das Sozialismus? Ich frage: Ist das Glas halbleer oder halbvoll? Unsere Antwort: Der Kampf um den Sozialismus geht weiter. (…) Als Marxisten ist uns klar, dass es keinen reinen Sozialismus gibt. Es kommt auf die Entwicklungsrichtung an, und die hängt in erster Linie an der KPCh.«[96]

Persönliche Bemerkung

Mein Interesse an der chinesischen Kulturgeschichte ließ mich das Geschehen in China schon immer zeitnah verfolgen. Bei der Arbeit an diesem Buch wurde mir bewusst, dass mich in den 1960er Jahren, obwohl ich ein sehr distanziertes Verhältnis zum Maoismus hatte, eine der Theorien der KPCh interessierte: diejenige vom »Kampf der zwei Linien«. Sie besagt im Wesentlichen, dass in einem antagonistischen, aus zwei widerstreitenden Polen bestehenden System der eine Pol sich notwendigerweise im anderen spiegelt und reproduziert, solange der Widerspruch nicht aufgelöst ist. Mit anderen Worten: In einer Bewegung, welche sich auf den Weg macht, den Kapitalismus zu überwinden, gibt es aus systemischen Gründen notwendigerweise einen rechten Flügel, der den kapitalistischen Antipoden spiegelt und sich mit diesem arrangieren möchte. Daraus ergibt sich eine mehr oder weniger offen geführte Auseinandersetzung um die richtige Linie. Diese Theorie war für mich seit den 1970er Jahre immer wieder ein Schlüssel für interessante politische Erkenntnisse.

Anmerkungen

1 Vgl. Baron et al., S. 104
2 Zitiert in Xi 2018, S. 35, 75f
3 Vgl. Baron et al., S. 104
4 Vgl. MEW Bd. 19, S. 19-21
5 Zitiert in: Kopf, S. 103
6 Vgl. Baron et al., S. 338
7 Vgl. Elsner 2020, S. 316
8 Zitiert in: www.dw.com/de/china-feiert-200-geburtstag-von-karl-marx/a-43650852, besucht 25.2.2022
9 Xi 2018, S. 75
10 Zitiert in: von Senger 2008, S. 57
11 Xi, zitiert in: www.bjrundschau.com / Beijing Rundschau (deutsche Ausgabe) 30.7.2021
12 Yu Xiaoxuan, zitiert in: www.youtube.com/watch?v=menbTDqCp5A, besucht 22.12.2021
13 Vgl. Kunzmann 2018, S. 45
14 Keyu, S. 14
15 Xi 2018, S. 168
16 Xi 2014, S. 12, 18, 28, 188, 514; 2018 3ff, 36f, 56, 168, 197, 261, 398f
17 Zitiert in: von Senger 2008, S. 79
18 Mao 1976, S. 22
19 von Senger 2008, S. 57
20 Vgl. Elsner 2020, S. 316
21 ebd.
22 Vgl. ebd., S. 24
23 Xi 2018, S. 104
24 Vgl. Wagenknecht, S. 313
25 Vgl. Jain-Chandra, Sonali et al.: Inequality in China, IWF 5.6.2018
26 Vgl. Baron et al., S. 264
27 Zitiert in: Baron et al., S. 264
28 Vgl. Sieren 2021, S. 246
29 Vgl. Kunzmann 2018, S. 71
30 Vgl. ebd., S. 66
31 Vgl. Kronauer 2021e
32 Xi 2018, S. 30
33 Vgl. Wagenknecht, S. 313
34 Vgl. Kronauer 2021c
35 Zitiert in: Baron et al., S. 264
36 Vgl. Elsner 2019, S. 199
37 Vgl. Boer
38 Vgl. Elsner 2021, S. 138
39 Vgl. Sieren 2021, S. 161
40 Vgl. KAZ

41 Sieren 2021, S. 161
42 Vgl. Cheng
43 Vgl. ebd.
44 Vgl. Wagenknecht, S. 314
45 Xi 2018, S. 258
46 Vgl. Fellner
47 Vgl. Paul, S. 85
48 Vgl. Wu Ken, in: junge Welt v. 19.6.2021, S. 12
49 Yu Xiaoxuan, zitiert in: www.youtube.com/watch?v=menbTDqCp5A, besucht 22.12.2021
50 Zitiert in Xi 2018, S. 49, 200
51 Xi 2018, S. 50
52 Xi 2018, S. 452; 2014, S. 225
53 Fischer
54 Vgl. de.wikipedia.org/wiki/gini-index, besucht 28.12.2021
55 Vgl. Kunzmann 2018, S. 82
56 Zitiert in: Der Bund v. 3.9.2021, S. 2
57 Zitiert in: Losurdo 2017, S. 307
58 Deng Bd. II: Die vier Grundprinzipien hochhalten
59 Vgl. Harvey, David: Kleine Geschichte des Neoliberalismus. Zürich 2007
60 Wu Ken: Den Sieg über Corona verdienen wir der Partei, in: Interview in: junge Welt v. 19.6.2021, S. 12
61 Mahbubani 2020, S. 165
62 BDI: Zitiert in: junge Welt v. 19.3.2019, S. 12; EU, zitiert in: Spiegel online: Europa tritt gemeinsam an, besucht 25.3.2019
63 Hudson 2022a
64 Vgl. Schuhler 2020
65 Vgl. Kunzmann 2018, S. 110
66 Vgl. Achten 2018d
67 Zitiert in: cash.ch v. 10.10.2021, besucht 22.12.2021
68 Zitiert in: Brüssel in Sorge um China, 24.9.2021 in: www.jungewelt.de/artikel/411058.absatzmaerkte-in-china-bruessel-in-sorge-um-profite.html, besucht 5.10.2021
69 Zitiert in: junge Welt v. 18.9.2021, S. 3
70 Zitiert in: Behrens, S. 220
71 Vgl. Losurdo 2017, S. 341
72 Zum Beispiel: Resnik, Stephen / Wolff, Richard D.: Class Theory and History: Capitalism and Communism in the USSR. New York 2002; oder Grant, Ted: Against the Theory of State Capitalism, in: www.marxists.org/archive/grant/1949/cliff.htm, besucht 15.9.2022
73 Vgl. www.linkes-forum-oldenburg.de/images/Achim_Oldenburg/pdf/Vortrag_Staatskapitalismus.pdf, besucht 15.9.2022
74 Vgl. Spanidis
75 Bergmann, S. 27ff
76 Losurdo 2017, S. 302

77 Zitiert in: ebd., S. 287; Žižek, Slavoj: Mao Zedong, the marxist Lord of misrule. Introduction to Mao. On Practice and Contradiction. London 2007
78 Vgl. Seifert/Cavalli
79 Kunzmann 2018, S. 42
80 Zitiert in: ebd., S. 54
81 Vgl. Kunzmann 2021
82 Vgl. ebd.
83 Vgl. Losurdo 2017, S. 12
84 Vgl. ebd.
85 Vgl. Elsner 2020, S. 292
86 Elsner 2021, S. 67
87 Zitiert in: Heyer, Andreas: Der Preis der Ökologie, in: junge Welt v. 6.1.2022, S. 12
88 Minow: Ethischer Imperialismus, in: konkret 5/1999, S. 5
89 Elsner 2020, S. 27
90 Althusser
91 Hudson 2022a
92 Vgl. Schmid, S. 35f
93 Vgl. Kunzmann 2018, S. 64
94 Zitiert in: Baron et al., S. 265
95 Vgl. Kunzmann 2018, S. 111
96 KAZ

16. Kapitel

Westlicher Albtraum: Demokratie und Menschenrechte

These: Es gibt weltweit verschiedene Modelle der Volksherrschaft, und die Menschenrechte sind unter anderem eine Frage der gesellschaftlichen Entwicklung

Persönliche Bemerkung

Beim Schreiben dieser These kam ich mir wie in einem Gerichtsprozess vor. Der Angeklagte, wegen Menschenrechtsverletzungen und vorsätzlich undemokratischem Verhalten vor Gericht, hat in einem westlichen Tribunal nicht den Hauch einer Chance. Ich fühle mich weniger in der Rolle eines Verteidigers als in der eines wissenschaftlichen Dolmetschers, der sich erlaubt, neben dem Übersetzen den Prozess zu kommentieren.

Westliche Anklage

Demokratie: Die 1,4 Milliarden ChinesInnen leben in einem autoritären Staatssystem, in einem autokratisch regierten Einparteienstaat, in einem Staat ohne Wahlrecht, ohne Opposition, ohne Gewaltenteilung und ohne Minderheitenschutz. Es wird die universelle Gültigkeit der westlichen Demokratie postuliert. Kern der Anklage ist mangelnde Rechtsstaatlichkeit, beziehungsweise die Absenz der Gewaltenteilung. Laut *Neuer Zürcher Zeitung* ist Chinas Bestreben, »eine bessere Demokratie zu sein, gefährlich«.[1]

Menschenrechte: China hat einen »olympischen Negativrekord« in Menschenrechtsfragen.[2] Die Menschenrechte werden systematisch missachtet. Vom Westen wird die universelle Gültigkeit der Menschenrechte postuliert. Im Fokus stehen die Überwachung und der Zugriff auf die Privatsphäre.

Obwohl die Demokratie- und die Menschenrechtsfrage eng miteinander verbunden sind, werden sie hier aus methodischen Gründen getrennt behandelt.

Volksherrschaft

Verschiedene Formen der Volksherrschaft

Grundsätzlich muss man festhalten, dass in der Weltgeschichte bis heute verschiedene Formen von Volksherrschaft existierten und dass der westliche und der chinesische Begriff der Volksherrschaft in wesentlichen Punkten differieren. Wang Huning, chinesischer Theoretiker und Mitglied des Ausschusses des Politbüros der KPCh, meint: »Die Bildung demokratischer Institutionen setzt das Vorhandensein spezieller historischer, sozialer und kultureller Bedingungen voraus. Bis diese herangereift sind, sollte die politische Macht darauf ausgerichtet sein, diese Bedingungen zu entwickeln.«[3]

Chinas lange staatspolitische Tradition kennt keine Gewaltenteilung, keinen Parteienpluralismus und keine Opposition als politische Institution.[4] Unbekannt ist auch die europäische Tradition des Citoyens, des aufgeklärt-gebildeten und wohlbetuchten Staatsbürgers, der das soziale Fundament der Idee der westlichen Demokratie bildete. In China denkt man, so der Sinologe François Jullien, seit Jahrtausenden in Begriffen des Ausgleichs und der Harmonie, pflegt seit tausend Generationen die indirekte politische Rede und ergeht sich vorwiegend in Anspielungen und Andeutungen.[5] Chinas Staatsverständnis ist vom Streben nach gesellschaftlicher Harmonie und staatlicher Stabilität geprägt. Für die Mehrheit der Chinesinnen und Chinesen ist die Unterordnung des Individuums unter die Interessen des Staates eine Selbstverständlichkeit, und sie haben auch eine entsprechend andere Vorstellung von Grundrechten.[6]

Die offizielle Haltung fasst Yu Xiaoxuan, Botschaftsrätin der VRCh in Berlin, so zusammen: »Es gibt verschiedene Formen der Demokratie, und die beste ist die, die am besten zum eigenen Land passt. Demokratie ist ein gemeinsamer Wert der gesamten Menschheit und nicht von irgendeinem Land patentiert. Es gibt weltweit keine einheitliche Form der Demokratie. Entscheidend für die Beurteilung einer demokratischen Form ist, ob sie zur Geschichte und Kultur des Landes passt.«[7] Zhao Lijian, Sprecher des chinesischen Außenministeriums, fährt fort: »Demokratie soll nicht zu einem Werkzeug werden, um andere Länder zu diskreditieren und Konfrontationen zu provozieren. Der Maßstab für die Qualität eines politischen Systems besteht darin, ob es politische Stabilität, sozialen Fortschritt und die Verbesserung der Lebensgrundlage der Menschen bringen kann, ob es die Unterstützung des Volkes gewinnen und ob es zum menschlichen Fortschritt beitragen kann.«[8]

Kritik am westlichen Allgemeingültigkeitsanspruch

Ist die Kritik des Westens an der Volksherrschaft Chinas und an der Menschenrechtspraxis deshalb Schulmeisterei? Ist der Allgemeingültigkeitsanspruch, der von der westlichen Demokratie ausgeht, eine eurozentristische Überheblichkeit? Ist die Überzeugung, dass westliche Werte, Glaubenssysteme, Institutionen und Vereinbarungen allen anderen überlegen seien, eine Hybris? Nach den bisherigen Kapiteln dieses Buches müssen diese Fragen mit einem »Ja« beantwortet werden. Die eurozentristische Haltung wird vom schon zitierten ehemaligen deutschen Bundeskanzler Helmut Schmidt treffend kritisiert: Er, Schmidt, habe nicht das Recht, Politikern oder Menschen in anderen Ländern öffentlich Ratschläge zu geben, wie sie die Demokratie in einem Entwicklungsland einführen und wie sie die Menschenrechte verwirklichen sollen.[9] Er verweist auch auf die besonderen historischen und geopolitischen Bedingungen, unter denen Volksherrschaft entsteht.

Schauen wir uns also die chinesische Realität genauer an. Schon im 15. Kapitel haben wir gesehen, wie sich die Legitimität der VRCh und der KPCh historisch und praktisch begründet. Die Unterstützung des Volkes wird nicht durch ein elektorales Mandat erreicht. Der Volkswille wird nicht an der Urne ermittelt, sondern durch die Partei mit der sogenannten ›Massenlinie‹. Sie wird gemäß Uli Sigg, ehemaliger Schweizer Botschafter in der VRCh, in einer »intensiven Interaktion mit dem Staatsvolk« festgelegt.[10] Für westliche Menschen ist das etwas Unbekanntes und Gewöhnungsbedürftiges, eine der vielen chinesischen Heterotopien, die für das Verstehen Chinas entscheidend sind (siehe 3. Kapitel).

Zufriedenheit mit der chinesischen Demokratie

Die Zufriedenheit der großen Mehrheit der Bevölkerung mit der chinesischen Regierung wurde im ersten Kapitel erwähnt. Hier nun eine Untersuchung, welche die Haltung der chinesischen Bevölkerung zur Demokratie, wie die VRCh in der Verfassung genannt wird, wiedergibt:[11] 73 Prozent der Befragten sagen, dass ihr Land demokratisch sei, während es in den USA nur 49 Prozent sind. Dass ihre Regierung nur die Anliegen einer Minderheit vertritt, glauben 13 % der Befragten. In der Schweiz sind es 24 %.[12] Uli Sigg folgert daraus, dass der Westen es bei der VRCh mit einem Staat zu tun hat, dessen Führung sich auf eine eindeutige Mehrheit des Volkes stützen kann,[13] und Stefan Baron meint, dass die Machtausübung in China so vonstatten geht, dass die Macht dem mehrheitlichen Volkswillen entspricht, ohne das Volk in Wahlen zu befragen.[14] Partei und Regierung würden, so Frank Sieren, durch ihre Massenorganisationen, beziehungsweise durch ihre Staatsorgane (siehe unten) und durch die neuen Informationstechnologien die Stimmung oder den Puls in der Bevölkerung zeitnah und sehr viel besser erfassen, als es in den westlichen Herrschaftssystemen je der Fall sein könne. Die westlichen repräsentativen Demokratien werden von Frank Sieren folgendermaßen charakterisiert: Alle paar Jahre werfen ein paar noch nicht politikverdrossene Bürgerinnen und Bürger ein Stückchen Papier in die Urne, mit einem Kreuzchen darauf, das bei genauerer Beschäftigung mit den Parteiprogrammen womöglich an anderer Stelle gelandet wäre.[15] »Wünsche und Bedürfnisse der Menschen spielen im chinesischen System«, so Frank Sieren, »eine viel größere Rolle, als viele im Westen glauben.«[16] Eine Untersuchung der Harvard Kennedy School kam 2016 zum Schluss, dass der chinesische Staat mehr Legitimation besitze als jeder westliche Staat, obwohl Demokratie nach westlicher Art abwesend sei.[17]

Es muss hier nochmals erwähnt werden, dass in der chinesischen Gesellschaft eine offenere und demokratischere Debattenkultur herrscht, als es im Westen wahrgenommen wird.[18] In fast allen Bereichen des öffentlichen Lebens herrsche gemäß Keyu Jin ein »freier und ziemlich kontroverser Ton. (…) Jeder Mensch, der der chinesischen Sprache mächtig ist, kann das in den sozialen Medien mitverfolgen.«[19]

Die verschiedenen Komponenten der chinesischen Volksherrschaft

Was die Volksherrschaft betrifft, verfügt die VRCh über verschiedene Komponenten.[20]

- Erstens die Komponente der Wahldemokratie: Das sind die Volkskongresse, das heißt die Parlamente auf den fünf Ebenen von den Gemeinden bis zum Nationalen Volkskongress (NVK). Insgesamt gab es 2021 2,62 Millionen Volkskongress-Delegierte.
- Zweitens die Komponente der beratenden Demokratie: Das sind politische Konsultativkonferenzen auf den verschiedenen Ebenen der Volkskongresse, die auch basisdemokratische Elemente einschließen. Sie beraten die Volkskongresse und den Staatsapparat, ihre Mitglieder können auch aus dem Ausland stammen.
- Drittens die Komponente der Basisdemokratie: Seit den 1990er Jahren gibt es auf unterster staatlicher Ebene, das heißt in den Kommunen – davon gibt es in China über eine Million –, eine Form von demokratischen Wahlen. Das Gesetz über die Dorfausschüsse sieht vor, dass in dreijährigem Rhythmus Wahlen stattfinden. In einzelnen Kommunen wird zudem mit BürgerInnenselbstverwaltung und basisdemokratischen Einrichtungen experimentiert. 1999 wählte das Ministerium für Zivilverwal-

tung 26 Experimentierorte für Wahlen auf der untersten Ebene aus. Die 20-Millionen-Metropole Shenzhen, ein Labor für den »Sozialismus chinesischer Prägung«, darf bei der Demokratie-Innovation nicht fehlen. In dieser Stadt werden immer wieder neue Rechtsnormen ausprobiert, welche die Chance bekommen, auf anderer Ebene eingeführt zu werden.[21] Wie die Basisdemokratie nach chinesischer Art funktioniert, zeigt der »Vier-plus-zwei-Ansatz« (siehe unten).

- Viertens die Komponente der Nachbarschaft: Ende des 20. Jh. u. Z. wurden in den städtischen Kommunen moderne, partizipative urbane Nachbarschaftskomitees (chin. shequ) institutionalisiert.* Hier müssen sich, so kann man beim australischen Politologieprofessor Roland Boer nachlesen, die Mitglieder der KPCh bewähren, sie müssen mehr leisten als die anderen Bürgerinnen und Bürger, »mit gutem Beispiel vorangehen« und sich jederzeit »robusten Debatten« stellen.[22] In der Corona-Krise spielten die Shequ bei der Versorgung und Betreuung der Bevölkerung im Quartier und beim medizinischen Schutz und der Überwachung der Epidemie eine wichtige Rolle.

Der Vier-plus-zwei-Ansatz

Dengzhou, eine kleine Kreisstadt in der Provinz Henan, deren wirtschaftlicher Schwerpunkt auf der Grundstoffindustrie liegt, hat den sogenannten »Vier-plus-zwei-Ansatz« (vier Treffen und zwei Veröffentlichungen) entwickelt.[23] Beim ersten Treffen (1) führt die KPCh-Basisorganisation vor Ort eine breite Konsultation und detaillierte Untersuchungen durch, um erste Vorschläge machen zu können. Beim zweiten Treffen (2) werden die Vorschläge der KPCh-Basisorganisation von zwei Komitees der Gemeinde diskutiert. Beim dritten Treffen (3) versammeln sich alle Mitglieder der KPCh in der Gemeinde, um die Meinungen der beiden Komitees zu diskutieren

* Sie lösten die alten Basisorgane (chin.: Danwei) ab, ›Gemeinden‹, in denen der Arbeitsplatz das Kriterium der Zugehörigkeit bildete.

und weitere öffentliche Meinungen einzuholen. Beim vierten Treffen (4) diskutiert die Versammlung der VertreterInnen der Gemeinde und stimmt über die Vorschläge ab. Anschließend werden die Beschlüsse der Gemeindeversammlung (+1) für mindestens sieben Tage veröffentlicht. Die zweite Veröffentlichung (+2) informiert die BewohnerInnen über die Umsetzung der Entscheidungen. Diese komplizierte demokratische Entscheidungsverfahren nennt die KPCh »Demokratie des Volkes im Prozess«.[24] Mit umfangreichen und offenen Beratungen und intensiven Prüfungen wird, so Boer, ein hohes Maß an demokratischer Beteiligung ermöglicht.[25]

Der Grad der Selbstverwaltung und Dezentralisierung ist in der VRCh laut Stefan Baron vergleichsweise hoch.[26] Die regionale und örtliche Ebene eilen der Politik der Zentrale oft voraus, wandeln sie ab, verschleppen oder ignorieren sie sogar völlig. Chinas Provinzen sind starke regionale Wirtschafts- und Verwaltungseinheiten, die untereinander heftig konkurrieren, zum Beispiel um ausländische Investitionen. Auch Städte und Kommunen haben zum Teil weitreichende lokale Entscheidungsgewalt – etwa bei Sozialleistungen.[27] Im Gegensatz zur chinesischen Entwicklung werden die europäischen Länder tendenziell immer zentralistischer regiert.[28]

Regieren durch Netzwerke

Bei den politischen Entscheidungsprozessen kommt in China etwas hinzu, was man in dem Ausmaß im Westen nicht kennt: die vielen persönlichen Netzwerke. Es wird sogar von einem ›Regieren durch Netzwerke‹ gesprochen.[29] Die chinesische Gesellschaft beruht auf Netzwerk-Strukturen, welche ihr auf Einwohner- und Arbeitsplatzebene eine außerordentliche Fähigkeit zu sozialer Mobilisierung und politischer Partizipation verleihen.[30] Es sind die traditionellen Netzwerke in der Familie, der Sippe und der Dorfgemeinschaft, die persönlichen Netzwerke im gesellschaftlichen und beruflichen Umfeld (chin.: guanxi), die schon erwähnten modernen nachbarschaftlichen Netzwerke (chin.: shequ) und natürlich die Netzwerke in den sozialen Medien.[31]

Und der Führungsanspruch der Partei?

Eine Komponente der chinesischen Volksherrschaft wurde bisher nicht erwähnt: die KPCh. Sie ist die entscheidende Komponente. In der Verfassung der VRCh steht: »Die Führung durch die KPCh ist das grundlegende Merkmal des Sozialismus chinesischer Prägung.«[32] Der Führungsanspruch erstreckt sich auf sämtliche Bereiche und Ebenen der Volksherrschaft, auch auf ihre basisdemokratischen Komponenten.

Die KPCh ist die Klammer, welche das chinesische Riesenreich überhaupt erst zusammenhält. Das ist eine Tatsache, die man im Westen nicht gern zur Kenntnis nimmt. Die Partei ist die Garantin für die Durchsetzung des Primats der Politik über die Ökonomie. Sie trägt die Verantwortung für die Makroplanung der Wirtschaft in Richtung Sozialismus. Sie fällt einerseits die großen Entscheide und setzt sie andererseits in engem Kontakt mit der gesellschaftlichen Basis und unter Berücksichtigung der direkten Bedürfnisse der Bevölkerung durch.

Kann ein solches Gebilde, das 6 Prozent des chinesischen Volkes umfasst, demokratisch funktionieren? Ja und Nein! Man muss sich die größte Partei der Welt mit ihren rund 96 Millionen Mitgliedern als eine Bevölkerung vorstellen, die mehr als zehn Mal größer ist als diejenige in der Schweiz. In einem solchen Gebilde, das schon wegen seiner Größe nicht monolithisch sein kann, geschweige denn wegen der vielen, zum Teil disparaten Interessen, gibt es selbstverständlich verschiedene, miteinander streitende Strömungen. Die politische Debatte mit der Opposition findet gewissermaßen innerhalb dieses Riesengebildes statt. Die KPCh funktioniert nach dem Prinzip des sogenannten ›demokratischen Zentralismus‹. Dies beinhaltet einerseits eine stark zentralistische Struktur. Die unteren Instanzen sind den oberen in einer strengen Parteidisziplin untergeordnet. Nach einem einmal gefällten Entscheid ist die Diskussion beendet.[33] Andererseits herrscht die Rechenschaftspflicht aller Leitungsgremien gegenüber ihren WählerInnen und die Absetzbarkeit der Leitungen.[34] Es ist ein dialektisches Sowohl-als-auch der

Entscheidungsprozesse: von oben nach unten und von unten nach oben. Ohne eine stark verwurzelte Basis gäbe es die Macht und die Legitimität der KPCh nicht. Ohne die Macht der KPCh gäbe es die Volksherrschaft nicht.

Knackpunkt Rechtsstaatlichkeit

Kann in einem Land, in dem die kommunistische Partei das entscheidende Führungselement der Volksherrschaft ist, das rechtsstaatliche, auf Gewaltenteilung basierende Prinzip funktionieren? Das wird von der westlichen Kritik an Chinas Volksherrschaft bestritten und behauptet, die Trennung der drei staatlichen Gewalten sei mangelhaft, und es gebe vor allem keine unabhängige Justiz. Diese Kritik trifft zu.

Laut diversen Verlautbarungen, zuletzt im »Weißbuch über die Demokratie« vom Dezember 2021, sind sich Partei und Regierung dessen bewusst.[35] Es findet ein reger Diskurs über die Rechtsstaatlichkeit statt. Die VRCh hat sich auf den Weg gemacht, die Justiz von der Politik zu trennen. Einzelne westliche ExpertInnen sind optimistisch, dass sich China und der Westen in dieser Beziehung annähern werden.[36] Allerdings werden sich die chinesischen Vorstellungen von Demokratie und Mitbestimmung auch in Zukunft anders entwickeln als im Westen.[37] Ein Grund dafür liegt in der Idee der Gewaltenteilung selbst. Sie ist, so argumentiert die historisch-materialistische Geschichtsschreibung, eine europäische Errungenschaft, die aus dem Kampf der kapitalistischen Bourgeoisie gegen das absolutistisch-feudale System hervorgegangen und zum Wesenselement des bürgerlichen Staatswesens geworden ist. Die drei Gewalten bilden ein einheitliches Ensemble des Überbaus, das letztlich dem Funktionieren und Aufrechterhalten der bürgerlich-kapitalistischen Ordnung dient. Die Justiz ist also nicht *die* unabhängige Gewalt, wie es ideologisch ständig behauptet wird.

Trotzdem ist die postulierte Unabhängigkeit der Gerichte ein großer Fortschritt für den Schutz der BürgerInnen vor staatlicher und privater Willkür. Präsident Xi Jinping meint dazu: »Rechtsstaatlichkeit ist eine der großen Leistungen der menschlichen Zivilisation. Der Kern und die Hauptgedanken der Rechtsstaatlichkeit haben für die Staatsführung und die soziale Governance aller Länder allgemeine Bedeutung.«[38] Die KPCh wird dennoch nicht das westliche System eins zu eins zu übernehmen. Sie wird eine ›Rechtsstaatlichkeit chinesischer Prägung‹ entwickeln. Xi: »Der entscheidende Unterschied zwischen der Rechtsstaatlichkeit chinesischer Prägung und der kapitalistischen Rechtsstaatlichkeit (…) ist die zentrale Stellung des Volkes als Herr unseres Landes.«[39] Was das für die chinesische Praxis der Gewaltenteilung genau bedeutet, wird sich zeigen.

Kritik an der westlichen Demokratie

Neben der prinzipiellen Verneinung der Universalität des westlichen Demokratiemodells, besteht die chinesische Kritik auch aus eher pragmatischen Argumenten. Die Mehrheit der chinesischen Bevölkerung glaubt gemäß Umfragen, die von Uli Sigg zitiert werden, dass die westlichen Demokratien infolge systemimmanenter Schwächen im unabwendbaren Niedergang seien.[40] Die Ursache dieses Niedergangs liege in der politischen Polarisierung und in der Handlungsunfähigkeit des parlamentarischen Systems mit seinen als chaotisch empfundenen Entscheidungsprozessen und seinen zu kurzfristigen Planungshorizonten. Das Prinzip der Gewaltenteilung führe zu mangelndem Durchgriff der Exekutive und daher zu ineffizientem Regieren.[41] Politisches Chaos ist etwas, was die ChinesInnen immer irritiert. Keyu Jin meint, dass das »Chaos in Hongkong« die ChinesInnen davon überzeugt habe, dass die Demokratie, wie sie in Hongkong praktiziert wird, »für China nicht die richtige Form sei.«[42]

In China fragt man sich, wieso im Westen so viele Menschen die Zusammenarbeit mit ihrer Regierung verweigern.[43] Auf westlicher Seite gibt es dazu verschiedene Antworten. Die deutsche Linkspolitikerin Sahra Wagenknecht meint dazu: »Wenn Demokratie mehr ist als das regelmäßige Abhalten von Wahlen, wenn sie ein System ist, in dem die Interessen der Mehrheit sich durchsetzen können, dann wurde sie in der westlichen Welt bereits vor einiger Zeit abgeschafft, nämlich dann, als die Triade von Wirtschaftsliberalismus, Globalisierung und Sozialabbau die politische Agenda zu bestimmen begann.«[44] Frank Sieren fragt sich, ob die vielen Wahlen wohl den Blick auf die eigenen Schwächen zukleistern[45] und Wolfram Elsner mutmaßt, dass die tiefe Verunsicherung des Westens in Bezug auf die eigene Demokratie einer der Gründe für die westliche Kritik an der chinesischen Volksherrschaft ist.[46] Thomas Piketty, französischer Wirtschaftsprofessor und Verfasser des Buches ›Das Kapital im 21. Jahrhundert‹, meint: »Was wir heute in Europa und in den USA Demokratie nennen, ist eine recht limitierte Form der Demokratie.«[47] Der kanadische Geschichtsprofessor Michael Ignatieff stellt lapidar fest, dass, wenn man die westliche Demokratie auf das Wesentliche reduziere, sie ein System sei, in dem die Eliten um die Macht kämpfen.[48]

Wenn der Westen autoritäre Staatsstrukturen kritisiert, muss er sich den Vorwurf der Doppelmoral gefallen lassen, denn sobald es um größere, supranationale Gebilde geht, welche in der Größenordnung mit China vergleichbar sind, verhält sich der Westen, so Frank Sieren, undemokratisch. Die Europäische Union (EU) habe undemokratische Strukturen, und diverse internationale Institutionen wie der Internationale Währungsfonds (IWF) seien vollständig der demokratischen Kontrolle entzogen. Sobald es um die Verfolgung von globalen Wirtschaftsinteressen geht, verhalten sich die westlichen Staaten zudem oft sehr undemokratisch.[49]

Besonderer Kritik ist in letzter Zeit die US-amerikanische Demokratie ausgesetzt. Auslöser ist der sogenannte ›Kapitol-Sturm‹, bei dem am 6. Januar 2021 faschistoide Horden, aufgehetzt durch den abgewählten US-Präsidenten Donald Trump, das ›Herzstück der US-Demokratie‹ stürmten und besetzten. Laut Meinungsumfrage des Senders *CBS News* zur US-Demokratie sagen zwei Drittel der befragten US-BürgerInnen, die US-Demokratie sei bedroht.[50] Gemäß einer Umfrage der Universität Maryland sagen 34 % der Befragten, dass Gewalt gegen die Regierung manchmal gerechtfertigt sei.[51] Nach einer Umfrage des US-amerikanischen Pew-Instituts halten nur noch 19 % der US-AmerikanerInnen ihre Demokratie für vorteilhaft. Fiona Hill, ehemalige Sicherheitsberaterin der US-Präsidenten Bush Junior, Obama und Trump, stellte in einem Interview fest: »Der Capitol-Sturm ist der letzte Beweis dafür, wie gefährlich das US-System geworden ist und wie real die Möglichkeit eines Bürgerkrieges ist.(…) Die USA stehen bereits heute in einem kalten Bürgerkrieg, ihr politisches System degeneriert.«[52] Der deutsche Autor Christian Zaschke meint, dass »aus dem amerikanischen Traum für viele längst ein nicht enden wollender amerikanischer Albtraum« geworden sei.[53]

Der ›Kapitol-Sturm‹ war weniger ein »Anschlag auf die Demokratie«, wie es von westlichen Medien kolportiert wird.[54] Damit wird nämlich suggeriert, dass eine intakte Demokratie existierte, die gefährdet gewesen sei. Er war vielmehr Ausdruck einer Krise der US-Demokratie selbst und Zeichen der tiefen sozialen und moralischen Spaltung des Landes.

Menschenrechte

Die drei Generationen von Menschenrechten

Vieles, was im Abschnitt Volksherrschaft gesagt worden ist, gilt mutatis mutandis auch in der Menschenrechtsfrage. Denn auch die Menschenrechte sind das Ergebnis einer langen historischen Entwicklung in der europäischen und nordamerikanischen Staatenwelt. Zunächst entstand die sogenannte ›erste Generation‹[55] von Menschenrechten: Schutz- oder Abwehrrechte der bourgeoisen Individuen gegen den mächtigen absolutistisch-feudalen Staat, mithin die liberalen Selbstverwirklichungsrechte des aufgeklärten Citoyens. Später kam die ›zweite Generation‹ hinzu: die sozialen und wirtschaftlichen Menschenrechte (Leistungs- oder Anspruchsrechte für die nichtbourgeoisen Klassen). Zuletzt entstand die ›dritte Generation‹ in Form von kollektiven Rechten: Forderungen der Länder des Globalen Südens nach einer sozialen und internationalen Ordnung, in der die Menschenrechte erst voll verwirklicht werden können.[56]

Ergebnis einer Entwicklung

Die Menschenrechte sind also das Produkt gesellschaftlicher und wirtschaftlicher Entwicklungen. Entsprechend sind sie einem Veränderungsprozess unterworfen.[57] Sie gehören zum Überbau, der vor allen Dingen von der wirtschaftlichen Basis geprägt wird. Die jeweilige konkrete Menschenrechtslage eines Landes ist daher in erster Linie von den wirtschaftlichen Bedingungen abhängig. Deshalb ist für den Fortschritt der Menschenrechte die wirtschaftliche Entwicklung von zentraler Bedeutung. Je rückständiger die wirtschaftliche Lage, desto unbefriedigender ist zwangsläufig die Menschenrechtslage. So ist das entscheidende Kriterium für die Menschenrechtslage in einem Entwicklungsland, ob das jeweilige politische System den wirtschaftlichen und sozialen Fortschritt und die Lebensqualität der Menschen fördert.

Die VRCh stellt immer wieder fest, dass der Westen in Bezug zu China nur die einzelnen individuellen Menschenrechte betone, es gebe aber auch das kollektive Menschenrecht des chinesischen Volkes auf wirtschaftliche, kulturelle und politische Selbstbestimmung und Entwicklung.[58] Der UN-Menschenrechtsrat hat dies bestätigt, indem er am 1. Juli 2021 eine Resolution der VRCh annahm, wo festgehalten wird: Als ewiges Thema der menschlichen Gesellschaft ist Entwicklung der Schlüssel zur Lösung aller Probleme, nur mit weiterer Entwicklung können Menschenrechte besser gefördert und geschützt werden.[59]

China könnte seine Position auch mit Argumenten von Alexander Hamilton, einem der Gründerväter der USA, untermauern. Bei diesem ist nachzulesen, dass Ruhe im geopolitischen Umfeld, Absenz von desperater Armut und von inneren Konflikten die notwendige Voraussetzung für das »Erblühen der Freiheit des Denkens und des Zusammenlebens« sei.[60] Domenico Losurdo kommentiert Hamilton, indem er hinzufügt: »Wenn die Demokratisierung eines Landes voreilig und naiv ausgeführt wird, kann sie grünes Licht bedeuten für Destabilisierungs- und Putschmanöver und zum Triumph der weltweiten Diktatur des Imperialismus beitragen.«[61]

Kolonialismus und westliche Dominanzkultur

Viele AutorInnen der postkolonialen Kritik, wie Frantz Fanon,[62] verweisen auf ein hierarchisches Verhältnis des Westens gegenüber anderen Regionen und betrachten den Menschenrechtsdiskurs vor dem Hintergrund der Geschichte des Kolonialismus und der postkolonialen Gegenwart. Es wird von der Etablierung einer »weißen – Dominanzkultur« gesprochen. Das ist allerdings ein recht vager Begriff, der die wirtschaftlichen Interessen kaschiert.[63] Die europäische Philosophie der Aufklärung, die maßgeblich an der Begründung der Menschenrechte beteiligt war, hat, wie im 2. Kapitel erwähnt, nicht nur emanzipatorische Projekte verfolgt, sondern auch geholfen, mit rassistischen Konzepten den europäischen Kolonialismus zu legitimieren.[64]

Die politische Führung der VRCh betrachtet die Forderungen nach einer universellen Geltung der Menschenrechte unabhängig vom Entwicklungsstand als eine Form der »kolonialistischen Überheblichkeit des Westens«.[65] Deshalb werden westliche Menschenrechtsforderungen von China häufig schon aus Prinzip zurückgewiesen, oft versehen mit dem Vorwurf, der Westen messe mit zweierlei Maß. China hat nicht vergessen, dass die westlichen Kolonialmächte in den »Hundert Jahren der Demütigung« die Menschenrechte der Chinesinnen und Chinesen grob verletzten (siehe 5. Kapitel).[66] Die spätere Befreiung des Landes aus bitterer Armut habe, so Domenico Losurdo, Abermillionen von Menschen das universelle »Recht auf Leben« und das universelle »Recht auf Freiheit von Angst« gebracht. Das sei die »wahre Realisierung« der Menschenrechte.[67] Losurdo meint weiter, das Land, das sich am Ende eines mühseligen Lernprozesses am meisten bei der Realisierung dieser grundlegenden Menschenrechte ausgezeichnet habe, sei die VRCh.[68]

Kishore Mahbubani schrieb bereits 1994: »Für EuropäerInnen oder NordamerikanerInnen ist es schwierig, die große Tragweite der seelischen Revolution in Ostasien zu begreifen, weil sie nicht in die Köpfe der OstasiatInnen eindringen können. Ihre Köpfe sind niemals in den Kolonialismus eingetaucht worden. Sie haben niemals damit kämpfen müssen, dass sie vielleicht nur zweitklassige menschliche Wesen sind, niemals gut genug, um nach oben zu kommen. Das wachsende Bewusstsein der OstasiatInnen, dass sie alles ebenso gut, wenn nicht besser, können als andere Kulturen, hat zu einer Explosion des Selbstvertrauens geführt, das sich heute im Auftritt gegenüber dem Westen bemerkbar macht.«[69]

Scheinheilige Doppelmoral

»Warum tut der Westen immer so, als würde er automatisch Gutes bewirken, wenn er irgendwo auf der Welt Demokratie stiftet? In Wahrheit verfolgt der Westen unter dem Deckmantel von Demokratie und Menschenrechten nur seine egoistischen Interessen. Wir haben diese Doppelmoral durchschaut.« Diese Sätze stammen auch von Kishore Mahbubani.[70] Dem Westen wird vorgeworfen, dass er die Menschenrechte als Mittel der Geopolitik missbrauche und dass er die Menschenrechtsfrage, so Harro von Senger, zur »moralischen Verbrämung einer beinharten Interessenpolitik« instrumentalisiere.[71] So wurde zum Beispiel im europäisch-amerikanischen Handels- und Technologierat (TTC) abgemacht, dass auf dem Gebiet der Künstlichen Intelligenz (KI) bei der Produktion ›universale Menschenrechte und demokratische Werte‹ beachtet werden müssten. Damit wird der westliche Export von KI-Bauteilen nach China (auch von europäischen Firmen!) der Sanktionspolitik der USA unterstellt und folglich verhindert. Das Ziel sei die Verlangsamung der Entwicklung der VRCh, ohne Rücksicht auf die Folgen für die Bevölkerung, die Destabilisierung des Landes und letztlich der Sturz des Regimes der KPCh, so

Harro von Senger.[72] Domenico Losurdo spricht in diesem Zusammenhang von einem »Imperialismus der Menschenrechte und des freien Marktes«. Aus dem Universalitätsanspruch der Menschenrechte würden sogenannte ›humanitäre (Kriegs-)Interventionen‹ abgeleitet.[73]

Es fragt sich, ob ausgerechnet die USA, insbesondere nach dem ›Kapitol-Sturm‹, China Lektionen in Sachen Menschenrechten zu erteilen haben. Im Herbst 2021 tagte in New York ein von internationalen JuristInnen und Juristen besetztes und seit 2018 vorbereitetes ›Internationales Tribunal über Menschenrechtsverletzungen an den schwarzen, hispanischen und indigenen Völkern in den USA‹. Die Anklagepunkte:

- Rassistische Polizeigewalt: StaatsbeamtInnen dürfen »ungestraft schwarze, hispanische und indigene Menschen ermorden.« Hinzu kommen Masseninhaftierungen, Zwang zu unbezahlter Arbeit in Gefängnisfabriken.
- Politische Gefangene: Es gibt sie in den USA wegen der »Kriminalisierung legitimer politischer Kämpfe«. Dazu gehört der Einsatz jahrzehntelanger Isolationshaft als Foltermethode.
- Umweltrassismus: Die Klimakrise trifft in den USA unverhältnismäßig die schwarze, hispanische und indigene Bevölkerung. Die »vorsätzliche und kaltblütige Vergiftung von Land, Wasser und Luft aus Gründen der Profitmaximierung wirkt sich durchgängig katastrophal auf das Leben der genannten Bevölkerungsteile aus.«
- Ungleichheit im öffentlichen Gesundheitswesen: Dazu gehört die ungleiche Verteilung der Covid-Toten auf die einzelnen Bevölkerungsschichten auf Grund der »inkompetenten Reaktion der US-Regierung auf die Corona-Krise.«
- Struktureller Rassismus: Dazu gehört der Hunger durch »mutwillige extreme Steigerung der Armut« unter den genannten US-Völkern.

Nach Abwägung der Beweismittel und der Aussagen von Zeugen befand die Jury »die USA und ihre Untergliederungen in allen fünf

Anklagepunkten für schuldig.« Sie sah ausreichend Gründe dafür, »dass Akte des Völkermordes begangen wurden«.[74]

Defizite beheben

In der VRCh hatte die Verbesserung des Wohlstands und der Lebensqualität der Bevölkerung lange Vorrang gegenüber den Freiheitsrechten Einzelner, wie der Meinungs-, Presse-, Versammlungs- und Kommunikationsfreiheit.[75] Heute schneidet China, was diese Menschenrechte betrifft, nach wie vor schlecht ab. Das wird zwar durch die Tatsache relativiert, dass im Alltag der meisten ChinesInnen Menschenrechte vor allem ein Dach über dem Kopf, lesen und schreiben können, Essen im Bauch, die Erwartung auf vernünftige Behandlung im Krankheitsfall, gute Zukunftsaussichten für die Kinder und Zuversicht für die Alten bedeuten.[76] Trotzdem, die VRCh anerkennt heute explizit auch die Menschenrechte der ersten Generation, erklärt offen, dass sie darin noch ein Defizit habe und dass sie dieses im Dialog mit andern Ländern beseitigen möchte.[77] Von der VRCh wird großer Wert darauf gelegt, dass eine Diskussion mit ihr stets auf ›gleicher Augenhöhe‹ geführt wird. Denn die Menschenrechtskritik gilt in China – wie gesagt – sehr schnell als »Lehrmeisterei im alten Kolonialistenstil«.[78]

Für die Entwicklung der Menschenrechte hat die Regierung einen »Nationalen Aktionsplan für Menschenrechte in China«[79] mit 168 Zielen und Aufgaben verfasst, über den vom Staatsrat regelmäßig Rechenschaft ablegt wird. In ihm wird eingeräumt, dass China, als größtes Entwicklungsland, im Bereich der Menschenrechte nach wie vor Probleme habe. Das Niveau des Schutzes der Menschenrechte habe sich zwar erheblich verbessert, China sei aber auf Grund der Einflüsse und der Beschränkungen durch Natur, Geschichte, Kultur, Wirtschaft, sozialem Entwicklungsstand und anderen Faktoren mit vielen Herausforderungen konfrontiert und habe in seinen Bemühungen, die Menschenrechtssituation zu verbessern, noch einen langen Weg vor sich.[80] Was die Menschenrechte im Uiguren-Konflikt betrifft, sei auf das 18. Kapitel verwiesen.

Kleiner Exkurs zu Demokratie gegen Autokratie: der neue politische Antagonismus als politische Falle

1989 sagte der US-amerikanische Politikwissenschaftler Francis Fukuyama das »Ende der Geschichte« voraus.[81] Seine Theorie besagte, dass nach dem Ende der Sowjetunion die Geopolitik nicht mehr durch den Antagonismus, das heißt dem Widerspruch zwischen dem real-kapitalistischen und dem real-sozialistischen System gekennzeichnet sei. Nach dem Kalten Krieg sei die Welt zu sich selbst gekommen und bestehe nur noch aus einem System, dem westlich-kapitalistischen unter der Führung der einzigen Supermacht USA, womit das »Ende der Geschichte« erreicht sei. Fukuyama hatte eine verengte globalpolitische Sicht, als er in seine These nur den Untergang der UdSSR und des europäischen sozialistischen Staatensystems einbezog, hingegen den Aufstieg Chinas nicht zur Kenntnis nahm. Eine offensichtlich eurozentristisch-westliche Sicht aus der Froschperspektive des Globalen Nordens.

Der Fehler wurde in der Zwischenzeit korrigiert, indem die westlichen MeinungsmacherInnen seit Beginn des neuen Jahrhunderts anstelle des »Endes der Geschichte« einen neuen politischen Antagonismus in Umlauf brachten, mit dem sie nun die Welt politisch zu deuten versuchen: Demokratie gegen Autokratie. Autokraten sind per Definition: Alleinherrscher, die in ihrer Machtfülle durch nichts und niemanden eingeschränkt sind.[82] Laut US-Präsident Joseph Biden hat die »Menschheit die Wahl zwischen Demokratie und Autokratie«.[83]

Die Rede von Demokratie gegen Autokratie ist zuerst einmal eine sehr eurozentristische Rede. Yves Rossier, ehemaliger Schweizer Botschafter in Russland, meinte: »Mit der Denkweise Demokratie versus Autokratie sind wir Europäer sehr allein in der Welt. In Indien, in Afrika und in Südamerika wird der Konflikt nicht so wahrgenommen. Es ist eher eine eurozentristische, gefährliche Sicht.«[84]

Der Begriff der Autokratie ist unscharf und unterdefiniert. Er hat die Eigenschaft, die Vernebelung realer politischer Inhalte zu befördern. Denn es gibt autoritäre Herrschaftssysteme, die sich formell auf republikanische Wahlen abstützen (wie z. B. in der Russischen Föderation), wie es auch formell demokratische Herrschaftssysteme gibt, die sich auf ein autoritär zugeschnittenes, präsidiales Wahlsystem abstützen, das dem Präsidenten fast unbeschränkte Vollmachten gibt (wie z. B. in den USA). Wo liegt der Unterschied? Offensichtlich in den politischen Inhalten! Was aber, wenn politische Inhalte im neuen Antagonismus praktisch keinen Platz mehr haben?

Dasselbe gilt für den Begriff der Demokratie. Er dient als Platzhalter zur Kaschierung verschiedener Interessen. Gemäß Michael Hudson meint Biden mit Demokratie eigentlich ›Oligarchie‹. Das mag für einige LeserInnen etwas ungewohnt tönen. Die westlichen Demokratien werden, so Hudson, immer von den Finanzmärkten und Finanzoligarchien dominiert. Für Biden gehe »Demokratie immer mit freien Märkten einher, definiert als staatliche Deregulierung und Neoliberalismus«.[85] Hudson hat im ehemaligen US-Präsidenten Jimmy Carter einen prominenten Unterstützer seiner These: Dieser meinte 2021, dass »die USA eine Oligarchie mit unbegrenzter politischer Bestechung« sei.[86] Wenn Biden über Autokratie spreche, so Hudson weiter, meine er eigentlich »eine Regierung, die stark genug ist, um die Übernahme durch den Finanzsektor zu verhindern.«[87]

Die Rede von Demokratie gegen Autokratie ist im Kern ein populistischer Diskurs, der die Politik personalisiert und unzulässig reduziert. Das heißt: Der neue Antagonismus fokussiert auf die Person der Autokraten und verwässert und negiert politische Inhalte und Differenzen, wie zum Beispiel klassenpolitische Interessen. Der neue Antagonismus fand allmählich auch in den linken Diskurs Eingang und verdrängte, beziehungsweise löste frühere Antagonismen ab: Antikolonialismus gegen Kolonialismus, Antiimperialismus gegen Imperialismus, Sozialismus (und soziale

Marktwirtschaft) gegen Liberalismus (und Neoliberalismus). Diese Antagonismen sind linker Schnee von gestern. Wenn sich weite Teile der westlichen Linken den neuen Antagonismus aneignen, geraten sie schlicht in eine politische Falle: Die politischen Gegner sind nun die Autokraten, gegen die sie die westlichen Demokratien à tout prix verteidigen, wie autoritär diese auch immer seien. Oder sie lassen das Nordatlantische Verteidigungsbündnis (NATO), das spätestens seit der völkerrechtswidrigen Bombardierung Jugoslawiens 1999 ein Angriffsbündnis ist, gewissermaßen zu einem antiautokratischen Verteidigungsbündnis mutieren. So geschehen im Russisch-ukrainischen Krieg.

So sieht der linke britische Publizist und Autor des viel gelesenen Buches »Postkapitalismus« (2015) in der »autoritären Achse der Staatschefs Trump, Putin und Xi die zentrale Bedrohung der Menschheit«.[88] Mason fordert westliche Waffenlieferungen an die Ukraine und propagiert ein neues Verhältnis der Linken zur NATO. Aus einem glühenden Antikapitalisten wurde in Kürze ein Antiautokrat und Befürworter der NATO.

So kommen in einer programmatischen Stellungnahme von Mattea Meyer und Cedric Wermuth vom Kopräsidium der Sozialdemokratischen Partei der Schweiz (SPS) ›die Autokraten‹ fünfmal vor, und zwar als die ausschließlichen politischen Gegner.[89] Die KapitalistInnen oder den US-Imperialismus – die SozialdemokratInnen könnten sie in der Not auch mit anderen Worten umschreiben – gibt es nicht mehr. Ihre Stellungnahme wird zu einem Bekenntnis zur westlichen, transatlantischen Politik.

So empfiehlt Peter Sigerist, Schweizer Grünenpolitiker und ehemaliges Mitglied der trotzkistischen Vierten Internationale, angesichts des Ukraine-Kriegs der Friedensbewegung, ihr Verhältnis zur US-geführten NATO neu zu definieren. Sigerist: Die PazifistInnen sollen ihre negative »Fixierung auf die NATO und ihre schmutzigen Kriege überdenken« und überlegen, ob »die taktisch klugen Aktionen der NATO zur Unterstützung des mutigen Volkes der Ukraine jetzt (nicht) gerechtfertigt« seien.[90] Sigerists Empfehlung deckt sich mit der US-Politik Bidens. Für diesen ist die Ukraine »ein Schlachtfeld, auf dem der große Kampf zwischen Demokratien und Autokratien ausgetragen wird, der das 21. Jahrhundert prägen wird.«[91]

In diesen linken und grünen Aussagen, die sich beliebig vermehren ließen, zeigt sich die große Verwirrung vieler westlicher Linker, die vielleicht nicht einmal realisieren, dass sie »imperiale Linke« geworden sind, um den Begriff von Domenico Losurdo zu verwenden.[92] Der deutsche *WOZ*-Autor Raul Zelik meint: »Eine Linke, die sich das uralte Narrativ zu eigen macht, wonach der Kampf zwischen Ost und West identisch ist mit jenem zwischen Diktatur und Freiheit, macht sich überflüssig.«[93] Man muss sich ernsthaft fragen, wie viel es gegenwärtig noch braucht, bis die westliche Linke in einer ähnlichen ›Kriegsbesoffenheit‹ landet, wie sie in der europäischen Linken vor dem Ausbruch des Ersten Weltkrieg herrschte.[94]

Anmerkungen

1 Neue Zürcher Zeitung, www.nzz.ch/meinung/china-will-die-bessere-demokratie-sein-das-ist-gefaehrlich-ld.1660091, besucht 9.1.2022
2 Vgl. Knuth, Johannes, in: Der Bund, 1.12.2021, S. 8
3 Zitiert in: Baron et al., S. 329
4 Vgl. ebd., S. 313
5 Vgl. Jullien 2002, S. 99
6 Sigg
7 Yu Xiaoxuan 11/2021
8 Zhao 2021a
9 Zitiert in: Sieren 2018, S. 358
10 Sigg
11 Vgl. Kopf, S. 103
12 Vgl. Sigg
13 ebd.
14 Vgl. Baron et al., S. 312
15 Vgl. Sieren 2021, S. 161
16 ebd., S. 411
17 Vgl. Harvard Kennedy School 2009, zitiert in: Mahbubani 2020, S. 8
18 Vgl. Fellner
19 Keyu
20 Vgl. Boer
21 Vgl. Sieren 2021, S. 156

22 Boer
23 Vgl. Boer
24 Yu Xiaoxuan 11/2021
25 Vgl. Boer
26 Vgl. Baron et al., S. 310
27 Vgl. ebd.
28 Vgl. Sieren 2018, S. 86
29 Vgl. Elsner 2020, S. 311, für Hinweise auf die Quellen: siehe dort
30 Vgl. ebd.
31 Vgl. ebd.
32 Zitiert in: www.verfassung.net/rc/vef82-i.htm, besucht 13.1.2022
33 Vgl. Achten 2018d
34 Vgl. de.wikipedia.org/wiki/Demokratischer_Zentralismus, besucht 14.1.2022
35 Vgl. german.people.com.cn/n3/2021/1204/c209052-9928406.html, besucht 9.1.2022
36 Vgl. Sieren 2021, S. 145
37 Vgl. ebd., S. 173
38 Xi 2018, S. 138
39 ebd., S. 133
40 Vgl. Sigg
41 Vgl. ebd.
42 Keyu
43 Vgl. Sheng
44 Wagenknecht, S. 249
45 Vgl. Sieren 2018, S. 75
46 Vgl. Elsner 2020, S. 315
47 Zitiert in: Das Magazin Zürich, Nr. 34, 27.8.2022, S. 25
48 Vgl. Ignatieff Michael, in: Der Bund v. 14.1.2021, S. 2
49 Vgl. Sieren 2018, S. 16
50 Vgl. Der Bund v. 6.1.2022, S. 2
51 Vgl. ebd.
52 Hill, Fiona, in: Der Bund, 29.12.2021, S. 3
53 Vgl. Zaschke, Christian, in: Der Bund v. 23.7.2022, S. 5
54 Der Bund v. 6.1.2022, S. 2
55 Vgl. de.wikipedia.org/wiki/Menschenrechte, besucht 9.1.2022
56 Vgl. ebd.
57 Vgl. de.wikipedia.org/wiki/Menschenrechte_in_der_Volksrepublik_China, besucht 9.1.2022
58 Vgl. ebd.
59 Vgl. Global Times online v. 13.7.2021, UN human rights council passes China's resolution, besucht 13.7.2021
60 Zitiert in: Losurdo 2017, S. 247
61 ebd., S. 214
62 Fanon
63 Zitiert in: de.wikipedia.org/wiki/Menschenrechte, besucht 9.1.2022

64 Vgl. Mills, Charles W.: Blackness Visible. Essays on Philosophy and Race. Cornell University Press, Ithaca 1998
65 Zitiert in: von Senger 2006, S. 140
66 Vgl. Losurdo 2017, S. 288
67 ebd., S. 240ff
68 Vgl. ebd., S. 243
69 Zitiert in: Machetzki, Rüdiger: Es werde Zwielicht, in: Die Zeit, Nr. 37/2004
70 Zitiert in: Behrens, S. 218
71 von Senger 2006
72 Vgl. ebd.
73 Losurdo 2017, S. 217
74 Heiser
75 Vgl. Kinzelbach
76 Vgl. Baron et al., S. 316
77 Protokoll Nr. 16/45, 24.1.2008, S. 38 (Memento vom 18. August 2012 im: Internet Archive) Michael Leutert beim Sportausschuss des Deutschen Bundestags
78 Mahbubani, zitiert in: Behrens, S. 218
79 Vgl. de.wikipedia.org/wiki/Menschenrechte_in_der_Volksrepublik _China, besucht 9.1.22; www.german.peole.com.cn/168-Ziele-und-Aufgaben-des-Nationalen-Aktinsplanes, besucht 11.1.2022
80 Vgl. ebd.
81 Zitiert in: de.wikipedia.org/wiki/Ende_der_Geschichte, besucht 4.3.2022
82 Vgl. de.wikipedia.org/wiki/Autokratie, besucht 13.4.2022
83 Zitiert in: Der Bund v. 29.4.2022, S. 3
84 Rossier, Yves, in: www.watson.ch/international/interview/709176705-yves-rossier-russland-ist-ein-wunderschoenes-land-mit-grosser-tragik, besucht 7.7.2022
85 Hudson 2022a
86 Zitiert in: Wagenknecht, S. 249
87 Hudson 2022a
88 Zitiert von Zelik
89 Vgl. Meyer, Mattea / Wermuth, Cedric, in: Der Bund v. 11.4.2022, S. 11
90 Zitiert in: Wie der Krieg in der Ukraine den Pazifismus herausfordert, in: Der Bund v. 16.4.2022, S. 21
91 ebd., S. 3
92 Losurdo 2017, S. 289ff
93 Zelik
94 Vgl. www.rnd.de/politik/krieg-gegen-die-ukraine-die-linke-ringt-um-den-richtigen-kurs-HWSJS5G4NJCLDESDJM4FEJES2E.html, besucht 30.4.2022

17. Kapitel

Westlicher Albtraum: Digitale Überwachung

These: Das chinesische Sozialkredit-System stellt für den Westen den Horror der Überwachung dar, in China gilt es als ein breit akzeptierter Fortschritt

Westliche Kritik

Wenn im Westen von chinesischer »IT-Diktatur« oder »digitaler Neuerfindung der Diktatur«,[1] von »Überwachungsstaat«,[2] »Techno-Autoritarismus«[3] oder von »digitalem Leninismus«[4] gesprochen wird, ist vor allem das sogenannte ›Sozialkredit-System‹ im Visier. Auch bei der westlichen Linken stößt es als »dystopisches Unterdrückungsinstrument« auf Unverständnis.[5] Die durch Big Data und Künstliche Intelligenz gesteuerte elektronische Kontrolle des Alltagslebens ist den westlichen Menschen verständlicherweise ein Albtraum. Relativierende Stimmen geben zu bedenken, dass es über China hinaus einen ›globalen Trend‹ zu datenhungrigen Kredit- und Bewertungssystemen gibt.[6] Einige China-ExpertInnen weisen darauf hin, dass sich in einer voreilig geäußerten Kritik »westliche Ängste vor der eigenen Überwachung« widerspiegeln.[7] Eine sachliche Auseinandersetzung tut also Not. Im Folgenden geht es vor allem um das chinesische »Sozialkredit-System«, während die anderen heißen Punkte kurz erwähnt werden.

Great Firewall

Der ehemalige US-Präsident Clinton äußerte sich im Jahr 2000 folgendermaßen: Das Internet könne China stark verändern. »China versucht, das Internet kleinzukriegen, keine Frage. Na, viel Glück! (…) Da könnte man genauso gut versuchen, Wackelpudding an die Wand zu nageln.«[8] Clinton täuschte sich. China hat dank des genügend großen Datenvolumens ein Paralleluniversum zu den Big Five aus dem Silicon Valley (Apple, Amazon, Alphabet, Microsoft und Facebook) aufbauen können. Anstelle von Amazon gibt es Alibaba, anstelle von Facebook Tencent, anstelle von Google Baidu, anstelle von Twitter Weibo und anstelle von Instagram Xiaohong Shu. Im Namen seiner nationalen Internet- und Cybersouveränität hat die VRCh, in Anlehnung an die Große Mauer, den sogenannten »Great Firewall« (dt.: große Brandmauer) errichtet.[9] Die US-IT-Giganten sind seit zwei Jahrzehnten in China gesperrt. Nur Google hat in der Zwischenzeit die vom chinesischen Staat formulierten Bedingungen für einen Auftritt in China akzeptiert.[10] Diese bestanden in der Übernahme der staatlichen Zensurvorschriften.

Zensur

Verboten sind in den chinesischen Medien nämlich die Veröffentlichung von Pornografie, Gewaltverherrlichung, Kriegsspielen, Rassismus, Nationalismus, Kriegshetze, diskriminierende und verachtende Äußerungen gegen Frauen und Ethnien und andere Menschen. Weil Facebook & Co diese aus geschäftlichen Gründen nicht verbieten wollten, wurden sie zusammen mit WhatsApp, YouTube und Instagram vom »Great Firewall« geblockt.[11]

Auch im Westen wird Facebook inzwischen vorgeworfen, es verursache ›hate speech‹ (dt.: Hassrede), gesellschaftliche Spaltung, Gewalt, psychische Schäden bei Kindern und Jugendlichen, unterstütze pubertierende Mädchen in ihrer Magersucht, habe den faschistoiden Mob zum ›Kapitol-Sturm‹ angeheizt und unternehme nichts gegen all dies, um seine Profite nicht zu gefährden.[12]

Deshalb sieht sich die EU gegenwärtig veranlasst, in ein neues Datenschutzgesetz entsprechende Zensurvorschriften einzubauen.

Trotz oder vielleicht gerade wegen der »Great Firewall« sind die Chinesinnen und Chinesen im Durchschnitt gut informiert, auch über den Westen, meistens besser jedenfalls als die Menschen im Westen über China.[13] Auch wenn der Begriff Zensur negativ konnotiert ist, muss man die Dinge beim Namen nennen: Im Westen gibt es Zensur in all ihren Varianten, staatliche und private, von den IT-Giganten betriebene. Es wird aber gern mit zweierlei Maß gemessen: Dieselben, die sich in Europa gegen die Allmacht von Facebook, Google & Co. wenden und gegen die Auslieferung der digitalen Kommunikation an die US-amerikanischen Digitalgiganten und Geheimdienste protestieren, sprechen von Zensur, wenn sich China gegen die westlichen IT-Giganten wehrt.[14] Die enge Kooperation der US-amerikanischen IT-Giganten mit dem Staat und seinen Geheimdiensten, über die spätestens seit den Veröffentlichungen von Edward Snowden (2013) kein Zweifel mehr besteht, brachte den Westen in große Verlegenheit.[15] Peter Achten meinte sogar, dass im Westen, wo jedes Smartphone eine elektronische Fußfessel geworden sei, das größte Überwachungs- und Manipulationssystem der Weltgeschichte entstanden sei.[16] Keyu Jin ist überzeugt, dass in China die Zensur nur in ein paar wenigen sensiblen Bereichen greife.[17] Dem Autor fehlen die einschlägige Erfahrung und die Quellen, um dies beurteilen zu können.

Big-Data und Künstliche Intelligenz im öffentlichen Raum

In China säumt heute ein engmaschiges Netz von Millionen von Kameras zur Gesichtserkennung – die Schätzungen schwanken zwischen 200 und 600 Millionen – den Alltagsweg der Chinesinnen und Chinesen. Geplant ist die Errichtung einer digitalen Datenbank für alle 1,4 Milliarden EinwohnerInnen mit deren Fotos. In Verbindung mit modernster Gesichtserkennungssoftware und den Millionen von Kameras im öffentlichen Raum soll es möglich werden, innerhalb von drei Sekunden mit einer Trefferwahrscheinlichkeit von an die 90 % den Aufenthaltsort jedes Staatsbürgers und jeder Staatsbürgerin festzustellen, beziehungsweise ein Bewegungsprofil von ihr/ihm zu erstellen.[18] Die neusten chinesischen Technologien werden gegenwärtig punktuell ausprobiert. Sie bilden die Grundlagen des »Sozialkredit-Systems« (siehe unten). Die größte Gesichtsdatenbank der Welt befindet sich im Übrigen nicht in China, sondern in New York: Die Firma Clearview AI verfügt über 3 Milliarden Bilder, die sie von Facebook, YouTube & Co herunterlädt und verschiedenen Nutzern zur Verfügung stellt. Sie wurden bisher von staatlichen Institutionen, unter anderem von der Polizei in 24 Ländern außerhalb der USA, probeweise eingesetzt.[19]

Regulierung der IT-Giganten

Lange herrschte von staatlicher chinesischer Seite gegenüber den IT-Giganten eine Politik des Laissez-faire. Wachstum und Innovation hatten freien Lauf. Die vom Staat gewollte Freiheit hat den IT-Konzernen aber erlaubt, mit der Zeit ihre neu aufgebaute Monopolmacht gegenüber den KonsumentInnen (vor allem gegenüber KleinkreditnehmerInnen) auszunutzen. Um glaubwürdig zu bleiben, musste die Regierung nun Korrekturen einleiten. Seit 2020 ist die Phase der Regulierung, beziehungsweise der Reduzierung der Marktmacht der IT-Konzerne angesagt. Auf die spezifischen Gründe und einzelnen Maßnahmen soll hier nicht eingegangen werden. Im Westen redet man vom »Big Tech Crackdown« (dt.: Razzia gegen die Tech-Giganten).[20] Was immer dabei herauskommt, der Staat scheint die IT-Giganten mehr unter Kontrolle zu haben, als das im Westen der Fall ist, wo die IT-Konzerne außerhalb von Staat und Gesellschaft stehen und dem Staat zuliefern.[21] Die Big Five, die mit ihren Algorithmen einen großen Teil des Sozial- und Arbeitslebens der westlichen Menschen prägen, unterliegen fast ausschließlich den Marktgesetzen und den Bedingungen, die ihr Management festlegt. Man kann ihnen kaum dieselben Beschränkungen oder Vorschriften auferlegen, die normalerweise mit der Regulierung öffentlicher Dienstleistungen einhergehen.[22] »Die US-Digitalgiganten«, so Sahra

Wagenknecht, »erkaufen sich das Wohlwollen der Politik inklusive der Freiheit von jeder gesetzlichen Regulierung dadurch, dass sie den US-Staat und die Geheimdienste an ihren Überwachungserkenntnissen teilhaben lassen.«[23]

Datenschutzgesetz

Ein Novum für die VRCh ist, dass mit einem Datenschutzgesetz versucht wird, den Datenhandel in den Griff zu bekommen. Ende 2021 wurde das neue »Algorithmus-Gesetz«, wie es auch heißt, unter dem Namen »Personal Data Protection Law« in Kraft gesetzt.[24] Mit ihm betritt die VRCh Neuland.[25] Vorbild war die »General Data Protection Regulation«, die in der EU immer noch im Gesetzgebungsverfahren steckt. In Europa wurde von Seiten einer breiten Öffentlichkeit verlangt, dass die Marktmacht der IT-Giganten eingehegt und gegen spalterische und hetzerische Inhalte vorgegangen wird. Das ist nichts anderes, als das, was in China effektiv realisiert wird. Wenn es dort geschieht, wird es allerdings als Zensur gebrandmarkt.

Das chinesische Gesetz ist einschneidender als der Entwurf der EU, dem schon zu Beginn der Novellierung die schärfsten Zähne gezogen worden sind. Priorität hat die Sicherheit der KonsumentInnen.[26] Beim chinesischen Medienkonsum soll vor Datenmissbrauch geschützt werden, vor allem vor demjenigen durch die IT-Wirtschaft, die wie die westliche mit Daten viel Geld verdient. Im Mittelpunkt des Gesetzes steht die Zustimmung der DateninhaberInnen zur Datennutzung.[27]

Das chinesische Sozialkredit-System (SCS)

Die folgenden Aussagen zum chinesischen Sozialkredit-System (chin.: Shehui Xinyong / engl.: Social Credit System (SCS) oder Social Score System) stützen sich neben den üblichen Quellen vor allem auf zwei Aufsätze: auf den der kapitalnahen deutschen Wirtschaftsplattform 1&1 Ionos, die unter anderem an China interessierte deutsche Unternehmen über China informiert und deshalb einigermaßen sachlich analysiert[28] und auf jenen des deutschen marxistischen Autors Marc Püschel, der vor allem den gesamtgesellschaftlichen und gesamtwirtschaftlichen Aspekt des SCS referiert.[29]

Definition des SCS

Mit der Abkürzung SCS ist das chinesische datengestützte digitale Steuerungs-, Erfassungs- und Ratingsystem gemeint, welches Daten über das Verhalten von Einzelpersonen, Staatsangestellten, Unternehmen, Organisationen und Verbänden sammelt und bewertet. Das SCS geht zurück auf den »Planungsentwurf für den Aufbau eines Sozialkreditsystems«, den der chinesische Staatsrat im Juni 2014 verabschiedet hat. Es ist das Ergebnis jahrzehntelanger Arbeit der KPCh[30] und befindet sich immer noch in der Experimentierphase, welche in rund 70 Testprojekten in verschiedenen Städten stattfindet. Es ist derzeit noch völlig unklar, ob das SCS landesweit konsequent eingeführt wird, für alle BewohnerInnen gleichermaßen gelten und jemals als allumfassendes Kontrollsystem funktionieren wird.

Zwei Tatsachen sind wichtig: Erstens betrifft das SCS Privatpersonen, Unternehmen und den Staat. Das heißt, dass sich auch Regierung und Verwaltung dem SCS stellen müssen. Zweitens gibt es in China staatliche und privat geführte Sozialkredit-Systeme. So experimentiert die Alibaba-Tochter Ant Financial mit einem SCS, an dem sich die Chinesinnen und Chinesen auf freiwilliger Basis beteiligen können und das auf dem Punktesystem des sogenannten »Sesame Credit System« beruht.[31] Das im Westen bekannteste staatliche Testprojekt befindet sich in der Küstenstadt Rongcheng.

Ziele des SCS

Das SCS hat einen gesamtgesellschaftlich-wirtschaftspolitischen und einen moralisch-gesellschaftlichen Ansatz und soll zur Verwirklichung mehrerer Ziele beitragen.[32]

Der gesamtgesellschaftliche und wirtschaftspolitische Ansatz | Im Westen wird beim SCS (bewusst?) nur auf das Ratingsystem zur Erfassung des gesellschaftlichen und wirtschaftlichen Verhaltens von Privatpersonen fokussiert. Es muss aber betont werden, dass das geplante SCS einen umfassenden gesamtgesellschaftlichen und wirtschaftspolitischen Ansatz verfolgt.[33] Die Fragen, die sich die chinesische Führung stellt, sind folgende:

- Wie kann ein komplexes Wirtschafts- und Gesellschaftssystem aus marxistischer Sicht klug gesteuert werden?
- Wie kann mit anderen Worten die dysfunktionale ›unsichtbare Hand des Marktes‹ durch eine sichtbare staatliche Hand ersetzt werden?[34]
- Wie kann eine leistungsfähige und zugleich anpassungsfähige Wirtschaft unter dem politischen Primat effizient, basis- und zeitnah gesteuert werden?
- Wie kann mit der enormen Daten-, Analyse- und Steuerungsinfrastruktur und den außergewöhnlichen sozial- und technikwissenschaftlichen Analysekapazitäten, über die die VRCh verfügt, ein Fünftel der Menschheit in einer hochkomplexen multikulturellen Gesellschaft zusammenhalten werden?[35]

Das sind alles spannende Fragen, deren praktische Beantwortung eine riesige Herausforderung darstellt. Im genannten Planungsentwurf für den Aufbau eines SCS steht: »Ein Sozialkreditsystem ist ein wichtiger Bestandteil des sozialistischen marktwirtschaftlichen Systems und der sozialen Steuerung. (…) Es wird durch die rechtmäßige Verwendung von Kreditinformationen und durch ein Kreditdienstleistungssystem unterstützt, seine Anforderungen sind die Etablierung einer Kultur der Aufrichtigkeit und das Weitertragen von Ehrlichkeit und traditionellen Tugenden. Es nutzt Ermutigungen zur Erhaltung des Vertrauens und Beschränkungen gegen Vertrauensbrüche als Anreizmechanismen. Sein Ziel ist die Förderung einer Mentalität der Ehrlichkeit und des Kreditniveaus der gesamten Gesellschaft.«[36]

Auf ökonomischer Ebene setzt die chinesische Führung auf die Steuerungs- und Lenkungseffekte des Ratingsystems, das heißt auf das diffizile Zusammenspiel von Anreiz-, Straf- und Kontrollsystemen.[37] Die deutsche digitale IT-Wirtschaftsplattform 1&1 Ionos vermerkt, dass Unternehmen von einer optimierten Korruptionsbekämpfung, von einer effizienten Marktregulierung sowie von GeschäftspartnerInnen, die nachgewiesenermaßen eine weiße Weste haben und auf dubiose Geschäftspraktiken verzichten, profitieren könnten.[38]

Der moralisch-erzieherische Ansatz | Partei und Regierung der VRCh möchten auf sozialer und moralischer Ebene das Verhalten der Bürgerinnen und Bürger, der Unternehmen, Behörden und Organisationen beeinflussen. Für die Privatpersonen, beziehungsweise die normalen Bürgerinnen und Bürger, dient das SCS vor allem der Etablierung eines formalisierten Kreditdienstleistungssystems. Der Staat möchte das Schulden- und Finanzmanagement der ChinesInnen verbessern und die Kreditwürdigkeit von Millionen BürgerInnen feststellen, die kein Bankkonto besitzen. Dazu muss man wissen, dass bisher Hunderte Millionen Menschen in China nicht in ein funktionierendes Kredit- und Finanzwesen eingebunden sind.[39] Das SCS soll diese Lücke ausfüllen.[40]

Die Bürgerinnen und Bürger sollen ihr Verhalten am Gemeinwohl orientieren und sich sozial vorbildlich verhalten, indem sie etwa freiwillig gemeinnützige Aufgaben übernehmen. Zudem soll das System zu mehr Ehrlichkeit und Vertrauen in der Gesellschaft führen, wenn BürgerInnen und Unternehmen sich an einem verbindlichen und allgemeingültigen Bewertungssystem orientieren.[41] Das SCS hat auf individueller Ebene also in konfuzianischer, paternalistischer und meritokratischer Tradition eine erzieherische Funktion (siehe 3. Kapitel), etwas, das meilenweit vom heutigen westlichen Gesellschaftsverständnis entfernt ist. Im Idealfall soll es eine vorbeugende Selbstkontrolle etablieren, die negativ bewertetes Verhalten bereits frühzeitig im Keim erstickt.[42]

Weitere Zielsetzungen | Weitere Zielsetzungen des SCS sind die Vermeidung von Lebensmittelskandalen, die Bekämpfung der Korruption sowie die Erhöhung der Sicherheit, indem die Bürgerinnen und Bürger zur Einhaltung von Regeln und Gesetzen animiert werden. Staatliche Dienstleistungen sollen ebenfalls mit dem datengestützten System optimiert werden. Auch der Umweltschutz soll von verstärkter Kontrolle und Überwachung profitieren.[43]

Funktionsweise des SCS | Das nationale System ist wie gesagt noch im Aufbau, und es existieren offensichtlich sehr unterschiedliche Auffassungen über die Funktionsweise und genaue Ausgestaltung des SCS.[44] Technisch wird das SCS mithilfe von vernetzten Datenbanken, digitalen Bild- und Tonaufzeichnungen, Big-Data- und Data-Mining-Analysen sowie mit Methoden der Künstlichen Intelligenz realisiert. Die technischen Auswertungen können auf einen riesigen Datenschatz zurückgreifen, wie er sonst nirgends auf der Welt existiert.[45]

Schon seit einiger Zeit wird in China weitverbreitet ein Listensystem praktiziert. Es basiert auf einem sogenannten ›Rap-Sheet‹, einer Art Führungszeugnis. In Redlists, roten Listen, werden Unternehmen und Personen dokumentiert, die besonders vorbildlich, beziehungsweise systemkonform agieren. In Blacklists, schwarzen Listen, werden Unternehmen und Einzelpersonen eingeschätzt, die gegen bestehende Gesetze, Regeln und Branchenvorschriften verstoßen haben. Das Listensystem basiert auf den klassischen Anreiz- und Abschreckungsmechanismen.[46] Datenbanken mit Listen sind heute in China öffentlich zugänglich.[47] Einblicke gibt die »National Credit Information Sharing Plattform«.[48]

Etwas Anderes ist das Punktesystem, wie es im Pilotprojekt von Rongcheng praktiziert wird. Dort starteten sämtliche BewohnerInnen mit 1000 Punkten. Diesen werden, je nach Verhalten, Punkte hinzuaddiert oder abgezogen. Bei der Addition von Punkten können die Privatpersonen oder die Unternehmen mit Belohnung rechnen. Ein Punkteabzug – er kann höchstens bis auf 600 Punkte gehen – führt zu Konsequenzen. Für Unternehmen bestehen sie zum Beispiel in der Verweigerung von Lizenzen und in vermehrten Betriebsprüfungen. Für Privatpersonen bringen sie Nachteile beim Reisen, bei der Nutzung von öffentlichen Dienstleistungen und bei der Bewerbung im öffentlichen Dienst.[49]

Es ist anzunehmen, dass das Listensystem mit dem Punktesystem gekoppelt wird. Die Kombination erlaubt, dass alle anderen Personen oder Unternehmen die Bewertungen einsehen können. Die Bonitätsprüfung bei Kreditanträgen geschieht somit in einem sehr transparenten, für westliche Verhältnisse in einem wohl viel zu transparenten Verfahren.

Wichtige Bewertungsfaktoren für Privatpersonen sind im Punktesystem derzeit die Bonität und das Konsumverhalten. Aktivitäten und Regelverstöße in den Sozialen Medien sowie das Alltags- und Sozialverhalten fließen auch in das Rating ein. Wer etwa öffentliches Eigentum schützt, sich für den familiären Zusammenhalt einsetzt und sich fürsorglich um die eigenen Eltern oder erkrankte Familienangehörige kümmert, kann mit positiven Auswirkungen auf das Scoring (dt.: Listenpunkte) rechnen. Auch das Strafregister und das Verhalten im Straßenverkehr (Schwarzfahren, Rauchen im Zug usw.) sind relevant für das SCS.[50]

Spezielle Bewertungsfaktoren für Unternehmen sind die Produktqualität, das Umweltverhalten (Einhaltung von und Verstöße gegen Emissionsvorgaben), die Preisgestaltung, die Lizenzierung oder auch der Umgang mit Daten und Datentransfers. Hinzu kommen Unternehmensbewertungen durch die NutzerInnen der Sozialen Medien.[51]

Akzeptanz der Kontrolle

»Wie der Westen Chinas Sozialkredit-System falsch versteht«, so lautete ein Titel des US-Computermagazins *Wired* im Jahr 2019.[52] Unwissen über die chinesische Realität des SCS ist der Nährboden für irrationale Ängste. Im Westen kann man sich nicht vorstellen, dass das SCS von der Mehrheit der chinesischen Bevölkerung akzeptiert wird.[53] Repräsentative Studien von Genia Kostka an der Freien Universität Berlin von 2018 zeigen, dass »eine überraschend große Mehrheit der ChinesInnen« das SCS befürwortet: 80 Prozent begrüßen das SCS und nur 1 Prozent lehnt es explizit ab.[54] Je ausgebildeter, wohlhabender, städtischer und weiter gereist, desto größer die Befürwortung.[55] Ein ähnliches Ergebnis zeigt eine Studie der Universität Oxford.[56] Von Kostka gibt es auch eine Untersuchung zur Akzeptanz der Gesichtserkennung. Diese kommt zum Ergebnis, dass sie in China am höchsten und in Deutschland am niedrigsten ist.[57]

Die Chinesinnen und Chinesen sind der Überzeugung, dass ihr Alltag durch das SCS besser und reibungsloser verläuft.[58] Ihnen sei, so Frank Sieren, ein ehrlicher und transparenter Umgang miteinander und die Sicherheit im öffentlichen Raum durch Überwachungskameras lieber als der Schutz ihrer Daten.[59] Kontrolliert zu werden, ist laut Keyu Jin für die Menschen in China nichts Negatives, im Gegenteil, es werde erwartet, dass der Staat über die Bevölkerung wacht, sie schützt und sie fördert.[60] Werner Rügemer formuliert in seinem Buch ›Die Kapitalisten des 21. Jahrhunderts‹: »Die ChinesInnen wissen – im Unterschied zum kommerziell-geheimdienstlichen Ausspäh- und Verwertungs-Wildwuchs bei CIA und Facebook – über die Erfassung Bescheid und können ihre Bewertung einsehen.«[61] Sie haben mit staatlichen Überwachungsmaßnahmen viel weniger Probleme als die Leute im Westen, wenn dadurch ein geordnetes Zusammenleben und mehr Sicherheit im öffentlichen Raum gewährleistet wird.[62] Die Rolle des Schiedsrichters trauen sie dem Staat eher zu als Privatunternehmen.[63] 59 Prozent der ChinesInnen, so Frank Sieren, würden sich explizit wünschen, dass der Zentralstaat die Überwachung übernimmt.[64] Das erklärt sich wohl auch durch die geschichtliche Erfahrung der letzten paar Jahrzehnte: Nachteile der rasanten Entwicklung waren ständige Improvisation, Intransparenz und Korruption und ein Staat, der immer etwas in Verzug geriet.[65] Daraus erwuchs das Verlangen der Bevölkerung nach Ordnung, Berechenbarkeit und Transparenz, mehr als der Wunsch nach Datenschutz und Schutz vor staatlicher Macht.[66]

Differenzierte Beurteilungen

Die negativen Reaktionen im Rahmen des China-Bashing wurden am Anfang dieses Kapitels genannt. Nun kommen auch andere westliche Beurteilungen zu Wort. Bei ihnen ist nicht immer klar auszumachen, ob sie sich nur auf das SCS oder auf die digitale Personenerfassung allgemein beziehen.

- Peter Achten (Schweizer Medienschaffender): »Der chinesische Staat will, ganz konfuzianisch, mit einem moralischen Unterton das Verhalten gewöhnlicher BürgerInnen verändern. (…) Im Gegensatz zur orwellschen Überwachungs-Dystopie funktioniert das chinesische Sozialkredit-System mit einem Belohnungsansatz. Ob das dann schon die im Westen heraufbeschworene ultimative Diktatur sein wird, kann zumindest bezweifelt werden.«[67]
- 1&1 Ionos: »Das SCS ist speziell im Unternehmensbereich (Corporate SCS) weniger ein Kontroll-, sondern ein Anreizsystem. Im Sinne einer Selbstregulierung können Unternehmen maßgeblich und eigeninitiativ zu einem positiven Sozialkredit beitragen.«[68]
- Urs P. Gasche (Schweizer Publizist): »Die Überwachung ist in China offizielle Politik. Bei uns wird sie unbemerkt eingeführt und schlafwandelnd akzeptiert. (…) An ›Kreditwürdigkeitspunkte‹ haben wir uns gewöhnt: Banken, Telefongesellschaften und Arbeitgeber entscheiden aufgrund einer Bonitätsprüfung, ob jemand einen Kredit, einen Telefonvertrag, eine Anstellung oder einen Mietvertrag erhält.«[69]
- Gerd Gigerenzer (deutscher Psychologieprofessor): »Wir sind zwar entrüstet, wenn wir vom Sozialpunktesystem in anderen Ländern hören, doch die gleichen Leute sind oft bereit, ihre persönlichen Daten ohne Wimpernzucken allen möglichen Wirtschaftsunternehmen zu überlassen: was sie kaufen, wo und mit wem sie ihre Tage verbringen, welche Webseiten sie besuchen, ob sie ihre Rechnungen rechtzeitig bezahlen und wann und zu welchem Zweck sie einen Arzt aufsuchen.«[70]

- Uli Sigg (ehemaliger Botschafter der Schweiz in China): »Gemäß Umfragen in der chinesischen Bevölkerung befördert die mangelnde Kontrolle über die öffentlichen und sozialen Netzwerke, wie das im Westen der Fall ist, die Fragmentierung der Gesellschaft in unvereinbare Teilmengen, so dass diese nicht mehr auf eine einheitliche Staatsidee verpflichtbar sind.«[71]
- Wolfram Elsner (deutscher Wirtschaftsprofessor): »Auch im Westen gibt es Sozialkreditsysteme, nur sind sie hier ›entpolitisiert‹ und privatisiert, beziehungsweise in die privaten Internetoligopole ausgelagert. Damit bestimmen IT-Konzerne schon heute unsere Verhaltens- und Kommunikationsnormen, ohne dass wir es zwingend bemerken. (...) Im Westen findet die Disziplinierung der Leute durch polizeiliche Führungsakte oder das Leumundszeugnis statt und bei Bank, eBay, Amazon, PayPal, wo man/frau als KäuferIn und VerkäuferIn bewertet wird.«[72]
- Frank Sieren (deutscher Chinaexperte): »Die Reformen haben gleichzeitig große Vor- und Nachteile. (...) Ein und dieselbe Reform kann gleichzeitig mehr oder weniger Freiheiten bedeuten. Für westliche Beobachter ist das schwer zu fassen. (...) Das eine ist ohne das andere nicht zu denken in diesem großen widersprüchlichen Land.«[73] Und: Shenzhen ist sowohl die »nachhaltigste Stadt der Welt« als auch »die Stadt Chinas mit den meisten Kameras pro 100.000 Einwohnern weltweit.«[74] Dem fügt Sieren hinzu, dass die Risiken des Datenmissbrauchs von den ChinesInnen unterschätzt würden.[75]

Bei diesen Beurteilungen fällt auf, dass sie den oben genannten gesamtgesellschaftlichen Ansatz des SCS nicht berücksichtigen und ›nur‹ die individuelle Ebene reflektieren.

Persönliche Bemerkung

Anfang der 1970er Jahre war mein Freund und Kollege Gui Bonsiepe, Professor für visuelle Kommunikation, vom neugewählten sozialistischen Präsidenten Salvador Allende nach Chile gerufen worden, wo er in einem Team mit IngenieurInnen das Projekt Cybersyn auf die Beine stellen sollte. Cybersyn war eine mit raumfüllenden IBM-Rechnern bestückte Computer-Zentrale, eine Art futuristisch anmutende Kommandozentrale. Mit Hilfe der damals en vogue stehenden Kybernetik sollte die chilenische Wirtschaft von der neuen sozialistischen Regierung gelenkt werden. Alle Fabriken und Lagerstätten des Landes wurden mit einfachen Fernschreibern (!) mit der Zentrale verbunden. Die Unternehmen wurden nicht verstaatlicht und steuerten sich nach wie vor selbst. Lagerbestände, Absatzzahlen und Produktionsmengen wurden aber im ganzen Land in Echtzeit erfasst. Mit Algorithmen wurde errechnet, wo Knappheiten drohten und wie Ressourcen am effektivsten verteilt werden konnten. Alle Daten wurden im Cybersyn gesammelt und verarbeitet, um der Regierung informierte Entscheidungen zu ermöglichen. Eine kybernetisch unterstützte sozialistische Marktwirtschaft! Die Bilder des ›Operations Room‹ von Cybersyn können noch heute unter de.wikipedia.org/wiki/Cybersyn heruntergeladen werden.

Cybersyn kam leider nicht mehr zum vollen Einsatz. Die USA, die einen sozialistischen Wirtschaftserfolg in ihrem Hinterhof nicht dulden wollten, erschwerten Chile den Außenhandel und schnitten die Wirtschaft von wichtigen Ersatzteilen ab. Eine Wirtschaftskrise war die Folge. Am 11. September 1973 wurde der Präsidentenpalast in Santiago von Truppen des faschistischen Generals Pinochet bombardiert, und dabei endete auch das Leben von Präsident Salvador Allende. Die kurze Ära Allende nahm ein tragisches Ende und mit ihr Cybersyn.

Als ich damit begann, das SCS, beziehungsweise die sozialistische Steuerung des hochkomplexen chinesischen Wirtschafts- und Gesellschaftssystems mit seinen enormen Daten-, Analyse- und Steuerungsinfrastrukturen zu beschreiben, kam mir das 50 Jahre zurückliegende Cybersyn wieder in den Sinn. Ist der chinesische Versuch einer stark vernetzten, bedürfnis- und zeitnahen Steuerung der Wirtschaft und Gesellschaft eine späte Realisierung eines ›Cybersyn mit chinesischen Besonderheiten‹? Vielleicht. Ich muss zugeben, dass ich zum chinesischen Sozialkredit-System eine ambivalente Haltung habe. Einerseits finde ich die Bemühungen der ChinesInnen spannend und avantgardistisch. Andererseits kann ich mich für die strengen konfuzianischen und etwas humorlosen Erziehungsaspekte des SCS nicht besonders begeistern. Das hängt wohl mit meiner geschichtlichen und kulturellen Einbindung in die individualistisch überdrehte westliche und Schweizer Kultur zusammen.

Anmerkungen

1 Strittmatter, Kai, in:de.wikipedia.org/wiki/Sozialkredit-System, besucht 14.1.2022
2 Sommer
3 Heilman, Sebastian, in: de.wikipedia.org/wiki/Sozialkredit-System, besucht 14.1.2022
4 Sommer
5 Püschel
6 Vgl. IONOS
7 Püschel
8 Zitiert in: Elsner 2020, S. 29
9 Vgl. ebd., S. 231
10 Vgl. Sieren 2018, S. 101
11 Vgl. Elsner 2018, S. 231
12 Vgl. Keinberger, Josef, in: Der Bund v. 10.1.2021, S. 5
13 Vgl. Ognibeni
14 Vgl. Sieren 2018, S. 97
15 Vgl. Wagenknecht, S. 323
16 Vgl. Achten 2018e
17 Vgl. Keyu
18 Vgl. Baron et al., S. 327
19 Vgl. Der Bund v. 6.9.2021, S. 7
20 Vgl. Kronauer 2021f
21 Vgl. Elsner 2020, S. 235
22 Vgl. Rimbert
23 Wagenknecht, S. 323
24 Vgl. Sieren 2018, S. 175
25 Vgl. Monroy
26 Vgl. Sieren 2018, S. 178
27 Vgl. ebd., S. 180
28 Vgl. IONOS
29 Püschel
30 Vgl. Püschel
31 Vgl. IONOS
32 Vgl. Püschel

33 Vgl. ebd.
34 Vgl. ebd.
35 Vgl. Elsner 2018, S. 234
36 Zitiert in: Püschel
37 Vgl. IONOS
38 Vgl. ebd.
39 Vgl. Püschel
40 Vgl. Achten 2018e
41 Vgl. IONOS
42 Vgl. ebd.
43 Vgl. ebd.
44 Vgl. ebd.
45 Vgl. ebd.
46 Vgl. Püschel, S. 12f
47 Vgl. IONOS
48 Vgl. ebd.
49 Vgl. ebd.
50 Vgl. ebd.
51 Zitiert in: ebd.
52 Zitiert in: Sieren 2021, S. 174
53 Vgl. Walsoe, Christian, in: Ruizhong. Magazin der Gesellschaft Schweiz-China Heft 2/2019, S. 5, schweiz-china.ch/news/das-magazin-ruizhong
54 Zitiert in: Sieren 2021, S. 171
55 Vgl. ebd.
56 Vgl. ebd.
57 Vgl. ebd.
58 Vgl. ebd., S. 172
59 Vgl. ebd.
60 Vgl. Keyu
61 Rügemer, S. 286
62 Vgl. Walsoe, Christian, in: Ruizhong. Magazin der Gesellschaft Schweiz-China Heft 2/2019, S. 5, schweiz-china.ch/news/das-magazin-ruizhong
63 Vgl. Sieren 2021, S. 171
64 Vgl. ebd.
65 Vgl. ebd., S. 172
66 Vgl. ebd.
67 Achten 2018e
68 IONOS
69 Gasche
70 Zitiert in: ebd.
71 Sigg
72 Elsner 2020, S. 227f
73 Sieren 2018, S. 145
74 Sieren 2021, S. 14f
75 ebd., S. 173

18. Kapitel

Westlicher Albtraum: Der Uiguren-Konflikt

These: Der Uiguren-Konflikt – der uigurische Terrorismus/ Dschihadismus wird meistens ausgeklammert – dient als Höhepunkt des westlichen China-Bashings

Völkermord?

Der innerchinesische Uiguren-Konflikt hat heute in der westlichen Wahrnehmung den Tibet-Konflikt etwas verdrängt. (Letzterer kommt in diesem Buch auf Seite 12 zur Sprache. Zu Tibet hier in der Fußnote noch zwei bekannte westliche Sachkundige.)*

---

* *Peter Achten*, Schweizer Chinaexperte und langjähriger Chinakorrespondent verschiedener Medien: Die sozialistische Entwicklung in der VRCh hat der tibetischen Bevölkerung einiges gebracht. Bildung etwa, wirtschaftlichen Aufschwung und Jobs und Öffnung nach außen. Dass aber ein ›kultureller Genozid‹ stattgefunden habe, wie vom Dalai Lama behauptet, ist schlicht unzutreffend. Viele Westler projizieren heute ihre Träume ins Shangri-la friedlicher Tibeter, das es so nie gab. Vgl. Achten 2019a; *Jörg Kronauer* weist in einem Artikel darauf hin, dass sich der westliche Blick auf Tibet immer zuerst auf den Dalai Lama richte. Dieser habe bis zu ihrer Befreiung durch die Volksrepublik über die tibetischen Leibeigenen und Sklaven geherrscht. Dass der Exponent einer derartigen Herrschaftsordnung in Zeiten von ›Black Lives Matter‹ immer noch Anerkennung genieße, lasse sich nur dadurch erklären, dass er den westlichen Mächten als Instrument im Kampf gegen die VRCh diene. Längst sei umfassend dokumentiert, wie der Dalai Lama in den 1950er Jahren ausführlich mit der CIA konspiriert habe, um Tibet aus der VRCh herauszubrechen, in: Kronauer 2021k

Die westlichen Attacken in Sachen UigurInnen beinhalten im Wesentlichen folgende Punkte:

Die VRCh begeht in Xinjiang ›schwere Menschenrechtsverletzungen‹. In ›Umerziehungs- oder Konzentrationslagern‹ sind bis zu einer Million UigurInnen ›interniert‹ und erleiden dort ›Folter, systematische Vergewaltigung, Sterilisation und Zwangsarbeit‹. Das sei ein ›Verbrechen gegen die Menschlichkeit‹ und ein ›Völkermord‹. Es ist von ›demografischem und kulturellem Genozid‹ die Rede.[1] US-Präsident Joseph Biden bekräftigte nach seinem Amtsantritt, dass China in Xinjiang »Völkermord« begangen habe und »die Kosten dafür tragen« werde.[2] Einen der Höhepunkte des China-Bashings leistete sich eine Korrespondentin einer großen Schweizer Mediengruppe, indem sie von »Pekings Terrorregime« und von Xinjiang als einem »Freiluftgefängnis« sprach. Die »Rundumüberwachung« in Xinjiang sei in ihrem »orwellschen Ausmaß« ein in der Menschheitsgeschichte bisher »einmaliges Verbrechen«.[3]

Dagegen stehen die offiziellen Stellungnahmen der chinesischen Regierung. Diese weist alle gegen sie erhobenen Vorwürfe in Sachen Xinjiang zurück und verweist in ihrem Bericht vor dem UN-Ausschuss zur Beseitigung der Rassendiskriminierung auf ihre »nachhaltigen Anstrengungen, den Entwicklungsrückstand der fünf autonomen Regionen gegenüber dem Osten Chinas zu überbrücken«.[4] Beim Antiterrorkampf habe es keine willkürlichen Verhaftungen, Folter oder Unterdrückung des religiösen Glaubens gegeben, aber es sei zur Anwendung von polizeilicher Gewalt gekommen.[5]

Auf verlorenem Posten scheinen Autoren wie Uwe Behrens und Jörg Kronauer zu stehen. Der erste mahnt, dass die Maßnahmen der chinesischen Regierung von den westlichen Medien zum Anlass genommen würden, um von einem Polizei- und Überwachungsstaat zu reden und Horrorgeschichten von vermeintlichen oder tatsächlichen Zeugen zu verbreiten. Sie würden den Bemühungen der VRCh zur Entschärfung eines zweifellos vorhandenen Konflikts lediglich Propaganda und Hetze entgegensetzen. Zur westlichen ›Lager-Debatte‹ meint er, dass mit den Begriffen Lager und Internierung in unverantwortlicher Weise umgegangen werde.[6] Der zweite stellt fest, dass die Kampagnen gegen China von Vorurteilen und Ressentiments durchtränkt seien.[7]

Eines steht fest: Die Einschätzung der menschenrechtlichen Situation in Xinjiang ist international stark polarisiert, und Informationen zum Uiguren-Konflikt stehen nur spärlich zur Verfügung und sind heftig umstritten.[8] Für eine fundierte Expertise ist die Informationslage ungenügend. In diesem Kapitel geht es deshalb darum, die wenigen Fakten zu sichten, Beurteilungen zur Diskussion zu stellen und Meinungen zum Zug kommen zu lassen, die dem China-Bashing entgegenstehen. Hilfreich ist dabei eine Stellungnahme für die Anhörung des Bundestagsausschusses für Menschenrechte und humanitäre Hilfe (November 2020) von Norman Paech, deutscher Professor für Politikwissenschaft und Öffentliches Recht.[9]

Die Quellenlage

Norman Paech stellt in seinem Gutachten fest, alle Berichte über die sogenannten Umerziehungslager litten an einem Mangel an seriösem Daten- und Beweismaterial. Fotos und Satellitenaufnahmen von Gebäudekomplexen hinter hohen Mauern hätten wiederholt als falsche und untaugliche Beweise zurückgezogen werden müssen.[10] Die Schlüsselfigur, auf deren Aussagen sich die meisten westlichen Medien beziehen, ist Professor Adrian Zenz von der European School of Culture and Theology in Korntal, rechtsextremer christlicher Fundamentalist und bekennender Antikommunist, der selber nur im Internet recherchiert, aber trotzdem gern vom ehemaligen US-Außenminister Michael Pompeo und anderen US-PolitikerInnen und Medien zitiert wird.[11] Im türkischen Fernsehsender *Istiqal TV*, der mit der islamischen Ost-Turkestan-Bewegung verbunden ist, wirkt Adrian Zenz als ›Xinjiang-Experte‹. Eine weitere Quelle ist *Radio Free Asia*, das wie sein Vorbild *Radio Free Europe* von der US-Regierung direkt finanziert wird.[12] Die westlichen Leitmedien übernehmen gern seine Berichte. Zudem stützen sie sich oft auf Berichte von DissidentInnen im Exil.[13]

Auch der World Uyghur Congress (WUC), der uigurische Weltkongress, ist keine neutrale Informationsquelle, denn er ist im Wesentlichen vom National Endowment for Democracy (NED) aus den USA finanziert.[14] Das NED ist ein Organ der US-Regierung.[15] Eine andere Quelle sind die Chinese Human Rights Defenders (CHRD), ein Netzwerk von chinesischen und internationalen Menschenrechtsorganisationen.[16] Es wird ebenfalls vom NED unterstützt.[17] Vom CHRD stammen die Zahlen über die ›Internierten‹. Es sind gemäß Norman Paech hochgerechnete Schätzungen ohne nachgewiesene Zuverlässigkeit, die juristisch nicht verwertbar sind und trotzdem weltweit kolportiert werden.[18] Ebenso verhält es sich laut Paech mit den Angaben von ExiluigurInnen. Es sind ungeprüfte Zweitinformationen ohne juristische Relevanz, die aber als zuverlässige Direktinformationen aufgemacht werden.[19]

Kommen wir zum beliebten Quellentrick: Wenn man für die eigenen Behauptungen keine Quelle angeben kann, erfindet man welche. So wird zum Beispiel aus einem als »geheim eingestuften Dokument aus der Kommunistischen Partei« zitiert, welches die »Existenz von Internierungslagern« belege, ohne das Dokument auszuweisen.[20]

Zu guter Letzt sind die vorhandenen Quellen in China zu erwähnen, Gesetzestexte, wissenschaftlichen Untersuchungen und Pressemitteilungen. Die Regierung veröffentlicht regelmäßig »Weißbücher«, welche über die Anstrengungen berichten, in Xinjiang die Armut und den Entwicklungsrückstand zu überwinden.[21] Sie bilden ein Element in der Meinungsbildung zum Uiguren-Konflikt, wobei sie für uns auch nicht überprüfbar sind. Fazit zur Quellenlage: Sie ist schlecht, verlässliches Material gibt es nur spärlich.

Faktenlage: Xinjiang und die UigurInnen

»Uigurisches Autonomes Gebiet Xinjiang« lautet die amtliche Bezeichnung der Region Xinjiang mit der Hauptstadt Ürümqi. Das Gebiet wurde 104 v. u. Z. während der Han-Dynastie vom Kaiserreich erobert und hatte danach eine wechselvolle Geschichte. Kurzzeitig gab es 1945 sogar eine kommunistische Republik Ost-Turkestan. Im Jahre 1949 erreichten die chinesischen KommunistInnen auf friedlichem Weg eine Eingliederung Xinjiangs in die neu gegründete VRCh.[22]

Xinjiang grenzt an die Mongolei, Russland, Kasachstan, Kirgistan, Tadschikistan und Afghanistan, woraus seine geostrategische Bedeutung erwächst.[23] Über Ürümqi führen die Routen der Neuen Seidenstraße. Xinjiang ist das Tor nach Taschkent, Teheran, Istanbul, nach Pakistan und zum Indischen Ozean.[24] Zudem ist die Provinz reich an Bodenschätzen, insgesamt befindet sich dort ein Fünftel der Kohle-, Gas- und Erdölvorkommen Chinas. Xinjiang war Anfang der 1990er Jahre erkennbar arm.[25] Das hat sich in der Zwischenzeit geändert: Seine Wirtschaft erreichte in den letzten zehn Jahren zweistellige Wachstumsraten. Der Lebensstandard der Bevölkerung stieg spürbar von 205 Dollar Pro-Kopf-Einkommen auf 6000 Dollar, womit Xinjiang reicher ist als viele andere chinesische Provinzen.[26]

Xinjiang hat 23 Millionen EinwohnerInnen, vor allem muslimische UigurInnen und Han-ChinesInnen. Letztere bilden knapp die Bevölkerungsmehrheit. Als religiöse und nationale Minderheit profitieren die UigurInnen von der chinesischen Minderheitenpolitik: Xinjiang verfügt über eine relative Selbstverwaltung, die UigurInnen haben Vorteile beim Zugang zu Hochschulen, genießen Lockerungen in Sachen Geburtenkontrolle und haben Freiheiten im Gebrauch der eigenen Sprache und Schrift.[27] Zudem haben sie bei gleichem Lohnniveau bessere Arbeits- und Lebensbedingungen als ihre Han-KollegInnen, was viele Han-ChinesInnen in Xinjiang beklagen und ein Grund für ethnische Spannungen ist.[28]

Spannungen gibt es in Xinjiang seit der Gründung der VRCh. Innerhalb der uigurischen Bevölkerung wollen aktive nationalistische Gruppen das Gebiet ›Ostturkestan‹ von der VRCh abtrennen. Seit den 1980er Jahren kämpften sie immer wieder mit öffentlichen Protesten, nicht selten auch mit Gewalt für ihre politischen Ziele und gegen den Einfluss Beijings und denjenigen der han-chinesischen Bevölkerung.[29] Sie verübten auch Anschläge im Ausland.[30] Zur

Unterstützung der Sezession gründeten UigurInnen im Exil 2004 den World Uyghur Congress (WUC) mit Sitz in München.[31] Dazu muss man wissen, dass Sezession, beziehungsweise Abspaltung, in der Verfassung der VRCh streng verboten ist. Darin unterscheidet sich die VRCh nicht von anderen Ländern. Das Besondere an der chinesischen Geschichte ist aber, dass der Zusammenhalt des Reiches der Mitte und der heutigen Volksrepublik eine der Grundfesten im chinesischen Selbstverständnis ist (siehe 1. Kapitel). Es besteht ein nationaler Konsens, dass Separatismus streng geahndet werden muss.

Faktenlage: uigurischer Dschihad und Terror

In den 1990er Jahren entstand aus dem uigurischen Separatismus und dem weltweit aufkommenden radikalen Islamismus eine explosive Gemengelage. 1990 riefen Hunderte von bewaffneten Uiguren zu einem Dschihad (dt.: Kampf) gegen die VRCh auf.[32] Tausende junge Männer, oft auch ganze Familien, die sich durch ihren sunnitischen Glauben mit den KämpferInnen des Islamischen Staats (IS) verbunden fühlten, schlugen sich aus Xinjiang nach Irak und Syrien durch, um sich dem IS und der Al Qaida anzuschließen.[33] Ein Teil von Ihnen wurde unterwegs von den Taliban in Afghanistan zu terroristischen ›Gotteskriegern‹ ausgebildet.[34] Einige von ihnen wurden und werden noch heute im exterritorialen US-Internierungslager in Guantanamo (Kuba) gefangen gehalten. Nach Schätzungen waren insgesamt bis zu 20.000 uigurische DschihadistInnen im Einsatz. Allein in Syrien kämpften ungefähr 8.000 UigurInnen gemeinsam mit der Nusra-Front gegen die Regierung in Damaskus.[35]

Von den mindestens zehn bewaffneten radikalislamischen UigurInnengruppen ist die Terrororganisation ›East Turkestan Islamic Movement‹ (ETIM) die bekannteste. Das ETIM will Xinjiang von China abspalten und versucht seit Jahren mit terroristischen Attentaten ein ostturkestanisches Emirat herbeizubomben.[36] Neben der Errichtung des Emirats ist ein weiteres Ziel des ETIM das Sabotieren der Neuen Seidenstraße auf dem Gebiet Xinjiangs.[37]

Zwischen 1990 und 2001 gab es in China bis nach Beijing insgesamt 197 Terroranschläge mit 162 Toten.[38] 2009 fand in Ürümqi das schlimmste Pogrom in der Geschichte der VRCh statt.[39] Mehrere Tausend UigurInnen zogen einige Tage mordend und plündernd durch Ürümqi, steckten hunderte Geschäfte und Fahrzeuge von Han-ChinesInnen in Brand. Etwa zweihundert Menschen starben, 1600 wurden verletzt.[40] 2014 wurden bei einem Attentat durch uigurische DschihadistInnen in der Stadt Kunming in der südchinesischen Provinz Yunnan 31 Menschen buchstäblich abgeschlachtet und 141 verletzt.[41]

Für westliche Terror-ExpertInnen gehört es zu den Fakten, dass die Exilbewegung und die radikal-islamischen Terrororganisationen der UigurInnen für die Pogrome sowie die Terroranschläge im In- und Ausland verantwortlich sind.[42] Peter Achten berichtete von Erkenntnissen des chinesischen und des US-Geheimdienstes, wonach das ETIM und die Turkestan Islamic Party (TIP) eng mit den afghanischen und pakistanischen Taliban zusammenarbeiteten.[43]

Die VRCh war nach Henry Kissinger schon nach dem 11. September 2001 »wegen denkbarer Auswirkungen des globalen Terrorismus auf seine Minderheitenregionen, besonders auf Xinjiang, besorgt.«[44] Nun war sie in Xinjiang also mit zwei ernsthaften Sicherheitsproblemen konfrontiert, mit den Separatismus-Plänen der uigurischen NationalistInnen und mit der Radikalisierung fundamentalistischer MuslimInnen. Sie stand vor der Frage: Wie mit dem dschihadistischen Terror im eigenen Land umgehen, im Wissen darum, dass Tausende von islamischen TerroristInnen uigurischer Herkunft weltweit aktiv waren und auf die Gelegenheit warteten, um auch in ihrer Heimat für einen Gottesstaat zu kämpfen?[45]

Von Anfang an ignorieren die westlichen Medien systematisch das Faktum des uigurischen Terrorismus/Dschihadismus in ihrer Berichterstattung. Wenn sie ausnahmsweise, so Peter Achten, doch darüber berichten, dann meist von »Terroristen« und kaum je von Terroristen (ohne Anführungszeichen) oder sie sprechen von »angeblichen Terroristen« oder von »Terroristen, wie China behauptet«.

Explodiert jedoch eine Bombe in Boston oder in Paris, sei sofort und ohne langes Abwarten von islamischen Terroristen die Rede.[46] Das liberale deutsche Wochenblatt *Die Zeit* meinte 2015 zu den Anschlägen: »Chinas bequemes Terrorproblem: Menschenrechtler glauben, dass China die Gefahr übertreibt, vielleicht ganz erfunden hat«.[47] Solche Aussagen führen dazu, dass sich die VRCh in ihrem Problem mit dem uigurischen Terror missverstanden fühlt.

Faktenlage:
Maßnahmen gegen den uigurischen Separatismus und Terror

Das blutige Massaker von über 1000 mit Messern und Stöcken bewaffneten UigurInnen 2009 in Ürümqi mit 197 Toten, davon 134 Han-ChinesInnen, war für China ein Schockerlebnis. Der Höhepunkt des Terrors war das Attentat außerhalb Xinjiangs in Kunming 2014. Die Ereignisse machten deutlich, dass allein mit Polizei und Militär die separatistischen Kräfte in Xinjiang nicht befriedet werden konnten.[48] Sollte die Regierung wie im westlichen ›Krieg gegen den Terror‹ mit harter Repression vorgehen? Mit polizeilicher Gegengewalt und militärischer Okkupation (Afghanistan)? Sie entschied sich für ein Sowohl-als-auch, für eine Doppelstrategie. Erstens: Erhöhung des Lebensstandards der Bevölkerung in Xinjiang mittels Investitionsprogrammen, Intensivierung der Ausbildung und Hebung des Bildungsniveaus. Zweitens: staatliche Antiterrormaßnahmen.[49]

Die chinesische Methode ist also eine Mischung zwischen Förderung der ökonomischen Entwicklung und des Wohlstands einerseits und staatlicher Repression andererseits.

Zu den konkreten Maßnahmen[50]

- Als Reaktion auf die vielen Terroranschläge beschloss die Zentralregierung 2015 ein Anti-Terrorgesetz für Xinjiang. Daraufhin wurden die Umerziehungslager und Deradikalisierungszentren eingerichtet, die allerdings 2019 wieder aufgelöst wurden (siehe unten).

- Die Regierung hat in den letzten beiden Jahrzehnten in Xinjiang erheblich investiert, so dass sich die materielle Lebensqualität der Bevölkerung deutlich verbessert hat. Es wird von einer Arbeitsbeschaffung für insgesamt 8,3 Millionen Arbeitslose berichtet. Von 2014 bis 2019 stieg die Zahl der Beschäftigten um zwei Millionen. Dazu kamen der Kampf gegen den Analphabetismus durch bildungspolitische Maßnahmen wie die neunjährige Schulbildung, das Angebot einer dreijährigen kostenlosen Vorschulerziehung und die Einrichtung von Internaten.
- Die rasante ökonomische Entwicklung hat auch viele Han-ChinesInnen nach Xinjiang gezogen. Die westliche Berichterstattung sprach von »gezielter Han-Invasion«.[51] Der Zuzug von Han-ChinesInnen, so Norman Paech, wird von der Regierung nicht im Rahmen ihrer Maßnahmen gefördert.[52] Vielleicht sollte man »nicht mehr« hinzufügen.
- Als MuslimInnen wurden die UigurInnen von den (unabhängig vom Konflikt eingeführten) landesweiten Maßnahmen der Regierung zur Geburtenregelung und zur Festsetzung des Heiratsmindestalters betroffen. Die Begrenzung der Geburtenzahlen betrug für Han-ChinesInnen in der Stadt ein Kind, auf dem Land zwei Kinder; für Minderheiten in der Stadt zwei, auf dem Land drei Kinder. Obwohl die UigurInnen dadurch bevorzugt behandelt werden, stieß die Maßnahme auf Widerstand, weil der Islam die Abtreibung generell verbietet.[53] Auch die Festsetzung des Heiratsmindestalters auf 20 Jahre (Frau) und 22 Jahre (Mann) war und ist ein Eingriff in die Lebensführung der UigurInnen, weil die Eltern traditionell für ihre Kinder die Ehen früh arrangieren.[54]
- In Xinjiang wurden, laut Frank Sieren, 2,5 Millionen Menschen mit dem Skynet Project, einem nationalen Überwachungsinstrument der Staatssicherheit, überprüft.[55] Ziel war, politische AktivistInnen und TerroristInnen »aus der muslimischen Bevölkerung herauszufiltern«, wie es Sieren ausdrückt.[56] Die ›Herausgefilterten‹ gelangten dann in ein sogenanntes ›Berufsbildungs- und Trainingsprogramm‹.[57]

- Ein angebliches Regierungsdokument von 2017, das im Westen seit 2019 unter dem Namen »China Cables« kursiert, sagt es offen: Zweck des Regierungsprogramms ist die Umerziehung der UigurInnen in Xinjiang.[58] Es ist eng verknüpft mit der Aufgabe der ›Disziplinierung‹ und ›Zivilisierung‹. Hauptziel sei die Bekämpfung der Armut und die Verbesserung des Lebensstandards der überwiegend ländlichen Bevölkerung. Die vielen ländlichen Arbeitslosen sollten produktive Arbeitskräfte werden.[59] Thomas Heberer, deutscher Professor für Chinesische Politik und Gesellschaft, zitiert auch ein offizielles Dokument aus dem Jahr 2020: »Das Ausbildungsprogramm will ein rückwärtsgewandtes Denken transformieren und den negativen Einfluss der Religion beseitigen«.[60] Hier begegnet uns einmal mehr das konfuzianische paternalistische Staatsverständnis Chinas: der Staat in seiner erzieherischen Funktion.
- Und nun zur eigentlichen pièce de résistance im Uiguren-Konflikt, zu den ›Lagern‹. Das Bestehen von Erziehungs- und Ausbildungszentren in Xinjiang wurde 2018 von der Regierung offiziell bestätigt.[61] Sie bestritt jedoch die Vorwürfe von Misshandlungen.[62] Offensichtlich finden Berufsbildungs- und Trainingsprogramme in speziellen Zentren oder Lagern statt. Mechthild Leutner, Professorin für Sinologie an der Freien Universität Berlin, geht in ihrer Stellungnahme für den Ausschuss für Menschenrechte und humanitäre Hilfe des Deutschen Bundestags vom November 2020 detailliert auf die Vorwürfe im Zusammenhang mit den Zentren in Xinjiang ein.[63] Sie spricht darin von vier Typen von Lagern. Bei den inkriminierten Lagern handelt es sich laut Leutner genau um das, was die ChinesInnen als Erziehungs- und Ausbildungszentren (1) bezeichnen. Diese gibt es im ganzen Land, sie werden von den Kommunen und den Fabriken eingerichtet und wurden bis in jüngste Zeit von der Weltbank gefördert und evaluiert. Von diesen Zentren zu unterscheiden sind die als Teil der Terror- und Extremismusbekämpfung eingerichteten Zentren (2). Diese dienen mit ihrem streng geregelten

Tagesablauf und beruflichen Weiterbildungsmaßnahmen vor allem der Deradikalisierung. Sie sind, so Leutner, im Dezember 2019 wieder aufgelöst worden. Davon sind die Haftanstalten und Arbeitslager (3) zu unterscheiden. In ihnen verbüßen gerichtlich Verurteilte ihre Strafe und müssen dort auch Zwangsarbeit leisten. Auch Umerziehungslager (4) hat es in China gegeben, die aber schon 2013 abgeschafft worden sind.

Beurteilung der chinesischen Uiguren-Politik im Allgemeinen

- Zu Beginn der westlichen Kampagne gegen die Minderheitenpolitik der VRCh in Xinjiang ergriff im Juli 2019 eine Gruppe von 22 Staaten die Initiative und verurteilte China wegen seiner Politik in Xinjiang scharf. Kurz danach erhob eine Gruppe von 54 Staaten Widerspruch, indem sie die Politik der VRCh unterstützte.[64] Die erste Gruppe bestand im Wesentlichen aus den westlichen Staaten (nordamerikanische und westeuropäische Staaten sowie aus Japan, Israel, Neuseeland und Australien). Die zweite Gruppe bestand aus Ländern des Globalen Südens und direkten Verbündeten der VRCh. Westliche Medien sprachen bei der ersten Gruppe von »liberalen Demokratien«, bei der zweiten Gruppe von einer »Allianz von Autokraten, die nichts anderes eint als die Verachtung von Freiheit und Bürgerrechten«.[65]
- Repräsentanten der UigurInnen verwahrten sich am 20.12.2021 bei einer Pressekonferenz in Ürümqi gegen den von US-Präsident Biden erhobenen Vorwurf des »Völkermordes«. Sie bestritten die Vorwürfe über ihre ›Unterdrückung‹ mit detaillierten Daten, mit dem Hinweis auf spezifische regionale Maßnahmen zum Schutz der Kultur und aufgrund ihrer eigenen Erfahrungen.[66]
- Die Organisation für Islamische Zusammenarbeit (Organization of Islamic Cooperation, OIC), der 56 islamische Staaten angehören, verurteilte die USA und die europäischen Staaten für ihre Haltung gegenüber den islamischen Staaten. Im Jahresbericht 2019 lobte die OIC die Sorge, welcher die VRCh den muslimi-

schen BürgerInnen gegenüber walten lasse.[67] Nota bene: Die Haltung Chinas zu den MuslimInnen ist relevant für die Entwicklung der Beziehungen zu islamischen Ländern in der Welt.[68]

- Eine Delegation des Generalsekretariats der OIC besuchte auf Einladung Chinas Anfang 2019 Xinjiang und überzeugte sich laut Norman Paech von den positiven Maßnahmen zur Hebung der Lebensumstände der muslimischen Bevölkerung einschließlich der freien Ausübung ihres Glaubens. Darauf setzte auch die Türkei, der traditionelle Verbündete der UigurInnen, die ETIM auf die Liste der Terrororganisationen.[69]
- Die UNO lobte 2020 die Minderheitenpolitik und die Religionspolitik der VRCh, nicht zuletzt in Bezug auf die Uigurenpolitik.[70] UN-VertreterInnen besuchen offensichtlich regelmäßig Xinjiang und die Lager, beziehungsweise die Erziehungs- und Ausbildungszentren.[71]
- Der Bericht über die Menschenrechtslage in Xinjiang vom 31.8. 2021 mit dem Titel »OHCHR Bewertung der Menschenrechtslage in der Uigurischen Autonomen Region Xinjiang, Volksrepublik China«[72] wurde vom Büro des UN-Hochkommissariats für Menschenrechte unter Hochkommissarin Michelle Bachelet verfasst. Er wurde bisher nicht dem UN-Menschenrechtsrat präsentiert. Auf 48 Seiten spricht er von »schwerwiegenden Menschenrechtsverletzungen« und geht auf die »Umerziehungslager« ein.[73] In ihm steht wenig Neues, was auch von mehreren sogenannten BeobachterInnen moniert wird.[74] Kritisiert wird etwa, dass keine Erwähnung des ›Völkermords‹ stattfinde.[75] Auch die Quellenlage ist dürftig und geht nicht über das bisher Bekannte hinaus.
- Uwe Behrens meint, China setze auf Vernunft und Aufklärung, wenn es versuche, die potentiell Anfälligen und Auffälligen mit (Aus-)Bildung gegen Radikalisierung und politischen Extremismus zu immunisieren.[76] Er ist überzeugt, dass heute die Mehrheit der Bevölkerung in Xinjiang hinter den Maßnahmen der Regierung stehe und deren Kurs mittrage.[77] Die religiösen und

ethnischen Momente stünden für die meisten Menschen in Xinjiang nicht mehr im Vordergrund. Die UigurInnen bewege vor allem ihre soziale Lage.[78] Zur westlichen ›Lager-Debatte‹ meint Behrens, dass mit den Begriffen Lager und Internierung in unverantwortlicher Weise umgegangen werde.[79]

- Jörg Kronauer schreibt, dass China die sanftere Variante des antiterroristischen Kampfes gewählt habe und mit Berufsausbildung, Sprachschulung und ideologischer Überzeugungsarbeit die Integration versuche.[80]
- Wolfram Elsner weist darauf hin, dass Chinas Methode von Entwicklung und Wohlstand auch die Methode der bürgerlichen Gesellschaft gewesen sei, »eine Methode sozialer Integration und nationaler Entwicklung, die der Kapitalismus heute aber längst nicht mehr realisieren kann.«[81]
- Peter Achten hält entgegen: »Der wirtschaftliche Aufschwung hat den interethnischen Konflikt zwischen Han-ChinesInnen und UigurInnen nicht so entschärft, wie es die Partei erhofft hatte.«[82]
- Thomas Heberer, deutscher Politologieprofessor, meint, die Regierungspolitik sei zu stark auf ökonomische Entwicklung und Modernisierung fixiert. Er bezweifelt, dass die Strategie der VRCh wirklich Erfolg haben werde.[83]

Beurteilung des »Völkermords« und der Menschenrechtsverletzungen

- Im Bericht des UN-Hochkommissariats zur Menschenrechtslage in Xinjiang ist von Völkermord in Xinjiang nicht die Rede.[84]
- Norman Paech stellt fest, dass die Disziplinierungs- und Zwangsmaßnahmen gegenüber einem Teil der uigurischen Bevölkerung einen großen Eingriff in die traditionelle Lebensführung darstellen und vermutlich zu Widerstand geführt haben und dass die Erziehungspolitik in Xinjiang das Gewicht vor allem auf die ökonomischen und sozialen und weniger auf die politischen und kulturellen Menschenrechte gelegt habe.[85] Er schreibt weiter,

dass die Rede von »systematischen Internierungen einer ganzen ethnoreligiösen Minderheit, die vermutlich größte seit dem Holocaust«, wie Adrian Zenz behauptet, »ohne reale Grundlage und als Vergleich völlig deplatziert« sei.[86] In der Untersuchung der beiden Tatbestände Völkermord und Verbrechen gegen die Menschlichkeit habe sich eine strafrechtliche Verantwortung der chinesischen Politik nicht begründen lassen. Das Absichtsdelikt Völkermord an UigurInnen sei nicht erkennbar.[87] Paech weiter: »Die Begrenzung der Geburtenzahlen, auch wenn sie als ein schwerwiegender Eingriff empfunden werde, ist kein ›demografischer Genozid‹, wie es Adrian Zenz behauptet.«[88]

- Nach Mechthild Leutner gibt es keine Indizien oder gar Beweise für schwere systematische Menschenrechts-Verletzungen durch die Regierung bei der Abwehr der Terroranschläge und der Resozialisierung der gefangengenommenen TerroristInnen in den »Deeskalationszentren«. Sie sagt auch, dass die Regierung mit ihren Armutsbekämpfungs- und Arbeitsbeschaffungsmaßnahmen und mit ihren Regelungen zur Geburten- und Heiratskontrolle stark in die traditionell patriarchal geprägte Lebensweise eingreife.[89]

Kritische Meinungen zur westlichen Politik

- Nach Kishore Mahbubani verfolgt der Westen unter dem Deckmantel von Menschenrechten in Wahrheit nur seine »egoistischen Interessen«.[90]
- Die Menschenrechte der UigurInnen würden, so Harro von Senger, als Mittel der Geopolitik missbraucht und die Menschenrechtsfrage zur »moralischen Verbrämung einer beinharten Interessenpolitik« instrumentalisiert.[91]
- Jörg Kronauer wirft der westlichen Unterstützung der Sezessionsbewegungen in Tibet und Xinjiang vor, ihr gehe es immer nur um eines, um die »Pulverisierung, Zerstückelung und Spaltung des Riesenreiches« und die damit verbundene Besiegung der KPCh und ihrer »sozialistischen Zielsetzung«.[92]

- Wolfram Elsner wählt krasse Worte zur Rolle des islamischen Fundamentalismus in China: Er diene als eine »Art ›Frankensteins Monster‹ der imperialen Strategie«.[93]

Anmerkung zu den US-amerikanischen Maßnahmen gegen den Terrorismus

Von einer Doppelstrategie wie in China kann bei den US-amerikanischen Maßnahmen gegen den Terrorismus nicht die Rede sein. Die USA haben in ihrem von Präsident George W. Bush initiierten »Krieg gegen den Terror« (engl.: war on terror) verschiedene Mittel eingesetzt. Vergleichbare kommen in der VRCh nicht zum Einsatz.

- Es gab (gibt?) geheime Gefängnisse und Folterzentren des US-Geheimdienstes CIA wie im Irak oder in Thailand. Letzteres wurde von der späteren CIA-Direktorin Gina Haspel geleitet.[94]
- Es gibt das Lager in Guantanamo (Kuba), wo seit 2011 illegal Dschihadisten oder des Dschihadismus Verdächtige (auch Uiguren) gefangen gehalten und gefoltert werden. Sie warten vergeblich auf einen ordentlichen Prozess.[95]
- Es gibt die Empörung der US-amerikanischen Bevölkerung über die chinesische Behandlung der UigurInnen. Sie kontrastiert mit der Tatsache, dass die USA seit 9/11, wie Kishore Mahbubani sagt, »Tausende unschuldiger muslimischer ZivilistInnen gefoltert und getötet haben und dass sie Tausende Bomben auf islamische Länder abgeworfen haben, was zur Folge hatte, dass viele unschuldige ZivilistInnen ihr Leben verloren«.[96]
- Die Terrororganisation East Turkestan Islamic Movement (ETIM) wurde 2020 unter US-Präsident Trump von der Liste der terroristischen Organisationen gestrichen, auf welche sie die Regierung von Präsident Bush Jr. 2002 gesetzt hatte.[97] Für die VRCh kam dies einer Duldung beziehungsweise einem Schutz der Terrororganisation gleich.[98]
- Professor Nils Melzer, Schweizer Jurist, sicherheitspolitischer Berater der Eidgenossenschaft und bis 2022 UN-Sonderbericht-

> erstatter über Folter, äußerte sich in einem Interview im österreichischen *Radio Österreich 1* am 30.9.2021 so:[99] Nach 9/11 haben die USA mittels bewaffneter Drohnen mit einem »gezielten Töten« von Terrorismusverdächtigen begonnen (engl.: targeted killing). Unter US-Präsident George W. Bush gab es zwei Angriffe pro Monat. Barack Obama schraubte die Zahl bewusst hoch: fünf Verdächtige pro Woche wurden in seinen acht Amtsjahren durchschnittlich mittels Drohnen erschossen. John Mearsheimer, bekannter US-amerikanischer Politwissenschaftler, erwähnt zu Obama, dass dieser über eine »disposition matrix« genannte Todesliste verfügte. Jeden Dienstag – er wurde als »Terror-Dienstag« bezeichnet – gab es ein Treffen im Weißen Haus, bei dem die nächsten Opfer ausgewählt wurden.[100] Während der Amtsjahre von Donald Trump traf die »Tötungsmaschinerie« (Melzer) drei Verdächtige pro Tag. Zudem wurde Geheimhaltung verfügt. Das »Targeted Killing« mittels Drohnen fand und findet in einem rechtsfreien Raum statt. Die Verdächtigung allein genügt, es braucht kein Rechtssystem mehr. Wenn jeder Staat das tun würde, so Melzer, dann hätten wir auf der ganzen Welt eine »Morderei«.[101]

Man kann sich fragen, ob die US-Kampagne gegen die Zentren in Xinjiang angesichts der genannten Tatsachen glaubwürdig ist.[102]

Persönliche Bemerkung

Im Uiguren-Konflikt kann ich mich dem Vorschlag Norman Paechs anschließen der »einen offenen Dialog auf politischer und wissenschaftlicher Basis mit chinesischen Partnern (empfiehlt; BS), ohne dass er vorher mit Vorwürfen, Androhungen, Unterstellungen oder gar Sanktionen belastet wird.«[103] Die ehemalige UN-Hochkommissarin für Menschenrechte, Michelle Bachelet, hat mit ihrem Xinjiang-Besuch 2022 einen Versuch in diese Richtung unternommen. Sie hat daraufhin ein differenziertes Bild des Uiguren-Konflikts gezeichnet,[104] was vom Westen prompt heftig kritisiert wurde.[105]

Anmerkungen

1 Die Liste findet sich in: Paech 2021a
2 Zitiert in: Paech 2021a, S. 1
3 Vgl. Deuber, Lea, in: Der Bund v. 26.11.2019, S. 10
4 Zitiert in: Paech 2021a, S. 5
5 Vgl. ebd.
6 Vgl. Behrens, S. 192f
7 Vgl. Kronauer 2019, S. 79
8 Vgl. Paech 2021a, S. 10
9 Paech 2021a
10 Vgl. ebd., S. 9f
11 Vgl. ebd., S. 2; Behrens, S. 190
12 Vgl. Behrens, ebd.
13 Vgl. ebd.
14 Vgl. Paech 2021a, S. 3
15 Vgl. ebd.; de.wikipedia.org/wiki/National_Endowment_for_Democracy, besucht 21.1.2022
16 Vgl. www.nchrd.org, besucht 21.1.2022
17 Vgl. Behrens S. 190; Paech 2021a, S. 3
18 Vgl. Paech ebd., S. 9
19 Vgl. ebd., S. 10
20 Zum Beispiel Deuber, Lea, in: Der Bund v. 26.11.2019, S. 10
21 Vgl. White Paper, Employment and Labor Rights in Xinjiang, September 2020
22 Vgl. de.china-embassy.gov.cn/det/zt/zgzfbps/200404/t20040429_3130690.htm; de.wikipedia.org/wiki/Xinjiang-Konflikt, besucht 21.1.2022
23 Vgl. Behrens, S. 182
24 Vgl. ebd.
25 Vgl. ebd.
26 Vgl. de.wikipedia.org/wiki/Xinjiang-Konflikt, besucht 21.1.2022
27 Vgl. Elsner 2020, S. 56
28 Vgl. Losurdo 2009
29 Vgl. Kronauer 2019b
30 Vgl. ebd.
31 Vgl. uyghurcongress.org
32 Vgl. Behrens, S. 186
33 Vgl. ebd.
34 Vgl. ebd.
35 Vgl. Paech 2021a, S. 6
36 Vgl. Carlens 2018
37 Vgl. Elsner 2020, S. 57
38 Vgl. Paech 2021b
39 Vgl. Behrens, S. 184
40 Vgl. ebd.

41 Vgl. Paech 2021a, S. 6
42 Vgl. Behrens, S. 183
43 Vgl. www.news.ch/Terror+in+Xinjiang/62862/detail.htm, besucht 22.1.2022
44 Kissinger 2012, S. 506
45 Vgl. Behrens, S. 192
46 Zitiert in: www.news.ch/Terror+in+Xinjiang/62862/detail.htm, besucht 22.1.2022
47 Haktin, Tiara: Chinas bequemes Terror-Problem. 2015, in: www.zeit.de/politik/ausland/2015-09/china-terror-uiguren, besucht 15.9.2022
48 Vgl. Paech 2021a, S. 5
49 Vgl. Behrens, S. 188
50 Vgl. Paech 2021a, S. 6-11
51 Zitiert in: Losurdo 2009
52 Vgl. Paech 2021a, S. 3
53 Vgl. ebd., S. 8
54 Vgl. ebd.
55 Vgl. Sieren 2021, S. 134
56 Zitiert in: ebd.
57 Vgl. ebd.
58 Vgl. Paech 2021a, S. 7
59 Vgl. ebd.
60 Zitiert in: ebd., S. 8
61 Vgl. Behrens, S. 192f
62 Vgl. de.wikipedia.org/wiki/Xinjiang-Konflikt, besucht 21.1.2022
63 Leutner
64 Vgl. Elsner 2020, S. 54; Paech 2021b
65 Deuber, Lea, in: Der Bund v. 26.11.2019, S. 10
66 Zitiert in: www.jungewelt.de/artikel/416097.diplomatische-kriegführung-olympia-china-kritisiert-us-boykott.html, besucht 23.12.2021
67 Vgl. Behrens, S. 179
68 Vgl. ebd.
69 Vgl. ebd., S. 185
70 Vgl. Elsner 2020, S. 54
71 Vgl. ebd.
72 Der ganze Bericht in: gstf.org/wp-content/uploads/2022/09/UN-HR-Report_22-08-31-final-assesment-DEUTSCH_DeepL.pdf, besucht 9.9.2022
73 Zitiert in: taz.de/UN-Menschenrechtsbericht-zu-China/!5878646, besucht 9.9.2022
74 Vgl. Müller, Florian / Pfaff, Isabel: Ein harter Schlag gegen Chinas Regime, in: Der Bund v. 2.9.2022, S. 3
75 Vgl. taz.de/UN-Menschenrechtsbericht-zu-China/!5878646, besucht 9.9.2022
76 Vgl. Behrens, S. 192
77 Vgl. ebd., S. 185
78 Vgl. ebd.
79 Vgl. Behrens, S. 192f

80 Vgl. Kronauer 2019, S. 79
81 Elsner 2020, S. 256
82 Zitiert in: www.news.ch/Terror+in+Xinjiang/62862/detail.htm, besucht 23.1.2022
83 Zitiert in: Paech 2021b
84 Vgl. gstf.org/wp-content/uploads/2022/09/UN-HR-Report_22-08-31-final-assesment-DEUTSCH_DeepL.pdf, besucht 9.9.2022 und https://taz.de/UN-Menschenrechtsbericht-zu-China/!5878646, besucht 9.9.2022
85 Vgl. Paech 2021b
86 Paech 2021a, S. 6
87 Vgl. ebd., S. 15
88 ebd., S. 8
89 Zitiert in: ebd., S. 4
90 Zitiert in: Behrens, S. 218
91 von Senger 2006, S. 140
92 Kronauer 2019, S. 80
93 Elsner 2020, S. 24
94 Vgl. Kronauer 2019, S. 80
95 Vgl. Elsner 2020, S. 58
96 Mahbubani 2020, S. 276
97 Vgl. Paech 2021a, S. 2
98 Vgl. www.german.people.com.cn, besucht 10.10.2021
99 Vgl. Melzer
100 Mearsheimer, S. 184
101 Melzer
102 Vgl. Kronauer 2019, S. 78
103 Paech 2021a, S. 15
104 Vgl. news.un.org/en/story/2022/05/1119302, besucht 10.9.2022
105 Vgl. www.zeit.de/politik/2022-05/china-menschenrechte-michelle-bachelet-auswaertiges-amt, besucht 10.9.2022

19. Kapitel

China und die Corona-Krise

These: Covid-19 hat den Graben zwischen dem Globalen Süden und dem Globalen Norden vertieft. Chinas Corona-Strategie hat das Land zu einem starken Partner des Südens gemacht

Fünf Fakten stecken den Horizont dieser These ab

1. In der chinesischen 20-Millionen-Metropole Shenzhen gibt es 2020 499 Covid-19-Fälle und drei Tote, während es in der 8,5-Millionen-Stadt New York 1,5 Millionen Covid-Fälle und rund 50.000 Tote gibt. Keine andere Metropole der Welt hat das Virus so gut im Griff wie Shenzhen, keine schaffte es schneller, die Pandemie hinter sich zu lassen.[1]
2. In der chinesischen 27-Millionen-Metropole Shanghai und in verschiedenen chinesischen Provinzen bricht im Frühjahr 2022, nach fast zwei Jahren praktisch coronafreier Zeit mit der Omikron-Variante eine Pandemiewelle aus. Die Regierung hält an ihrer Null-Covid-Politik fest.
3. Die 52 ärmsten Staaten, rund ein Fünftel der Weltbevölkerung, verzeichnen im Januar 2022 eine Impfquote von rund sechs Prozent, während die reichsten Länder wie wild ›boostern‹ und zum Teil schon die vierte Impfkampagne gestartet haben.
4. Der weltweit meistverwendete Impfstoff gegen Covid-19 ist der CoronaVac des chinesischen Herstellers Sinovac. Er kommt vorwiegend im Globalen Süden zum Einsatz.[2]

5. Die größten Gewinner der Covid-Pandemie sind Pfizer-BioNTech und Moderna, die pro Sekunde 1000 US-Dollar, das heißt pro Tag 100 Millionen US-Dollar verdienen und für ihre Forschung öffentliche Mittel in der Höhe von acht Milliarden US-Dollar bekommen haben.[3]

Kleine Vorgeschichte

Im Jahr 2 nach Beginn der weltweiten Corona-Krise besteht in der Öffentlichkeit ein Konsens, dass Virus gleichbedeutend mit Mutation ist. Beide sind nicht voneinander zu trennen. Das trifft auch auf Sars-CoV-2 inklusive seiner Varianten zu.[4] Es gibt eine endlose Kette von Mutationen mit Zwischenstationen, seitdem die Viren ›gelernt‹ haben, vom Tier auf den Menschen und von Mensch auf Mensch überzuspringen.[5] Nachuntersuchungen in den Ländern USA, Spanien, Italien und Frankreich in Blutproben und Abwasserproben ergaben, dass die harmloseren Vorgänger-Mutationen des SARS-CoV-2 bereits 2019 um die Welt gingen, bevor das Virus in Wuhan in einer aggressiveren Mutation einen ersten großen Hotspot generierte.[6] Dort war es eine relativ infektiöse und letale Mutation, aber nicht »der Ausbruch«.[7] Woher der Auslöser der Pandemie ursprünglich stammt, ist bisher ungeklärt. Es existiert ein weitgehender Konsens unter Virologen, dass das Virus keinen künstlichen Ursprung hat.[8] So viel zum US-amerikanischen Verschwörungsmythos, wonach das Coronavirus aus einem Labor in Wuhan entwichen sei.

China war auf die Epidemie nicht unvorbereitet, denn es hatte aus der Sars-Virus-Epidemie 2002/03 die Konsequenzen gezogen. Auf Grund ihrer Forschungen hat die VRCh die UN-Weltgesundheitsorganisation (WHO) und damit die Welt schon 2016 und 2019 informiert, dass eine Pandemie eines mutierten Coronavirus erwartet werden müsse.[9] Auf der Basis dieser Forschung konnte China das neuartige Virus in Rekordzeit identifizieren.[10]

Trotzdem reagierten die lokalen chinesischen Behörden auf Sars-CoV-2 vom November bis Ende 2019 mit einer Mischung aus bürokratischem Ignorieren und Bagatellisieren. Erst ab Januar 2020, als die pandemische Bedeutung vollständig erkannt war, übernahm die chinesische Zentralregierung die Führung im Krisenmanagement. Jetzt folgte auch eine klare und systematische Informationspolitik. US-Präsident Trump begrüßte am 24. Januar 2020 in einem Tweet »Chinas Anstrengungen und Transparenz«.[11] Alle Covid-19-Informationen waren ab Januar 2020 international online und nahezu in Echtzeit verfügbar. Mehr als drei Milliarden Menschen verfolgten weltweit die Covid-19-Updates aus China an den Dashboards der WHO und der US-amerikanischen Johns-Hopkins-Universität.[12]

Im März 2020 wurde von der Zentralregierung die folgenschwere Entscheidung zum landesweiten Lockdown gefällt. Die Lehre aus der Vorgängerepidemie Sars 2002/03 und Mers-CoV 2012 veranlassten China und die anderen ostasiatischen Länder zu einer drastischen Eindämmungsstrategie.

Heute steht fest, dass China angesichts der ungeheuren potentiellen Folgen für das 1,4-Milliarden-Volk im Vergleich etwa zu den USA, Indien oder Brasilien bisher verantwortungsvoll mit dem Sars-CoV-2 umgegangen ist. In den Wochen der chinesischen Epidemiekrise im Februar 2020 tönte es in den westlichen Qualitätsmedien allerdings noch anders. In Häme sprachen sie vom chinesischen »Systeminfarkt« (*Die Zeit*), vom »Virus des Widerstands« (*Süddeutsche Zeitung*) und von »Chinas Tschernobyl-Moment« (*Financial Times*).[13]

Corona-Strategie 2020 in Wuhan

Es war eine große Überraschung, wie schnell China 2020 das Coronavirus unter Kontrolle bringen konnte.[14] Die Zentralregierung setzte auf der Basis der früheren Epidemieerfahrungen auf eine Strategie der Nullübertragung (Null-Covid-Politik). Am 23. Januar 2020 wurde die Provinz Hubei mit der 12-Millionenstadt Wuhan komplett abgeschlossen und kurz darauf ganz China einem strengen Lockdown unterworfen. Mit strikten Ausgangssperren, Massentests, Kontaktverfolgung mittels modernster Technologien, Quarantäne und strengen Einreisebeschränkungen bekam das Land das Infektionsgeschehen im späten Frühjahr 2020 weitgehend in den Griff, während die westlichen Länder skeptisch reagierten und noch zögerten. Am 8. April 2020 konnte der Lockdown in Wuhan aufgehoben werden, und ab Mai 2020 gab es in der VRCh bis in den März 2022 praktisch keine Neuinfektionen mehr.[15] China setzte erstens auf den Einsatz neuer Technologien (Künstliche Intelligenz, Big Data, Roboter-Einsatz in den Spitälern zwecks Schutzes des Personals),[16] zweitens auf die Akzeptanz der Bevölkerung für die digitale Überwachung und drittens auf die Massenmobilisierung, die mit den Slogans des ›Volkskampfes‹ und des ›Langen Marsches‹ an historische Fakten anknüpften, die in der chinesischen Identität tief verankert sind.[17]

Die Null-Covid-Strategie dient aus chinesischer Sicht den folgenden Zielen: Erstens der Verhinderung der planlosen und chaotischen Ausbreitung sämtlicher Varianten von Sars-CoV-2 in der Milliardenbevölkerung. Zweitens der strikten Tiefhaltung der an den Folgen des Virus sterbenden Menschen, was China im Vergleich mit den Covid-Toten und den an Long Covid Erkrankten in den westlichen Ländern gelungen ist. Drittens der Minimierung des volkswirtschaftlichen Einbruchs. Mit dieser Strategie rettete China Millionen von potentiellen Patienten das Leben[18] und fuhr einen Kurs, der wirtschaftlich langfristig günstiger ist als mit einer Strategie, welche wegen kurzfristigen Profitinteressen die Einschränkung der Ausbreitung des Virus nur halbherzig betreibt.[19] China konnte viel schneller als der Westen die Ökonomie neu starten, was ihm erlaubte, eine weltweite Konjunkturlokomotive zu werden.[20] Diese Vorgehensweise ist charakteristisch für die chinesische Politik, die stets einen langen Zeithorizont verfolgt und eher bereit ist, kurzfristig hohe Kosten in Kauf zu nehmen, um langfristige Entwicklungsziele zu erreichen.[21]

Maßnahmen in Wuhan

In Wuhan wurden Anfang 2020 im Eiltempo zwei neue große Spitäler und zwölf Notfallkrankenhäuser errichtet und mehr als 40.000 ÄrztInnen und PflegerInnen aus ganz China zusammengezogen.

Für das Gesundheitspersonal wurden die Arbeitsschichten auf 6 Stunden reduziert. Acht Millionen zusätzliche HelferInnen wurden mobilisiert, um die Millionen von Menschen zu unterstützen. Davon stammten 80 Prozent aus den Reihen der KPCh.[22] Sie kamen in den Krankenhäusern und direkt bei der Bevölkerung zum Einsatz: in der Versorgung mit den Dingen des täglichen Bedarfs und in der Überprüfung der Hygiene- und Quarantäneauflagen. Organisatorisch spielte sich vieles über die Nachbarschaftskomitees Shequ ab.[23] Gleichzeitig wurde auf eine transparente und zeitnahe Kommunikation mit der Öffentlichkeit geachtet.

Die drei Monate striktester Quarantäne wurden in erstaunlicher Ruhe, Gelassenheit, sozialem Vertrauen, Selbstvertrauen und Kampfbereitschaft durchgeführt.[24]

Entscheidenden Anteil an der Krisenbewältigung hatten die ökonomischen und geldpolitischen Maßnahmen. Während der Quarantäne-Monate wurden sämtliche Betriebe, außer den systemrelevanten, geschlossen. Die Löhne wurden unverändert fortgezahlt. Entlassungen waren untersagt, ebenfalls Mietkündigungen. Versicherungsverträge durften nicht gekündigt werden. coronabedingte opportunistische Preiserhöhungen wurden bestraft. Diese Maßnahmen erklären das schnelle Wiederanfahren der Produktion und des Wirtschaftskreislaufes.

Auch nach der Eindämmung des Hotspots Wuhan hielt China seine Außengrenzen faktisch geschlossen. Grenzverkehr abseits dringender Geschäftsreisen und Familienzusammenführungen war nicht möglich. Selbst der Staatspräsident konnte seit Januar 2020 das Land nicht mehr verlassen. Auch wenn nur drei Corona-Infektionen auftraten, wie zum Beispiel in einer Millionenstadt wie Yuzhou, wurde an einem strikten Lockdown festgehalten.

Olympische Winterspiele in Beijing

Die Olympischen Spiele im Februar 2022 wurde für China zu einer außerordentlichen Herausforderung. Kein anderes Land wäre wohl imstande gewesen, mitten in der Pandemie eine solche Veranstaltung durchzuführen. Die Weltöffentlichkeit konnte am Bildschirm live mitverfolgen, wie China an seiner strengen Covid-Strategie festhielt und dafür sorgte, dass die Olympischen Winterspiele nicht zu einem Viren-Hotspot wurde. Dass die westlichen Medien bei dem erfolgreichen Sportereignis in den ausschließlich künstlich beschneiten Pisten dann doch noch ein Haar in der Suppe finden würden, überraschte nicht, wobei sie geflissentlich verschwiegen, dass die Pisten in den westlichen Ländern größtenteils auch mit Kunstschnee präpariert werden.

Neue Corona-Welle mit Omikron-Variante

Im März 2022 brach in China nach einer fast zweijährigen coronafreien Zeit eine neue Corona-Welle aus, diesmal in verschiedenen Provinzen, aber auch in den Millionenstädten Shanghai, Beijing und Shenzhen. Die Gesamtzahl der infizierten Menschen stieg in Kürze auf über 100.000 (Stand Mitte April 2022), wovon die meisten asymptomatisch oder mild verliefen. Laut den Behörden war die Lage in Shanghai sehr ernst. Die sogenannte ›Durchimpfung‹ der Bevölkerung hinderte die Omikron-Variante des Sars-CoV-2 offensichtlich auch in China nicht an der schnellen Ausbreitung. Um keine Risiken einzugehen, fuhren die Behörden in Beijing schon bei 22 Infizierten (!) auf 25 Millionen EinwohnerInnen ebenfalls einen rigorosen Kurs. In Shenzhen, das an das schwer betroffene Hongkong grenzt, wurde das Virus nach einwöchigem Lockdown eingedämmt.[25] Die ›Omikronwelle‹ wurde schließlich im ganzen Land mehr oder weniger und wenigstens vorläufig zum Stoppen gebracht.

Festhalten an der Null-Covid-Politik

Chinas Top-Epidemiologe Zhong Nanshan erklärte Ende 2021, dass China voraussichtlich noch lange Zeit an der harten Null-Covid-Strategie festhalten werde.[26] Diese heißt inzwischen »dynamische Null-Covid-Strategie« und sieht ein gezielteres Vorgehen vor. Differenziert nach Hochrisikogebieten und zum Teil kleinsten Einheiten wird mit unterschiedlicher Intensität vom Lockdown bis zu Massentests und einer großen Durchimpfung der Bevölkerung versucht, die Übertagungsketten der Viren zu unterbrechen.[27]

Eine vollständige Aufhebung der Null-Covid-Strategie in China würde nach Schätzungen chinesischer Wissenschaftler eine Welle von Infektionen mit 1,55 Millionen Toten auslösen. Laut einer Studie im Fachjournal *Nature Medicine* könnte es innerhalb von sechs Monaten 112 Millionen symptomatische Ansteckungen geben. Die Intensivstationen würden überrollt: Der Bedarf wäre 15,6-mal höher als die Kapazität. Im schlimmsten Fall hätte die sehr ansteckende Omikron-Variante das Potential, zu 5,1 Millionen Einlieferungen in Krankenhäuser zu führen. 2,7 Millionen Patienten kämen dann auf Intensivstationen.[28]

Das chinesische Gesundheitssystem wäre dieser Situation in vielen Regionen nicht gewachsen. Die Zahl der Toten würde noch größere Dimensionen annehmen.[29]

Eine westliche China-Berichterstatterin, die sonst kein gutes Haar an der VRCh lässt, schrieb: »In den letzten Jahren ist es dem Land mit Hilfe seiner Null-Covid-Strategie immer wieder gelungen, das Virus weitgehend auszumerzen.«[30]

Maßnahmen im Ausland ab 2020

Seit Beginn der Pandemie 2020 war China nicht nur mit der Bewältigung der Pandemie im eigenen Land beschäftigt, sondern kam gleichzeitig vielen Ländern zu Hilfe. Es errichtete Luftbrücken in reiche Länder Europas und in zahlreiche afrikanische, asiatische und lateinamerikanische Länder und lieferte über 290 Milliarden Masken, 3,5 Milliarden Schutzanzüge und 4,6 Milliarden Testkits an mehr als 150 Länder und 13 internationale Organisationen. Es stellte bis 2021 den Entwicklungsländern zwei Milliarden US-Dollar zur Unterstützung der wirtschaftlichen Erholung bereit. Insgesamt wurden 33 Expertengruppen als Verstärkung gegen die Pandemie in 31 Länder entsendet.[31] Afrika, das nach wie vor eine sehr tiefe Impfquote im einstelligen Bereich hatte, sagte China 2021 zu, 600 Millionen Impfdosen zu liefern und 400 Millionen in Zusammenarbeit zu produzieren sowie 1500 medizinische Fachkräfteteams zu senden.[32]

China hat sein Versprechen eingehalten, seine Impfstoffe als öffentliche Güter zu behandeln und in großen Mengen an die ärmsten Länder abzugeben: kostenlos oder zu erschwinglichen Preisen und mit zinsgünstigen Krediten der staatlichen chinesischen Banken, zum Teil in Gestalt von Lizenzproduktionen.[33]

Stimmung in der Bevölkerung

Laut der Umfrage des US-amerikanischen Edelman Trust Barometer 2022, einem weltweit führenden Beratungsunternehmen für Öffentlichkeitsarbeit, lag der Vertrauensindex der ChinesInnen in die Regierung, unter anderem wegen der Bewältigung der Corona-Krise, bei 91 Prozent, während nur etwa 39 Prozent der US-BürgerInnen angaben, dass sie der Regierung ihres Landes vertrauen.[34] Einschränkend muss ergänzt werden, dass die Umfrage in China vor dem Ausbruch der ›Omikronwelle‹ gemacht worden ist. Schon in der Umfrage von 2020 zur Meinung der BürgerInnen zu ihren Regierungen in Bezug auf die Bewältigung der Corona-Krise lag China mit 85 Prozent Positivantworten auf dem ersten Platz.[35] Seit der Pandemie ist der Vertrauensindex der Bevölkerung also deutlich gestiegen, während derjenige der US-AmerikanerInnen gesunken ist. Die Gründe für das rekordverdächtig hohe Vertrauen liegen laut der Umfrage, neben der erfolgreichen Bekämpfung von Covid-19, in der Sicherstellung des Wirtschaftswachstums, der Bekämpfung von Korruption und Umweltverschmutzung sowie der Verbesserung der Verwaltungskapazitäten und der schnellen Reaktion auf öffentliche Anliegen.[36]

Erfolgsfaktoren

Die folgende Auflistung der Gründe für die Bewältigung der Corona-Krise durch die VRCh bezieht sich unter anderem auf die Zusammenstellung von Wolfram Elsner.[37]

- Gemäß WHO besitzt kein anderes Land der Welt so gut ausgearbeitete Notfallpläne, Umsetzungsfähigkeiten und Schutzmaßnahmen bezüglich der öffentlichen Gesundheit wie China Dieses verfügt zudem über enorm gewachsene Kapazitäten in Medizin, Life Sciences und Public Health.[38]
- China hat ein wasserdichtes System, bestehend aus Infektionsverfolgung, Testen, Quarantäne und Impfen.[39]
- In China kann die Bevölkerung durch die KPCh und den Staat stark mobilisiert werden, zum Beispiel mit historisch bedeutungsvollen Metaphern wie ›Volkskampf‹ und ›Langer Marsch‹.
- Eine wichtige Ressource im Kampf gegen das Virus sind soziale Disziplin und der Respekt vor Anweisungen. Das hängt mit der soziokulturellen Mentalität in Ostasien zusammen. Hier herrscht ein positiveres Verhältnis der Individuen zum Staat. Dieser kann leichter und härter durchgreifen, weil die Bevölkerung bereit ist, die individuellen Bedürfnisse zeitweilig hinter diejenigen der Gesellschaft zu stellen, um dann wieder als Einzelne von diesem Verzicht zu profitieren.[40] Diese kulturellen Gründe gelten für alle ostasiatischen Staaten, die in der Krisenbewältigung ähnlich erfolgreich waren. Die Krisenbewältigung war allerdings einfacher in den kleineren Ländern wie Südkorea, Japan und Taiwan. Bei einem 1,4-Milliarden-Volk wäre es ohne die systemischen Vorteile der VRCh nicht möglich gewesen, die Corona-Krise so zu bewältigen.[41]
- Die gesellschaftliche Kontrolle über die Ökonomie ermöglicht China, wirksame Maßnahmen zu ergreifen, ohne die Menschen unzumutbaren sozialen Härten auszusetzen. Das politische System erlaubt es, sehr schnell wirksame Entscheidungen zu fällen, was wiederum die Wertschätzung der Partei und der Regierung steigen lässt. Der chinesische Weg der Krisenbewältigung ist dem Westen aus systemischen Gründen verschlossen.[42]
- Der Nachteil der Null-Covid-Politik Chinas ist die mangelnde sogenannte Durchseuchung des Milliardenvolkes. Diesen ver-

sucht China mit einer auf freiwilliger Basis beruhenden Durchimpfung der Bevölkerung wettzumachen. Inzwischen wurden im Land weit über drei Milliarden Dosen geimpft.[43]

Vergleich mit dem Westen

Der Vergleich der Bewältigung der Corona-Krise zwischen China und dem Westen besteht üblicherweise in der Bilanzierung der Corona-Infizierten und -Toten. Sie sieht Ende Januar 2022 eindeutig aus: Weltweit gibt es 369.955.862 Infizierte und 5.650.738 Todesfälle. Die USA mit vier Prozent der Weltbevölkerung weisen 74.211.771 Infizierte und 882.964 Todesfälle auf. In Deutschland mit 83 Millionen EinwohnerInnen wurden 9.737.215 Infizierte und 117.725 Todesfälle registriert. In China mit 20 Prozent der Weltbevölkerung waren es 105.934 Infizierte und 4.636 Todesfälle.[44]

Long Covid scheint in der öffentlichen Debatte in den westlichen Ländern kein besorgniserregender Gegenstand zu sein, obwohl die Tatsachen eine andere Sprache sprechen: Allein in Europa waren gemäß einer Studie im Auftrag der Weltgesundheitsorganisation (WHO) mindestens 17 Millionen Menschen in den ersten beiden Pandemiejahren von Long-Covid-Symptomen betroffen.[45]

Fazit: Die westlichen Demokratien haben es nicht geschafft, hohe Todeszahlen zu verhindern und die Menschen vor Long Covid zu schützen. In China war Fassungslosigkeit angesichts des Versagens der westlichen Welt sehr verbreitet.[46]

Die nackten Zahlen der negativen Bilanzen der westlichen Länder werden etwas plausibler, wenn man ihre Hintergründe in den USA und in der EU beleuchtet:

In den USA verursachte das (Nicht-)Management der Corona-Krise ein »humanitäres Desaster«, das beinahe zum Kollaps des Gesundheitswesens geführt hätte.[47] Vor den Augen der Weltöffentlichkeit wurde die Handlungsunfähigkeit und die Inkompetenz der USA manifest.[48] Das ›krachende Versagen‹ der US-Gesundheitsversorgung wirkte sich primär auf die untersten Schichten der Bevölkerung aus und zeigte, dass die US-Medizin eine Klassenmedizin zugunsten der Privilegierten ist.[49] Die Corona-Krise hat die Klassenspaltung in den USA vertieft: Reiche wurden noch reicher, und die Verschuldung der Bevölkerung nahm zu, die Löhne stagnierten bestenfalls.[50] Je tiefer die Corona-Krise in den USA wurde, desto mehr zeigten ihre Herrschenden mit dem Finger auf die VRCh als die Schuldige für das bodenlose eigene Versagen.[51] Bizarre Gestalt nahm das Ablenkungsmanöver im republikanisch dominierten US-Bundesstaat Missouri an.[52] Mit einer Klage gegen China vor einem US-Bundesgericht forderte Missouri Entschädigungszahlungen wegen der wirtschaftlichen Folgen der Pandemie. Das Urteil steht noch aus. Hätte die Klage Erfolg, was beim US-Justizsystem nicht a priori ausgeschlossen ist, wäre eine komplette Konfiszierung des chinesischen, in den USA investierten Sachkapitalvermögens denkbar, aber auch der chinesischen Guthaben von 3,5 Billionen US-Dollar, die in US-Banken als US-Staatsschuldverschreibungen deponiert sind.

In Europa dominierte ein Gerangel zwischen den führenden Staaten der Europäischen Union um die knappen Impfdosen, von Verteilung an den Globalen Süden war erst gar keine Rede. Im Gegenteil, Anfang 2021 herrschte ein faktisches Exportverbot der EU.[53] Die EU offenbarte sich als eine uneinheitliche, zutiefst zerstrittene Staatengemeinschaft und nicht als Solidargemeinschaft, wie sie sich gern selber sieht.[54] Sie zerfiel beim ersten großen Krisentest schlagartig in nationale Egoismen, die in eine Hilfsverweigerung der Starken gegenüber den Schwächeren mündete, nicht zu reden von den Folgen des Zerfalls der Gesundheitssysteme in einzelnen EU-Ländern als Folge des jahrzehntelangen neoliberalen Kahlschlags.[55]

Liu Leming, Professor für Politikwissenschaft an der East China University, schreibt: »Die schlechte Leistung der Regierungen in den westlichen Ländern, insbesondere die schwache Reaktion auf die Pandemie und die wirtschaftliche Abschwächung haben zum wachsenden Misstrauen der Menschen gegenüber ihren Regierungen beigetragen.«[56] Frank Sieren fügt hinzu, dass die rigiden Maßnahmen in China die Freiheit der Menschen am Ende viel weniger einschränkten als die langwierigen und halbherzigen Lockdowns im Westen, die zu schweren wirtschaftlichen Einbrüchen und vielen Toten und an Long Covid Erkrankten führten und eine zermürbende Wirkung auf die Bevölkerung hatten.[57] In der Corona-Krise zeigten sich die systembedingte Kurzsichtigkeit und Kurzfristigkeit des kapitalistischen Wirtschafts- und Gesellschaftsmodells. Der neoliberale Kapitalismus hindert die liberalen Demokratien am längerfristigen Planen und Vorsorgen und am Anpacken der beiden großen Probleme der Gegenwart, der Corona-Krise und der Klimakrise. Das führte in der Corona-Krise zu zwei grundsätzlich verschiedene »Geopolitiken des Impfstoffs«.[58]

Null-Covid-Politik und Menschenrechte

Ein im Westen weitverbreitetes Narrativ besagt, dass der chinesische Erfolg bei der Bewältigung der Corona-Krise nur dank autoritärer Methoden und nicht ohne die Verletzung von Menschenrechten möglich geworden sei. Erfahrungsberichte von westlichen, in China lebenden Augenzeugen zeigen, dass die chinesischen Maßnahmen nicht im Geringsten über diejenigen eines Lockdowns in Ländern wie Frankreich und Italien hinausgegangen sind.[59] Sie wurden aber viel konsequenter, technisch ausgeklügelter und disziplinierter ausgeführt als anderswo: Bei den Ausgangssperren werden ganze Stadtteile mit Millionen BewohnerInnen strikt von der Außenwelt abgeriegelt und gleichzeitig mit einem groß aufgezogenen Organisationssystem betreut und versorgt; die Quarantänen und Nach-Quarantänen werden häufiger vorgeschrieben und strikter überwacht und die nötigen Baulichkeiten und Infrastrukturen zur Verfügung gestellt; die PCR- und Antikörpertests werden viel häufiger vorgeschrieben und flächendeckend und konsequent durchgeführt; eine technisch ausgereifte digitale Infektionsverfolgung und Monitoring Programme werden systematisch und großflächig eingesetzt und rigoros ausgewertet.[60]

Kolonialistischer Impf-Egoismus

Der Globale Norden hat in der Pandemie gegenüber dem Globalen Süden massiv versagt. Die reichsten westlichen Länder haben den Markt für Impfstoffe (mit deren Patenten) monopolisiert und die ärmeren Länder mit dürftigen Rationen abgespeist. Die Pandemie hat die Spaltungen vertieft: Die 52 ärmsten Staaten, rund ein Fünftel der Weltbevölkerung, verzeichneten, wie eingangs schon erwähnt, im Januar 2022 eine Impfquote von rund sechs Prozent, während die reichsten Länder wie wild ›boosterten‹ und zum Teil schon die vierte Impfkampagne starteten. Auf dem afrikanischen Kontinent waren Anfang 2022 zum Beispiel noch immer 94 Prozent der Bevölkerung nicht vollständig geimpft, was auch ein höheres Risiko für Mutationen mit sich bringt, die sich weltweit verbreiten können.[61]

China ist das einzige große Land mit eigenen Impf- und Anti-Corona-Kapazitäten, das dem etwas entgegenhält. Es hat mehr als 1,29 Milliarden Impfdosen an über hundert Länder, die meisten davon Schwellen- und Entwicklungsländer, geliefert (Stand: Anfang 2022).[62] (Einige Krämerseelen in den westlichen Medien versuchen diese Tatsache zu relativieren, indem sie für die chinesischen Vakzine eine geringere Wirksamkeit postulieren.) China hat auch als einzige Großmacht für die weltweite Aussetzung des Patentschutzes für Covid-19-Impfstoffe, -Tests und -Behandlungen plädiert, wie es das Bündnis People's Vaccine Alliance (PVA) fordert. Von der internationalen Konzernwelt und ihren politischen Verbündeten wurde das bisher systematisch verhindert.[63]

Die reichen westlichen Staaten verzeichnen mittlerweile wieder ein Wachstum (laut IWF 5 Prozent), während die armen Länder mit einer nahezu stagnierenden Wirtschaft (plus 0,5 Prozent) dahinsiechen.[64] Gemäß dem Votum von UN-Generalsekretär António Guterres beim Weltwirtschaftsforum 2022 stehen 80 Prozent der Mittel, die weltweit zur wirtschaftlichen Erholung nach der Covid-19-Pandemie bereitgestellt worden sind, den entwickelten Industriestaaten zur Verfügung. Die ärmeren Länder sind auch diesbezüglich benachteiligt. Ihre Lage hat sich in Folge der Corona-Krise drastisch verschlechtert.[65] Die Auslandsverschuldung der ärmsten Länder erreichte Anfang 2022 einen Höchststand.

Vorläufige Bilanz

Die vorläufige Bilanz der Corona-Krise sieht folgendermaßen aus:

- Die Corona-Krise war Auslöser für eine Entzauberung der Globalisierung, indem sie die Fragilität der Wertschöpfungsketten offengelegt hat.[66]
- Während der Pandemie mussten die westlichen Länder das Ausmaß des Aufstiegs Chinas und des eigenen Abstiegs zur Kenntnis nehmen.[67] Stefan Aust, bekannter deutscher Publizist und Herausgeber der Tageszeitung *Die Welt*, warnte, dass die Corona-Krise das Kräfteverhältnis auf der Welt entscheidend verändern könnte.[68]
- Die Länder Ostasiens ließen die Krise weitgehend hinter sich, während die westliche Welt erst in großem Abstand folgte. Auch das ist ein Indiz dafür, wie sich die Schwerkraft der globalen Kräfteverhältnisse immer stärker in Richtung Asien und China neigt.[69]
- China wuchs während des Pandemiejahres 2020 als einzige größere Wirtschaft der Welt (+2,3 Prozent), während die westlichen Wirtschaften um einige Prozent schrumpften.[70] Die rasche Erholung der chinesischen Wirtschaft war ein Zeichen dafür, dass die Pandemie Chinas Aufstieg beschleunigte.[71] Das *Wall Street Journal* meinte, dass China das »neue Zentrum der Weltwirtschaft« geworden sei.[72]
- Die USA versagte erstmals als internationaler Hegemon. China hat die USA in der Rolle, als Weltmacht eine Weltkrise zu meistern, abgelöst. Das internationale Prestige Chinas hat trotz anfänglicher Verunsicherungen wegen Wuhan zugenommen. Von dieser Tatsache muss heute mit allen möglichen Mitteln und Methoden abgelenkt werden.[73]
- Das Corona-Bashing gegen China geschah vor allem in den USA

aus dem durchsichtigen geostrategischen Interesse, China umfassend zu schädigen.[74]

- Die chinesische Antwort auf diese Attacken wurde in einem Vortrag Xis zusammengefasst, aus dem folgender Ausschnitt stammt: »Die Pandemie zeigt immer mehr, dass die Menschheit ein gemeinsames Schicksal teilt und die Interessen aller Länder eng miteinander verbunden sind. (…) Ganz gleich, ob es darum geht, den endgültigen Sieg im globalen Kampf gegen die Pandemie zu erringen oder die Erholung der Weltwirtschaft zu fördern, die internationale Gemeinschaft muss fest zusammenhalten und kooperieren, um gemeinsam auf die Krise zu reagieren und den Test zu bestehen.«[75]

Diese Worte klingen angesichts der gegenwärtigen internationalen Konfrontationspolitik idealistisch, obwohl sie eigentlich einen gangbaren Weg aufzeigen würden. Auf der realistischen Seite steht die solidarische Süd-Süd-Kooperation Chinas mit den Ländern des Globalen Südens.

Persönliche Bemerkung

Wenn von der chinesischen Covid-Politik die Rede ist, muss man sich eines vor die Augen halten: In der Gesundheitspolitik haben die chinesischen Behörden die Verantwortung für rund 18-mal mehr Menschen als die deutschen Behörden! Was den Umgang mit der Corona-Krise betrifft, zeigt ein Vergleich zwischen China und dem Westen Überraschendes: In China korrelierten die umfassenden, aber vorübergehenden Freiheitseinschränkungen mit einer relativ großen Zufriedenheit. Im Westen waren die verhältnismäßig kleinen, aber andauernden und zermürbenden Freiheitseinschränkungen mit einer mittleren Unzufriedenheit verbunden. Offensichtlich bräuchte es im Westen eine bessere Balance zwischen Freiheitseinschränkung und Verantwortung für das Gemeinwohl, um zu verhindern, dass viele Menschen arbeitslos werden, ihre Existenz vernichtet wird, sie an einer Pandemie sterben oder an ihren Langzeitfolgen leiden.

Die Corona-Krise hat einiges offengelegt, nicht nur die Nerven vieler Menschen. Die Ausbeutung der Entwicklungs- und Schwellenländer durch die kapitalistischen Länder wurde verschärft. China ist in der Süd-Süd-Kooperation ein machtvoller und verlässlicher Partner geworden.

Anmerkungen

1 Vgl. Sieren 2021, S. 346f
2 Vgl. Der Bund v. 29.12.2021, S. 13
3 Vgl. Tausend Dollar pro Sekunde, in: junge Welt v. 17.11.2021, S. 9
4 Vgl. Elsner 2021, S. 128
5 Vgl. ebd.
6 Vgl. Sieren 2021, S. 349
7 Vgl. Leendertz, Fabian, deutsches Mitglied der WHO-Untersuchungskommission: Die heikle Suche nach dem Ursprung des Coronavirus, in: Spektrum.de, 30.12.2020
8 Vgl. Elsner 2021, S. 154
9 Vgl. ebd., S. 124
10 Vgl. ebd.
11 Zitiert in: Le Monde diplomatique (Ausgabe Schweiz) Juni 2020, S. 7
12 Vgl. Elsner 2021, S. 122; Timeline COVID-19 v. 27.4.2020
13 Zitiert in: Schuhler 2020, S. 98
14 Vgl. Sieren, in: junge Welt v. 16.10.2021, S. 2
15 Vgl. Schmidt, Christian
16 Vgl. Elsner 2021, S. 47
17 Vgl. ebd., S. 136
18 Vgl. https://herzchirurgie-paulvogt.ch, besucht 7.4.2020
19 Vgl. ebd.; www.jungewelt.de/artikel/414704, besucht 17.11.2021; Elsner 2021, S. 70
20 Vgl. Elsner, ebd., S. 131
21 Vgl. www.project-syndicate.org/commentary/shanghai-lockdown-why-china-keeps-its-zero-covid-strategy-by-zhang-jun-2022-05/german, besucht 9.9.2022
22 Vgl. Huth, Stefan: Den Sieg über Corona verdanken wir der Partei. Interview, in: junge Welt v. 19.6.2021, S. 12
23 Vgl. Elsner 2021, S. 69
24 Vgl. ebd.
25 Vgl. www.project-syndicate.org/commentary/shanghai-lockdown-why-china-keeps-its-zero-covid-strategy-by-zhang-jun-2022-05/german, besucht 9.9.2022
26 Zitiert in: Der Bund v. 11.12.2021, S. 5

27 Vgl. www.gtai.de/de/trade/china/wirtschaftsumfeld/chinas-neue-alte-null-covid-strategie-819034, besucht 9.9.2022 und www.derstandard.de/story/2000135554764/was-passieren-wuerde-wenn-china-von-seiner-null-covid-strategie, besucht 9.9.2022
28 Vgl. www.sueddeutsche.de/gesundheit/corona-china-null-covid-studie-1.5582148, besucht 9.9.2022
29 Vgl. ebd.
30 Sahay 2022d
31 Vgl. Tausend Dollar pro Sekunde, in: junge Welt v. 17.11.2021, S. 9
32 Vgl. junge Welt v. 15.11.2021, S. 12
33 Vgl. Elsner 2021, S. 75
34 Vgl. www.edelman.com/trust/2021-trust-barometer, besucht 27.1.2022
35 Vgl. Blackbox Research (Singapore) und Toluna Inc (Wilton, CT, USA), zitiert in: Elsner 2021, S. 78
34 Vgl. www.edelman.com/trust/2021-trust-barometer, besucht 27.1.2022
37 Elsner 2021, S. 133ff
38 Vgl. ebd., S. 138
39 Vgl. ebd., S. 133f
40 Vgl. Sieren 2021, S. 365f
41 Vgl. Elsner 2021, S. 191ff
42 Vgl. ebd., S. 188
43 Vgl. Schmidt, Christian
44 Vgl. https://de.statista.com/themen/6018/corona/#dossierKeyfigures, aktualisiert am 31. Jan., besucht 31.1.2022
45 Vgl. www.nau.ch/news/forschung/who-17-millionen-menschen-in-europa-mit-long-covid-symptomen-66275135Millionen, besucht 16.9.2022
46 Vgl. Schmidt, Christian
47 Zitiert in: Elsner 2021, S. 24
48 Vgl. ebd., S. 70
49 Vgl. Kronauer 2021g
50 Vgl. ebd.
51 Vgl. Elsner 2021, S. 154
52 Vgl. ebd., S. 210
53 Vgl. German Foreign Policy, 11.11.2020
54 Vgl. Elsner 2021, S. 70
55 Vgl. ebd., S. 167
56 Liu Leming, in: www.bjrundschau.com, besucht 31.1.2022
57 Vgl. Sieren 2021, S. 405
58 Vgl. German Foreign Policy, 11.11.2020
59 Zum Beispiel Schmidt, Christian
60 Vgl. ebd.
61 Vgl. Tausend Dollar pro Sekunde, in: junge Welt v. 17.11.2021, S. 9
62 Vgl. Mahbubani 2021
63 Vgl. Tausend Dollar pro Sekunde, in: junge Welt v. 17.11.2021, S. 9
64 Vgl. Kronauer 2021g

65 Vgl. junge Welt v. 21.1.2022, S. 3
66 Vgl. Menzel
67 Vgl. Elsner 2021, S. 213
68 Vgl. Aust, Stefan, in: Die Welt+ v. 15.11.21, www.welt.de/debatte/kommentare/plus235068268/Folgen-der-andemie-China-wird-der-grosse-Corona-Gewinner.html, besucht 1.2.2022
69 Vgl. Sieren, zitiert in: junge Welt v. 16.10.2021, S. 2
70 Vgl. Elsner 2021, S. 70
71 Vgl. Mahbubani 2021
72 Zitiert in: Elsner 2021, S. 70
73 Vgl. ebd., S. 47
74 Vgl. ebd., S. 122
75 Xi Jinping, zitiert in: www.bjrundschau.com, besucht 17.7.2021

20. Kapitel

Die Thukydides-Falle und ein neuer Weltkrieg?

These: Ein Krieg der westlichen Mächte gegen China wäre der erste Weltkrieg der ehemaligen Kolonialmächte gegen die Emanzipation des Globalen Südens

Heißer Krieg gegen China?

Artet der Kalte Krieg zwischen dem Westen und China irgendwann in einen heißen Krieg aus und ist dann ein atomarer Dritter Weltkrieg unvermeidlich? Wie schnell die Eskalation eines Konflikts vor sich gehen kann, zeigt der Russisch-Ukrainische Krieg. Das Orakel von Delphi steht nicht mehr zur Verfügung, weshalb das letzte Kapitel dieses Buches keine Wahrsagung enthält. Hier sollen auf der Basis der Fakten und Theorien der obigen Thesen die Parameter und Rahmenbedingungen, die dem Konflikt zugrunde liegen, diskutiert werden.

Da ist einerseits die aufsteigende Macht China, die wirtschaftlich, technologisch und wissenschaftlich sehr erfolgreich ist und die über große finanzielle Reserven verfügt. Sie tritt immer selbstbewusster auf und erhebt den Anspruch, in der Gestaltung einer multipolaren Weltordnung ein gewichtiges Wort mitzureden. Nicht zu vergessen ist dabei, dass China als Land des Globalen Südens Opfer einer leidvollen kolonialistischen und imperialistischen Vergangenheit ist. Einer langen Tradition folgend verhält sich China außenpolitisch eher defensiv. Das Reich der Mitte und die VRCh sind keine expandierenden Mächte, ganz im Gegensatz zu den europäischen Kolonialmächten, vorab im 19. Jh. u. Z., und zu den USA und Japan im 20. Jh. u. Z.[1] China war als einzige Großmacht in den letzten vier Jahrzehnten nicht in einen Krieg verwickelt.

Da ist andererseits die langsam absteigende Macht USA, deren Wirtschaftsmotor vor allem im innovativen und produktiven Bereich etwas in Rückstand geraten ist und deren finanzielle Verschuldung nur dank dem Umschuldungsmechanismus der Leitwährung US-Dollar noch nicht eskaliert ist (siehe 12. Kapitel: USA: gigantische Verschuldung). Die unsichere ökonomische Zukunft und die wirtschaftlich-technologische und geopolitische Herausforderung durch China haben in den USA große Ängste ausgelöst. Das Land ist in Bedrängnis geraten und reagiert zunehmend aggressiv. Die USA verstehen sich aber immer noch als hegemoniale Macht, beanspruchen die Weltherrschaft und sind bereit, diese mit der größten Militärmacht der Welt durchzusetzen.

Die Thukydides-Falle

Die Situation zwischen den USA und China entspricht ungefähr derjenigen zwischen dem mächtigen Sparta und der aufstrebenden Seemacht Athen, welche der griechische Historiker und Stratege Thukydides im 5. Jh. v. u. Z. beschrieben hat.[2] Der Aufstieg Athens löste bei Sparta große Ängste aus, führte zu Konflikten und machte den peloponnesischen Krieg scheinbar unvermeidlich. Aus der Beobachtung des Untergangs verschiedener Großreiche prägte der US-amerikanische Politikwissenschaftler Graham Allison den Begriff der Thukydides-Falle und entwickelte eine Theorie der Wahrscheinlichkeit von Konflikten zwischen aufsteigenden und absteigenden Mächten.[3] Diese wurde auch auf die USA und China angewendet, was im Westen und in der VRCh eine breite Debatte auslöste. Kritisiert wurde unter anderem der in ihr zum Ausdruck kommende Fatalismus, denn eine Falle bedeute grundsätzlich, dass ein Krieg unvermeidlich sei.[4] Im Fall China – USA wird die Theorie mit dem gewichtigen Argument in Frage gestellt, die beiden Nationen seien so stark voneinander abhängig, dass eine Eskalation des Konflikts im Interesse des Überlebens beider vermieden werden kann.[5] In der Tat hat China mehr als 3,5 Billionen US-Dollar in US-Staatsanleihen investiert, und 2020 betrug das Handelsvolumen zwischen China und den USA 560 Milliarden US-Dollar.[6] Im Folgenden geht es um die Frage, wie die USA und die VRCh mit der Thukydides-Falle umgehen.

Die Strategie der USA

Die USA sehen in China eine »Gefährdung ihrer nationalen Sicherheit« und eine »Infragestellung der westlichen Werte«.[8] William Burns, Direktor des US-Geheimdienstes CIA, schreibt, dass eine »zunehmend feindselige chinesische Regierung die wichtigste geopolitische Bedrohung des 21. Jahrhunderts« sei und dass »man« darauf reagieren müsse.[7] Während sie selbst in allen Ecken der Welt militärisch aktiv sind, verdächtigen die USA die VRCh kriegerischer Absichten.[8] Jeffrey Sachs, renommierter US-Ökonom, spricht von einem »Kreuzzug der USA gegen China«.[9]

Die Strategie der USA gegenüber dem Systemgegner ist dreiteilig. Sie besteht erstens aus notgedrungener ökonomischer Kooperation, verbunden mit den Nadelstichen eines Handelskriegs, zweitens aus politischer, propagandistisch-ideologischer und informationstechnologischer Konfrontation und drittens aus der Vorbereitung einer militärischen Auseinandersetzung. Das zweite und dritte Element gehen ineinander über und bilden zusammen das, was »hybrider Krieg« genannt wird.[10]

Die militärischen Maßnahmen bestehen ihrerseits aus verschiedenen Elementen:

- Die USA betrieben im letzten Jahrzehnt eine stufenweise Eskalation ihrer Militärpolitik gegenüber China.[11] Die Einkreisung Chinas mit einer Vielzahl von offiziellen US-Militärbasen (Militär- und Raketenstützpunkte)[12] wurde in der Ära von US-Präsident Barack Obama mit dem »Pivot to Asia«, der Konzentration von 80 % der Militärkapazität der USA im pazifischen

Raum, begonnen und inzwischen verstärkt. Die Umzingelung Chinas ermöglichte den USA lange eine überlegene und für China sehr bedrohliche Erstschlagkapazität.[13]

- Die Aufrüstung der US-amerikanischen Armee wurde unter den Präsidenten Trump und Biden intensiviert. Im Gesetz über den Verteidigungshaushalt für 2019 steht: »Oberste Priorität der Vereinigten Staaten ist es, dem Einfluss Chinas entgegenzuwirken«.[14] Die Militärausgaben betrugen im Jahr 2020 778 Milliarden US-Dollar und betrafen vorwiegend Ausgaben für Angriffstechnologie (vgl. VRCh: 252 Milliarden US-Dollar, vorwiegend Ausgaben für Verteidigungstechnologie).[15]
- Die Pflege der westlichen militärischen Allianzen, welche unter Trump eher strapaziert worden waren, wurde unter Biden wieder aufgenommen. Die Konsolidierung der NATO, des nordatlantischen Militärbündnisses, hat in der US-Strategie wieder den alten Stellenwert bekommen. Der russische Einmarsch in die Ukraine hat die kriselnde und zum Teil hinterfragte NATO innerhalb kürzester Zeit wieder zusammengeschweißt.
- Die USA betreiben seit den 2010er Jahren den Aufbau eines indopazifischen Militärbündnisses im Asien-Pazifik-Raum, einer erweiterten pazifischen NATO. Gestalt angenommen hat bisher die »Quadrilaterale Sicherheitskooperation« (Quad), einer von den USA mit Japan, Australien und Indien geschmiedeten Allianz, die erklärtermaßen gegen China gerichtet ist.[16] 2021 schlossen die USA mit Großbritannien und Australien das trilaterale Militärbündnis AUKUS, das unter anderem die Entwicklung und den Einsatz von Atom-U-Booten im indopazifischen Raum zum Gegenstand hat. Auch dieses Abkommen richtet sich explizit gegen China.[17] Washington hat zunehmend Erfolg bei seinem Bestreben, für die militärische Kräftekonzentration im ostasiatischen Raum auch die Verbündeten in Europa zu gewinnen.[18]

Ist es ein Zufall, dass der einflussreiche US-Thinktank ›Atlantic Council‹ Anfang dieses Jahres einen wichtigen Artikel über China mit dem Titel »The Longer Telegram« veröffentlichte? Dieser

Titel ist eine direkte Anspielung auf das gleichnamige Dokument, das der amerikanische Diplomat George Kennan, einer der Hauptarchitekten der US-Außenpolitik nach dem Zweiten Weltkrieg, verfasst hatte. Kennan schrieb 1946: »Wir haben etwa 50 Prozent des Reichtums der Welt, aber nur 6,3 Prozent der Bevölkerung. (...) Unsere eigentliche Aufgabe in der kommenden Periode ist es, ein Beziehungsgeflecht zu entwerfen, das uns in die Lage versetzt, diese Position der Ungleichheit aufrechtzuerhalten. (...) Der Tag ist nicht mehr fern, an dem wir mit klaren Machtkonzepten agieren müssen. Je weniger wir dann durch idealistische Parolen eingeschränkt sind, desto besser.«[19] Ist das die alte und die neue Doktrin der USA, nur diesmal nicht gegen die UdSSR, sondern gegen die VRCh gerichtet?

Die Strategie Chinas

Was das Verhältnis zu den USA betrifft, ruft China dazu auf, international alles zu tun, um die Thukydides-Falle zu meiden.[20] China lehnt, im Unterschied zu den USA, den atomaren Erstschlag ab, es bekennt sich zur sogenannten ›No First Use Doktrin‹ (NFU).[21]

Peter Achten schrieb 2019: »In einem schwierigen internationalen Umfeld hat Beijing eine klare langfristige Strategie, erdacht einst vom großen Reformer und Revolutionär Deng Xiaoping und fortgesetzt mit dem ›Chinesischen Traum‹ des jetzigen Staats-, Partei- und Militärchefs Xi Jinping.«[22] Diese Strategie stellte Xi Jinping anlässlich des Davoser Weltwirtschaftsforums 2022 vor: Er warnte vor »den verheerenden Folgen einer »konfrontativen internationalen Politik. (...) Wir müssen die Mentalität des Kalten Krieges aufgeben und friedliche Koexistenz anstreben. (...) Die Geschichte hat immer wieder gezeigt, dass Konfrontation keine Probleme löst, sondern katastrophale Konsequenzen heraufbeschwört.«[23] In einem anderen Vortrag meinte Xi: »Solange wir die Kommunikation aufrechterhalten und einander mit Aufrichtigkeit behandeln, kann die Thukydides-Falle verhindert werden.«[24] Zur Thukydides-Falle äußerte sich 2017 auch Wang Yi, Staatsrat und Außenminister der VRCh: »China hat das Vertrauen, den historischen Präzedenzfall (gemeint ist die Falle, Anm. BS) durch einen verbesserten Dialog und Koordination mit der US-Seite vermeiden zu können. In einer komplizierten Welt ist internationale Kooperation die einzig mögliche Wahl.«[25] Er begründete das damit, dass in einer vernetzten Welt die Interessen der aufstrebenden und der etablierten Mächte zusammenlaufen und damit Konflikte zu nichts als zu einer Verlust-Verlust-Situation führten.[26]

Die militärstrategischen Maßnahmen Chinas sehen folgendermaßen aus:

- China hat angesichts der Einkreisung des Landes und der massiven Aufrüstung der Westmächte seinerseits mit einer forcierten Aufrüstung reagiert. In der Ära Xi Jinping wurde die Volksbefreiungsarmee radikal reformiert, massiv aufgerüstet und auf den neusten technologischen Stand gebracht.
- Auch die Militärdoktrin der VRCh folgt einer langen chinesischen Tradition. Sie ist laut Liu Mingfu, chinesischer General a. D. und Militärstratege, darauf ausgerichtet, nicht anzugreifen, sondern sicherzustellen, dass China nicht angegriffen wird.[27] Chinas Entwicklungen im militärtechnologischen Bereich scheinen dieser Strategie zu dienen.[28]
- Die bündnispolitischen Bemühungen der VRCh bestehen vor allem im Ausbau der sogenannten ›eurasischen Achse‹, die seit einigen Jahren Realität ist und durch die Seidenstraßen ein wirtschaftliches Fundament erhalten hat.[29]

Konfliktherd Taiwan

Der Konfliktherd, bei dem es am ehesten zu einer Eskalation kommen könnte, ist Taiwan, die chinesische Insel, die 180 Kilometer vom Festland entfernt ist. Wieso reagierte die VRCh im August 2022 so stark auf den Taiwan-Besuch Nancy Pelosis, der Sprecherin des US-Repräsentantenhauses und drittmächtigsten politischen Person der USA? Die Antwort liberaler westlicher Mainstream-Medien ist seit einiger Zeit abgemachte Sache: China ist eine »menschenverachtende, aggressive und imperialistische Autokratie«, deren »Diktator Xi Taiwan heim ins Reich holen« wolle.[30] (Die Anspielung auf Hitlers »Heimholung« der deutschen Sudentengebiete ist gewollt.)

Die Wirklichkeit ist auch hier anders! Wenden wir uns zuerst den Fakten zu: Nach Taiwan flüchteten 1949 die im Bürgerkrieg besiegten chinesischen Nationalisten von der Kuomintang. Die Insel gehörte seit jeher zum chinesischen Territorium. Von 1895 bis 1945 war sie vom japanischen Kaiserreich besetzt. 1976 verabschiedete die UN-Generalversammlung die Resolution 2798, welche die Ein-China-Politik beinhaltet. Danach ist Taiwan ein integraler (!) Bestandteil Chinas und verfügt weder über staatliche Hoheit noch UN-Mitgliedschaft.[31] Im Gemeinsamen Kommuniqué zur Etablierung von diplomatischen Beziehungen zwischen China und den USA von 1978 wurde betont, dass die Regierung der VRCh die einzige legale Regierung ist, die China und Taiwan vertritt.[32] Im sogenannten ›Konsens von 1992‹ einigten sich beide Seiten der Taiwanstraße auf das Festhalten am Ein-China-Prinzip, für Dialog statt Konfrontation und Bewältigung der Differenzen durch Kommunikation.[33] Seit ihrer Existenz hat die VRCh die »Wiedervereinigung des Vaterlandes« zu einem politischen Grundsatz, ja zu einer ihrer Staatsmaximen gemacht.[34] Für das Land ist die Rückgabe der einst unter großer Schande an die Kolonialmächte verlorenen Gebiete (Taiwan, Hongkong, Macao) und die Wiedervereinigung Chinas eine existentielle Frage.[35] Ein Gesetz der VRCh legt fest, dass eine Sezession (= Abspaltung) der Insel nicht toleriert werden kann. Eine überwältigende Mehrheit der FestlandchinesInnen würde im Fall einer Sezession eine Rückeroberung der Insel keineswegs als Aggression, sondern als Verteidigung der nationalen Einheit betrachten.[36] Der Anteil der taiwanischen Bevölkerung, der eine schnelle Abspaltung von China wünscht, lag in der Vergangenheit höchstens bei acht Prozent.[37] Die überwältigende Mehrheit favorisiert den Status quo.[38] Die Grundlagen der Taiwanfrage sind also ganz anders gelagert als etwa die der Ukrainefrage. Auf ihrem Hintergrund ist die heftige Reaktion der

VRCh zu beurteilen. Sie werden aber von westlichen Medien bewusst ausgeblendet. Diese tun so, als ob die Ein-China-Politik eine reine Sache der KPCh wäre.[39]

In jüngster Zeit haben die USA ihre Taiwanpolitik drastisch geändert. China ist im Unterschied zur Ukraine die Herausforderung der US-Politik und Taiwan deren strategischer Kristallisationspunkt. US-Präsident Joseph Biden versprach Ende 2021, die Insel wie das eigene Territorium gegen China militärisch zu verteidigen.[40] Damit geben die USA die Ein-China-Politik und die Nichtunterstützung der Sezession de facto auf. Das bedeutet im Klartext, dass die VRCh bei einer von den USA unterstützten Sezession eingreifen müsste. Ein Krieg wäre die Folge.[41] Die USA lassen den Konflikt für jedermann erkennbar eskalieren. Sie unterstützen gegen jegliche Vereinbarungen offen die sezessionistischen Kräfte, rüsten Taiwan militärisch auf und provozieren die VRCh mit dem Besuch von Pelosi, wohlwissend, dass sie damit gegenüber China eine rote Linie überschreiten.[42] Die chinesischen Militärmanöver im Anschluss an Pelosis Reise wurden von westlichen Medien als »größte militärische Drohgebärde seit Jahrzehnten«[43] und als »aggressive Invasionsvorbereitung«[44] dargestellt, während das größte NATO-Manöver seit Ende des Kalten Krieges »Defender Europe 2021«[45] mit Zielsetzung auf »Einkreisung und Unterwerfung Russlands«[46] als »Verteidigung Europas und seiner Wertegemeinschaft«[47] gepriesen wurde. Ein Beispiel asymmetrischer Berichterstattung.

Wohin führt der Konflikt? Analytische Stimmen wie jene des chinesischen Politologieprofessors Zheng Yongnian in Shenzhen raten der chinesischen Regierung, »an der Politik der nationalen Wiedervereinigung entschlossen festzuhalten (etwas Anderes wäre für jede chinesische Regierung politischer Selbstmord; BS) und maximalen Druck auszuüben, aber offene Konflikte zu vermeiden.«[48] Ist es diesem Druck geschuldet, dass Biden im Telefonat mit Xi noch vor dem Pelosi-Besuch verbal bekräftigte, dass die USA die »Unabhängigkeit Taiwans nicht unterstützen würden«?[49]

Heißer Krieg?

Der Konflikt der USA und der anderen westlichen Mächte mit China hat historische Dimensionen,[50] und zwar in zweierlei Hinsicht: Erstens stehen in diesem Konflikt die alten und neuen kolonialen und imperialen Mächte einem erfolgreichen und mächtig gewordenen Entwicklungsland gegenüber. Wenn China attackiert wird, sind letzten Endes auch die nach globaler Gerechtigkeit und Genugtuung verlangenden Länder des Globalen Südens mitgemeint. Zweitens, meint Liu Mingfu, ehemaliger Dozent an der Nationalen Verteidigungsuniversität in Beijing, ist diese Auseinandersetzung »das größte globale Machtspiel der Menschheitsgeschichte«.[51]

China habe schon früh vorausgesehen, dass die USA eines Tages ein Problem mit Chinas Aufstieg haben und einen geopolitischen Konflikt vom Zaun brechen werden, so Kishore Mahbubani.[52] Wie im obigen Abschnitt über die chinesische Strategie zu lesen ist, versucht China, den Ball möglichst flach zu halten. Es schlägt eine friedliche Koexistenz mit den USA vor und macht konkrete Kooperationsangebote, die von den USA allerdings selten positiv beantwortet werden. China, so kann man der großen Mehrheit der westlichen Expertisen entnehmen, verhält sich sehr vorsichtig, blieb bisher gegenüber den meisten westlichen Provokationen gelassen und verfolgt seine langfristigen Strategien.

»Werden die USA ihren Anspruch als Weltsupermacht fahrenlassen, ohne zum letzten Mittel, dem Einsatz ihrer überlegenen Militärkraft zu greifen und die Welt in einen schaurigen Atomkrieg zu stürzen«, fragt der deutsche Wirtschaftswissenschaftler Conrad Schuhler.[53] Es gibt viele westliche Stimmen, die von der Vorbereitung eines heißen Krieges durch die USA sprechen. Der überwiegende Teil des Mainstreams im Westen, fasst Wolfram Elsner im Jahr 2021 zusammen, mache den verbalen Kalten Krieg gegen China zur Staatsdoktrin und bereite systematisch auch einen heißen Krieg vor.[54] Die US-Zeitung *The New Yorker* fragte im selben Jahr, ob der nächste amerikanische Krieg einer mit China sei, und die Tageszeitung *The Hill* titelte 2021: »Amerika muss sich auf einen

Krieg mit China um Taiwan vorbereiten.«[55] Michael Hudson, US-amerikanischer Ökonom, ehemaliger Finanzanalyst für verschiedene US-Großbanken an der Wall Street und Berater verschiedener Regierungen, wird konkreter, indem er sagt, dass der Krieg in der Ukraine nur »eine Art Eröffnungsphase sei für das, was die Vereinigten Staaten beabsichtigen: einen dritten Weltkrieg«.[56] Annelle Sheline, US-amerikanische Politologin, sorgte sich in der *Neuen Zürcher Zeitung*, dass die Hinwendung der gigantischen Militärmaschine der USA in Richtung China einen dritten Weltkrieg auslöst – und zwar mit Atomwaffen.[57] Auch die renommierte US-Zeitschrift *Foreign Affairs* warnte vor einem Krieg gegen China, weil ein solcher langwierig und eskalierend sei und eventuell in einen Atomkrieg münde.[58]

Die eurasische Achse

Was hält die USA vorläufig von einem heißen Krieg gegen China ab? Eine Antwort auf diese Frage ist nicht einfach. Sicher spielt dabei das ökonomische und militärische Gewicht der »eurasischen Achse«[59] eine große Rolle. Es ist vermutlich der zentrale Grund für die bisherige Zurückhaltung der USA. Ein Mitglied des Washingtoner außenpolitischen Establishments und Experte für Außenpolitik, Aaron Wess Mitchell, warnte 2021, dass die größte Gefahr für die USA im 21. Jh. u. Z. in einem Zweifrontenkrieg gegen China und Russland bestehe. Ein solcher Krieg, den die USA gegen die Ressourcen »fast der Hälfte der eurasischen Landmasse« führen müsste, würde die aktuellen Fähigkeiten der US-Streitkräfte wahrscheinlich übersteigen. Anstatt zu versuchen, Russland und China gleichzeitig einzudämmen, müssten die USA einen Weg finden, ihre Kämpfe mit diesen beiden Mächten zu staffeln, so der Vorschlag von Mitchell.[60]

US-Dilemma

Sind die USA in einem Dilemma? Das US-Magazin *Newsweek* zitierte Ende 2021 Lyle Goldstein, einen anderen US-amerikanischen Strategie-Experten, eine zu harte Haltung gegenüber Russland werde dieses noch enger an die Seite Chinas treiben und damit den eigentlichen Interessen Washingtons eher schaden. Das Blatt meinte, das US-Militär sei zwar stärker als das chinesische oder das russische, den beiden zusammengenommen gegenüber sei das Kräfteverhältnis aber weit weniger eindeutig.[61]

Aus diesem Grund wurde in den USA in letzter Zeit eine Debatte darüber geführt, ob es nicht klug wäre, einen Keil zwischen Russland und China zu treiben. Das *Wall Street Journal* zitierte Anfang 2022 Wassili Kaschin, einen russischen China-Experten, mit der Einschätzung, die USA hätten in ihrem Machtkampf gegen die VRCh keine Chance, wenn sie nicht all ihre Ressourcen auf den Pazifik konzentrierten. Darauf schlug das *Wall Street Journal* vor, »den Umgang mit Russland zu mildern«, um dem Dilemma zu entkommen.[62] Nun ist der russisch-ukrainische Krieg dazwischengekommen. Er hat das Dilemma verstärkt.

Der Ukraine-Konflikt

Fakten

»Wir wissen, worum es im Ukrainekrieg geht.«[63] Diese Medienmeldung gibt eine im Westen verbreitete Überzeugung wieder. Sie ist wahrscheinlich falsch.

Der russisch-ukrainische Krieg ist für alle Seiten desaströs. Der Konflikt begann spätestens 2014 und eskalierte 2022 durch den völkerrechtswidrigen Einmarsch russischer Truppen in die Ukraine.* Diese hatte gemäß UN-Charta »das naturgegebene Recht zur indivi-

---

* Die Besprechung der Ereignisse seit 2014 würde den Rahmen dieses Textes sprengen. Zu nennen wären: die Maidan-Proteste mit Unterstützung durch den Westen und mit Beteiligung der faschistischen Swoboda – der Putsch gegen die russlandorientierte Regierung – die Krim: Ausdehnung der russischen militärischen Präsenz außerhalb der Pachtgebiete – die Sezession von der Ukraine – die Billigung derselben durch die große Mehrheit der Bevölkerung in einem Referendum – die Blockierung des Minsker Abkommens durch die Ukraine – die achtjährigen Attacken der ukrainischen Regierungstruppen gegen die beiden russischsprachigen Provinzen Lugansk und Donezk usw.

duellen und kollektiven Selbstverteidigung«.[64] Der Krieg ist für beide Länder desaströs. Beide begehen Kriegsverbrechen an der Zivilbevölkerung.[65] Der Krieg ist nicht der erste europäische Krieg seit 1945, wie westliche Medien gern behaupten, indem sie die völkerrechtswidrige Bombardierung Jugoslawiens 1999 durch NATO-Staaten ausblenden. Er hatte aber eine militärische, politische und wirtschaftliche Eskalation zur Folge, wie sie Europa seit 1945 nicht mehr gesehen hat.

Ein Stellvertreterkrieg

Im Krieg stehen sich – oberflächlich betrachtet – zwei post-sowjetische Regime gegenüber, die sich auf die Aneignung oder Plünderung der wirtschaftlichen und militärischen Hinterlassenschaft der Sowjetunion stützen. Der deutsche Politikwissenschaftler Erhard Crome meinte: »Der ›Oligarchenkapitalismus Russlands‹ führt gegen den ›Oligarchenkapitalismus der Ukraine‹ Krieg, um diese nicht den alten imperialistischen Mächten des Westens zu überlassen.«[66] Der Hauptsatz stimmt nur bedingt, denn inzwischen spielen in den beiden Ländern die Oligarchien gegenüber der Staatsmacht nicht mehr dieselbe Rolle. Russland habe sich, so Michael Hudson, seit Präsident Putin an der Macht ist, zum Teil von einer Oligarchie entfernt und in Richtung einer gemischten Wirtschaft entwickelt.[67] Im Nebensatz steckt aber der wichtige Hinweis darauf, dass die beiden Parteien nicht die einzigen Akteure sind. Die Ukraine ist tatsächlich auch ein Schlachtfeld für den sich seit Jahren zuspitzenden Konflikt zwischen dem Westen, allen voran den USA, und Russland um die Umverteilung der geopolitischen und wirtschaftlichen Macht entlang der ›eurasischen Achse‹.[68] »Mit Hilfe der NATO verwandelten die USA den Konflikt in einen Stellvertreterkrieg« stellte der US-Kolumnist Th. Friedmann fest. Das offen erklärte Ziel des Stellvertreterkriegs sei es, den geopolitischen russischen Rivalen entscheidend und dauerhaft zu schwächen.[69] Die grüne Außenministerin Annalena Baerbock schließt sich an, indem sie Russland »ruinieren« will.[70] Westliche Medien sind überzeugt, dass der Krieg »wegweisend sein werde für die globale Hegemonie der USA«.[71]

Hintergründe

Russland in einer Falle? | Ist Russland mit seinem Einmarsch mutwillig in eine Falle geraten, wie der italienische Geschichtsprofessor und Gramsci-Biograf Angelo d'Orsi meint?[72] Es gibt Gründe, die für diese These sprechen. Russland: Erstens angestachelt durch die verschiedenen Wellen der sogenannten ›NATO-Osterweiterung‹. Zweitens gedemütigt durch die äußerst kurzsichtige Behandlung und Isolierung durch die Westmächte seit der Abdankung der Sowjetunion. Drittens provoziert durch das westliche Angebot einer Atom-Bewaffnung der Ukraine. Viertens genervt durch die ukrainische Blockierung der Minsker Vereinbarungen (mit Duldung durch die westlichen Garantiemächte Frankreich und Deutschland). Fünftens geblendet durch eine grobe Fehleinschätzung des ukrainischen Gegners und der Stimmung eines nicht geringen Teils der ukrainischen Bevölkerung.[73] Russland: In einer Falle, aus der es wahrscheinlich nur geschwächt und mit dauerndem internationalem Reputationsschaden herausfinden wird.

Ein vermeidbarer Krieg? | Hätte der Krieg vermieden werden können? Der Westen hat jedenfalls die legitimen Sicherheitsinteressen Russlands jahrelang fahrlässig ignoriert. Serge Halimi, Chefredakteur der *Le Monde diplomatique*, meint, dass die meisten ExpertInnen zugeben, dass die US-Regierung von George W. Bush 2008 mit dem Feuer spielte, als sie der Ukraine die NATO-Mitgliedschaft in Aussicht stellte.[74] Bernie Sanders, Linksdemokrat im US-Senat, schrieb noch kurz vor (!) dem Einmarsch, dass Russland wie jedes Land an der Sicherheitspolitik seiner Nachbarländer ein Interesse habe. Sanders: »Glaubt denn jemand, dass die USA nichts sagen würden, wenn zum Beispiel Mexiko ein Militärbündnis mit einem Gegner der USA eingehen würde?«[75] Hat Russland seinerseits sämtliche politischen Kanäle, zum Beispiel diejenigen der OSZE oder der UNO, ausgenützt, um seinen Anliegen Nachdruck zu verleihen? Es sieht nicht danach aus.

Folgen

Polarisierung und Gleichschaltung | Die Ukraine-Krise führte in Kürze zu einer politischen Polarisierung. Hüben und drüben kam es zu rhetorischer Aufrüstung und einer erschreckenden Gleichschaltung des Denkens. Felix Bartels, deutscher Literaturwissenschaftler, meinte Anfang März 2022: »Viele entdecken ihre Friedensliebe erst dann, wenn zur Abwechslung mal wer anders als die NATO Bomben wirft. Demgemäß ist Russland nichts als Täter, die Ukraine nichts als Opfer und der sogenannte Westen nichts als Beobachter, der jetzt aber schnell helfen soll. Wer nach Zusammenhängen fragt, gilt als Kriegsrechtfertiger.«[76] Die gefährlich eskalierende Kriegsunterstützung der Bevölkerungen im Westen erinnert an jene in Europa vor dem Ersten Weltkrieg.

Politische und militärische Stärkung des transatlantischen Bündnisses | Der Krieg gab den USA die Gelegenheit, aus der Defensive herauszutreten. Er brachte das transatlantische Bündnis wieder in Schwung und war insofern ein ›Geschenk‹ Russlands an den Westen. Die USA versuchen den eigenen Niedergang durch die Erneuerung der NATO zu kompensieren. Vorbei sind die zaghaften (west-)europäischen Bemühungen um eine ›militärstrategische Autonomie‹.[77] Geschreddert ist der Aufsatz des französischen Staatspräsidenten Emmanuel Macron über den ›Hirntod der NATO‹ aus dem Jahr 2019.[78]

Ablenkung von den anderen Krisen | Eine Folge des Krieges ist im Westen die Ablenkung von anderen Krisen: Die Klimakatastrophe wird verdrängt. Kriegszeiten sind schlecht für internationale Kooperation, die für den Kampf gegen den Klimawandel unentbehrlich ist.[79] Der zwingende ›System Change‹ ist kein Thema mehr. Die Folgen der neokolonialistischen Ausbeutung der Entwicklungsländer werden in den westlichen Metropolen kaum mehr zur Kenntnis genommen. Die Lage der ärmsten Länder hat sich in der Corona-Krise verschärft.[80] Ihre Schulden werden wegen der gegenwärtigen Inflationswelle drastisch verschlechtert. Die Zahl der Hungernden nimmt zu. Die Covid-Pandemie ist in den Hintergrund getreten. Verdrängt wird das staatliche Versagen angesichts der vielen Millionen, wegen Covid verstorbenen oder an Long Covid leidenden Menschen. Die Pandemie hat nicht nur die neoliberale Verwüstung vieler westlicher Gesundheitssysteme offengelegt, sondern auch die Globalisierung nachhaltig durcheinandergebracht, was große ökonomische Einbrüche und eine noch größere Verschuldung der Staatshaushalte zur Folge hatte.

Folgen für Deutschland | Nach dem Ende der Sowjetunion begann die ökonomische Ostexpansion des westlichen und vor allem des deutschen Kapitals. Im Juni 2000 wurde die ›strategische Partnerschaft‹ der Russischen Föderation mit der Bundesrepublik Deutschland Tatsache. Besiegelt wurde sie 2001 mit dem denkwürdigen Auftritt Präsident Wladimir Putins vor dem Deutschen Bundestag. Putins Vorschlag zum »Aufbau des europäischen Hauses« von Lissabon bis Wladiwostok wurde von Regierung und Parlament mit stehendem Applaus bedacht.[81] Die russischen Energieströme in den Westen begannen zu fließen. Krönender Höhepunkt sollte später die Ostseepipeline Nord Stream 2 bilden. Das war den USA schon immer ein Dorn im Auge. Die sogenannte NATO-Osterweiterung war eines der Mittel, das Entstehen eines solchen wirtschaftlichen Blockes zu verhindern. Dies alles hat mit dem Russisch-Ukrainischen Krieg einen jähen und vielleicht bleibenden Abbruch erlitten. Die eurasischen Energieflüsse werden gekappt und die deutsche Ostexpansion drastisch eingeschränkt. Das US-Teilziel wird erreicht. Die SozialdemokratInnen und die Grünen – kaum wieder an den staatlichen Schalthebeln der Bundesrepublik Deutschland – sind mit ihrer Abkoppelungspolitik gemäß Michael Hudson zu guten »transatlantischen Erfüllungsgehilfen der NATO«[82] geworden, womit Domenico Losurdos Diktum von der »imperialen Linken« eine weitere Bestätigung erfahren hat.[83] Den USA ist es gelungen, ihre Konkurrenz in Europa, vor allem in Deutschland, auszuschalten.[84] Unter dem vom Westen entfesselten Wirtschaftskrieg leiden die

Bevölkerungen Europas und des Globalen Südens. Größter Nutznießer der gestiegenen Energiepreise sind die USA, weil sie den globalen Ölmarkt kontrollieren und die Ölkonzerne deshalb enorme Monopolprofite erzielen, während die europäischen Lohnabhängigen im Winter 2022/23 wahrscheinlich frieren werden.[85]

Folgen für Russland | Die Folgen des Krieges für Russland sind heute nicht absehbar. Michael Hudson meinte, dass die USA einen langen Krieg wollen und jede Art von Friedensabkommen blockieren, was den Krieg in Russland unpopulär mache und die Chancen für einen Regime-Change erhöhe.[86] Fest steht, Russland ist durch den westlichen Wirtschaftskrieg gezwungen, sich zu wirtschaftlicher Autarkie zu entwickeln, sich noch weiter von Europa wegzubewegen und nach Zentral- und Ostasien zu orientieren und sich noch enger mit den BRICS-Staaten zusammenzuschließen. Die Frage steht auch im Raum, ob der Westen die Chance erhalten wird, seine hegemonialen Ambitionen gegenüber einem geschwächten Russland durchzusetzen und das größte und bodenschatzreichste Land der Welt ökonomisch und politisch aufzurollen. Ein solches ›Rollback‹[87] ist den USA ansatzweise nach dem Ende der Sowjetunion in der Ära des russischen Präsidenten Boris Jelzin gelungen, der von 1991 bis 1999 an der Macht war.

Folgen für China | Die offizielle Haltung Chinas zum russisch-ukrainischen Konflikt, wie sie in einem Leitartikel der *Global Times* zum Ausdruck kommt, ist die folgende: Die VRCh pflegt zu Moskau und zu Kiew gleichermaßen Beziehungen und setzt sich dafür ein, die Souveränität und territoriale Integrität aller Länder (gemeint ist die Ukraine) gemäß UN-Charta zu respektieren. Aber auch den legitimen Sicherheitsanliegen der Länder (gemeint ist Russland) müsse Bedeutung beigemessen werden. China unterstützt alle Bemühungen, namentlich Friedensgespräche, die einer friedlichen Lösung der Krise förderlich sind. Es widersetzt sich einseitigen Sanktionsmaßnahmen, die kein Mandat der Vereinten Nationen haben.[88]

China befindet sich in einem schwierigen Balanceakt. Einerseits bezieht es gegen die sogenannte NATO-Osterweiterung Stellung. Andererseits handelt es gemäß der soeben genannten Haltung und muss wegen seiner außenpolitischen Prinzipien der Friedlichen Koexistenz und wegen seiner grundsätzlichen Ausrichtung auf internationale Kooperation alles vermeiden, um nicht in eine noch größere Konfrontation mit den Westmächten getrieben zu werden. Die USA und die EU benützen die Gelegenheit, um China dazu zu bringen, sich von Russland zu distanzieren. Die populäre chinesische TV-Moderatorin Liu Xin ironisierte diese Bemühungen des Westens. Sie würden darauf hinauslaufen: »Kannst du mir helfen, deinen Freund zu bekämpfen, damit ich mich darauf konzentrieren kann, später gegen dich zu kämpfen.«[89]

Für die USA ist die Ukraine nur ein Etappenziel, denn das Hauptziel ist China.[90] Bietet die Stärkung der transatlantischen Achse den USA die Chance, nach Russland auch China gemeinsam mit den europäischen Verbündeten entgegenzutreten und mit Sanktionen zu belegen? Vermutlich nur mit großen Schwierigkeiten, denn die starke Verflechtung des westlichen Kapitals mit der chinesischen Wirtschaftsmacht ist ein großes Hemmnis.[91] Einer gewachsenen NATO-Front steht auch eine erzwungenermaßen festere eurasische Allianz entgegen.

Weltordnung in Gefahr

Zeitenwende? | Die oft geäußerte Ansicht, der Ukraine-Konflikt verändere die Welt politisch grundsätzlich und bedeute eine »Zeitenwende«[92] (Olaf Scholz), entspringt einem reichlich eurozentristischen und transatlantischen Blickwinkel. Zu sehr unterscheiden sich die Interessenslagen der Akteure im Globalen Süden von denjenigen des Westens, was sich in der Wahrnehmung und Haltung zum Krieg widerspiegelt.[93] Hingegen kann man feststellen, dass die Weltordnung spätestens seit der Wahl Donald Trumps zum US-Präsidenten aus den Fugen geraten ist. Der Ukraine-Konflikt ist Symptom dafür und erst in zweiter Linie Ursache. In kurzer Zeit ist nach über vier Jahrzehnten relativer geopolitischer Stabilität und Vorhersehbarkeit ein Zustand der Instabilität, Ungewissheit und Polarisierung entstanden. Ein neuer Kalter Krieg mit der ständigen Gefahr eines Übergangs in einen heißen (Welt-)Krieg ist Realität geworden. Alles orientiert sich im Westen wie im ersten Kalten Krieg an einer bipolaren Blocklogik.

Sanktionsmaßnahmen nach politischem Bedarf | An die Stelle einer einigermaßen regelbasierten internationalen Weltordnung, die von den USA nach dem Zweiten Weltkrieg wesentlich mit aufgebaut worden war, setzen diese ein willkürliches Droh- und Interventionssystem, das aus einem wildwüchsigen Sanktionsregime und der exterritorialen Anwendung von nationalen US-Gesetzen besteht. Was die Sanktionsmaßnahmen gegenüber Russland betrifft, muss an folgende Tatsache erinnert werden: Solche Abstrafungen – mit Ausnahme von vom UN-Sicherheitsrat beschlossenen Sanktionen – sind Ausdruck eines völlig gesetzlosen Faustrechts der Stärksten. Sie werden niemals auf die USA angewendet, oder wo blieben die Sanktionen wegen der völkerrechtswidrigen Verbrechen in den Golfkriegen (1991 und 2003), im Kosovokrieg (1999), im Afghanistankrieg (2001 bis 2021) und im Libyenkrieg (2011) mit ihren Abertausenden von Menschenopfern? Serge Halimi fragt, ob es nicht etwas Heuchlerisches hat, wenn der Westen sich über Verbrechen empört, die er gestern selbst begangen hat?[94]

Niedergang der USA | Wo liegt die tiefere Ursache für die heutige Situation? Auch wenn die historische Distanz zu den Ereignissen noch fehlt, kann eine wesentliche Ursache genannt werden, welche für alle BeobachterInnen des Weltgeschehens offen erkennbar ist: der US-amerikanische Niedergang. Dieser sei, so der britische globalpolitische Analytiker und Doyen der China-ExpertInnen, Martin Jacques, in erster Linie für den zunehmenden Zusammenbruch der Weltordnung verantwortlich.[95] Der Niedergang treibe den Prozess der Polarisierung und Fragmentierung in den USA voran. Er habe zu einer Verunsicherung der größten Militärmacht der Welt geführt. Dazu komme die tiefe Verunsicherung der US-Bevölkerung unter dem Damoklesschwert des Klimawandels und der Erfahrungen in der Covid-Krise. Dies alles habe zu einer tiefen Spaltung der US-amerikanischen Gesellschaft und zu einem wachsenden und unberechenbaren innen- und außenpolitischen Machtvakuum geführt.[96] David Signer, in den USA lebender Schweizer Ethnologe und Schriftsteller, meinte in der *Neuen Zürcher Zeitung*: »Die Polarisierung (in den USA) geht inzwischen so weit, dass manche vor einem Bürgerkrieg warnen.«[97] Das Machtvakuum äußert sich in der volatilen Natur der Beziehung der USA zu China. Das Verhalten der USA ist durch Widersprüche und Unwägbarkeiten und vor allem durch eine zunehmende Aggressivität gekennzeichnet. Die US-Taiwanpolitik ist beredter Ausdruck dafür. Der mögliche Ausgang der 2024 anstehenden US-Präsidentschaftswahlen lässt Schlimmes erahnen. Martin Jacques: »Wir sind in ein Zeitalter der Unordnung und Instabilität eingetreten, sowohl in den USA selbst als auch in der ganzen Welt. Dieses stellt eine tödliche Bedrohung für den Weltfrieden dar.«[98]

Letzte persönliche Bemerkung

So, wir haben den Gipfel des chinesischen Berges erklommen. Die LeserInnen haben nun einen Rundblick über eines der größten Phänomene der Geschichte. Vielleicht haben sich einige Nebel dank der Fakten, Theorien, Fragen und Meinungen etwas gelichtet.

Wer hätte zu Beginn des Aufstiegs, der für den Autor 2020 begann, damit gerechnet, dass der ferne westliche Horizont über der Ukraine schwarz eingefärbt ist und dass die Auseinandersetzung der USA mit China zu eskalieren droht?

Anmerkungen

1 Vgl. Achten 2019c; die Ausnahmen im Reich der Mitte wurden im 1. Kapitel genannt

2 Vgl. Thukydides: Der Peloponnesische Krieg. Griechisch–Deutsch, mit einer Einleitung von Antonios Rengakos, Berlin/Boston 2017

3 Vgl. Allison
4 Vgl. http://german.people.com.cn/n3/2017/0621/c209052-9231436.html, besucht 2.2.2022
5 Vgl. ebd.
6 Vgl. https://de.statista.com/statistik/daten/studie/218275/umfrage/gesamtwert-des-us-warenhandels-mit-china, besucht 2.2.2022
7 Zitiert in: www.jungewelt.de/artikel/412074.cia-gründet-gegen-china-gerichtete-einheit.html, besucht 2.2.2022
8 Bulard
9 Zitiert in: Elsner 2021, S. 164
10 Vgl. German Foreign Policy, 17.4.2020, zitiert in: ebd., S. 213
11 Vgl. Kronauer 2021h
12 Vgl. Elsner 2021, S. 153
13 Vgl. Losurdo 2017, S. 56, 274
14 Zitiert in: Bulard
15 ebd.
16 ebd.; Şahin, Emre: Provokationen gegen Beijing, in: junge Welt v. 12.2. 2022, S. 2
17 Vgl. de.wikipedia.org./wiki/Aukus, besucht 5.2.2022
18 Vgl. Kronauer 2021h
19 Zitiert in: https://amerika21.de/analyse/249565/neokolonialismus-herausforderung-china, besucht 5.2.2022
20 Vgl. Xi 2018, S. 662
21 Vgl. Behrens, S. 173
22 Achten 2019c
23 Xi in: www.bluewin.ch/de/news/international/xi-jinping-warnt-vor-katastrophalen-folgen-durch-konfrontation-1049219.html, besucht 29.1. 2022
24 Xi 2018, S. 662
25 Zitiert in: Achten 2019c
26 ebd.
27 Vgl. Mingfu, S. 84
28 Vgl. ebd.
29 Vgl. www.global-review.info/2011/07/12/front-national-faschismus-und-die-eurasische-achse-mit-china-und-russland—brzezinskis-alptraum-der-usa, besucht 24.3.2022
30 Vgl. Der Bund v. 4.8.2022, S. 2; ebd. v. 6.8.2022, S. 3
31 Vgl. de.wikipedia.org/wiki/Resolution_2758_der_UN-Generalversammlung, besucht 3.8.2022; de.wikipedia.org/wiki/Ein-China-Politik, besucht 3.8.2022
32 Vgl. https://digitalarchive.wilsoncenter.org, besucht 3.8.2022
33 Vgl. Wichtiger Politberater: Der einzige Weg nach vorn in der Taiwanfrage, in: www.beijingreview.com.cn, besucht 1.8.2022; www.merkur.de/politik/ein-china-politik-staatsdoktrin-volksrepublik-taiwan-republik-china-prinzip-90240150, besucht 7.8.2022

34 Vgl. www.faz.net/aktuell/politik/ausland/china-xi-jinping-will-friedliche-wiedervereinigung-mit-taiwan-17577255.html, besucht 13.4.2022
35 Vgl. Jacques 2022; www.globaltimes.cn/opinion, besucht 3.8.2022
36 Vgl. Behrens, S. 363
37 Vgl. Kronauer 2022d. Diesen Zahlen liegen auch andere Zahlen gegenüber, die, vor allem bei den Jugendlichen eine Mehrheit gegen den Anschluss an das Festland ausmachen: Der Bund v. 3.8.2022, S. 2
38 Kauffmann, Bossart Marco: Brandstifter in der Straße von Taiwan. Sympathie für Taiwan reicht nicht, in: https://epaper.nzz.ch/article/6//2022-08-201/304430515, besucht 20.8.2022
39 Vgl. Der Bund v. 4.8.2022, S. 2
40 Vgl. Kronauer 2021i
41 Vgl. ebd.
42 Vgl. ebd.
43 Zitiert in: Der Bund v. 10.8.2022, S. 4
44 Zitiert in: www.handelsblatt.com/politik/international/taiwan-konflikt-erste-manoeverkritik-chinas-militaer-simuliert-wahrscheinlich-einen-angriff-auf-taiwan/28579628.html, besucht 10.8.2022
45 Vgl. www.wsws.org/de/articles/2021/05/15/defe-m15.html, besucht 10.8.2022
46 Zitiert in: www.nd-aktuell.de/artikel/1151908.defender-europe-nato-gross-manoever-in-osteuropa.html, besucht 10.8.2022
47 Zitiert in: www.bundesregierung.de/breg-de/themen/sicherheit-und-verteidigung/nato-faq-206618, besucht 10.8.2022
48 Zitiert in: Global Times deutsch: Das Endergebnis der Taiwan-Frage wird durch den Kampf mit den USA geprägt. Interview mit dem chinesischen Professor Zheng Yongnian, an der Chinese University of Hong Kong, Shenzhen und Präsident der Institute for International Affairs, Online, besucht 25.7.2022
49 Zitiert in: http://german.beijingreview.com.cn/International/202207/t20220729_800302240.html, besucht 29.7.2022 und ›Let's hope that US will gain a clearer Idea about the responsibility of a major power‹, in: www.globaltimes.cn, besucht 28.7.2022
50 Vgl. Kronauer 2021h
51 Zitiert in: Baron et al., S. 13
52 Zitiert in: Behrens, S. 218
53 Schuhler 2021
54 Vgl. Elsner, in: Ammenmärchen des Westens, in: junge Welt v. 1.7.2021, S. 12
55 Zitiert in: Kronauer 2022e
56 Hudson 2022a
57 Sheline, Annelle, in: NZZ am Sonntag v. 5.9.2021, S. 5
58 Zitiert in: Kronauer 2022e
59 Vgl. www.global-review.info/2011/07/12/front-national-faschismus-und-die-eurasische-achse-mit-china-und-russland—brzezinskis-alptraum-der-usa, besucht 24.3.2022

60 Zitiert in: www.jungewelt.de/artikel/418298.beijing-im-fokus-washington, besucht 29.1.2022
61 Zitiert in: Lauterbach, Reinhard: Erhebliche Spannungen, in: junge Welt v. 8.12.2021, S. 7
62 Zitiert in: Kronauer 2022f
63 Vgl. Der Bund v. 20.8.2022, S. 3
64 Vgl. https://unric.org/Charta, besucht 21.6.2022
65 Vgl. Hudson 2022a
66 Crome
67 Vgl. Hudson 2022a
68 Vgl. www.global-review.info/2011/07/12/front-national-faschismus-und-die-eurasische-achse-mit-china-und-russland—brzezinskis-alptraum-der-usa, besucht 24.3.2022
69 Friedmann, Thomas, zitiert in: www.globaltimes.cn/page/202205/12651192.shtml, besucht: 10.5.2022
70 Zitiert in: www.jungewelt.de/artikel/429276.krieg-endlich-verhandeln.html, besucht 28.6.2022
71 Weisflog
72 Vgl. d'Orsi, Angelo, in: https://test.rtde.live/international/video/136734-journalist-dorsi-usa-haben-russland, besucht 24.4.2022
73 Vgl. Projanski 2022b
74 Vgl. Halimi
75 Zitiert in: ebd.
76 Bartels
77 Vgl. de.wikipedia.org/wiki/Europaarmee, besucht 25.4.2022
78 Vgl. www.dw.com/de/macron-bescheinigt-der-nato-den-hirntod/a-51154416, besucht 7.5.2022
79 Vgl. Halimi
80 Vgl. www.jungewelt.de/beilage/art/418707, besucht 20.2.2022
81 Zitiert in: Kronauer 2022g
82 Hudson 2022a
83 Losurdo 2017, S. 297
84 Hudson 2022a
85 ebd.
86 ebd.
87 Vgl. de.wikipedia.org/wiki/Rollback-Politik, besucht 5.5.2022
88 Vgl. China war nie in den Konflikt zwischen Russland und der Ukraine verwickelt: Leitartikel der Global Times, www.globaltimes.cn/page/2022091275200.shtml, besucht 18.9.2022
89 Zitiert in: Projanski 2022a
90 Vgl. Hudson 2022a
91 Vgl. Gesamtmetall warnt vor Wirtschaftskrieg gegen China, in: junge Welt v. 5.9.2022, S. 2
92 Zitiert in: www.faz.net/aktuell/politik/Scholz -sieht, besucht 21.6.2022

93 Vgl. www.swp-berlin.org/publikation/jenseits-des-westens-wie-afrikanische-und-nahoestliche-staaten-auf-den-russland-ukraine-krieg-blicken, besucht 7.5.2022
94 Vgl. Halimi
95 Vgl. Jacques 2022
96 Vgl. ebd.
97 Signer, David, zitiert in: www.nzz.ch/international/gefaehrliche-radikalisierung-droht-in-den-usa-buergerkrieg-Id.1695855, besucht 13.8.2022
98 Jacques 2022

Bibliografie

Achten, Peter: Abschied von China. Bern 2016

Ders.: Neues Zeitalter – kritische Phase. In: Journal21 v. 26.12.2017

Ders.: Gefallene Tiger-Generäle. In: Journal21 v. 11.1.2018 (a)

Ders.: Multipolar. In: Journal21 v. 12.9.2018 (b)

Ders.: Han Fei, Meister Kong und Menzius. In: Journal21 v. 11.11.2018 (c)

Ders.: China: Demokratie unten, Meritokratie oben. In: Infosperber v. 13.11.2018 (d)

Ders.: Soziales Kreditsystem. In: Journal21 v. 21.11.2018 (e)

Ders.: Historische Jahrestage. In: Journal21 v. 10.1.2019 (a)

Ders.: Gürtel und Straßen. In: Journal21 v. 26.3.2019 (b)

Ders.: Die Falle – und warum China und die USA nicht hineinfallen. In: Infosperber v. 9.1.2019 (c)

Ders.: Der große Steuermann. In: Journal21 v. 12.11.2021 (a)

Ders.: Made in China. Momentaufnahmen und Analysen. 2016-2020. Verlag Lebensreise 2021 (b)

Ackeret, Markus: Xi Jinping ist aus der Zeit gefallen. In: Neue Zürcher Zeitung v. 13.5.2019

Albrecht, Günter et al.: Handbuch soziale Probleme, Band 1 + 2, 2012

Allison, Graham: Destined for war. Boston 2017

Althusser, Louis: Du Capital à la philosophie de Marx. In: Althusser, Louis et al.: Lire le Capital. Paris 1965

Andersson, Gunnar Johan: Der Drache. Leipzig 1927

Baron, Stefan / Yin-Baron, Guangyan: Die Chinesen. Psychogramm einer Weltmacht. Berlin 2021

Bartels, Felix: Daheim ist, wo der Hauptfeind steht. In: junge Welt v. 12.3.2022, S. 13

Bartsch, Bernhard: China gehen die Frauen aus. NZZ-Online 11.4.2010, besucht 21.5.2019

Behrens, Uwe: Feindbild China. Was wir alles über die Volksrepublik wissen. Berlin 2021

Bergmann, Theodor: Der chinesische Weg. Hamburg 2017

Bernstiel, Werner: Nach den Steinen tastend den Fluss überqueren. Neues Deutschland v. 8.11.2012. www.nd-aktuell.de/artikel/803631.nach-den-steinen-tastend-den-fluss-ueberqueren.html, besucht 27.11.2021

Bischoff, Sebastian / Sobich, Frank: Vom Gelehrtenvolk zur Gelben Gefahr. Deutsche Imaginationen über ChinesInnen bis 1919. In: iz3w 305, März/April 2008, S. 42-45

Blume, Georg: Die Kritik an Chinas Afrikapolitik greift zu kurz. die tageszeitung v. 1.6.2006, https://taz.de/Im-Spiegel-der-eigenen-Verbrechen/!356084, besucht 18.12.2021

Boer, Roland: Legitime Führungsposition. In: junge Welt v. 7.7.2021, S. 8

Boyon, Nicolas: The state of happiness in a COVID world. Ipsos Global Advisor, ipsos.com, 7.10.2020

Bulard, Martine: Kommt eine pazifische NATO? In: Le Monde diplomatique (Ausgabe Schweiz), Juni 2021, S. 1

Brzezinski, Zbigniew: The Grand Chessboard. 1997. Zitiert in: Kronauer 2019a

Carlens, Sebastian: Eigennützige Position. In: junge Welt v. 19.3.2019, S. 8

Castro, Fidel: Palästinensischer Holocaust in Gaza. In: Granma v. 4.8.2014, http://www.fidelcastro.cu/de/artikel/palastinensischer-holocaust-gaza, besucht 4.8.2021

Cheng Enfu: Selbst ist die Partei. In: Beilage der jungen Welt v. 7.7.2021

Chomsky, Noam: Europe and America as Underwriters of the International Order, https://chomsky.info/20060119, besucht 29.9.2021

Crome, Erhard: Verzerrte Spiegelung. In: junge Welt v. 22.4.2022, S. 12

Deng Xiaoping: Ausgewählte Schriften (1975-1982). Beijing 1985, https://archive.org/details/28_20200211)

Die Bibel. Die Heilige Schrift des Neuen Bundes. Jerusalemer Bibel. Freiburg i. Br. 1968

Diem, Markus: Wäre mehr Wachstum gut für China? In: Der Bund v. 19.1.2021, S. 11

Dietschy, Beat et al. (Hg.): Bloch-Wörterbuch – Leitbegriffe der Philosophie Ernst Blochs. Berlin 2012

Escobar, Pepe: The Deeper Roots of Chinese Demonization. In: Global Research 2. Mai 2020, www.unz.com/pescobar/teh-deeper-roots-of-chinese-demonization, besucht 18.8.2021

Elsner, Wolfram: Das chinesische Jahrhundert. Die neue Nummer eins ist anders. Frankfurt/M. 2020

Ders.: Die Zeitenwende. China, USA und Europa »nach Corona«. Köln 2021

Fanon, Frantz: Die Verdammten dieser Erde. Frankfurt/M. 2015

Fellner, Hannes A.: Wandel im Widerspruch. In: Beilage zur jungen Welt v. 7.7.2021

Fischer, Peter A.: China fordert die Welt heraus. In: Neue Zürcher Zeitung v. 10.5.2017

Ders.: Auch der wohlwollende Diktator ist ein Risiko. In: Neue Zürcher Zeitung, PRO Global v. 12.11.2021

Forrer, Cornelia: Chinas Frauen und ihre Rechte werden durch den Wirtschaftsaufschwung gestärkt, https://ostschweizerinnen.ch/chinas-frauen-und-ihre-rechte-werden-durch-den-wirtschaftsaufschwung-gestaerkt, 10. Februar 2017, besucht 25.6.2022

Foucault, Michel: Die Heterotopien/Der utopische Körper. Zwei Radiovorträge, zweisprachige Ausgabe, übersetzt von Michael Bischoff. Mit einem Nachwort von Daniel Defert. Frankfurt/M. 2005

Frankopan, Peter: Licht aus dem Osten. Eine neue Geschichte der Welt. Berlin 2016

Frederick, Franklin: Neokolonialismus, weiße Vorherrschaft und die Herausforderung durch China, Amerika21 v. 25.4.2021, https://amerika21.de/analyse/249565/neokolonialismus-herausforderung-china

Gasche, Urs: Chinas Sozialkredit-System kommt schleichend auch bei uns www.infosperber.ch/freiheit-recht/datenschutz/chinas-sozialkredit-system-kommt-schleichend-auch-bei-uns, besucht 12.12.2021

Golub, Philip: China öffnet sich – ein bisschen. In: Le Monde diplomatique. (Ausgabe Schweiz), November 2021, S. 15

Halimi, Serge: Französischer Wahlkampf im Zeichen des Krieges. In: in: Le Monde diplomatique (Ausgabe Schweiz), April 2022, S. 13

Heiser, Jürgen: Schuldig gesprochen. In: junge Welt v. 1.11.2021, S. 3

Herrmann, Ulrike, Chinas beispielloser Aufstieg. In: Le Monde diplomatique (Ausgabe Schweiz), April 2019

Höring, Uwe: Der lange Marsch 2.0. Chinas Neue Seidenstraßen als Entwicklungsmodell. Hamburg 2018

Hudson, Michael: Finanzimperialismus. Die USA und ihre Strategie des globalen Kapitalismus. Stuttgart 2017

Ders.: Die Frage ist, wie werden die Schulden nicht bezahlt? In: junge Welt v. 1.12.2021; Beilage Geld+Kredit

Ders.: Imperium vor dem Abstieg. In: junge Welt v. 11.3.2022 (a)

Ders.: The Destiny of Civilization: Finance Capitalism, Industrial Capitalism or Socialism. Dresden 2022 (b)

1&1 IONOS: Social-Credit-System in China. Bewertungssystem mit weitreichenden Folgen, www.ionos.de/digitalguide/online-marketing/web-analyse/was-ist-das-social-credit-system/c282197, besucht 4.1.2022

Jacques, Martin: When China Rules the World. The End of Western World and the Birth of a New Global Order. New York 2012

Ders.: https://twitter.com/martjacques, besucht 4.8.2022

Jafram, Nida: China's Growing Role in Africa. In: Carnegie Endowment for International Peace v. 9.2.2012, https://carnegieendowment.org/2012/02/09/china-s-growing-role-in-africa-myths-and-facts-pub-47140

Jahrbuch für Historische Kommunismusforschung 2015. Berlin 2015

Johannes, Friedrich et al.: Graphics explain the 10 Top Emitters. In: wri.org/blog/2014/11/6/graphics-explain-world%E2%80%, besucht 22.12.221

Jullien, François: Der Umweg über China. Ein Ortswechsel des Denkens. Berlin 2002

Ders.: Die Mitte als Ort der Möglichkeiten. In: Le Monde diplomatique, Oktober 2006, https://monde-diplomatique.de/artikel/!366176

KAZ (Kommunistische Arbeiterzeitung), https://kaz-online.de/artikel/volksrepublik-china-kapitalistisch-oder-sozialistisch, besucht 13.11.2021

Keyu, Jin: Alles, was China macht, zieht der Westen in den Dreck. Interview in: Das Magazin. Zürich 2021, Nr. 20

Kieser, Egbert: Als China erwachte. Esslingen/München 1984

Kinzelbach, Kathrin: Weißbuch Menschenrechte in China. In: Quellen zur Geschichte der Menschenrechte. Arbeitskreis Menschenrechte im 20. Jahrhundert, Dezember 2015, www.geschichte-menschenrechte.de/schluesseltexte/weissbuch-menschenrechte-in-china?type=98765, besucht 11.1.2017

Kissinger, Henry: China. Zwischen Tradition und Herausforderung. München 2012

Ders.: https://geopolitics.news/anglo-america/henry-kissinger-warns-of-risk-of-u-s-china-cold-war, besucht 3.5.2021

Kopf, Eike: Eine chinesische Reformation. Zum Werden eines neuen Zivilisationstyps. Köln 2019

Korn, Erhard: Peking muss rasiert werden. In: junge Welt v. 4.9.2021, S. 12

Krätke, Michael: Auf dem Weg zum Hightechkapitalismus, WOZ (Zürich) v. 21.3.2019

Kramer, Fritz: Das chinesische Beispiel. Grundsätzliches zur asiatischen Produktionsweise, www.trend.infopartisan.net/trd0917/t020917, besucht 24.9. 2021

Kretzschmar, Marius / Lohmann, Moritz: Wang Huning. Der Chefideologe im Schatten der Mächtigen, https://polis180.org/polisblog/2021/02/03/wang-huning-%e7%8e%8b%e6%b2%aa%e5%ae%81-der-chefideologe-im-schatten-der-maechtigen, besucht 6.12.2021

Kritisches Wörterbuch des Marxismus (zitiert als KWM). Berlin 1983ff

Kronauer, Jörg: Der Rivale. Chinas Aufstieg zur Weltmacht und die Gegenwehr des Westens. Hamburg 2019

Ders.: Brückenkopf in Eurasien. In: junge Welt v. 12.3.2019 (a), S. 3

Ders.: Kein Frieden mit Biden. In: junge Welt v. 21.1.2021 (a), S. 1

Ders.: Bewegte Zeiten in China. In: junge Welt v. 18.9.2021 (b), S. 3

Ders.: Neue Wegmarke. In: junge Welt v. 13.11.2021 (c), S. 3

Ders.: Brüsseler Blütenträume »Global Gateway« gegen Neue Seidenstraße. EU-Investitionsprogramm in Schwellen- und Entwicklungsländern soll China ausbooten. In: junge Welt v. 1.12.2021 (d)

Ders.: Große Regulation. In: junge Welt v. 11.8.2021 (e), S. 12

Ders.: Entzug für Onlineriesen. In: junge Welt v. 5.8.2021 (f), S. 9

Ders.: Damoklesschwert China. In: junge Welt v. 13.10.2021 (g), S. 9

Ders.: Schlimmstes verhindern. In: junge Welt v. 17.11.2021 (h), S. 8

Ders.: Weltkrieg auf Druckknopf. In: junge Welt v. 23.10.2021 (i), S. 8

Ders.: Den Fortschritt gebracht. In: junge Welt v. 24.7.2021 (k), S. 8

Ders.: Brüssel kündigt an. In: junge Welt v. 8.8.2022 (a), S. 3

Ders.: Kampf den Sanktionen. In: junge Welt v. 23.6.2022 (b), S. 8

Ders.: China bleibt Weltspitze. In: junge Welt v. 3.9.2022 (c), S. 9

Ders.: Pulverfass Taiwan. In: junge Welt v. 13.6.2022 (d), S. 8

Ders.: Feindbild Volksrepublik. In: junge Welt v. 3.1.2022 (e), S. 3

Ders.: Neuer kalter Krieg. Alle Wege zum Frieden führen über Moskau. In: junge Welt v. 8.1.2022 (f), S. 7

Ders.: Weltpolitik wider den Westen. In: junge Welt v. 7.4.2022 (g), S. 12

Ders.: Gegengewicht zum Westen. In: junge Welt v. 16.9.2022 (h), S. 3

Krüger, Stephan: Globale Hegemonieverschiebungen, die bleibende Bedeutung der Nationalökonomien und der Aufstieg der Schwellenländer. In: junge Welt v. 27.5.2019, S. 12

Kunzmann, Marcel: Theorie, System & Praxis des Sozialismus in China. Berlin 2018

Ders.: Herz und Magen. In: junge Welt v. 6.10.2021, S. 12

Landmann, Valentin / von Senger, Harro / Wiesendanger, Peter: Die anderen 68er. Zürich 2018

Ledderose, Lothar: China schreibt anders. Stuttgart 2021

Leutner, Mechthild: Schriftliche Stellungnahme zur öffentlichen Anhörung zum Thema »Lage der Menschenrechte in China« vom 18.11.2020, S. 2ff

Lipinsky, Astrid: Frauenrechte in China. In: www.bpb.de/internationales/asien/china/44315/frauenrechte 1.10.2009, besucht 9.8.2018

Losurdo, Domenico: Was passiert in Xinjiang? In: junge Welt v. 13.7.2009, S. 3

Ders.: Stalin. Geschichte und Kritik einer schwarzen Legende. Köln 2012

Ders.: Wenn die Linke fehlt. Gesellschaft des Spektakels, Krise, Krieg. Köln 2017

Ders.: Zwei Marxismen. In: junge Welt v. 4.7.2018, S. 12f

Ders.: Der westliche Marxismus. Wie er entstand, verschied und auferstehen könnte. Köln 2021 (a)

Ders.: Praxis der Utopie. In: junge Welt v. 3.11.2021 (b), S. 10

Mahbubani, Kishore: Hat China schon gewonnen? Chinas Aufstieg zur neuen Weltmacht. Kulmbach 2020

Ders.: Die Angst vor China ist unbegründet. In: Der Bund v. 24.11.2021, S. 2

Ders.: Marx und Konfuzius. In: Beijing Rundschau 5.5.2018 https://germanbeijingreview.com.cn/China/201805/t20180509

Mao Zedong: Ausgewählte Werke. Band I-V. Beijing 1969, www.infopartisan.net/archive/maowerke/maoawges.htm

Ders.: Über den Widerspruch (Text im Rahmen der ›Fünf philosophischen Monografien‹, Beijing 1976), www.marxists.org/deutsch/referenz/mao/1937/widerindex.htm l

Marx, Karl: Grundrisse der Kritik der politischen Ökonomie (Rohentwurf). Berlin 1974

Mearsheimer, John: The Great Delusion: Liberal Dreams an International Realities. New Haven (CT) 2018

Melzer, Nils: Interview im Radio Österreich 1 am 30.9.2021, https://oe1.orf.at

Menzel, Ulrich: Der Coronaschock. In: Blätter für deutsche und internationale Politik 4/2020, S. 37ff

MEW: Marx, Karl / Engels, Friedrich. Werke. Berlin 1956ff

Mingfu, Liu: China Dream. Great Power Thinking and Strategic Posture in the Post-American Era. New York 2015

Monroy, Matthias: China hegt Techkonzerne ein. In: junge Welt v. 8.1.2022

Müller, Matthias: Genosse Xi Jinping steckt voller Widersprüche. In: Neue Zürcher Zeitung v. 14.10.2017

Ders.: Die chinesischen Frauen lassen Konfuzius und ihre westlichen Kolleginnen hinter sich. In: NZZ-Online 9.8.2018, besucht 9.8.2018

Ognibeni, Björn: Corona Deutschland: Das können wir von China lernen. In: Handelsblatt v. 19.11.2020, www.handelsblatt.com/autoren/bjoern-ognibeni/26635228.html, besucht 19.11.2020

Ostner, Ralf: Front-National-Faschismus und die Eurasische Achse mit China und Russland – der Alptraum Brzezinskis und der USA, In: Global Review v. 12.7.2011, www.global-review.info/2011/07/12/front-national-faschismus-und-die-eurasische-achse-mit-china-und-russland—brzezinskis-alptraum-der-usa, besucht 24.3.2022

Paech, Norman: Völkerrechtliche Bewertung der Menschenrechtsverletzungen an den Uiguren. Stellungnahme für die Anhörung des Ausschusses für Menschenrechte und humanitäre Hilfe des Deutschen Bundestages am 17. Mai 2021. In: www.norman-paech.de: Menschenrechtsausschuss.pdf 2021 (a)

Ders.: Unsichtbare Lager. In: www.jungewelt.de/artikel407059.volksrepublik-china-unsichtbare-lager.html 2021 (b), besucht 26.1.2022

Paul, Gregor: Konfuzius und Konfuzianismus. Eine Einführung. Darmstadt 2010

Projanski, Harald: Auf Stalins und Maos Spuren. In: junge Welt v. 8.4.2022 (a), S. 12

Ders.: Krieg bis zum Sieg? In: junge Welt v. 20.8.2022 (b), S. 14

Püschel, Marc: Die digitale Hand. In: junge Welt v. 27.7.2020, S. 12f

Richter, Carola / Gebauer, Sebastian: Die China-Berichterstattung in den deutschen Medien. Hg.: Heinrich-Böll-Stiftung. Berlin 2010

Rimbert, Pierre: Asymmetrische Berichterstattung. In: Le Monde diplomatique (Ausgabe Schweiz), https://monde-diplomatique.de/artikel/!5602570, besucht 8.8.2019

Rocca, Jean-Louis: Eine Partei, eine Nation. In: Le Monde diplomatique (Ausgabe Schweiz), Juli 2021, S. 12

Rügemer, Werner: Die Kapitalisten des 21. Jahrhunderts. Gemeinverständlicher Abriss zum Aufstieg der neuen Finanzakteure. Köln 2018

Sahay, Lea: Xi Jinping sagt Turbokapitalisten den Kampf an. In: Der Bund v. 2.9.2021 (a), S. 9

Dies.: Darüber streiten sich China und die USA. In: Der Bund v. 6.10.2021 (b), S. 2

Dies.: In: Der Bund v. 3.11.2021 (c), S. 5

Dies.: In: Der Bund v. 27.4.2022 (d), S. 7

Schoettli, Urs: Xi Jinping ist ein schwer fassbarer Geist. In: Neue Zürcher Zeitung v. 4.1.2006

Schmid, Fred: Trumps Wirtschaftskrieg gegen China. München 2015

Schmidt, Christian: Erfolgreich durch die Pandemie. Zero Covid in China. Ein persönlicher Erfahrungsbericht. In: junge Welt v. 2.3.2022, S. 12

Schmidt, Helmut: Über China. In: Zeit Magazin Nr. 38/2012, S. 48ff

Schmidt-Glintzer, Helwig: Chinas Schwierigkeit, die Einheit des Landes zu bewahren. In: Neue Zürcher Zeitung v. 6.7.2021, S. 30

Schneider, Beat: Penthesilea. Die andere Kultur- und Kunstgeschichte. Bern 1999

Schuhler, Conrad: Wie weit noch bis zum Krieg? Die USA, China, die EU und der Weltfrieden. Köln 2020

Ders.: Reich und kaputt. In: junge Welt v. 14.10.2021, S. 2

Seifert, Kurt / Cavalli, Franco: Das China-Bashing muss ein Ende haben. In: Das Denknetz (Zürich) Nr. 10, Nov. 2021, S. 17ff

Senger, Harro von: Moulüe. Supraplanung. Unerkannte Denkhorizonte aus dem Reich der Mitte. München 2008

Ders.: Die VR China und die Menschenrechte. Sonderdrucke aus der Albert-Ludwigs-Universität Freiburg 2006

Sieren, Frank: Zukunft? China! Wie die neue Supermacht unser Leben, unsere Politik, unsere Wirtschaft verändert. München 2018

Ders.: Shenzhen. Zukunft made in China. Zwischen Kreativität und Kontrolle – die junge Megacity, die unsere Welt verändert. München 2021

Sheng Yang: Why ist CPC China's destined choice? In: Global Times online, besucht 30.6.2021

Sheng Yang / Chu Daye: China und Russland verstärken Zusammenarbeit auf dem Weg zu einer multipolaren Welt. In: Global Times online, besucht 7.9. 2022

Sigg, Uli: Unser Dilemma mit der Volksrepublik China. In: Neue Zürcher Zeitung, www.nzz.ch/meinung/uli-sigg-unser-dilemma-mit-der-volksrepublik-china-ld.1647453, besucht 28.9.2021

Solheim, Erik: Interview, www.globaltimes.cn/page/202/208/1272375.shtml, besucht 7.8.2022

Sommer, Theo: Der digitale Leninismus. In: https://rotary.de/gesellschaft/der-digitale-leninismus-a-15602.html, besucht 14.1.2022

Spakowski, Nicola: Feminismus in China im Kontext von Postsozialismus und internationalem Feminismus. In: Transkulturelle Genderforschung. Ein Studienbuch zum Verhältnis von Kultur und Geschlecht, Wiesbaden 2014, https://link.springer.com/chapter/10.1007.1978-3

Dies.: Die Frauenpolitik der Kommunistischen Partei Chinas und das Problem der »Frauenbefreiung« (1920er bis 1940er Jahre). In: Jahrbuch für Historische Kommunismus Forschung 2015, Berlin 2015, S. 1-16, https://www.kommunismusgeschichte.de/jhk/article/detail/die-frauenpolitik-der-kommunistischen-partei-chinas-und-das-problem-der-frauenbefreiung-1920er-bis-1940er-jahre

Spanidis, Thanasis: Die Diskussion um den Klassencharakter der VRCh. In: Theorie&Praxis 41 (2016), https://kommunistische.org/wp-content/uploads/2018/07/Spanidis-Klassencharakter, besucht 20.9.2021

Spross, Hans: Mao weiter benötigt als Symbol der Kontinuität, Interview mit Felix Wemheuer, Deutsche Welle (dw) 8.9.2016, https://p.dw.com/p/1JxV6, besucht 29.11.2021

Stenz, Georg: Erlebnisse eines Missionars in China. Trier 1899

Wagenknecht, Sahra: Die Selbstgerechten. Mein Gegenprogramm – für Gemeinsinn und Zusammenhalt. Frankfurt/M. 2021

Wang, Huning: America Against America. Shanghai 1991

Ders.: The Structure of China's Changing Political Culture, 1997. In: www.readingthechinadream.com/wang-huning-ldquothe-structure-of-chinars-quos-changing-political-culturerdquo.html, besucht 4.12.2021

Wang, Jisi: Marching Westwards: The Rebalancing of China's Geostrategy. Internationale and Strategic Studies Report, No. 73, 7.10.2012, S. 9

Weisflog, Christian: Der Ukraine-Krieg ist wegweisend für die Globale Hegemonie der USA. In: www.nzz.ch/pro-global/usa/ukraine-krieg-wird-globale-hegemonie-der-usa-determinieren-ld.1675162, besucht 5.4.2022

Wemheuer, Felix: Chinas große Umwälzung. Soziale Konflikte und Aufstieg im Weltsystem. Köln 2019 (a)

Ders.: Große Umwälzung. In: junge Welt v. 23.4.2019 (b)

Ders.: Mao wird weiter benötigt als Symbol der Kontinuität. Interview mit Felix Wemheuer, 8.9.2016. In: https://www.dw.com/de/mao-weiter-benötigt-als-symbol-der-kontinuität/a-19533292, besucht 29.11.2021

Xi Jinping: China regieren. Band I. Beijing 2014, https://archive.org/details/28_20200211

Ders.: China regieren. Band II. Beijing 2018

Ders.: The Governance of China. Band III. Beijing 2020

Ders.: The Governance of China. Band IV. Beijing 2022

Xianming, Chen: Globalization redux. Cambridge Journal of Regions, Economy and Society 11 (1)018, S. 35ff, www.academic.oup.com, besucht 10.12.2021

Yu Xiaoxuan: Das Prinzip Volksherrschaft. In: www.jungewelt.de/artikel/415209.china-das-prinzipvolksherrschaft.html, besucht 22.11.2021

Dies., zitiert in: Festveranstaltung zum 100. Jahrestag der KP Chinas – 23. Oktober 2021 Berlin, https://www.youtube.com/watch?v=menbTDqCp5A, besucht 22.12.2021

Zeise, Lucas: Die Angst vor dem Crash. In: junge Welt v. 28.10.2021, S. 12

Zelik, Raul: Denkbar schlechte Verbündete. In: WOZ (Zürich) v. 12.4.2022

Zhao Lijian in: People's Daily online dt., besucht 29.7.2021 (a)

Ders.: Pressekonferenz, http://ch.china-embassy.gov.cn/ger/fyrth/202110/t20211018_9606791.htm, besucht 19.11.2021 (b)

Chinesische Quellen:

- Verfassung der VRCh, www.verfassungen.net/rc/verf82-i.htm
- Statut der KPCh, german.china.org.cn/china/archive/cpc18/2012-09/27/content

Chinesische Online-Quellen:

- People's Daily Online (deutschsprachige Ausgabe): offizielle Zeitung des Zentralkomitees der KPCh, www.german.people.com.cn
- Global Times (englisch): Mitherausgegeben von der Tageszeitung der KPCh People's Daily, www.globaltimes.cn
- Beijing Rundschau (deutschsprachige Ausgabe): Wochenzeitschrift, www.bjrundschau.com
- South China Morning Post (SCMP) (englisch): Hongkongs größte englischsprachige Tageszeitung; gehört dem chinesischen Alibaba-Konzern, www.scmp.ch

Domenico Losurdo

Eine Welt ohne Krieg
Von den Verheißungen der Vergangenheit bis zu den Tragödien der Gegenwart

Klappenbroschur
462 Seiten, € 28,-
ISBN 978-3-89438-790-7

Domenico Losurdo zeichnet eine faszinierende Geschichte der Idee des Friedens von der Aufklärung und der Französischen Revolution bis in die Gegenwart mit ihren Kriegsgefahren nach. Diese Geschichte, deren Protagonisten die großen Intellektuellen (so Kant, Fichte, Hegel, Constant, Comte, Spencer, Marx, Engels, Popper) und einflussreiche Staatsmänner (wie Washington, Robespierre, Napoleon, Wilson, Lenin, Bush Sr.) sind, führt zu den dramatischen Problemen unserer Zeit: Ist es möglich, eine Welt ohne Krieg aufzubauen? Ist die Demokratie eine echte Garantie für den Frieden oder kann sie zu einer Ideologie des Krieges werden? Wie und unter welchen Umständen kann der Universalismus in einen Anspruch auf Überlegenheit und Weltherrschaft umschlagen? Das Nachdenken über die Verheißungen, die Enttäuschungen und die Wendungen in der Geschichte der Idee des immerwährenden Friedens ist nicht nur wichtig, um die Vergangenheit zu verstehen, sondern auch, um erneut den Kampf gegen die wieder wachsende Gefährdung des Weltfriedens aufzunehmen.

PapyRossa Verlag

Wolfram Elsner

China und der Westen – Aufstiege und Abstiege
Vom alten Reich der Mitte zum gegenwärtigen Konflikt

Klappenbroschur
271 Seiten, € 22,-
ISBN 978-3-89438-777-8

Das 21. Jahrhundert ist durch eine globale geostrategische Konstellation gekennzeichnet, die mit dem Abstieg des US-Hegemons und dem Aufstieg Chinas verbunden ist. Wolfram Elsner untersucht diese Aufstiegs-Abstiegs-Konstellation und ihre Vorgeschichte über 5000 Jahre, seit den Zeiten der alten Seidenstraßen und des alten Reichs der Mitte. Die vergleichsweise kurze, aber vielen als »normal« geltende globale Herrschaft der westeuropäischen und angelsächsischen Staaten mit ihrem kolonialistischen Charakter geht zu Ende. Der aktuelle Aufstieg Chinas wird als Wiederherstellung einer nur durch koloniale Unterdrückung unterbrochenen historischen Normalität gezeigt. Diese neue Konstellation wird die Welt voraussichtlich für die nächsten Jahrzehnte beschäftigen. Kann ein großer heißer Krieg vermieden werden? Kann eine realistische Wahrnehmung von China im Westen erreicht, können Gleichberechtigung, Respekt und kulturelle Diversität verwirklicht werden? Können friedliche Koexistenz, Nichteinmischung und Kooperation wieder gelernt und kann dem Völkerrecht neue Geltung verschafft werden?

PapyRossa Verlag

Werner Rügemer

Die Kapitalisten des 21. Jahrhunderts
Gemeinverständlicher Abriss zum Aufstieg der neuen Finanzakteure

Paperback
365 Seiten, € 19,90
ISBN 978-3-89438-675-7

Neue Finanzakteure haben nach der Finanzkrise die bisherigen Großbanken abgelöst. Blackrock & Co sind nun die Eigentümer von Banken und Industriekonzernen. Hinzukommen Private-Equity-Fonds, Hedgefonds, Wagniskapital-Investoren und Investmentbanken. Mit Digital-Giganten wie Amazon, Facebook, Google, Microsoft, Apple und Uber haben die neuen Finanzakteure schon vor Donald Trumps »America First« die US-Dominanz in der EU verstärkt. Arbeits-, Wohn-, Ernährungs- und Lebensverhältnisse: Die neue Ökonomie dringt in die feinsten Poren des Alltagslebens von Milliarden Menschen ein. Die Kapitalisten des 21. Jahrhunderts verstecken ihre Eigentumsrechte in vier Dutzend Finanzoasen, fördern rechtspopulistische Politik, stützen sich auf eine zivile, transatlantische Privatarmee von Beratern und kooperieren in Silicon-Valley-Tradition mit Militär und Geheimdiensten. Ein Systemvergleich des »westlichen« mit dem kommunistisch geführten Kapitalismus Chinas umreißt eine alternative Logik.

Bereits in 3., ergänzter Auflage

PapyRossa Verlag